上海交通大學歷史系　浙江大學歷史系　浙江省社會科學界聯合會

國家社會科學基金規劃項目

上海市社會科學基金重大項目　資助

契約

浙江文化研究工程成果文庫

浙江文獻集成

中國地方珍稀文獻

浙江地方文書叢刊

# 石倉契約

第二輯

第八册

曹樹基　潘星輝　闕龍興　編

浙江大学出版社
ZHEJIANG UNIVERSITY PRESS

# 編輯凡例

一　本書採用圖文對照的方式進行編輯，既可保存原件的風貌，也便於讀者查閱或校核。

二　抄録格式一依原契。部分因排版問題，稍有改動。表格劃線處未一一對應。

三　標點契文，依能斷即斷的原則，僅標逗號或頓號，最末標句號。

四　漫漶、殘缺者一般依契約格式中的常用語補足，無法辨識或難以補足者，以□表示。

五　補足脱字，以（　）表示；改正錯字，以［　］表示；衍字以『　』標識。個别契約存在大量脱、錯、衍字，僅擇要補足、改正和標識。

六　序言與目録全用繁體。内文繁、簡體字，一律照録，異體字及俗字改為規範字，另附《常見異體字及俗字與規範字對照表》，以為參考。個別通假字，如『直』與『值』、『伯』與『佰』、『具』與『俱』、『員』與『圓』等，不予改動。

七　少量不易理解的方言，在首次出現時加脚註説明。少量石倉當地的異體字，徑改為標準字。

八　人名中的異名按《闕氏宗譜》的記載予以統一，當異名大量並集中出現時，以脚註説明。族譜中查不到的人名，一依原契。

九　契尾所載税額皆為賣價總額的百分之三，省略不録。契尾文字在首次出現時抄録全文，民國驗契執照亦然。

十　契約之擬名一般根據契約首行，酌情改動。

# 常見異體字及俗字與規範字對照表

（規範字按漢語拼音順序排列）

| 規範字 | 異體字及俗字 |
| --- | --- |
| 坳 | 坳 幼 |
| 霸 | 霸 |
| 嘗 | 常 |
| 塍 | 塍 |
| 处 處 | 処 虜 處 |
| 窗 | 窻 窓 |
| 耽 | 躭 |
| 挡 当 | 陷 |
| 挡 | 偿 |
| 擋 | 隨 當 |
| 遞 | 遞 |
| 都 | 卩 阝 |
| 段 | 叚 |
| 塅 | 塅 |
| 兒 | 児 |
| 反 | 返 饭 |
| 豐 | 豊 |
| 逢 | 逢 |
| 艮 | 岷 崀 |
| 高 | 髙 |
| 各 | 恪 |
| 耕 | 畊 |
| 關 | 関 関 |
| 觀 | 观 |
| 横 | 横 |
| 回 | 囬 |
| 荒 | 塃 |
| 鷄 | 雞 |
| 及 | 伋 |
| 角 | 埆 |
| 脚 | 腳 |
| 柏 | 柏 |
| 據 | 拠 據 |
| 墈 | 堪 勘 |
| 坑 | 硫 |
| 款 | 欵 |
| 歷 | 歴 歷 |
| 粮 | 粆 良 |
| 两 | 両 |
| 晾 | 烺 眼 朗 朖 |
| 寮 | 簝 蓼 |
| 岭 | 岺 |
| 留 | 畱 |
| 壠 | 隴 |
| 籮 | 蘿 |
| 饅 | 糧 |
| 面 | 靣 |
| 畝 | 畂 |
| 廿 | 卄 |
| 弄 | 挵 |
| 拼 拚 | 搉 |
| 憑 | 凴 |
| 迫 | 廹 |
| 鋪 | 舗 |
| 契 | 契 |
| 钱 | 㑴 |
| 墻 | 牆 |
| 喪 | 丧 |
| 算 | 筭 |
| 坛 | 坛 |
| 藤 | 籐 籘 籐 騰 滕 |
| 天 | 伕 |
| 桶 | 捅 甬 |
| 挖 | 扢 |
| 學 | 斈 |
| 窑 | 窯 窰 搖 搖 |
| 一 | 乙 |
| 银 | 艮 |
| 園 | 薗 |
| 雜 | 襍 |
| 葬 | 塟 |
| 燥 | 噪 穇 燥 臊 |
| 劄 | 剳 |
| 照 | 炤 |
| 折 | 拆 |
| 执 | 阢 |
| 止 | 阯 |
| 紙 | 帋 |
| 衆 | 眾 |
| 準 | 凖 |
| 總 | 揔 綂 |

# 目録

## 第二輯第八册　上茶排·闕氏·天有·德珅·翰培

### 契約

**執照**



**零散送户票等**



## 上茶排·闕氏·天有·德珅·翰餘·玉森等

**執照**

## 上茶排·闕氏·天貴·德瑞·翰忠·玉蒼



## 上茶排·闕氏·三有·德琮·翰惟·玉定（一）

契約



## 上茶排·闕氏·三有·德琮·翰惟·玉定（二）

契約

## 上茶排·闕氏·天永·德滿·翰祿·玉彩

### 契約

**執照等**

## 零散送户票



## 憑票

# 上茶排

## 闕氏·天有·德珅·翰培

德珅餘慶堂外景

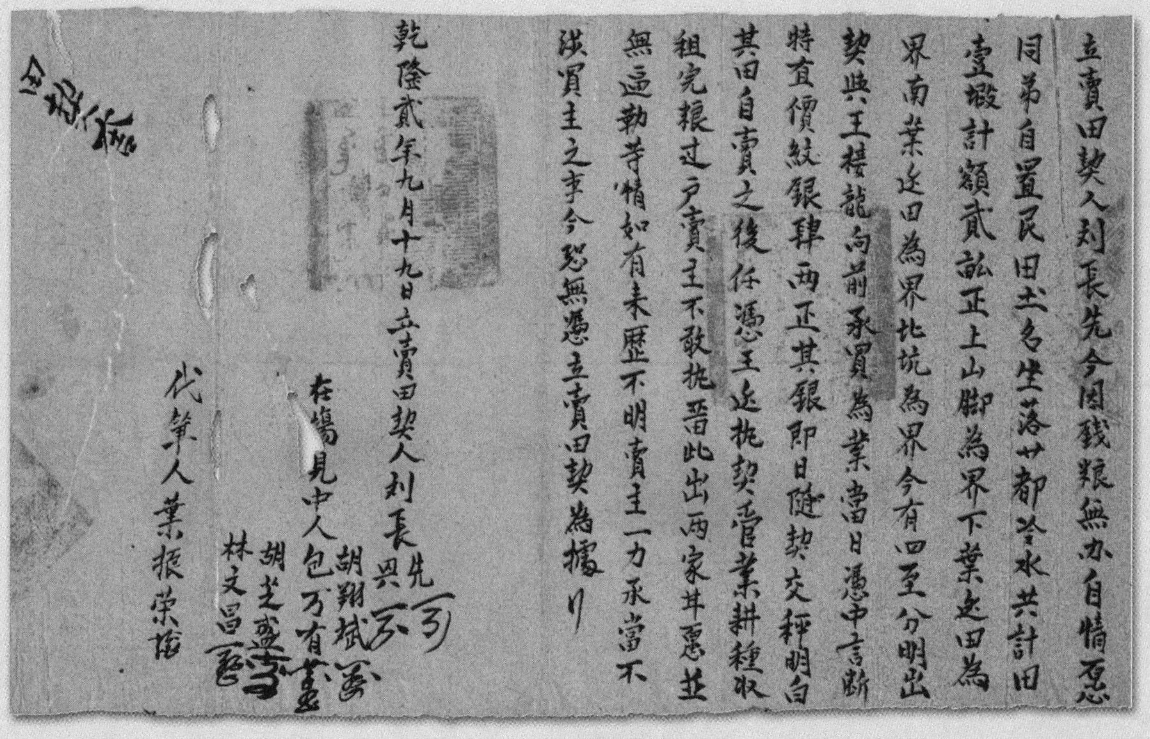

立賣田契人刘長先，今因錢粮無办，自情愿同弟自置民田，土名坐落廿都冷水，共計田壹塅，計額貳畝正，上山脚為界，下葉边田為界，南葉边田為界，北坑為界，今有四至分明，出契與王接龍向前承買為業，當日憑中言断，時直價紋銀肆两正，其銀即日随契交秤明白，其田自賣之後，任憑王边执契管業，耕種收租，完粮过户，賣主不敢执留，此出两家甘愿，並無逼勒等情，如有来歷不明，賣主一力承當，不涉買主之事，今恐無憑，立賣田契為據。

乾隆貳年九月十九日　立賣田契人　刘長先

兴

在場見中人　胡翔斌

包万有

胡芝盛

林文昌

代筆人　葉振荣

立賣田契人王聖光等，今因錢粮無办，自情愿将父遺下
水田壹處，土名坐落廿一都茶排庄冷水，額載民（田）贰畝正，
上至山脚為界，下至葉边田為界，左至大坑為界，右至葉
边田為界，今俱四至分明，欲行出賣，托中送與本庄阙
其兴向前入手承買，當日憑中三面言断，時直玖柒田
價銀壹拾伍两正，其銀即日隨契两相交足明白，其
田自賣之後，任憑阙边起耕管業，推收過户，賣人不敢
異言阻挡，其田上下伯叔兄弟人等並無文墨交
加，倘上手来歷不明，皆係賣人一力支當，不涉買主之事，
自賣與［以］後，葛藤断根，王边不得找價取贖等情，委係
正行交易，不是準折負债之故，一買二賣，二家情愿，
两無逼勒等情，今欲有憑，故立契書付阙边永遠
為據。

龍三
在場中見　王龍益
天恒
乾隆廿年三月初一日　立賣田契書人　王聖光
德光
依口代筆　王武文

（契尾，乾隆贰拾贰年伍月）

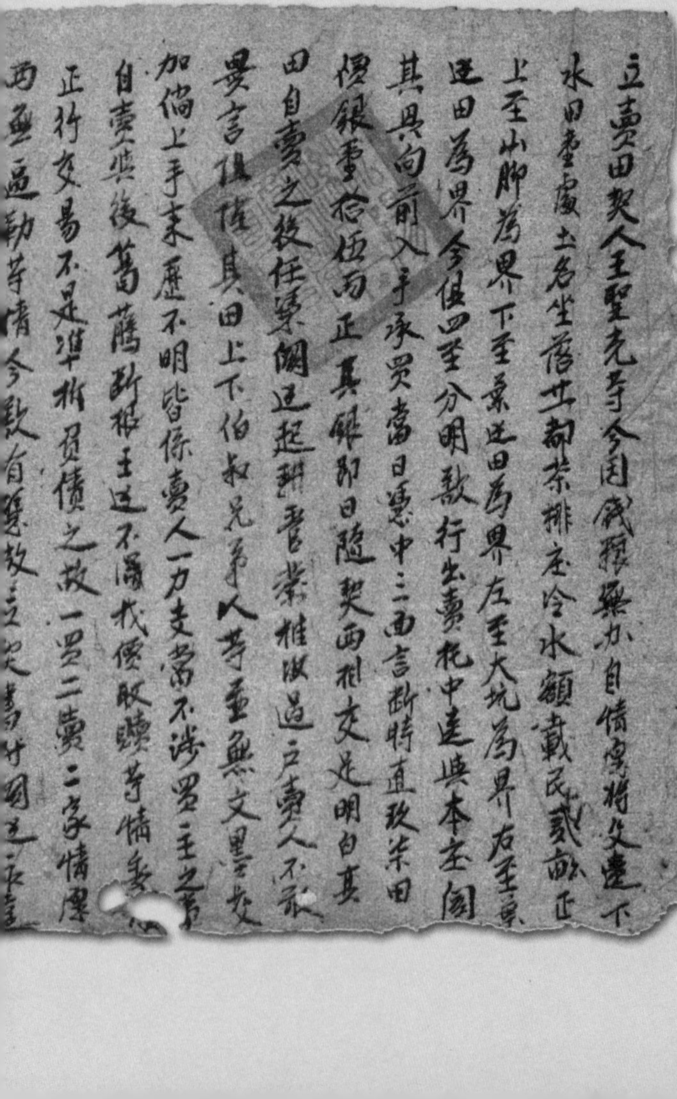

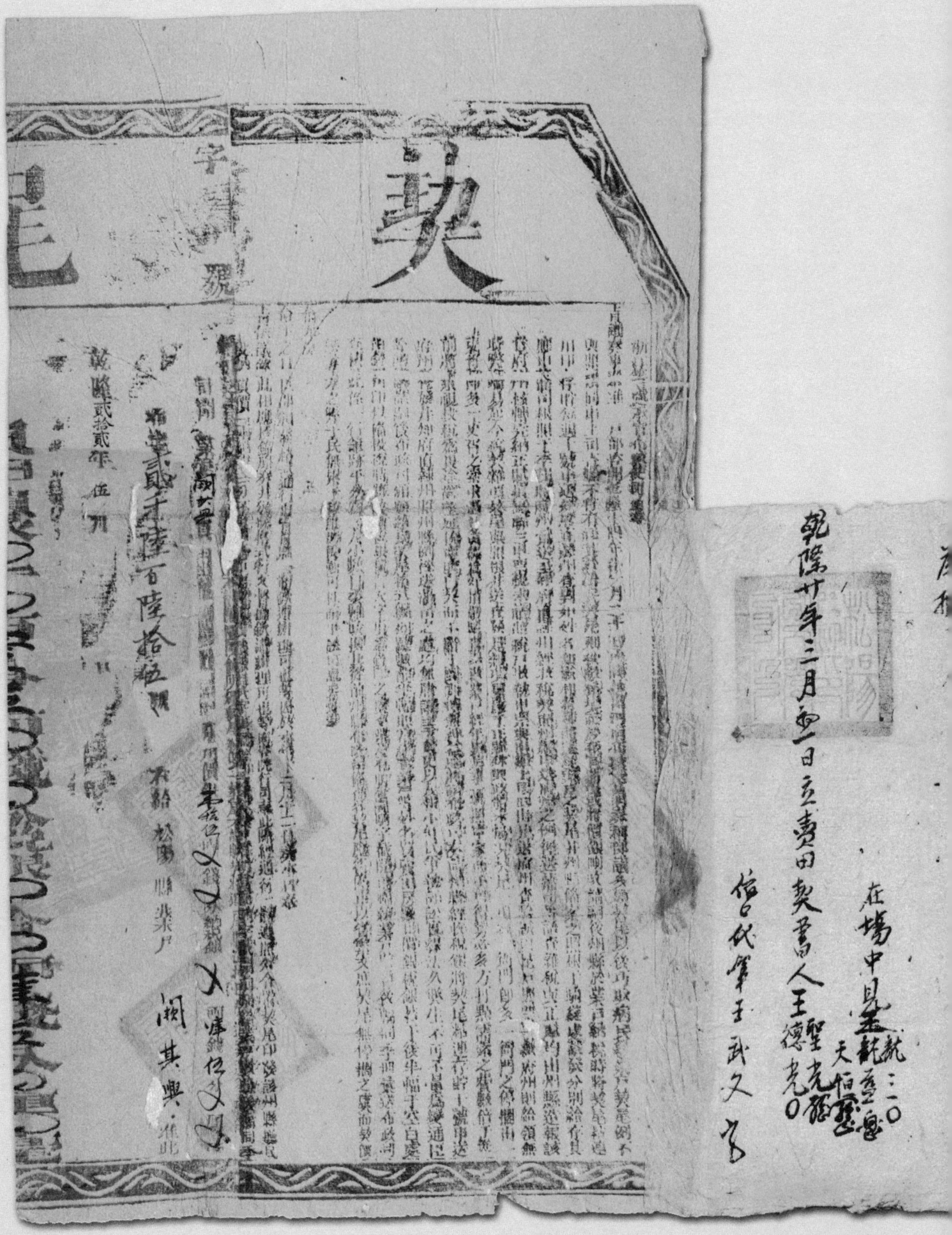
契
字
號
乾隆貳拾貳年伍月
布字貳千陸百陸拾伍號
闕其興
乾隆廿年三月　日立賣田契書人王德聖
在場中見
憑代筆王武文

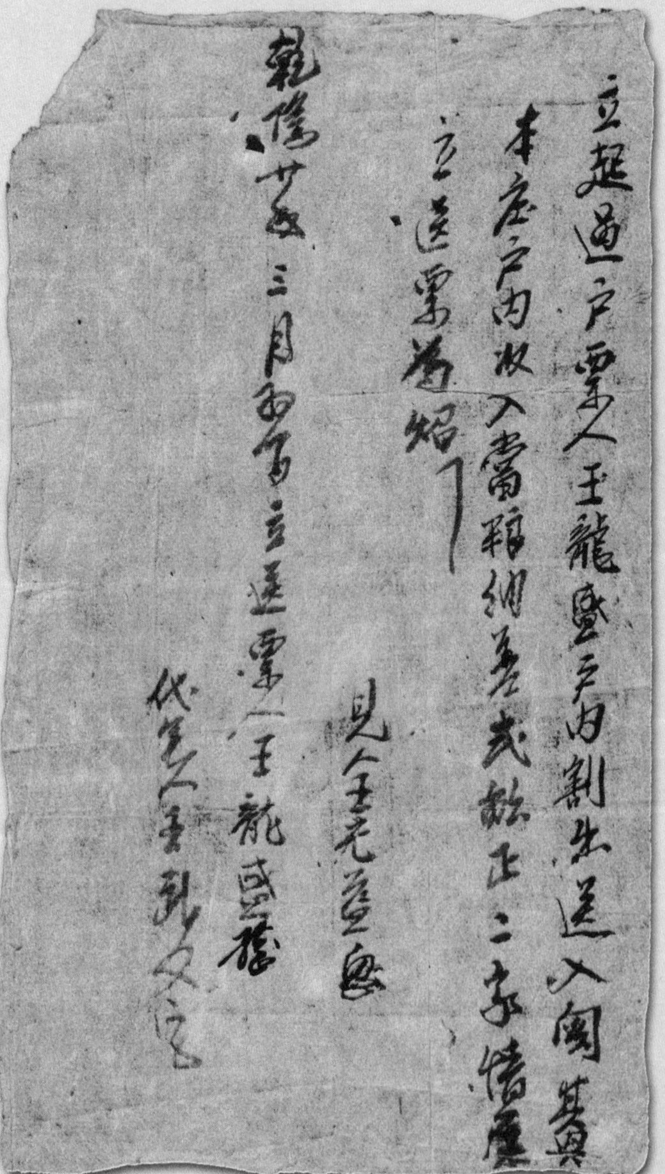

立起遈户票人王龍盛户內割出送入阙其兴本庄户內，收入當粮納差式畝正，二家情愿，
立送票為照。

見人　王光益

乾隆廿年三月初一日　立送票人　王龍盛

代筆人　王武文

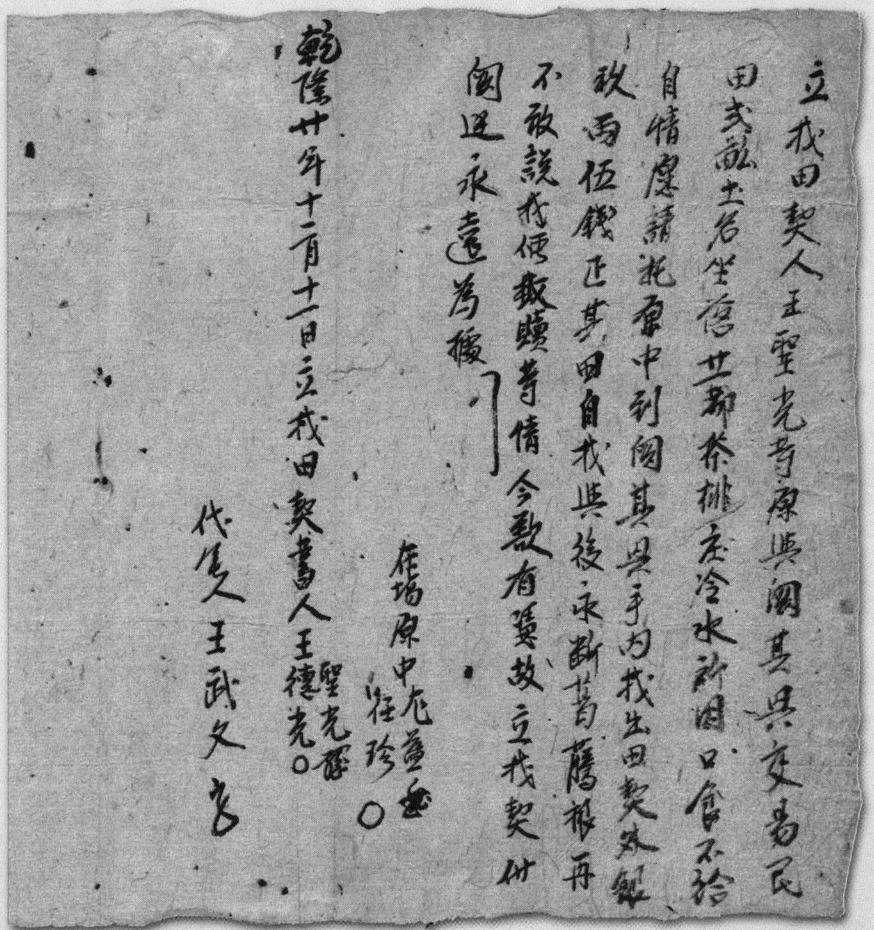

立找田契人王聖光等，原與闕其兴交易民田式畝，土名坐落廿一都茶排庄冷水，祈因口食不给，自情愿請托原中到闕其兴手内，找出田契外銀玖两伍錢正，其田自找與［以］後，永断葛藤根，再不敢説找價取贖等情，今欲有憑，故立找契付闕边永遠為據。

在場原中 龙益
任珍

乾隆廿年十二月十一日 立找田契書人 王聖光
德光

代筆人 王武文

立找契人包秀荣，原有民田壹处，土名坐落茶排庄冷水崗，计額壹畝正，原與闕其兴边交易，其田價足讫，今因錢粮無办，轉托原中儉［勸］到買主，找過契外九七色銀壹两壹錢正，其銀即日收足，其田自找之後，割藤截根，永遠並無再找取贖，如有此色，甘受騙叠［叠騙］之罪，恐口無凴，立找契為照。

乾隆弍拾壹年三月十四日　立找契人　包秀荣

原中人　馬永寿

在見　包秀龍

代筆人　賴松泰

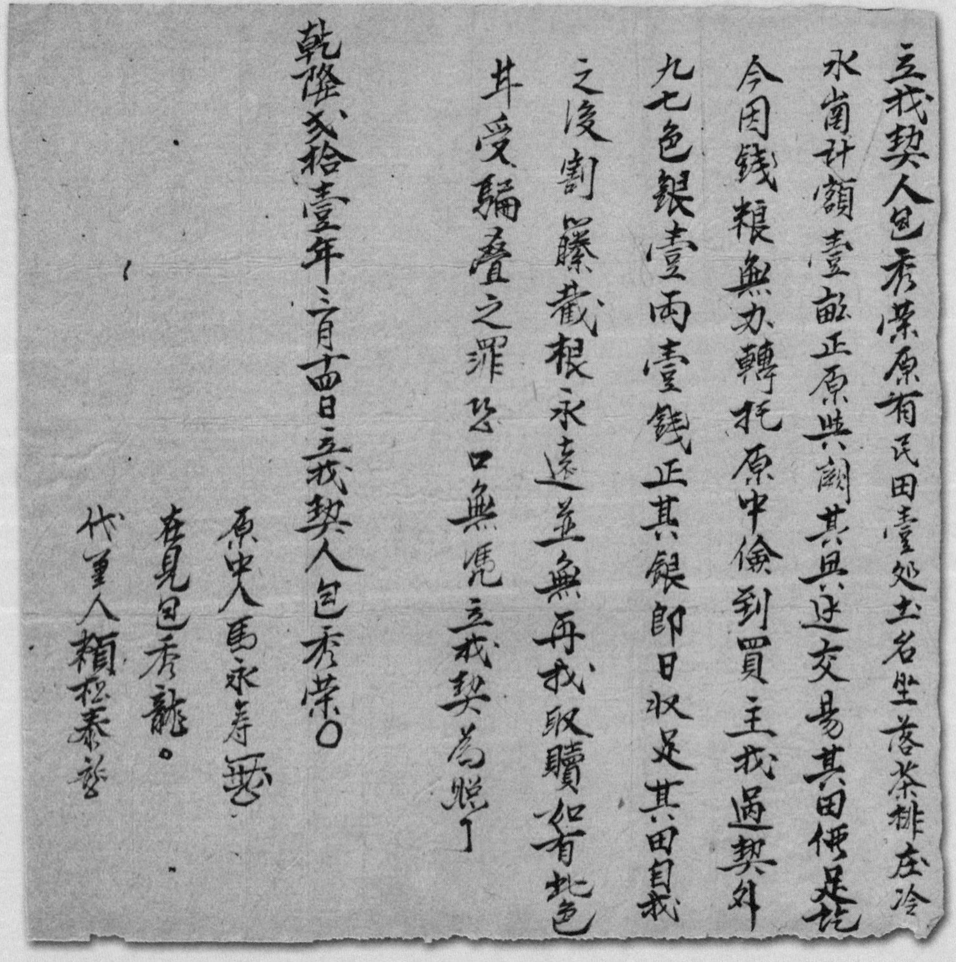

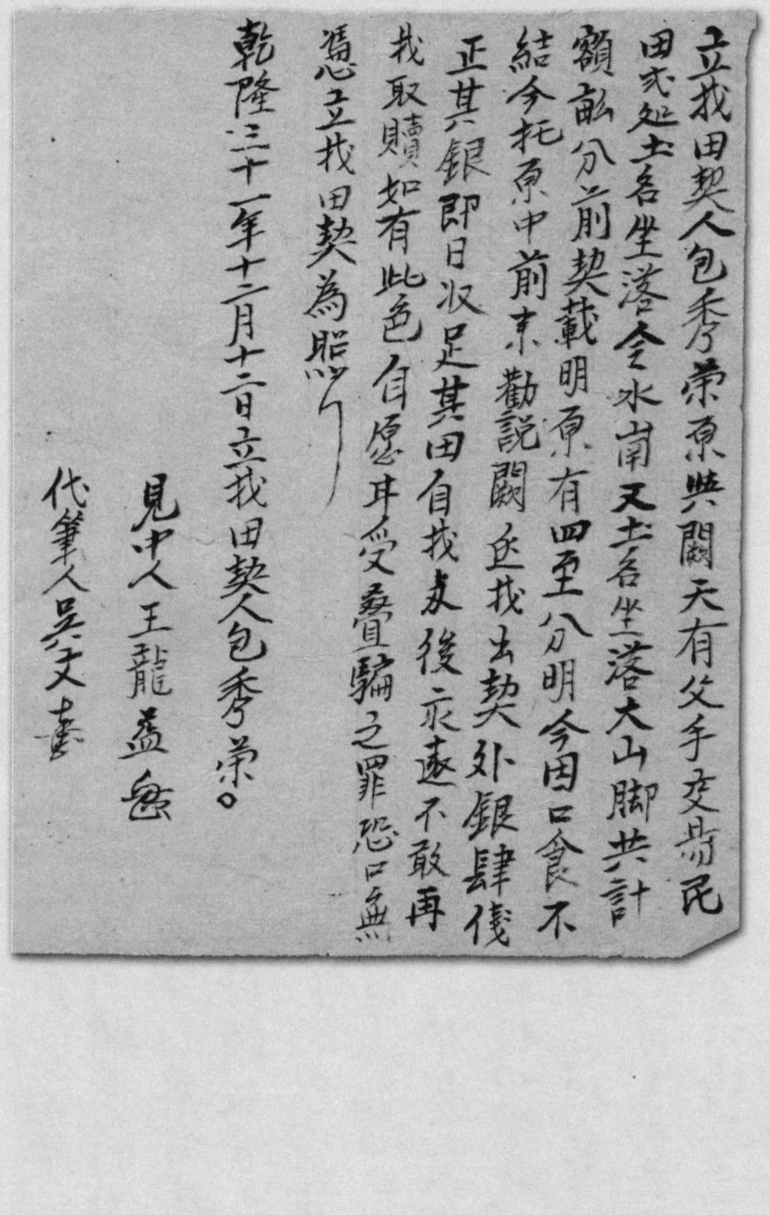

立找田契人包秀荣，原與闕天有父手交易民
田式处，土名坐落令〔泠〕水崗，又土名坐落大山脚，共計
額畝分，前契載明，原有四至分明，今因口食不
結〔給〕，今托原中前来勸説闕边找出契外銀肆钱
正，其銀即日收足，其田自找与〔以〕後，永遠不敢再
找取贖，如有此色，自愿甘受叠騙之罪，恐口無
憑，立找田契為照。

乾隆三十一年十二月十二日　立找田契人　包秀荣

見中人　王龍益

代筆人　吴文士

立出賣田契人葉石生，今因錢粮無办，自情愿将自置民田壹處，土名坐落廿一都茶排庄冷水，田大小壹拾貳坵，計額伍分正，上至葉边田為界，下至葉边田為界，左至坑為界，右至路為界，今俱四至分明，託中送賣與闕天有邊入手承買為業，當日面断，時值田價紋銀柒兩正，其銀即日隨契两相交訖明白，其田自賣之後，任並［憑］買主前去起耕管業，過户完粮，賣主不得異言，其田自置之業，不涉兄弟子侄之故，如有來歷不明，賣主自能一力承當，不涉買主之事，在前亦無文墨典當等情，所買所賣，正行交易，並無債貨准折逼勒等，其田以後永遠不得找價取贖之理，恐口难信，故立賣契永遠為照。

乾隆叁拾三年十一月廿五日　立賣田契　葉石生

憑中人　包吉寿

在見弟　葉龍生

代筆叔　葉振玉

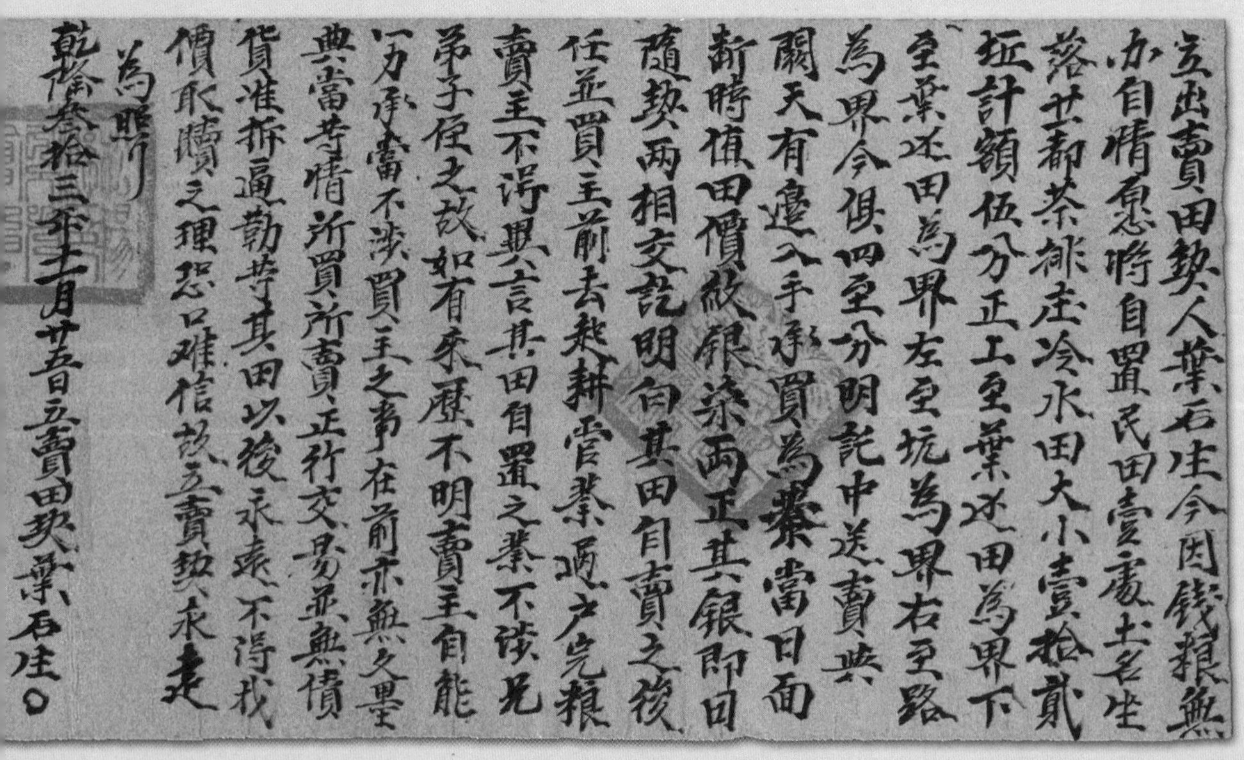

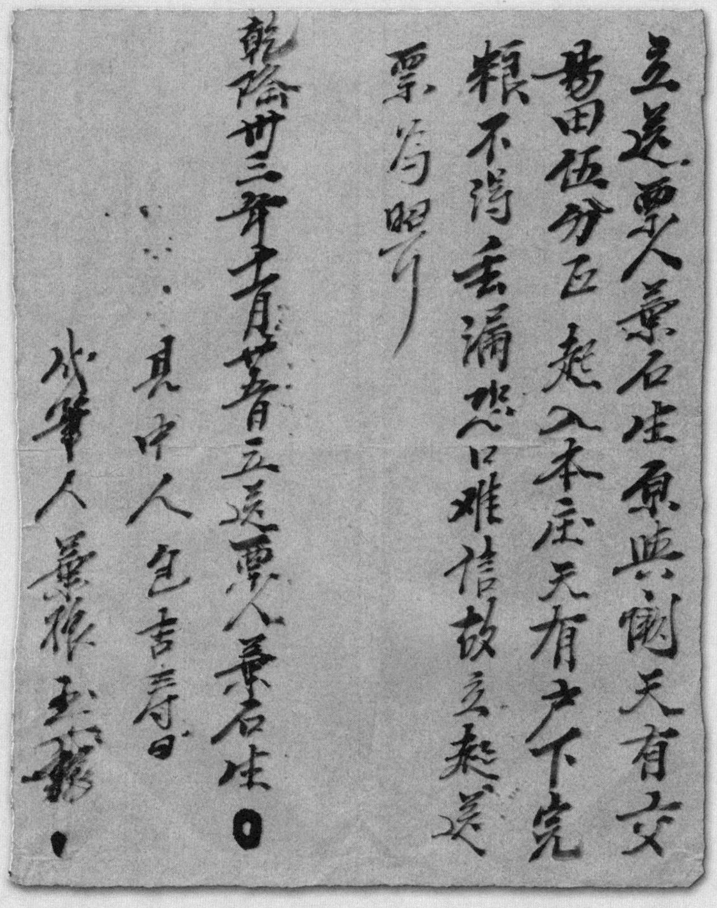

立送票人葉石生，原與闕天有交
易田伍分正，起入本庄天有户下完
粮，不得丢漏，恐口难信，故立起送
票為照。
乾隆卅三年十一月廿五日　立送票人　葉石生
見中人　包吉寿
代筆人　葉振玉

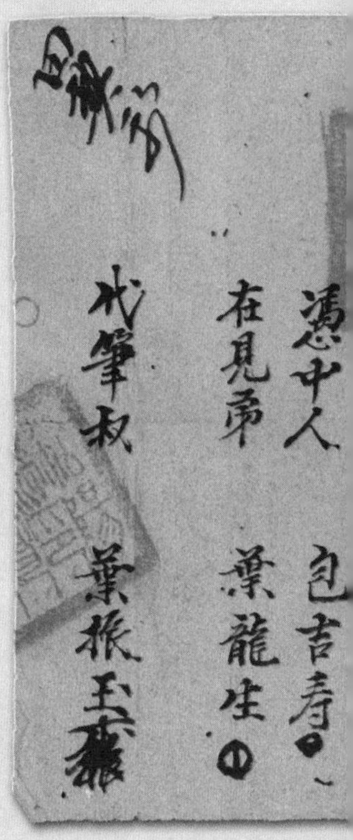

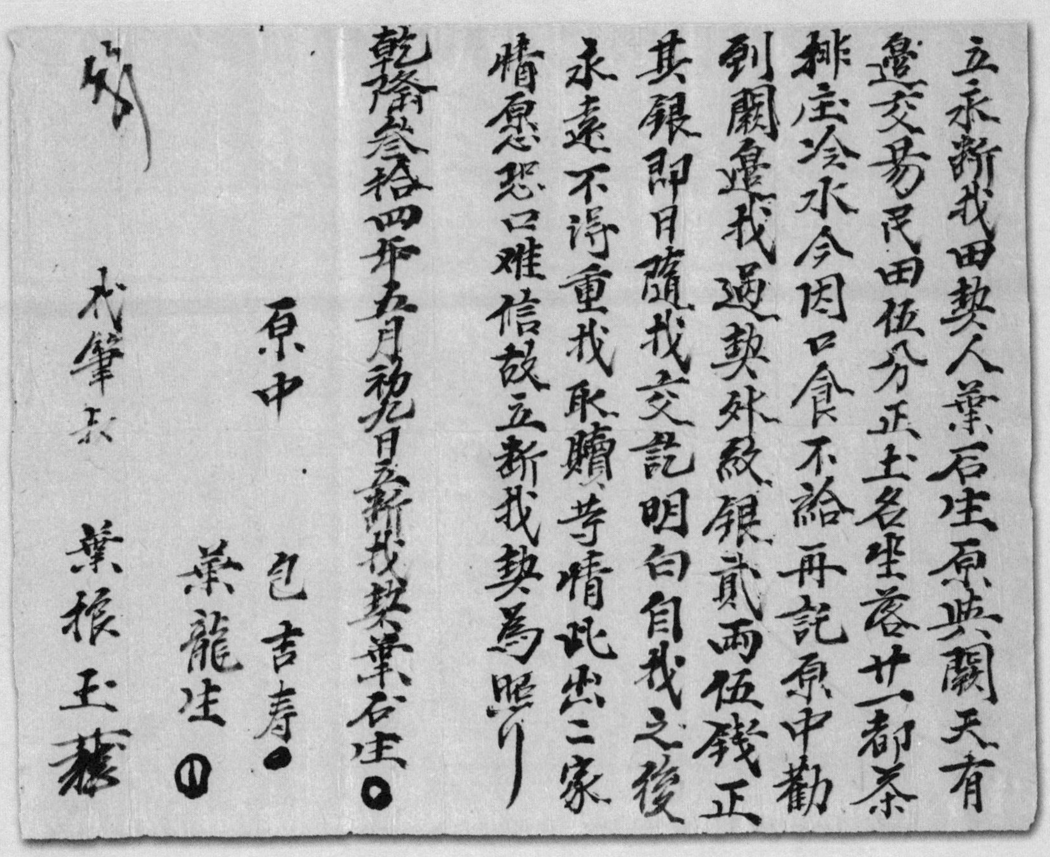

立永断找田契人葉石生，原與闕天有邊交易民田伍分正，土名坐落廿一都茶排庄冷水，今因口食不給，再託原中勸到闕邊，找過契外紋銀貳两伍錢正，其銀即日隨找交訖明白，自找之後，永遠不得重找取贖等情，此出二家情愿，恐口难信，故立断找契為照。

乾隆叁拾四年五月初九日　立断找契　葉石生

原中　包吉寿

葉龍生

代筆叔　葉振玉

立找田契人董增寿，原與闞天有交與［易］民田壹处，土名界至，前契載明，今因口食不缺［給］，情愿再托原中相劝闞边找出契外九七色銀壹两正，其銀即日交足，自找之後，任憑闞边永遠管業，董边日後再不敢異言所説，如有此色，甘受叠騙之罪，恐後無憑，立找田契為據。

乾隆叁拾肆年十二月廿五日　立找田契人　董增寿

增德

在見中　包吉寿

胡東寿

代筆　陳從利

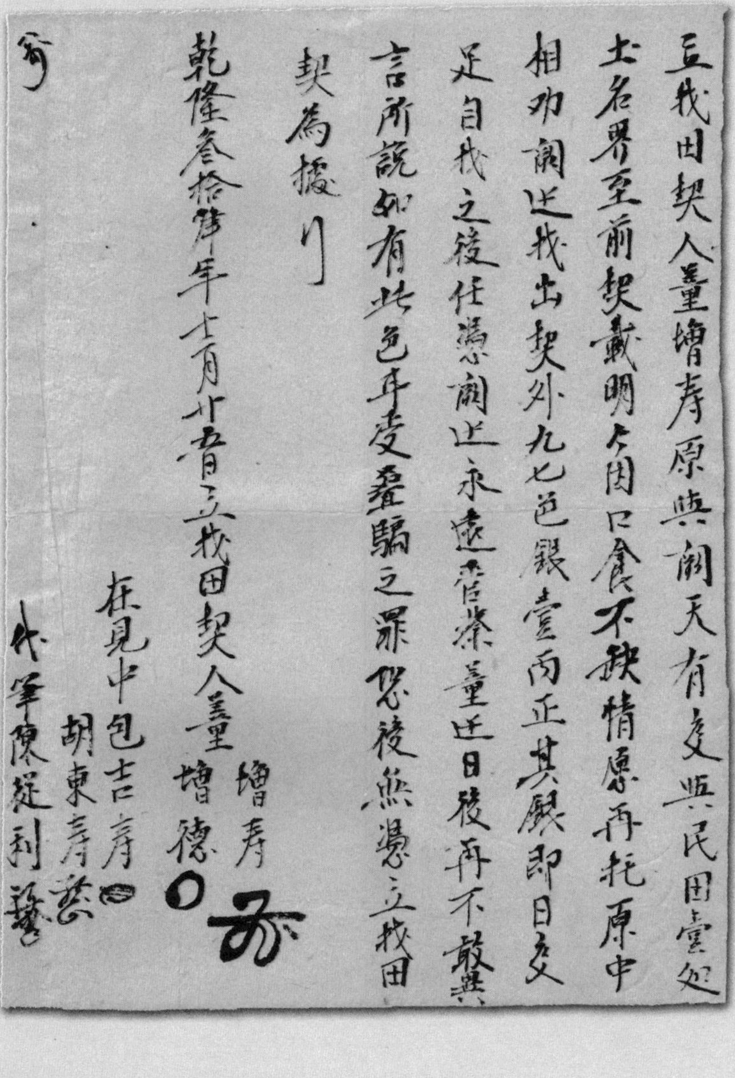

立賣田契人王天應仝姪祚桂，今因缺乏使用，自情愿将祖父遺下民田伍處，土名坐落茶排庄桐坑朱邊屋门口，上至闕邊衆田為界，下至王邊田為界，左至坑沿為界，右至王邊田為界，又壹处，屋後大小田叁坵，又弍处，土名坐落下坑子，大小田玖坵，又壹处，土名坐落壠子裡，上至、左至、右至俱係山脚為界，下至闕边田為界，又田壹坵，土名坐落楓樹下，共計額肆畝正，今俱四至界畝分明，自愿托中送與闕天有入首承買為業，當日三面言断，時值九七色銀伍拾陸两正，其銀即日隨契两相交足明白，其田自賣之後，任憑闕边推收過户，完粮起耕管業，王边叔姪不得異言阻执，所賣所買，二比情愿，並無逼抑債負等情，断根絕賣，日後再無零星所説，上下人等並無干涉，上手如有来歷不明，王边一力承當，不涉闕边之事，二家甘肯，各無反悔，今欲有憑，立賣田契付與闕边永遠為照。

在場中人　闕天龍

乾隆叁拾捌年二月初一日　立賣田契人　王天應

仝姪　王祚桂

代筆人　闕俊明

（契尾，乾隆叁拾玖年陸月）

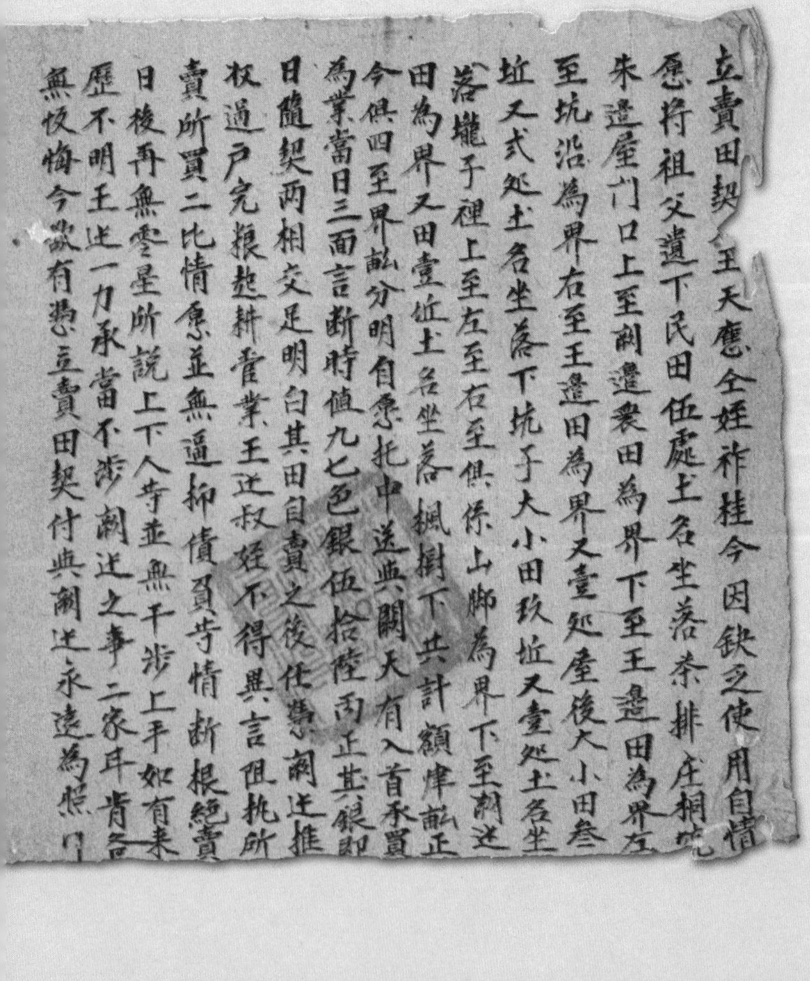
立賣田契人王天應仝姪祚桂今因缺乏使用自情
愿将祖父遺下民田伍處土名坐落茶排庄桐坑
朱邊屋门口上至闕邊衆田為界下至王邊田為界左
至坑沿為界右至王邊田為界又壹处屋後大小田叁
坵又弍处土名坐落下坑子大小田玖坵又壹处土名坐
落壠子裡上至左至右至俱係山脚為界下至闕边
田為界又田壹坵土名坐落楓樹下共計額肆畝正
今俱四至界畝分明自愿托中送與闕天有入首承買
為業當日三面言断時值九七色銀伍拾陸两正其銀即
日隨契两相交足明白其田自賣之後任憑闕边推
收過户完粮起耕管業王边叔姪不得異言阻执所
賣所買二比情愿並無逼抑債負等情断根絕賣
日後再無零星所説上下人等並無干涉上手如有来
歷不明王边一力承當不涉闕边之事二家甘肯各
無反悔今欲有憑立賣田契付與闕边永遠為照

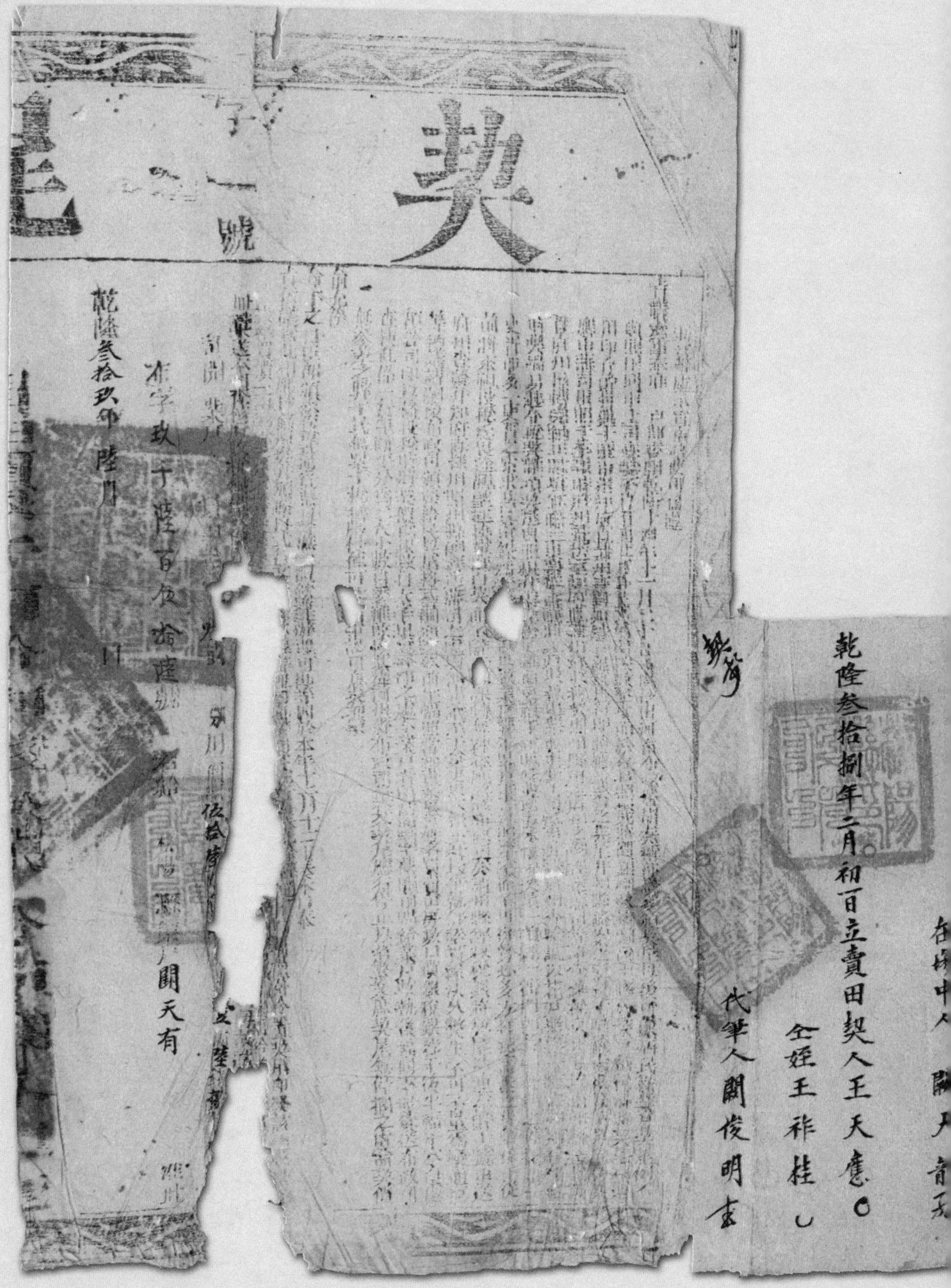
契

號

乾隆叁拾玖年陸月　日

布字玖千陸百伍拾陸號

業户闕天有

契符

乾隆叁拾捌年二月初一日立賣田契人王天恩

仝姪王祚桂

代筆人闕俊明

在場中人闕

立找田契人王天應仝姪祚桂，原與闕天有交易民田伍处，土名界至畝坵，原契載明，今因缺乏使用，自愿再托原中與闕边找出契外九七色銀弍拾肆两正，其銀即日隨契两相交足明白，其田自找之後，任憑闕边永遠管業，王边叔姪不得異言再找，如有此情，甘受重騙之罪，恐後無憑，立找田契為照。

乾隆叁拾捌年六月十六日　立找田契人　王天應

仝姪　王祚桂

在場中人　闕天龍

代筆人　闕俊明

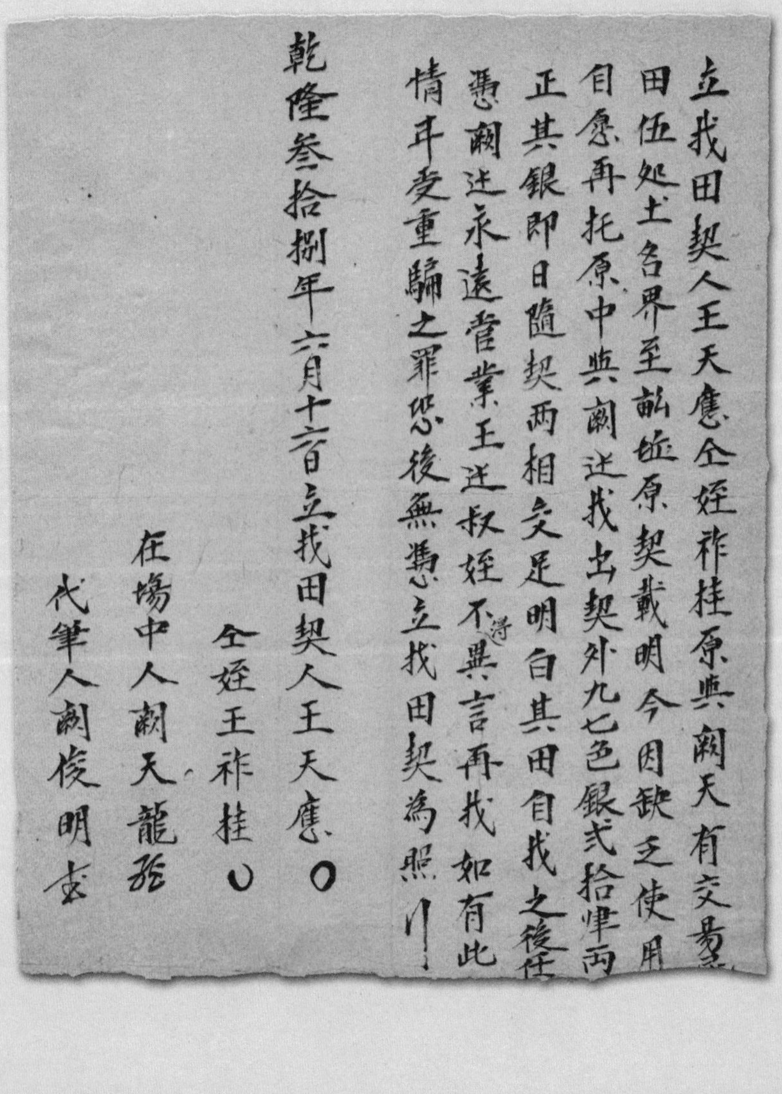
立找田契人王天應仝姪祚桂原與闕天有交易民田伍処土名界至畝坵原契載明今因缺乏使用自愿再托原中與闕边找出契外九七色銀弍拾肆两正其銀即日隨契两相交足明白其田自找之後任憑闕边永遠管業王边叔姪不得異言再找如有此情甘受重騙之罪恐後無憑立找田契為照

乾隆叁拾捌年六月十六日立找田契人王天應

仝姪王祚桂

在場中人闕天龍

代筆人闕俊明

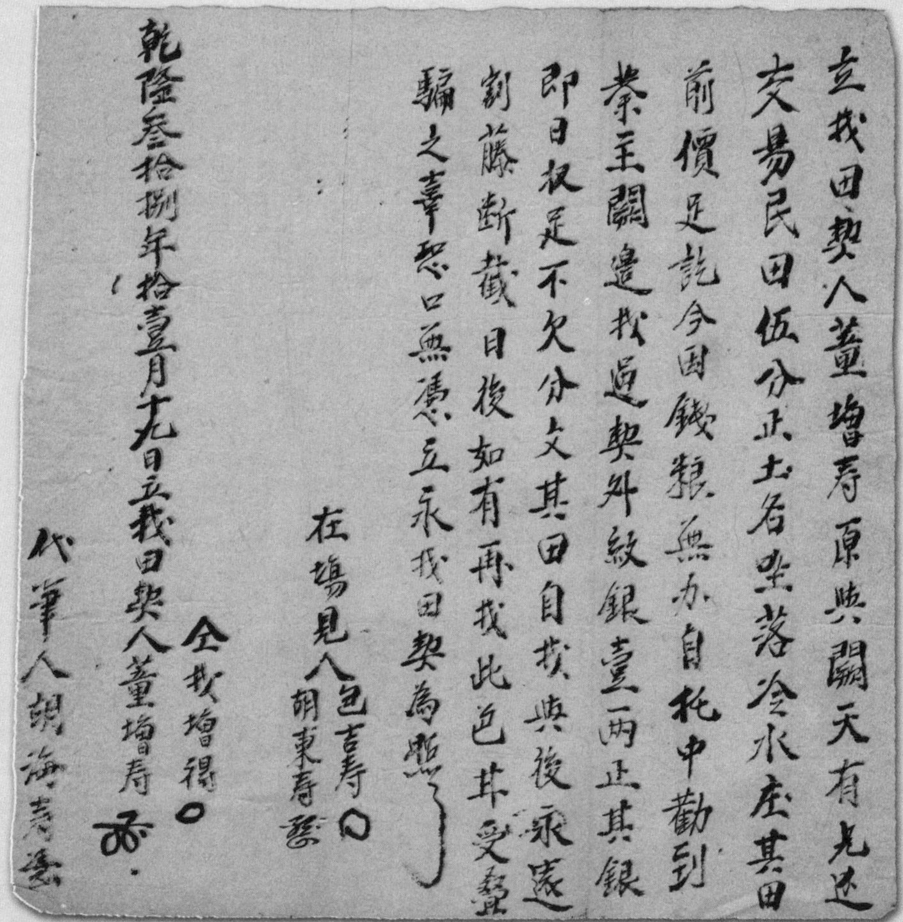

立找田契人董增寿，原與闕天有兄边交易民田伍分正，土名坐落冷水庄，其田前價足訖，今因錢粮無办，自托中勸到業主闕邊找過契外紋銀壹两正，其銀即日收足，不欠分文，其田自找與［以］後，永遠割藤断截，日後如有再找此色，甘受叠騙之辜，恐口無憑，立永找田契為照。

在塲見人　包吉寿

胡東寿

乾隆叁拾捌年拾壹月十九日　立找田契人　董增寿

仝找　增得

代筆人　胡海寿

立退字人王天應仝侄祢貴等日前與
闕天有邊交易民田壹契土名坐落
桐坑王屋門口在先荒地開出水田五
坵未載正契今因缺乏使用又託中將
田五坵一應退與闕天有管業當日收
邊工本銀伍兩正其銀即日親收其田任
從闕邊管業收租自退之後並無伯叔
兄弟爭執之理亦無重典文墨交加
如有此色二比情愿各無悔 恐口難
信立退字爲照

乾隆四拾五年十二月廿日立退字人王天應

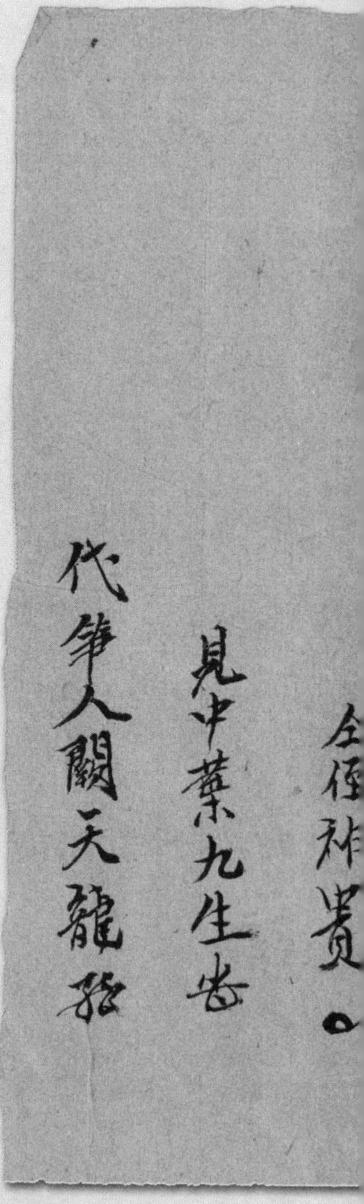


立退字人王天應仝侄祚貴等，日前與闕天有边交易民田壹契，土名坐落桐坑王屋門口，在先荒地開出水田五坵，未載正契，今因缺乏使用，又托中将田五坵一應退與闕天有管業，當日收過工本銀伍两正，其银即日親收，其田任從闕边管業收租，自退之後，並無伯叔兄弟争执之理，亦無重典文墨交加，如有此色，二此情愿，各無反悔，恐口难信，立退字爲照。

乾隆四拾五年十二月廿日　立退字人　王天應

仝侄　祚貴

見中　葉九生

代筆人　闕天龍

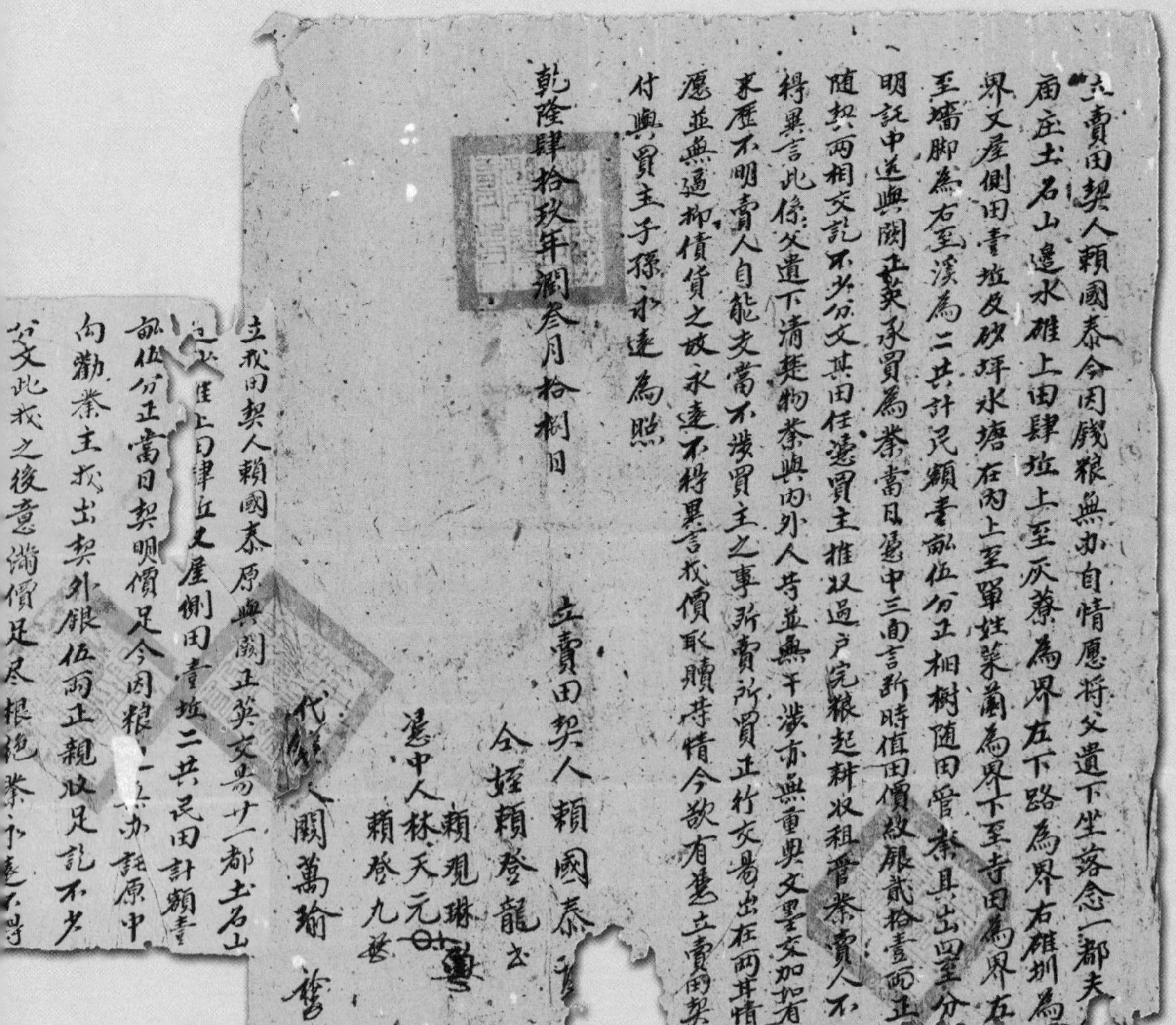

立賣田契人賴國泰今因錢粮無办自情愿将父遺下坐落念一都夫
廟庄土名山邊水碓上田肆坵上至灰蔡為界左下路為界右碓圳為
界又屋側田壹坵及砂坪水塘在内上至單姓菜園為界下至寺田為界左
至墻脚為右至溪為二共計民額壹畝伍分正相樹随田管業其出四至分
明託中送與闕正英承買為業當日憑中三面言斷時值田價紋銀貳拾壹兩正
随契兩相交訖不少分文其田任憑買主推收過户完粮起耕收租管業賣人不
得異言此係父遺下清楚物業與内外人等並無干涉亦無重典文墨交加如有
來歷不明賣人自能支當不涉買主之事所賣所買正竹交易出在兩其情
愿並無逼抑債貨之故永遠不得異言找價取贖等情今欲有憑立賣田契
付與買主子孫永遠為照

乾隆肆拾玖年閏叁月拾捌日

立賣田契人賴國泰（押）
仝姪賴登龍（押）
憑中人林天元（押）
賴觀琳（押）
賴登九（押）
代筆人闕萬瑜（押）

立找田契人賴國泰原典闕正英文昌廿一都土名山
邊[illegible]碓上田肆坵又屋側田壹坵二共民田計額壹
畝伍分正當日契明價足今因粮[illegible]無办託原中
向勸業主找出契外銀伍兩正親收足訖不少
分文此找之後意滿價足盡根絕業永遠不得

字　號　契

業戶　闕正央

價　伍千肆百

乾隆伍拾壹年　捌月

……等情，不遣並受疊騙之論，恐口

無憑，立找田契斷絕，永遠爲照。

乾隆肆拾玖年拾月初玖日立找田契人賴國泰（押）

仝侄賴登龍（押）

賴覌琳（押）

原中人林天元（押）

賴登九（押）

代筆人闕萬瑜（押）

（前頁）>>>>>

立賣田契人賴國泰，今因錢粮無办，自情愿将父遺下坐落念一都夫人廟庄，土名石山邊水碓上，田肆坵，上至灰寮為界，左下路為界，右碓圳為界，又屋側田壹坵，及砂坪水塘在内，上至單姓菜園為界，下至寺田為界，左至墻脚為（界），右至溪為（界），二共計民額壹畝伍分正，柏樹随田管業，具出四至分明，託中送與闕正英承買為業，當日憑中三面言断，時值田價紋銀貳拾壹两正，随契两相交訖，不少分文，其田任憑買主推收過户，完粮起耕，收租管業，賣人不得異言，此係父遺下清楚物業，與内外人等並無干涉，亦無重典文墨交加，如有来歷不明，賣人自能支當，不涉買主之事，所賣所買，正行交易，出在两甘情愿，並無逼抑債貨之故，永遠不得異言找價取贖等情，今欲有憑，立賣田契付與買主子孫永遠為照。

乾隆肆拾玖年潤［閏］叁月拾捌日　立賣田契人　賴國泰

仝姪　賴登龍

賴观琳

憑中人　林天元

賴登九

代筆人　闕萬瑜

（前頁）>>>>>

立找田契人賴國泰，原與闕正英交易廿一都土名山边水碓上田肆坵，又屋側田壹坵，二共民田計額壹畝伍分正，當日契明價足，今因粮迫無办，託原中向勸業主找出契外銀伍两正，親收足訖，不少分文，此找之後，意満價足，尽根绝業，永遠不得異言識認再找等情，如違，甘受叠騙之論，恐口無憑，立找田契断绝永遠為照。

乾隆肆拾玖年拾月初玖日　立找田契人　賴國泰

仝姪　賴登龍

賴覌琳

原中人　林天元

賴登九

代筆人　闕萬瑜

（契尾，乾隆伍拾壹年捌月）

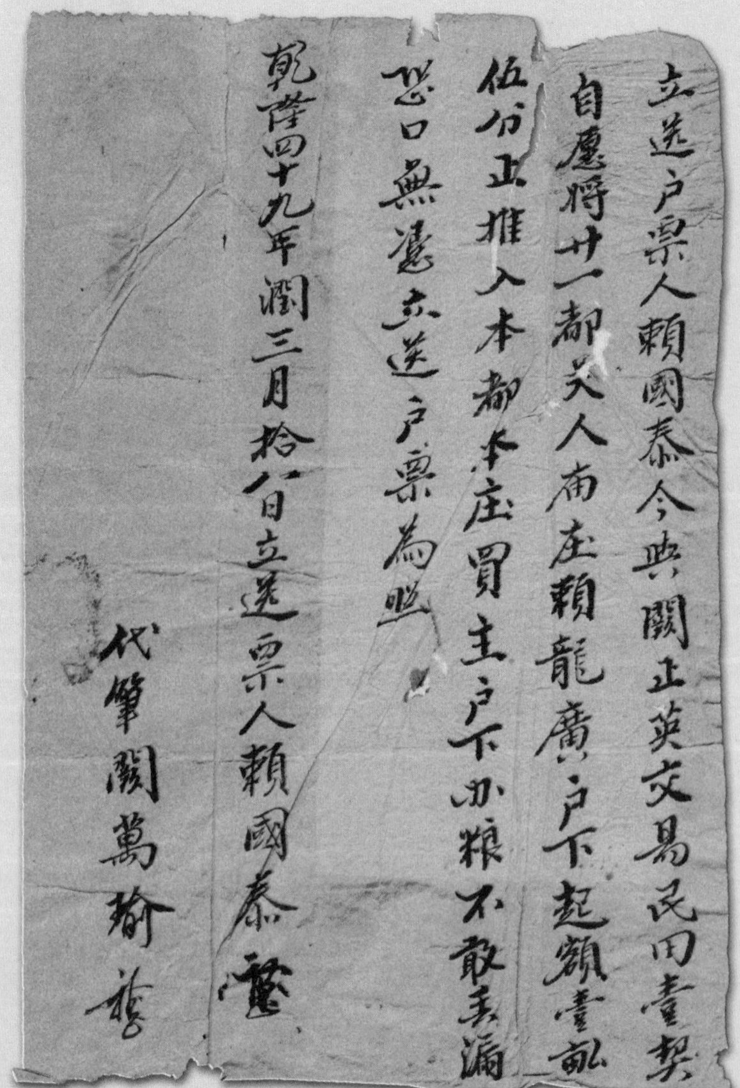

立送户票人賴國泰，今與闕正英交易民田壹契，
自愿将廿一都夫人庙庄賴龍廣户下起額壹畝
伍分正，推入本都本庄買主户下办粮，不敢丟漏，
恐口無憑，立送户票為照。
乾隆四十九年潤［閏］三月拾八日　立送票人　賴國泰
代筆　闕萬瑜

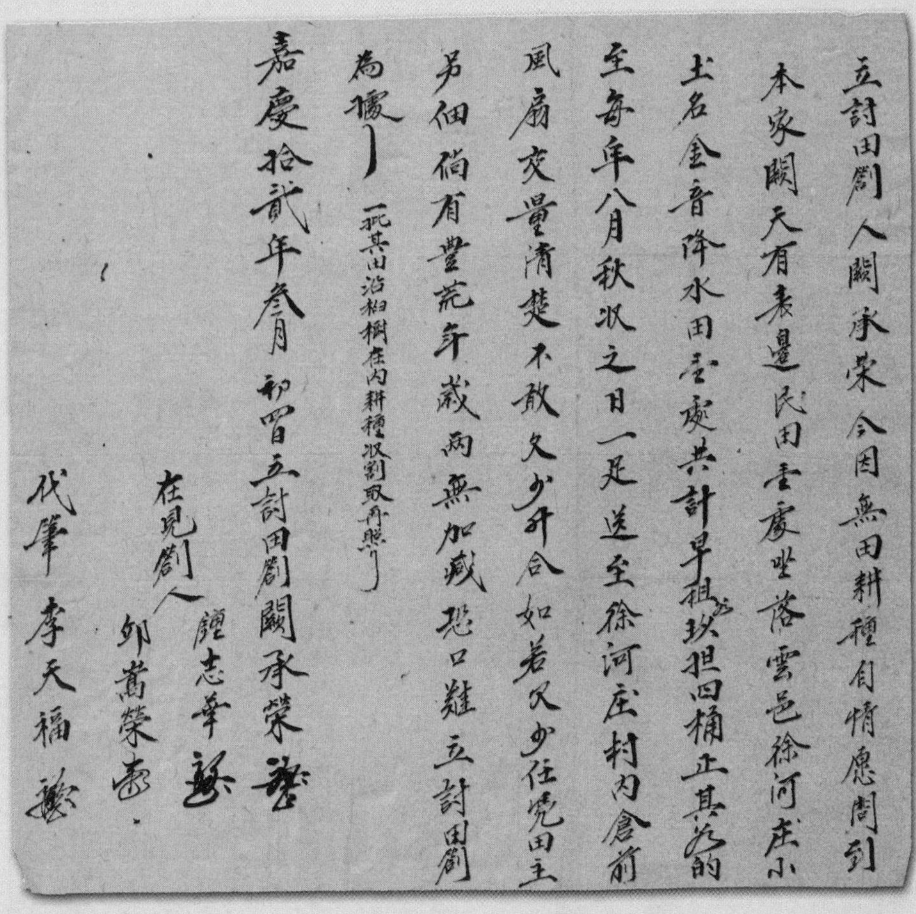

立討田劄人闕承荣，今因無田耕種，自情愿問到
本家闕天有表邊民田壹處，坐落雲邑徐河庄，小
土名金音降，水田壹處，共計早租谷玖担四桶正，其谷的
至每年八月秋收之日，一足送至徐河庄村内倉前
風扇交量清楚，不敢欠少升合，如若欠少，任凴田主
另佃，倘有豐荒年歲，两無加減，恐口難（信），立討田劄
為據。　一批田沿柏樹在内，耕種收割取，再照。
嘉慶拾貳年叁月初四日　立討田劄　闕承榮
在見劄人　鍾志華
邱嵩榮
代筆　李天福

立找斷截田契人謝德財原與闕天有交易民田壹契坐落雲邑九都茶鋪
杉樹坑尾安着，玆分界至前有正契載明，今因口食給廹，請託原中相勸業主找出
契外銅錢貳拾貳仟文正，其錢即日親收足訖，不得短少個文。自找之後，割藤斷絕，
永遠子孫無得異言識認等情，一找千休。如有此色，并受重複疊騙之論。恐口難
憑，故立找斷絕田契付與闕邊永遠子孫為照。

憑中見劉　元周（押）
　　　　　全周（押）

嘉慶拾陸年三月十一日立找斷截田契人謝德財〇

代筆人張元沛（押）

立送戶字人謝德財今有民田畝分謝陳武戶利分正送與闕天有戶下入冊辦粮不得
丟漏分釐，立送戶字為用。

在見劉元周（押）

嘉慶十陸年三月十一日立送戶字人謝德財〇

代筆張元沛（押）

（前頁）>>>>>

立找断截田契人謝德財，原與闕天有交易民田壹契，坐落雲邑九都茶鋪杉樹坑尾安着，畝分界至，前有正契載明，今因口食給迫，請托原中相勸業主，找出契外銅錢貳拾貳仟文正，其钱即日親收足訖，不得短少個文，自找之後，割藤断絕，永遠子孫無得異言識認等情，一找千休，如有此色，甘受重復叠騙之論，恐口难凴，故立找断绝田契付與闕邊永遠子孫為照。

凴中見　劉元周

全周

嘉慶拾陸年三月十一日　立找断載〔截〕田契人　謝德財

代筆人　張元沛

立送户字人謝德財，今有民田亩分謝陳武户捌分正，送與闕天有户下入册办粮，不得丢漏分厘，立送户票為用。

在見　劉元周

嘉慶十陆年三月十一日　立送户字人　謝德財

代筆　張元沛

立杜找田契人闕永壽原因日前與本家德珅叔手交易民田壹契坐落念壹都
夫人廟庄土名桂山頭安着上下計水田貳處其田界至畝分前有正契載明今因缺用
自請原中向到業主德珅叔手內找過契外銅錢叁拾貳仟文正其錢即日兩相
交訖不欠個文其田自找與後任從買主子孫永遠管業賣人不敢異言識認找
價取贖等之理其田一賣一找兩相心愿一找千休割藤斷絕如違甘受疊騙之
論言三語四等情今欲有憑恐口難信故立找契付與買主子孫永遠管業為
據

一批契內註有業字一個再照

道光貳年十弍月廿六日

立杜找契人 闕永壽

見找弟 闕永煥

原中 闕鳳奎

闕永魁

代筆 闕獻奎

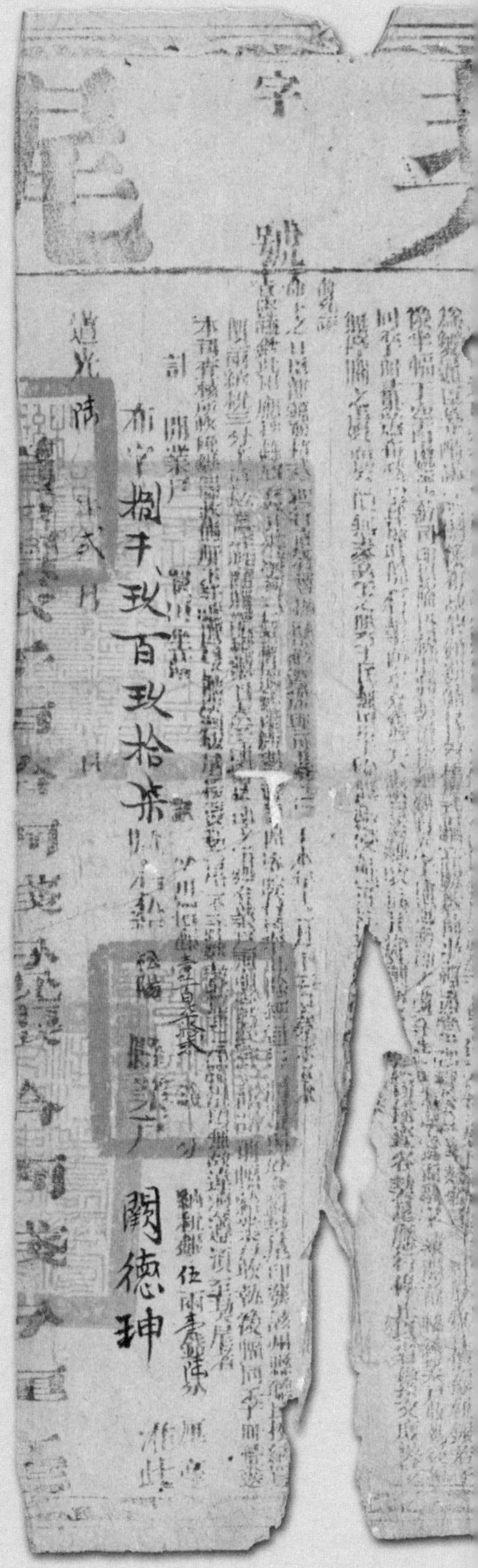

立杜找田契人闕永壽，原因日前與本家德珅叔手交易民田壹契，坐落念壹都夫人庙庄，土名桂山頭安着，上下計水田貳處，其田界至畝分，前有正契載明，今因缺用，自請原中向到業主德珅叔手內，找遏契外銅錢叁拾貳仟文正，其錢即日兩相交訖，不欠個文，其田自找与［以］後，任從買主子孫永遠管業，賣人不敢異言識認找價取贖等之理，其田一賣一找，两相心愿，一找千休，割藤断絕，如違，甘受叠騙之論，言三語四等情，今欲有凴，恐口難信，故立找契付與買主子孫永遠管業為據。

一批契内注有業字一個，再照。

道光貳年十弍月廿六日　立杜找契人　闕永壽

見找弟　闕永煥

原中　闕鳳奎

闕永魁

代筆　阙献奎

（契尾，道光陆年弍月）

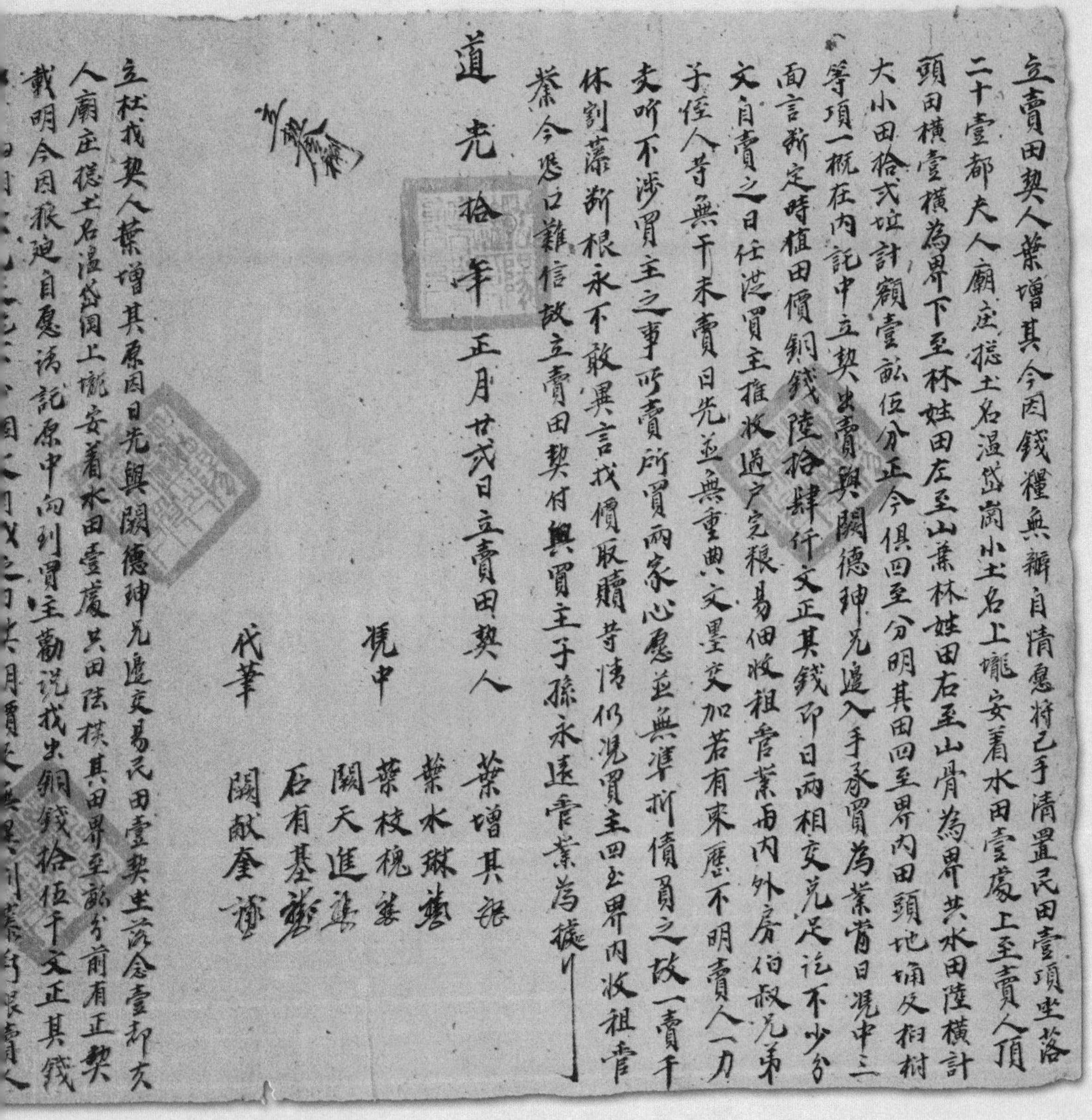

立賣田契人葉增其今因錢糧無辦自情愿將己手清置民田壹項坐落
二十壹都夫人廟庄揺土名温岱崗小土名上壢安着水田壹處上至賣人頂
頭田橫壹橫為界下至林姓田左至山業林姓田右至山骨為界共水田陸橫計
大小田拾弍坵計額壹畝伍分正今俱四至分明其田四至界內田頭地塝及栢樹
等項一概在內託中立契出賣與闕德珅兄邊入手承買為業當日憑中三
面言斷定時植田價銅錢陸拾肆仟文正其錢即日兩相交兑足訖不少分
文自賣之日任從買主推收過户完粮易佃收租管業再內外房伯叔兄弟
子侄人等無干未賣日先並無重典文墨交加若有來歷不明賣人一力
支解不涉買主之事所賣所買兩家心愿並無準折債負之故一賣千
休割藤斷根永不敢異言找價取贖等情仍憑買主四至界內收租管
業今恐口難信故立賣田契付與買主子孫永遠管業為據

道光拾年正月廿弍日立賣田契人 葉增其

憑中 葉木琳
葉枝槐
闕天進
石有基

代筆 闕献奎

立杜找契人葉增其原因日先與闕德珅兄邊交易民田壹契坐落念壹都夫
人廟庄揺土名温岱岡上壢安着水田壹處其田陸橫其田界至畝分前有正契
載明今因粮迫自愿請託原中向到買主勸説找出銅錢拾伍千文正其錢

界内仍從買主收租管業賣人不得异言滋端今恐口難信故立杜找契付与
買主子孙永遠管業為據

道光拾年叁月廿陆日 立杜找契人 葉增其

原中 葉水琳
葉枝槐
闕天進
石有基

代筆 闕猷奎

（前頁）>>>>>

立賣田契人葉增其，今因錢糧無辦，自情愿将己手清［親］置民田壹項，坐落二十壹都夫人廟庄，總土名温岱崗，小土名上壠，安着水田壹處，上至賣人頂頭田横壹横為界，下至林姓田，左至山兼林姓田，右至山骨為界，共水田陸横，計大小田拾弍坵，計額壹畝伍分正，今俱四至分明，其田四至界内，田頭地角，及柏树等項，一概在内，託中立契，出賣與闕德珅兄邊入手承買為業，當日凴中三面言断，定時值田價銅錢陸拾肆仟文正，其錢即日两相交兑足訖，不少分文，自賣之日，任從買主推收過户，完粮易佃，收租管業，与内外房伯叔兄弟子侄人等無干，未賣日先，並無重典文墨交加，若有來歷不明，賣人一力支听，不涉買主之事，所賣所買，两家心愿，並無凖折債負之故，一賣千休，割藤断根，永不敢異言找價取贖等情，仍［任］凴買主四至界内收租管業，今恐口難信，故立賣田契付與買主子孫永遠管業為據。

道光拾年正月廿弍日　立賣田契人　葉增其

葉水琳

凴中　葉枝槐

闕天進

石有基

代筆　闕献奎

（前頁）>>>>>

立杜找契人葉增其，原因日先與闕德珅兄邊交易民田壹契，坐落念壹都夫人廟庄，總土名溫岱崗上壠，安着水田壹處，共田陆横，其田界至畝分，前有正契載明，今因粮迫，自愿请託原中向到買主勸说，找出銅錢拾伍千文正，其錢即日两相交兑足讫，不少個文，自找之日，契明價足，無異割藤断根，賣人永不敢言称識認找價取贖等情，如違，甘受叠騙之論，此找之日，其田四至界内仍［任］從買主收租管業，賣人不得异言滋端，今恐口難信，故立杜找契付与買主子孙永遠管業為據。

道光拾年叁月廿陆日　立杜找契人　葉增其

葉水琳

原中　葉枝槐

闕天進

石有基

代筆　闕獻奎

（契尾，道光拾弍年又玖月）

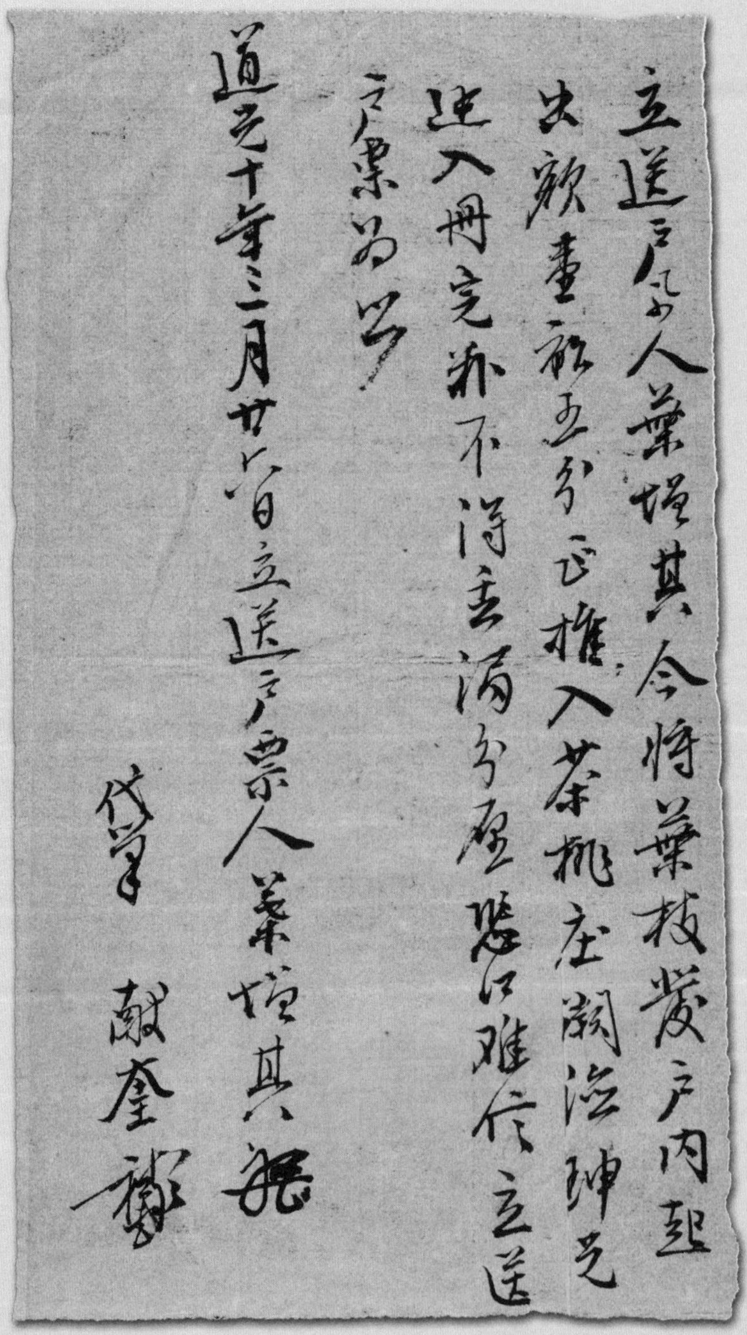

立送户票人葉增其，今将葉枝發户内起
出额壹畝五分正，推入茶排庄阙德珅兄
边入册完粮，不得丢漏分厘，恐口难信，立送
户票为照。
道光十年三月廿六日　立送户票人　葉增其
代筆　献奎

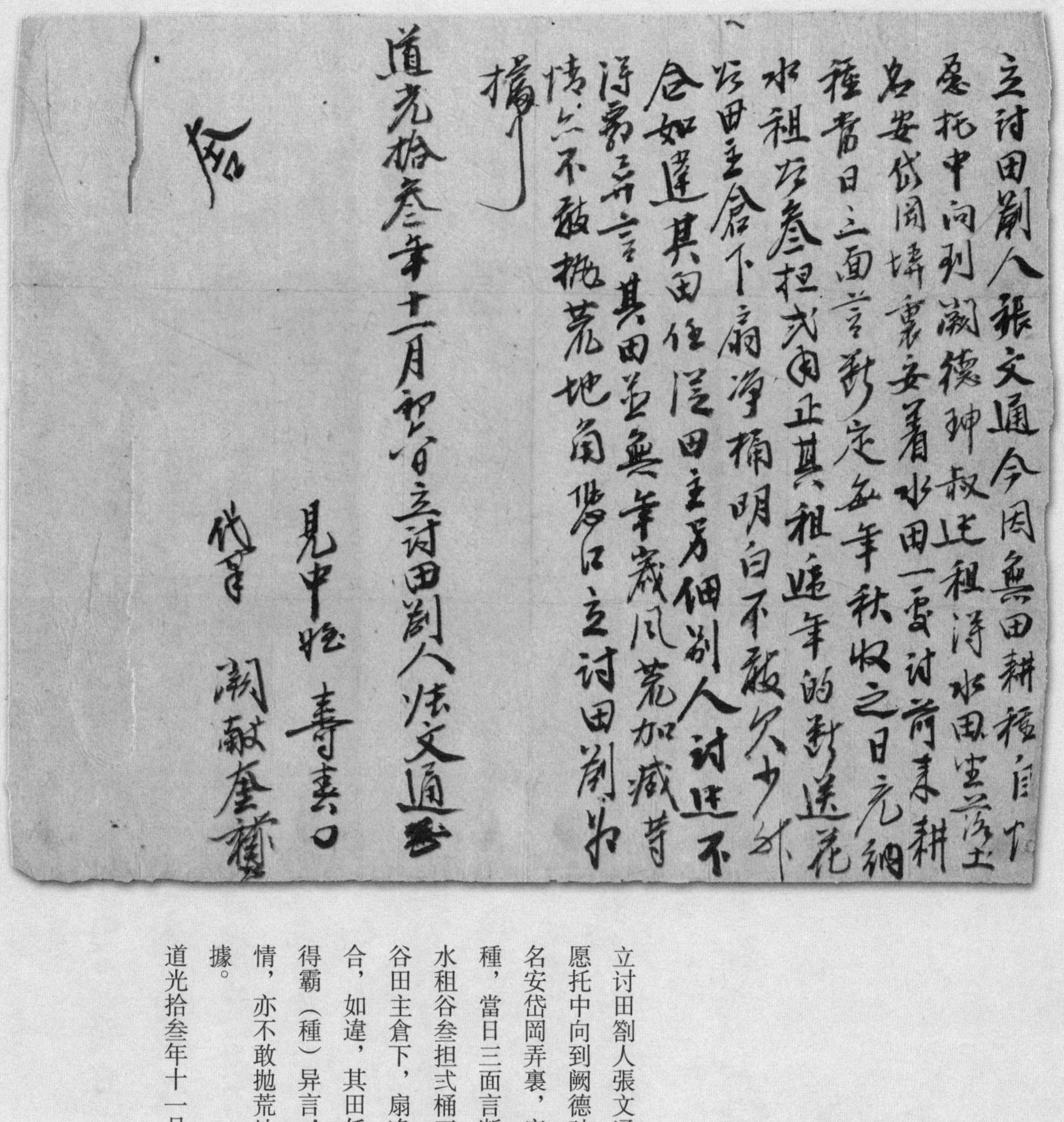

立讨田劄人張文通，今因無田耕種，自情
愿托中向到阙德珅叔边租得水田，坐落土
名安岱岡弄裏，安着水田一處，讨前来耕
種，當日三面言断，定每年秋收之日充纳
水租谷叁担弍桶正，其租遞年的断送花
谷田主倉下，扇净桶（量）明白，不敢欠少升
合，如違，其田任從田主另佃别人，讨边不
得霸（種）异言，其田並無年歳风［豐］荒加减等
情，亦不敢抛荒地角，恐口（無憑），立讨田劄为
據。

道光拾叁年十一月初六日　立讨田劄人　张文通

見中姪　壽春

代筆　阙献奎

立賣山塲契胡冬祿今因口食無粮自愿將日先伯手買得民山一處坐
落松邑廿一都石倉源土名茶排庄塆里闕宅屋後山一片上至王姓山下至闕
宅屋後堪左至闕姓己山右至胡祖坟外堪為界今俱四至分明計額一分正
自託房兄向与闕德珮伯四房等全買為業當日面斷時值山價銅
錢伍千伍伯文正即日當面契錢兩交親收清白其山任憑買主执契
推稅入冊管什搖蓄養松杉雜木茶子桐竹棕椿一應在內收管胡邊不
敢阻滞物業清楚伯叔兄弟子侄孫等内外無諍日先並未交墨文加
來歷不明賣人一力自己成當不碍買之事契明價足永遠不敢找贖自
是愿賣不敢悔恐口難信立賣斷截山契付与買主子孫永遠存
據為照

道光拾伍年二月廿六日立賣斷截山塲契胡冬祿（押）

見中胡有全（押）

代筆胡有旺（押）

合

（前頁）>>>>>

立賣山場契胡冬禄，今因口食無粮，自愿将日先伯手買得民山一處，坐落松邑廿一都石倉源，土名茶排塆里闕宅屋後山一片，上至王姓山，下至闕宅屋後墈，左至闕姓己山，右至胡祖坟外墈為界，今俱四至分明，計額一分正，自託房兄向與闕德珮伯四房等仝買為業，當日面断，時值山價銅錢伍千伍伯文正，即日當面契錢两交，親收清白，其山任凴買主执契投稅，入册管（業），仟［扦］掘篛養松杉雜木，茶子桐竹棕椿，一應在内收管，胡边不敢阻滞，物業清楚，伯叔兄弟子侄孫等内外無涉，日先並未文墨交加，来歴不明，賣人一力自己成［承］當，不碍買（主）之事，契明價足，永遠不敢找贖，自是愿賣，不敢反悔，恐口难信，立賣断截山契付交買主子孫永遠存據為照。

道光拾伍年二月廿六日　立賣断截山塲契　胡冬禄

凴中　胡有全

代筆　胡有旺

立討田劄基地灰寮薑池水塘等字人
賴学云今因無田耕作自情愿问到
闕洛坤兄边討得水田一處坐落土名
山边水碓面大路外手安着又毗連上手
灰寮牛欄薑池共三間基地在内又坐落
住屋外應河沿孔頭面砂坪一塊又洗
砂水塘田一丘又堪外田一丘共計四處討
前来耕作當日面言定每年秋收之
日充納水租谷叁担式桶正其租谷
挑送至田主倉前交量不敢欠
少如違其田灰寮等處任凭田主起
耕改佃討人不得异言要耕等情
恐口無凭立討田劄為據

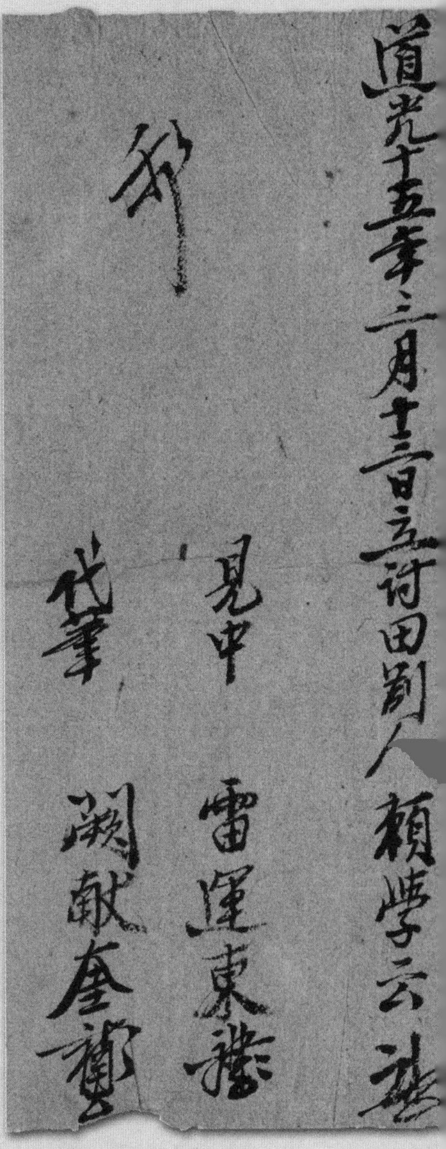


立讨田劄基地灰寮糞池水塘等字人
賴学云，今因無田耕作，自情愿问到
闕德珅兄边讨得水田一處，坐落土名
山边水碓面大路外手安着，又毗連上手
灰寮牛欄糞池共三间基地在内，又坐落
住屋外片河沿扎頭面砂坪一塊，又洗
砂水塘田一丘，又埆外田一丘，共计四處，讨
前来耕作，当日（三）面言定，每年秋收之
日充纳水租谷叁担弍桶正，其租谷
遞年送至田主倉前交量，不敢欠
少，如違，其田灰寮等处，任凴田主起
耕改佃，讨人不得异言霸耕等情，
恐口無凴，立讨田劄为據。
道光十五年三月十三日　立讨田劄人　賴學云
見中　雷運東
代筆　闕献奎

立杜找田山契人邱新貴，原因日前與闕德珅兄邊交易田併山壹契，坐落念壹都夾人廟庄，土名下包任横屋下手安着水田壹坵，又坐落社公門口上庄内向安着水田壹坵，又毗連右向民山壹處，其田山場等處界至畝分前有正契載明。今因年歲荒歉，無錢應用，自請原中向到買主德珅兄迁勸說，理明找出契外銅錢貳仟伍佰文正，其錢即日隨找契兩相交訖，不欠分文。自找之日，契明價足，其田山四至界内荒熟等項樹木一應在内，賣人永不敢言稱識認割藤斷根，任憑買主易佃耕種，收租管業，賣人不得異言等情，如違愿甘坐罪。今恐口難信，故立杜找田山契付與買主子孫永遠收租管業為據。

道光拾伍年 正陸月廿九日 立杜找田山契人 邱新貴（押）

弟 新達（押）

見原中 姪 槐聰（押） 槐松（押）

原中 胡其捷（押） 闕天進（押）

代筆 闕獻奎（押）

（前頁）>>>>>

立杜找田山契人邱新貴，原因日前與闕德珅兄邊交易田併山壹契，坐落念壹都夫人庙庄，土名下包住横屋下手，安着水田壹坵，又坐落社公门口上片内向，安着水田壹坵，又毗連后向民山壹處，其田山塲等處，界至畝分，前有正契載明，今因年歲荒歉，無錢应用，自请原中向到買主德珅兄边勸説理明，找出契外銅錢貳仟伍伯文正，其錢即日隨找契兩相交讫，不欠分文，自找之日，契明價足，其田山四至界内荒熟等項，樹木一應在内，賣人永不敢言称識認，割藤断根，任凴買主易佃耕種，收租管業，賣人不得異言等情，如違，愿甘坐罪，今恐口難信，故立杜找田山契交与買主子孙永遠收租管業为據。

道光拾伍年正陸月廿九日　立杜找田山契人　邱新貴

弟　新達

見原中姪　槐聰

槐松

原中　胡其發

闕天進

代筆　闕献奎

立出拚杉樹批字人葉金富仝弟金發天盛三房等原因
祖手置有民山壹處坐落土名張歇塘安着其山本先出批與
林登養前去栽種杉樹其批栽約與山主叁椋均分同栽種
人自道光拾玖年間將工本柴分杉樹立批出拚與闕德坤兄
迭承拚去了其杉樹價錢前有批約載定系二分因三房人等
將山祖杉樹叁分托中立出拚與闕德坤兄入手承拚篆恭當
日三面言斷定杉樹價銅錢壹千肆伯柒拾文正其價錢即日
隨批收訖不少分文其山上下兩至俱係青山為界左至闕
天民拚杉樹右至青山為界又並落茲面安着杉樹壹塊上至青山下
至坑左至天民拚杉樹為界右至青山為界其杉樹式塊今俱四至分
明三房人等自拚之后其式塊杉樹四至界內任從承主籙養鐫
大數年擇日砍伐做料搬運如有此色等情三房人等自己支吥
不干承拚錢主之事一拚一承兩無反悔等語其界內杉樹葉任子孫
杉竹砍伐如有登山砍伐查出任憑錢主闕迭公論賠賞恐口難憑
故立出拚杉批字為據

道光廿弍年弍月拾弍日立出拚杉樹批字人三房 葉金富（押） 金發（押） 天盛（押）

見中 林登養（押） 林嘉應（押）

代筆 闕献奎（押）

（前頁）>>>>>

立出拚杉樹批字人葉金富仝弟金發、天盛三房等，原因祖手置有民山場，坐落總土名猪歇塲，安着其山，年先出批与林登養前去栽種杉樹，其批載约与山主叁柒均分，因栽種人自道光拾玖年间将工本柒分杉樹，立批出拚與闕德珅兄边承拚去了，其杉樹價錢前有批约載定無异，兹因三房人等将山租杉樹叁分，托中立出拚与闕德珅兄入手承拚簶养，当日三面言斷，定杉樹價銅錢壹千肆伯柒拾文正，其價錢即日隨批兩相交讫，不少分文，其山上下两至俱係青山为界，左至闕天民拚杉树，右至青山为界，又坐落□面，安着杉樹壹塊，上至青山，下至坑，左至天民拚杉樹为界，右至青山为界，共杉树弍塊，今俱四至分明，三房仝等，自拚之后，其弍塊杉树四至界内，任從承主簶養□大数年，择日砍伐做料發運，如有此色等情，三房人等自己支听，不干承拚錢主之事，一拚一承，兩無反悔等语，其界内杉樹，葉边子孙私行砍伐，如有登山砍伐，查出任凴錢主闕边公論赔赏［償］，恐口難信，故立出拚杉樹字为據。

金發

道光廿弍年弍月拾弍日　立出拚杉树批字人　三房　葉金富

天盛

見中　林登養

林嘉应

代筆　闕献奎

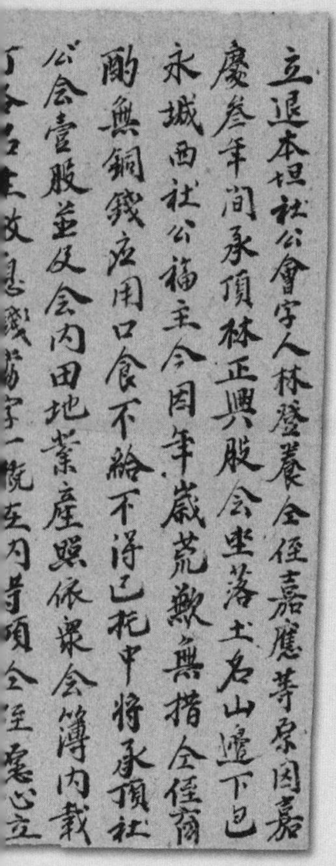
立退本坦社公會字人林登蓑全侄嘉應等原因嘉
慶叁年間承頂林正興股会坐落土名山邉下邑
永城西社公福主今因年歲荒歉無措仝侄商
酌無銅錢应用口食不給不得已托中将承頂社
公会壹股並及会内田地業産照依衆会簿内載
[illegible]

立當杉樹字人葉金章，今因無錢应用，自愿将己手民山栽插杉樹壹塊，坐落廿一都夫人庙庄，土名朱歇塲口安着，上至空山，下至坑，内至坑，外至林姓栽扦杉樹为界，今俱四至分明，托中立字，出當與闕翰培兄边，当出銅錢本壹千文正，其錢利即日面言，每千每月行利加弍五起息，其錢并本利不得拖欠分文，如違，其当尽處界内，任從錢主前去作拚砍伐，歸还本利清款，當人不敢异言執留等语，今恐口難信，故立当杉樹為據。

道光弍十弍年五月初五日　立當杉樹字人　葉金章

見中　葉海炎

代筆　闕獻奎

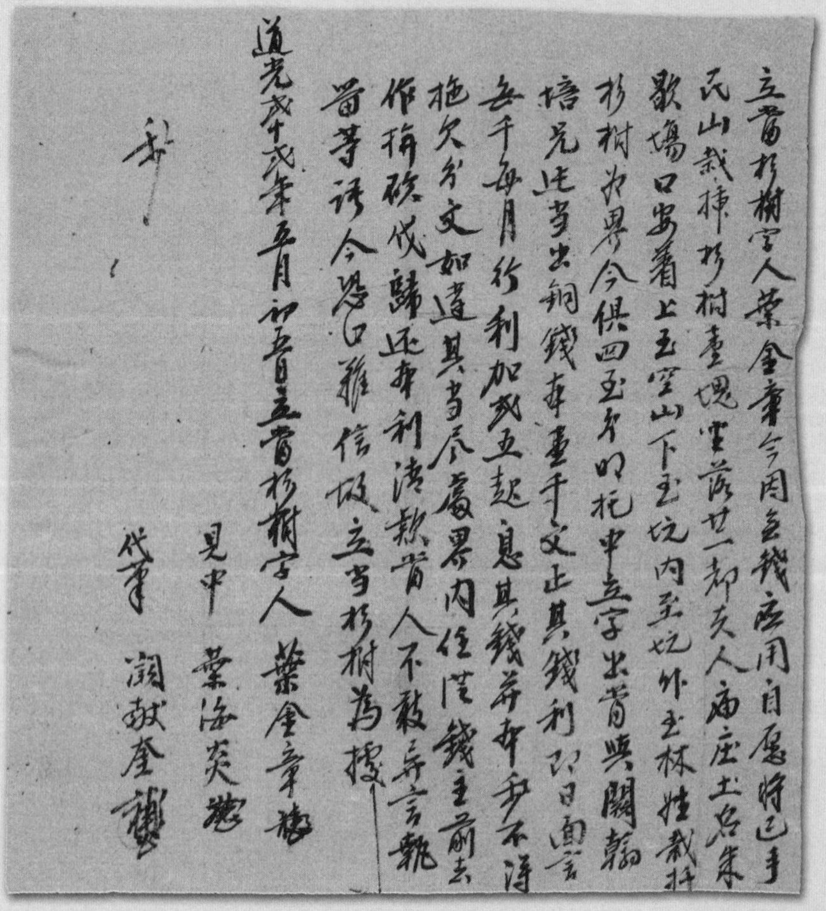
立當杉樹字人葉金章今因無錢应用自愿将己手民山栽插杉樹壹塊坐落廿一都夫人庙庄土名朱歇塲口安着上至空山下至坑内至坑外至林姓栽扦杉樹为界今俱四至分明托中立字出當與闕翰培兄边当出銅錢本壹千文正其錢利即日面言每千每月行利加弍五起息其錢并本利不得拖欠分文如違其当尽處界内任從錢主前去作拚砍伐歸还本利清款當人不敢异言執留等语今恐口難信故立当杉樹為據
道光弍十弍年五月初五日立當杉樹字人葉金章
見中葉海炎
代筆闕獻奎

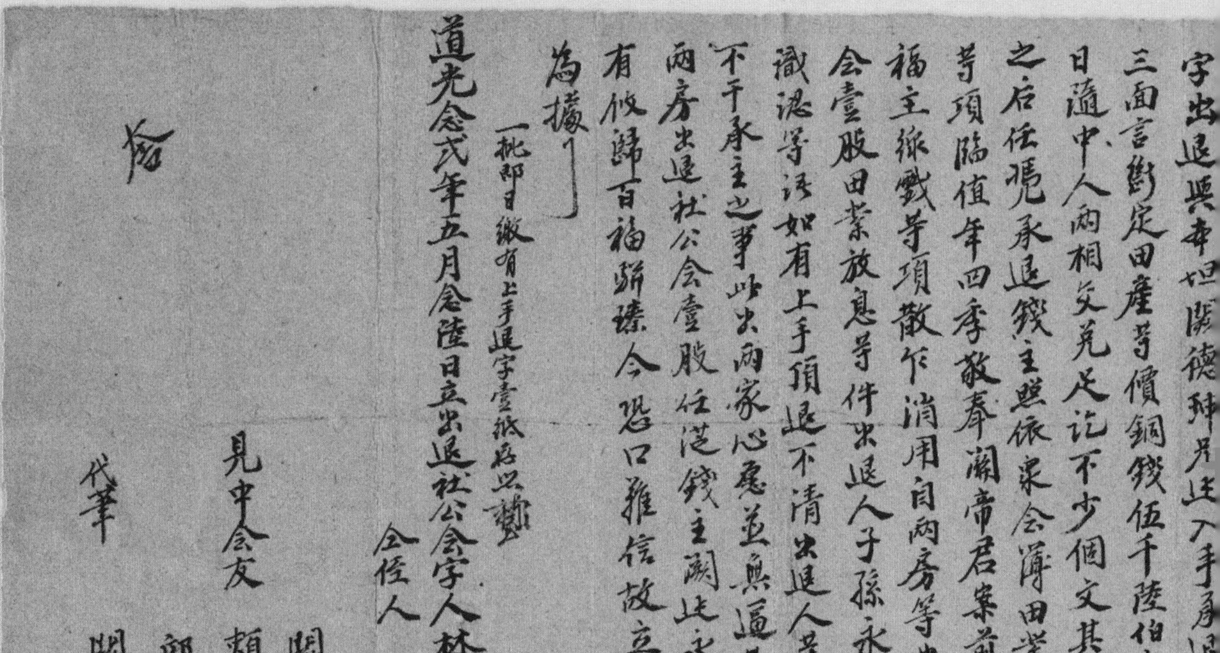

立退本坦［壇］社公會字人林登養仝侄嘉應等，原因嘉慶叁年间，承頂林正興股会，坐落土名山邊下包永城西社公福主，今因年歲荒歉無措，仝侄商酌，無銅錢应用，口食不給，不得已托中将承頂社公会壹股並及会内田地業產，照依衆会簿内載订各名生放息錢、當字一概在内等項，仝侄愿心立字，出退與本坦［壇］闕德珅兄边入手承退，當日凴中三面言斷，定田產等價銅錢伍千陸伯文正，其錢即日隨中人两相交兑足讫，不少個文，其会自等退之后，任凴承退錢主照依衆会簿田業生放当據等項，臨值年，四季敬奉關帝君案前演戲，社公福主線戲等項，散乍［阼］消用，自两房等出退之后，其会壹股田業放息等件，出退人子孫永不敢异言識認等语，如有上手頂退不清，出退人等自能支听，不干承主之事，此出两家心愿，並無逼勒等情，自两房出退社公会壹股，任從錢主闕边永遠子孫福有攸歸，百福駢臻，今恐口難信，故立出退会字為據。

一批即日缴有上手退字壹纸，存照。

道光念弍年五月念陸日　立出退社公会字人　林登養

仝侄人　嘉應

闕德富

見中会友　賴學喬

邱新貴

代筆　闕献奎

立賣田契人劉有富今因無銅錢應用自心愿將己手置有民田坐落二十
壹都夫人廟庄揽土名石岩下小土名中心崗安着民田壹坵上至闞姓
田下至買主田併山骨左至買主田右至闞姓田併山骨為界今俱四至分明
又坐落土名石巖下潘姓住屋側左片安着民田壹坵上下兩至俱係闞
姓田左至闞姓田右至林姓田為界今具四至分明共田貳處計額肆分整
[illegible]界內荒坪地角樹木在內憑託中立契出賣与闞德坤兄邊承買為
業當日憑中三面言斷定日值田價銅錢壹拾肆仟文正其錢即日隨中人
兩家交兑足訖不少個文自賣之后任從買主推收過户完粮当佃耕種
收租管業原係己手清[illegible]白內外房親伯叔兄弟子侄人等並無
干碍未賣日先亦無典當交墨交加若有來歷不明賣人自能支所不[illegible]
買主之事所賣所買兩家心愿並無逼勒準折債負之故其田此賣之日
賣人永不敢异言識認言找言贖之理任從買主前去修整管業今恐口
難信故立賣田契交与買主子孫永遠耕種收租管業為據

道光貳拾伍年 貳月初捌日 立賣田契人 劉有富（押）

在場嫡侄 正奎（押）

憑中 蔡長德（押）

代筆 闞献奎（押）

立杜找田契人劉有富原因日先與闞德坤兄邊交易民田壹契坐落二十壹
都夫廟庄揽土名石巖下小土名中心崗安着水田壹坵又坐落土名石岩下
潘姓住屋側左片安着水田壹坵共民田貳處其田界至畝分前有正契載明
因耕種缺乏銅錢應用心愿託請原中向到買主德坤兄邊勸說再找出
[illegible]錢叁千貳[illegible]文正其錢即日隨原中筆兩家訖不少個文其田出

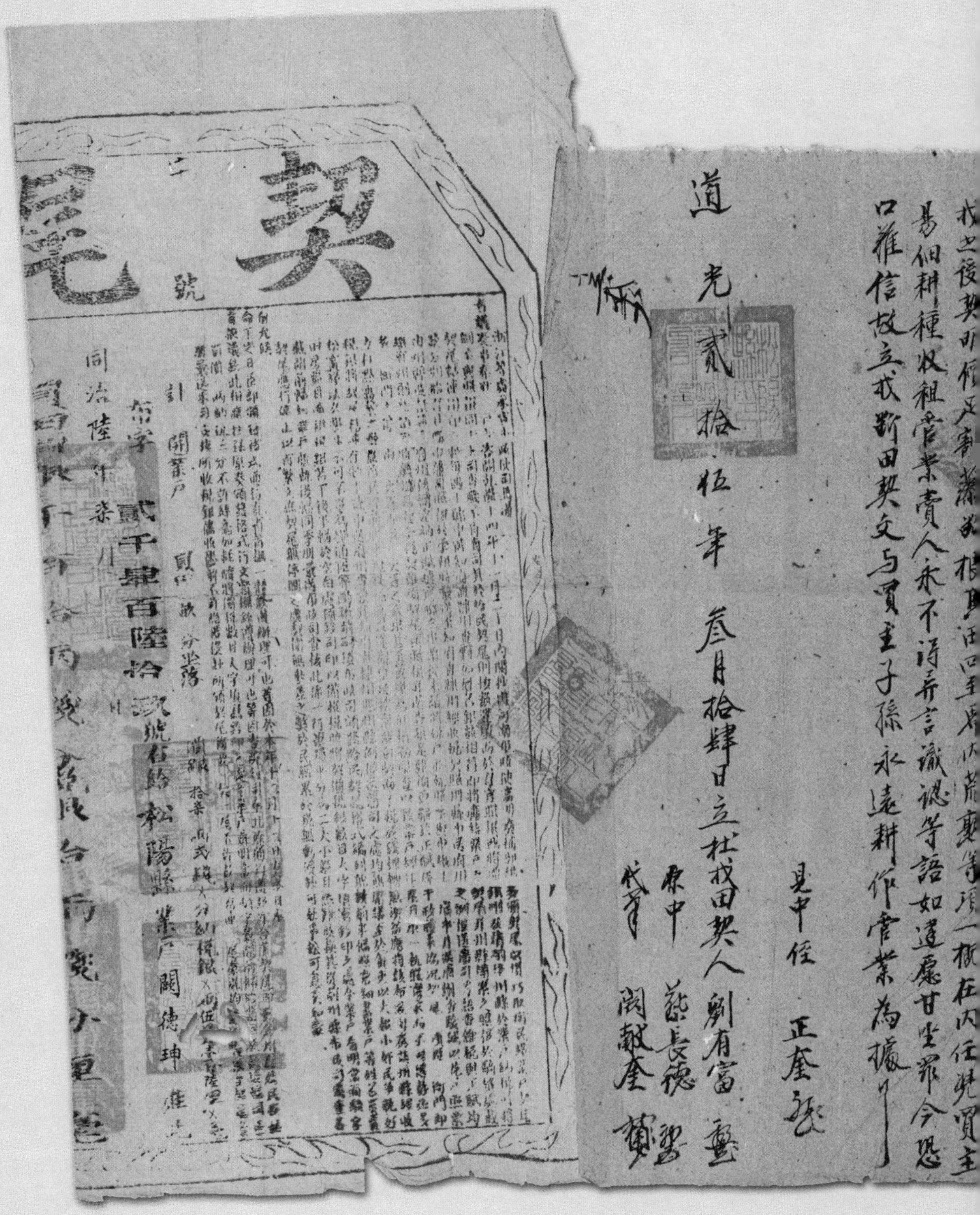

契尾

號

計開業戶

同治陸年柒月

布字貳千肆百陸拾號

松陽縣業戶闕德坤

找之後契明價足，事叢根，其田四至悉以前契，一概在內，任從買主

易佃耕種收租管業，賣人永不得弃言識認等語，如違，愿甘坐罪，今恐

口難信，故立找斷田契文与買主子孫永遠耕作管業為據

見中　任正奎（押）

道光貳拾伍年叁月拾肆日立杜找田契人　劉有富（押）

原中　蔡長德（押）

代筆　闕獻奎（押）

（前頁）>>>>>

立賣田契人劉有富，今因無銅錢應用，自心愿将己手置有民田，坐落二十壹都夫人廟庄，總土名石岩下，小土名中心崗，安着民田壹坵，上至闕姓田，下至買主田併山骨，左至買主田，右至闕姓田併山骨為界，今俱四至分明，又坐落土名石巖下，潘姓住屋側左片，安着民田壹坵，上下两至俱係闕姓田，左至闕姓田，右至林姓田為界，今具四至分明，共田貳處，計額肆分整，以及界内荒坪地角樹木在内，愿託中立契，出賣与闕德珅兄邊承買為業，當日憑中三面言断，定目值田價銅錢壹拾肆仟文正，其錢即日隨中人两家交兑足訖，不少個文，自賣之后，任從買主推收過户完粮，易佃耕種，收租管業，原係己手清□□□，与内外房親伯叔兄弟子侄人等並無干碍，未賣日先，亦無典當文墨交加，若有來歷不明，賣人自能支听，不干買主之事，所賣所買，两家心愿，並無逼勒凖折債負之故，其田此賣之日，賣人永不敢异言識認，言找言贖之理，任從買主前去修整管業，今恐口難信，故立賣田契交与買主子孫永遠耕種收租管業為據。

在塲嫡侄　正奎

道光貳拾伍年弌月初捌日　立賣田契人　劉有富

憑中　蔡長德

代筆　闕献奎

（前頁）>>>>>

立杜找田契人劉有富，原因日先與闕德玶兄邊交易民田壹契，坐落二十壹都夫（人）庙庄，總土名石巖下，小土名中心崗，安着水田壹坵，又坐落土名石岩下潘姓住屋側左片，安着水田壹坵，共民田貳處，其田界至畝分，前有正契載明，因耕種缺乏銅錢应用，心愿託請原中向到買主德玶兄邊勸説，再找出正契外銅錢叁仟貳伯文正，其錢即日隨原中筆两家（交）訖，不少個文，其田此找之後，契明價足，割藤断根，其田四至界内，荒熟等項，一概在内，任凴買主易佃耕種，收租管業，賣人永不得异言識認等語，如違，愿甘坐罪，今恐口難信，故立找断田契交与買主子孫永遠耕作管業為據。

見中侄　正奎

道光貳拾伍年叁月拾肆日　立杜找田契人　劉有富

原中　蔡長德

代筆　闕獻奎

（契尾，同治陸年柒月）

立討田劄人邱新達，今因無田耕種，自情愿問到闞德珅兄手内討過民田壹處，坐落茶排庄，土名楊頭崗，田弍横，又土名石崀子，田壹處，弍共水租谷五担柒桶正，其租谷的至秋收之日，送到田主家下風净交量明白，不敢欠少升合，如有拖欠租谷，其田任凴田主起耕他人耕種，耕人不得異言阻执，恐口無凴，故立田劄為照。

道光廿六年十二月初六日　立討田劄人　邱新達

在見　邱槐露

代筆　邱𥑮宗

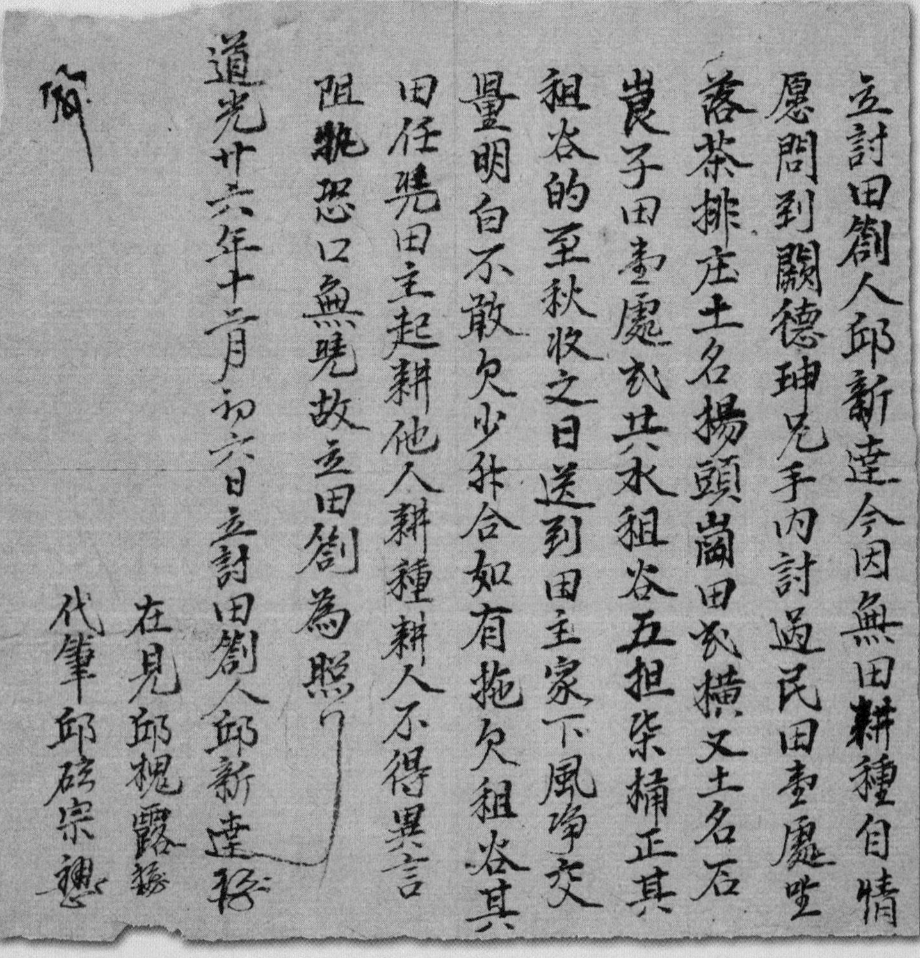

立討田劄人邱新達今因無田耕種自情愿問到闞德珅兄手内討過民田壹處坐落茶排庄土名楊頭崗田弍横又土名石崀子田壹處弍共水租谷五担柒桶正其租谷的至秋收之日送到田主家下風净交量明白不敢欠少升合如有拖欠租谷其田任凴田主起耕他人耕種耕人不得異言阻执恐口無凴故立田劄為照
道光廿六年十二月初六日立討田劄人邱新達
在見邱槐露
代筆邱𥑮宗

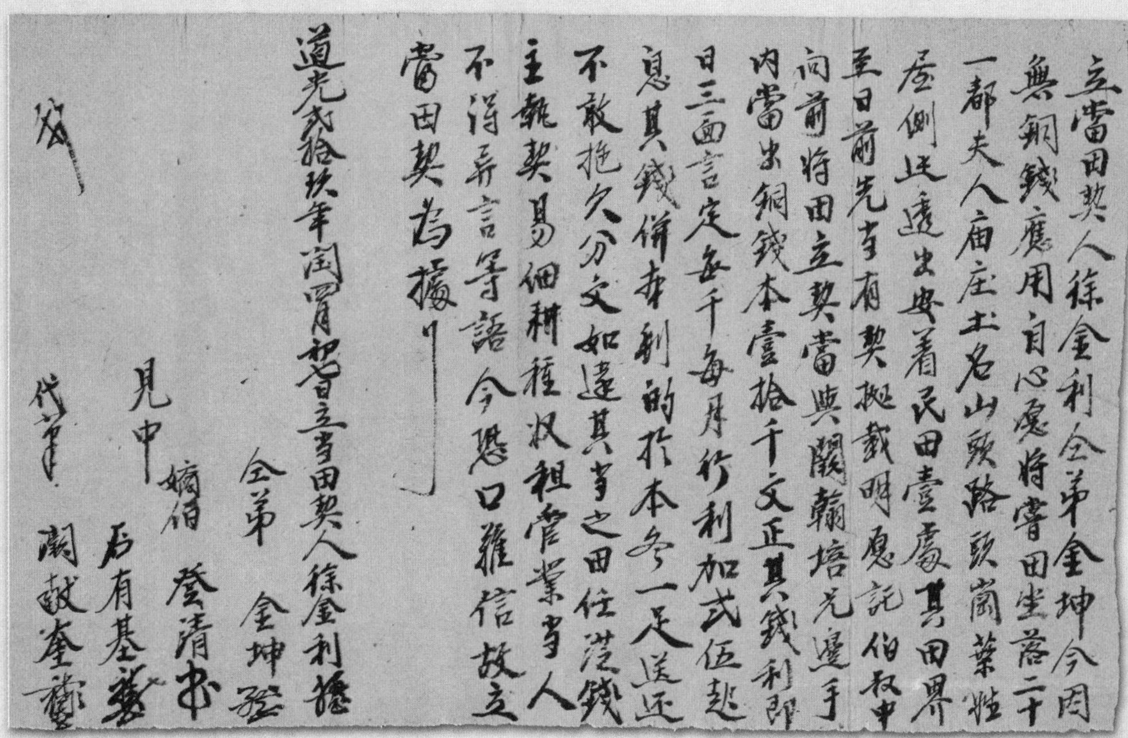

立當田契人徐金利仝弟金坤，今因
無銅錢應用，自心愿将嘗田，坐落二十
一都夫人庙庄，土名山頭路頭嵐葉姓
屋側边透出，安着民田壹處，其田界
至，日前先当有契據載明，愿託伯叔中
向前，将田立契，當與闕翰培兄邊手
內，當出銅錢本壹拾千文正，其錢利即
日三面言定，每千每月行利加式伍起
息，其錢併本利的於本冬一足送还，
不敢拖欠分文，如違，其当之田任從錢
主執契易佃耕種，收租管業，当人
不得异言等語，今恐口難信，故立
當田契為據。

道光式拾玖年闰四月初七日　立当田契人　徐金利
仝弟　金坤
見中嫡伯　登清
石有基
代筆　闕献奎

立退會字人賴學才仝弟學茂等原
日日先祖松泰置有華村社公神会壹
股具会与本房学喬弟廷两股均分
因缺銅錢吉用自心愿托中將己股下
立字出退與本会友闌德珅泫當等会
衆内當日三面言斷定会席銅錢弍千伍
伯文正具錢即日隨退字兩家交訖不少
個文自出退之後具会内田業賬目等項
己股下任從会衆歷年承管收租臨值
年作四季祈福社主敬神散作消用以
及五月拾捌日敬祝關帝君台前演戲
消用自退之后出退人等永不得茹事弄
言識認割藤斷根今恐口難信故立
退字為據

道光叁拾年正月拾壹日立退会字人　賴学才〇
仝弟　学茂（押）

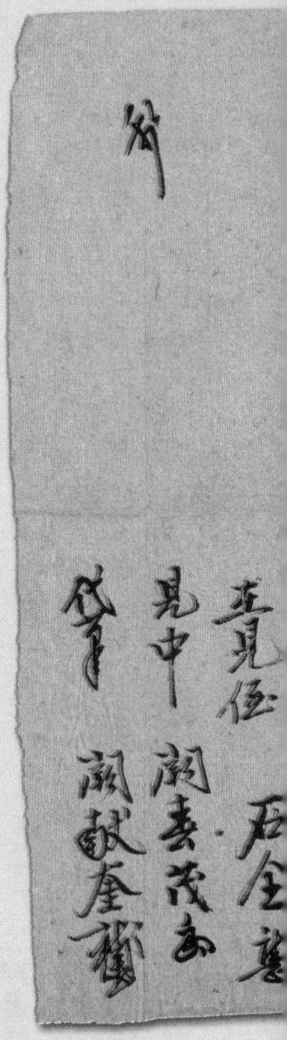

立退會字人賴學才仝弟學茂等，原因日先祖松泰置有本村社公神会壹股，其会与本房学喬弟边两股均分，因缺銅錢吉［急］用，自心愿托中将己股下立字，出退與本会友闞德珅、德富等会衆内，當日三面言断，定会席銅錢式千伍伯文正，其錢即日隨退字兩家交讫，不少個文，自出退之後，其会内田業賬目等項己股下，任從会衆歷年承管收租，临值年，作四季祈福，社主敬神散乍［胙］消用，以及五月拾捌日敬祝關帝君台前演戲消用，自退之后，出退人等永不得兹［滋］事异言識認，割藤断根，今恐口難信，故立退字為據。

道光叁拾年正月拾壹日　立退会字人　賴学才

仝弟　学茂

在見侄　石全

見中　闞春茂

代筆　闞献奎

立賣田契人闕學利仝弟學文今因無銅錢應用自情愿將父手遺民
田坐落二十壹都夫人廟庄土名三坑子對面安着水田壹大坵其田上至闕林
兩姓田為界下至買主田為界左至坑壠為界右至山骨併水圳為界並及
水圳透入坑垅一并在內以及界內荒坪地塒樹木等一概在內計額弍分正
今具四至分明托中立契出賣與本族德珅先邊入手承買為當日凭中三
面言斷定目值田價銅錢玖千文整其錢即日隨中筆兩相交兑足訖不少
個文自仝賣之後任凭買主推收過户完粮易佃耕種收租管業原係父手
清楚物業与內外親房伯叔兄弟子侄人等並無干涉未賣日先亦無
典當文墨交加若有上手來歷不明賣人等一力承當不涉買之事可賣可
買兩家心愿並無逼勒準折債貨之故此賣之後四至界內荒熟等處任從買
主修整開墾水路任買主灌應浚田賣人等不得異言取贖等語今恐口難憑
故立賣田契文与買主子孫永遠耕作收租管業為據

道光叁拾年弍月弍拾柒日　立賣田契人　闕學利（押）
仝弟　學文（押）
在場兄　學應（押）
凭中　石有基（押）
代筆　闕欣奎（押）

立杜找田契人闕學利仝弟學文原因日先與本族德珅先邊交易民田壹大坵
坐落廿一都夫人廟庄土名三坑子对面安着其田界至畝分前有正契載明今
因缺銅錢吉用自請就原中向到買主家勸説再找出正契外銅錢壹千伍伯文整
其錢即日隨中人兩目交兑足訖不少個文自仝找之後契明價足……

責人等永不敢異言識認言找言贖此找之後其田四至界內荒熟等項仍
從買主易佃耕種收租管業如違愿甘坐罪今恐口難信故立杜找田契
交与買主子孫永遠耕種管業為據

道光叁拾年叁月初捌日立杜找田契人　闕學利（押）
仝找弟　學文（押）
在場兄　學庭（押）
原中　石有基（押）
闕天進（押）
代筆　闕献奎（押）

契　號

布字貳千肆百柒拾號給松陽縣業戶闕德珅准此

計開業戶　闕［illegible］　價銀　拾　兩伍錢　［illegible］

同治陸年柒月　日

(前頁)>>>>>

立賣田契人闞學利仝弟學文，今因無銅錢應用，自情愿将父手遺下民田，坐落二十壹都夫人廟庄，土名三坑子對面，安着水田壹大坵，其田上至闞、林两姓田為界，下至買主田為界，左至坑壠為界，右至山骨併水圳為界，並及水圳透入坑垅一帶在內，以及界內荒坪地角樹木等，一概在內，計額弍分正，今具四至分明，托中立契，出賣與本族德珅兄邊入手承買為（業），當日凴中三面言断，定目值田價銅錢玖千文整，其錢即日隨中筆两相交兑足讫，不少個文，自仝賣之後，任凴買主推收過户完粮，易佃耕種，收租管業，原係父手清楚物業，与內外親房伯叔兄弟子侄人等並無干涉，未賣日先，亦無典當文墨交加，若有上手來歷不明，賣人等一力承當，不涉買（主）之事，所賣所買，两家心愿，並無逼勒準折債貨之故，此賣之後，四至界內荒熟等處，任從買主修整，開撥水路，任買主灌應浸田，賣人等不得异言取贖等语，今恐口難信，故立賣田契交与買主子孫永遠耕作收租管業為據。

道光叁拾年弍月弍拾柒日　立賣田契人　闞學利

仝弟　學文

在場兄　學應

凴中　石有基

代筆　闞献奎

（前頁）>>>>>

立杜找田契人闕學利仝弟學文，原因日先與本族德珅兄边交易民田壹大坵，坐落廿一都夫人庙庄，土名三坑子对面，安着其田，界至亩分，前有正契載明，今因缺銅錢吉［急］用，自請就原中向到買主家勸説，再找出正契外銅錢壹千伍伯文整，其錢即日隨中人两相交兑足訖，不少個文，自仝找之後，契明價足，割藤断根，賣人等永不敢異言識認，言找言贖，此找之後，其田四至界内荒熟等項，仍［任］從買主易佃耕種，收租管業，如違，愿甘坐罪，今恐口難信，故立杜找田契交与買主子孫永遠耕種管業為據。

道光叁拾年叁月初捌日　立杜找田契人　闕學利

仝找弟　學文

在場兄　學應

原中　闕天進

石有基

代筆　闕猷奎

（契尾，同治陸年柒月）

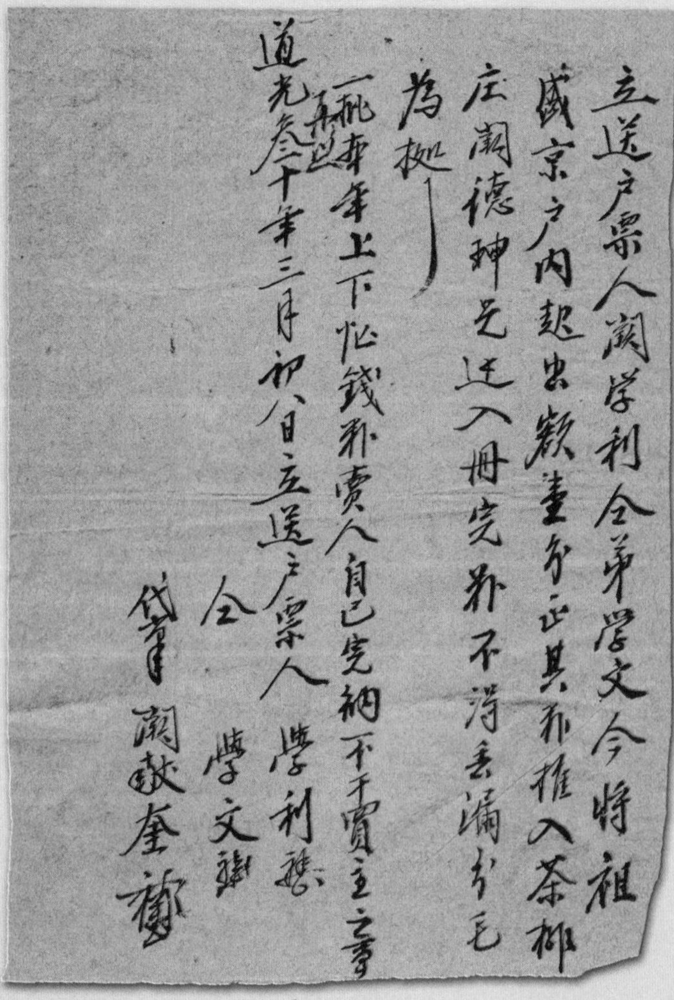

立送户票人阙學利仝弟学文，今将祖
盛京户内起出额壹分正，其粮推入茶排
庄阙德珅兄边入册完粮，不得丢漏分毛［毫］，
為據。
一批本年上下忙錢粮，賣人自己完納，不干買主之事，
再照。
道光叁十年三月初八日　立送户票人　學利
仝（弟）　學文
代筆　阙献奎

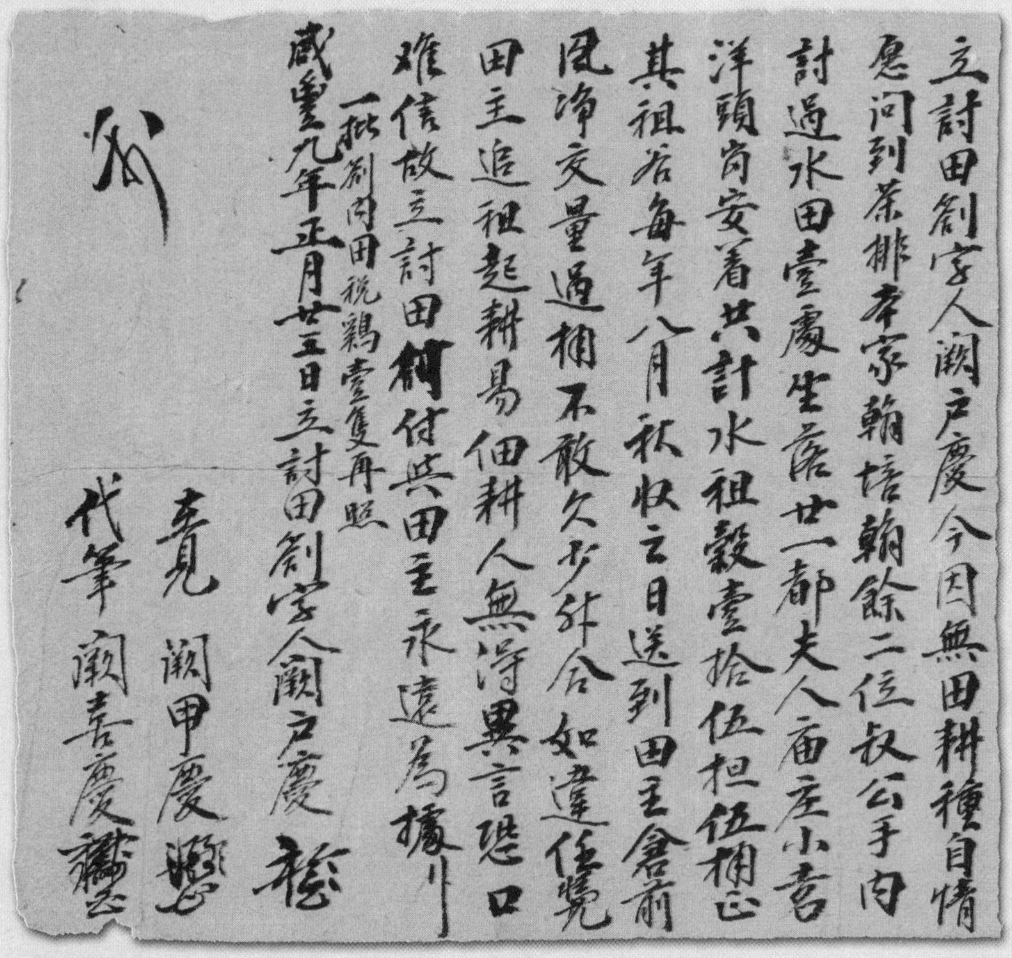

立討田劄字人闕户慶，今因無田耕種，自情
愿问到茶排本家翰培、翰餘二位叔公手内，
討過水田壹處，坐落廿一都夫人庙庄，小土名
洋頭岗安着，共計水租穀壹拾伍担伍桶正，
其租谷每年八月秋收之日，送到田主倉前
風净交量過桶，不敢欠少升合，如違，任凴
田主追租起耕易佃，耕人無得異言，恐口
难信，故立討田劄付與田主永遠為據。

一批劄内田税鷄壹隻，再照。

咸豐九年正月廿三日　立討田劄字人　闕户慶

在見　闕甲慶

代筆　闕喜慶

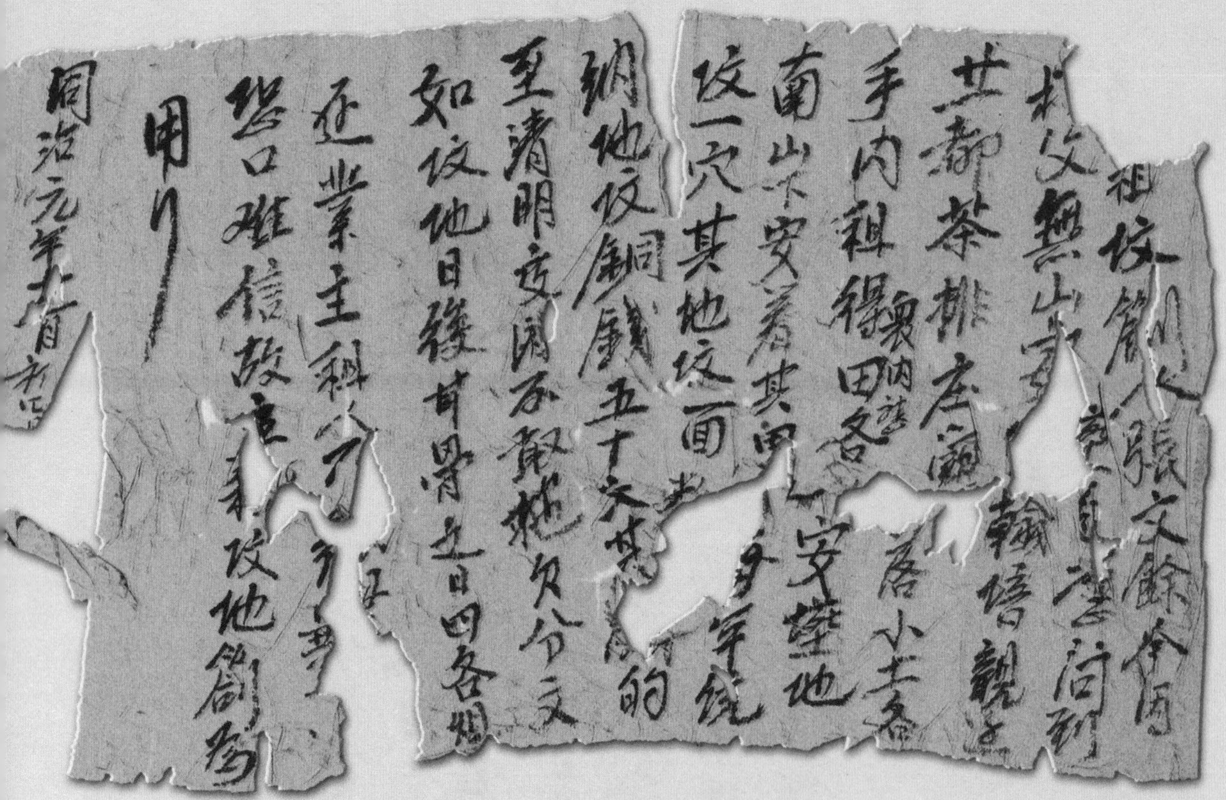

立租坟劄人張文餘，今因
叔父無山安葬，自愿问到
廿一都茶排庄阙翰培親边
手内，租得衆内田各□，坐落小土名
南山下，安着其田□安葬地
坟一穴，其地坟面□，每年统
纳地坟銅錢五十文，其錢的
至清明交清，不敢拖欠分文，
如坟地日後甘骨之日，田各□
还業主，租人不□□□
恐口难信，故立租坟地劄為
用。

同治元年十二月初四日　立租坟劄人　張文餘

見坟劄人　楼增富

代筆人　廖六滿

立承田仰人王安仁，今因無田耕種，自情愿将父手出當與闕翰培親邊，有民田壹坵，坐落松邑廿一都石倉源夫人廟庄，小土名后金安着，計租水穀壹籮正，立仰承来耕種，其租谷遞年秋收之日，送田主闕边家下風净交量，不敢欠少，如有租谷不清，其田任凴田主起耕改佃耕種，承人不得異言執恋等情，恐口難信，立承田仰為據。

同治叁年叁月初六日　立承田仰人　王安仁

在見　林炳琳

代筆　藍新桂

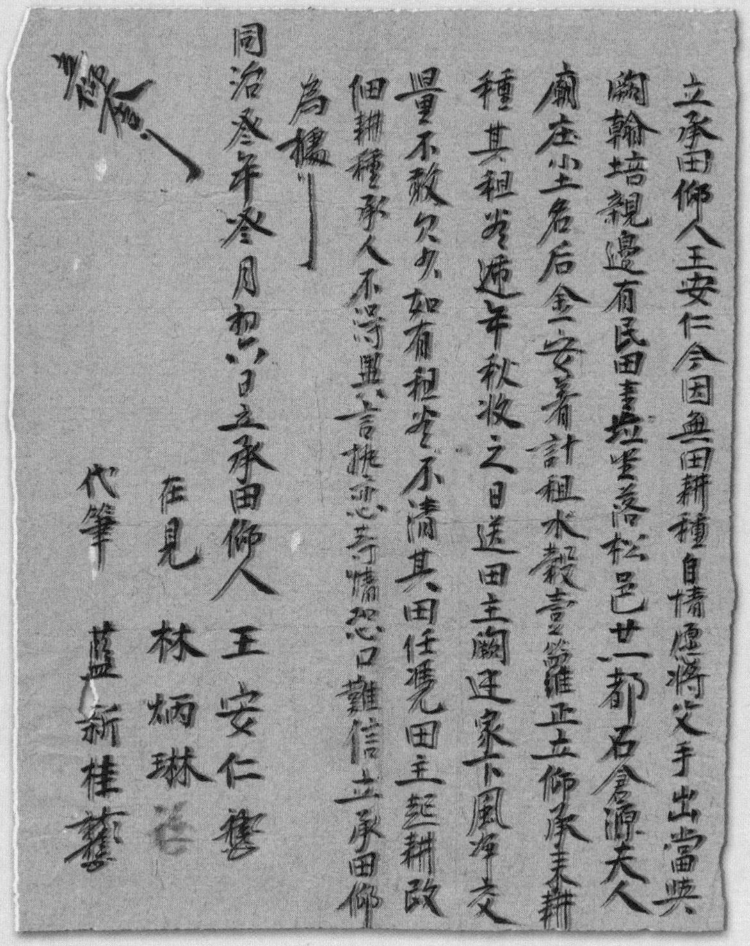

立出山批字人雷金良仝弟等ㄙ因有上手山塲壹處坐落
松邑廿都茶排庄小土名大水圳安着其山上至山頂下至石岩
雷边自己耕種杉木為界内至大坑外至大崀ㄙ脊为界ㄙ俱四
至ㄙ明自愿托中立字出批與闕吉垣親边承批耕種当年三
面言断批过山價大洋叁元五角正其洋即日付清不少ㄙ厘
其山塲自批之後任憑闕边四至界内砍伐耕種苞蘿桐梓雜物
無得抽租仟種杉木日后篠養成林出拚之日对半均分两造
無得异言阻执愿批愿承此出两家心愿各無反悔恐口無
憑故立出批字為據

一批叁拾六年完滿其山批交还山主以作废字不得行用此照

民國甲戌念三年十月廿二日　立出山批字人雷金良（押）

仝批　金根（印）

中　闕吉棠（押）

筆　闕起鈿（押）

一本合同山批ㄙㄙ人

立批存据

（前頁）>>>>>

立出山批字人雷金良仝弟等，今因有上手山塲壹處，坐落松邑廿一都茶排庄，小土名大水圳，安着其山，上至山頂，下至石岩雷边自己耕種杉木为界，内至大坑，外至大⾙分水为界，今俱四至分明，自愿托中立字，出批與闕吉垣親边承批耕種，当衆三面言断，批过山價大洋叁元五角正，其洋即日付清，不少分厘，其山塲自批之後，任憑闕边四至界内砍伐耕種苞蘿桐梓雜物，無得抽租，仟［扦］插杉木，日后籙养成林，出拚之日，对半均分，两造無得异言阻执，愿批愿承，此出两家心愿，各無反悔，恐口無憑，故立出批字为據。

一批叁拾六年完滿，其批交还山主，以作廢字，不得行用，此照。

民國甲戌念三年十月廿二日　立出山批字人　雷金良

仝批　金根

中　闕吉案

筆　闕起鈿

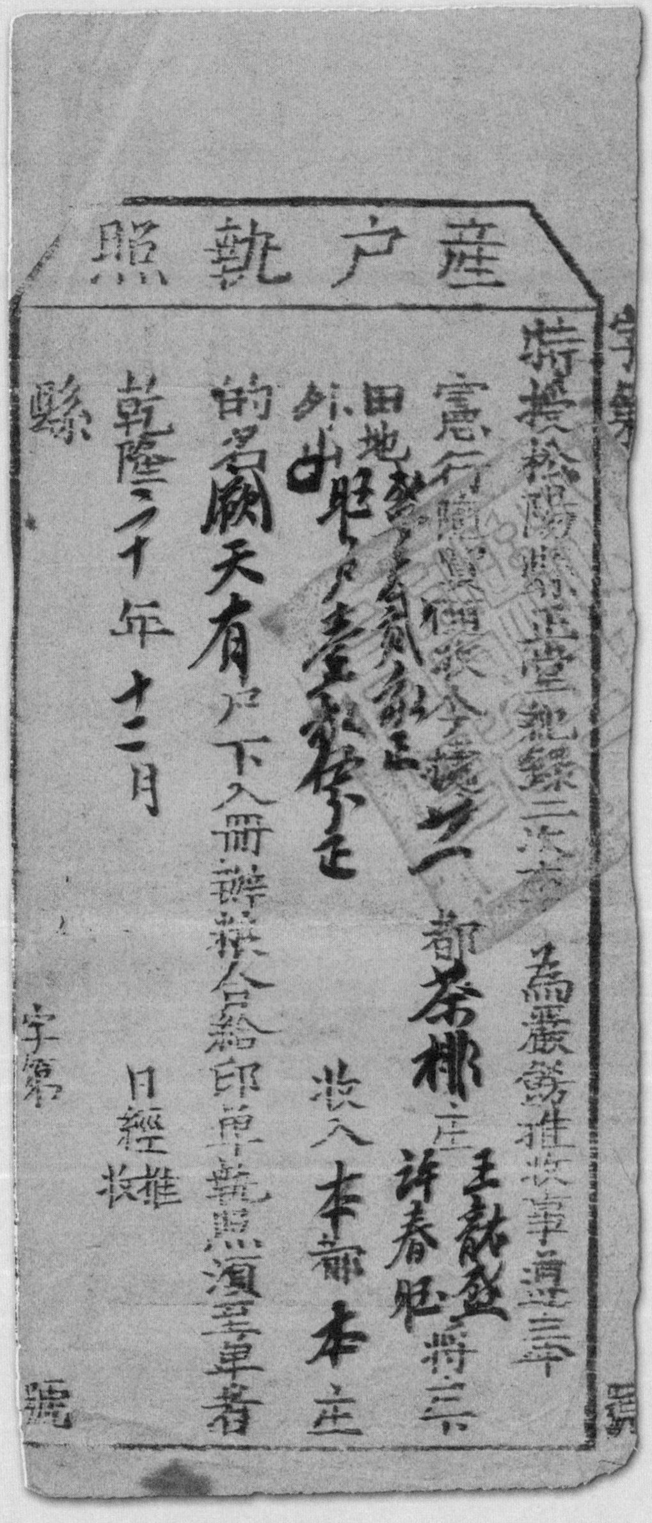

# 產户執照

特授松陽縣正堂紀録二次李　為嚴飭推收事，遵奉

憲行，隨買隨收，今據廿一都茶排庄　王龍盛 許春旺　將户下

田地　盛户貳畝正 旺户壹畝伍分正　收入本都本庄

外山　○

的名　阙天有　户下入册辦粮，合給印单執照，須至单者。

乾隆二十年十二月　日經推收

縣　字第　號

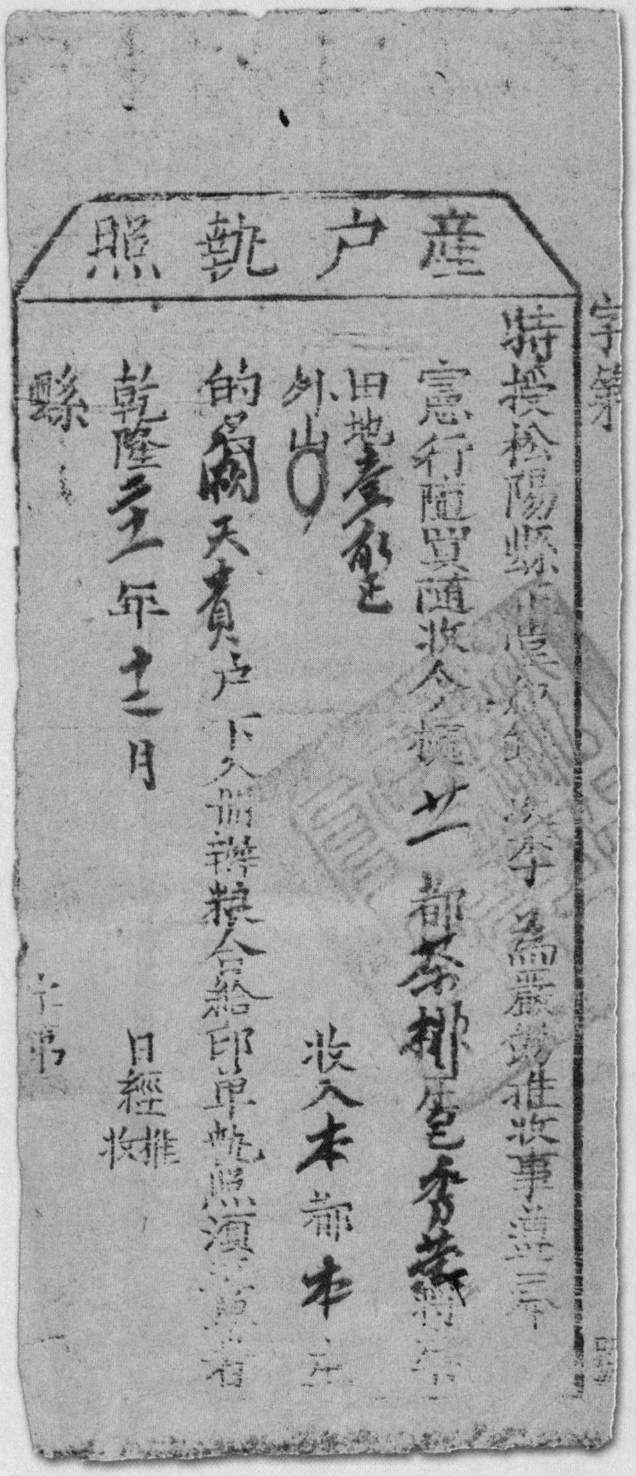

# 產户執照

特授松陽縣正堂紀録二次李　　為嚴飭推收事，遵奉

憲行，随買随收，今據 廿一 都 茶排 庄 包秀荣 将户下

田地 壹畝正

外山 ○　　收入 本 都 本 庄

的名 闕天貴 户下入册辦粮，合給印单執照，須至单者。

乾隆 二十一 年 十二 月　　日經 推 收

縣　　字第　　號

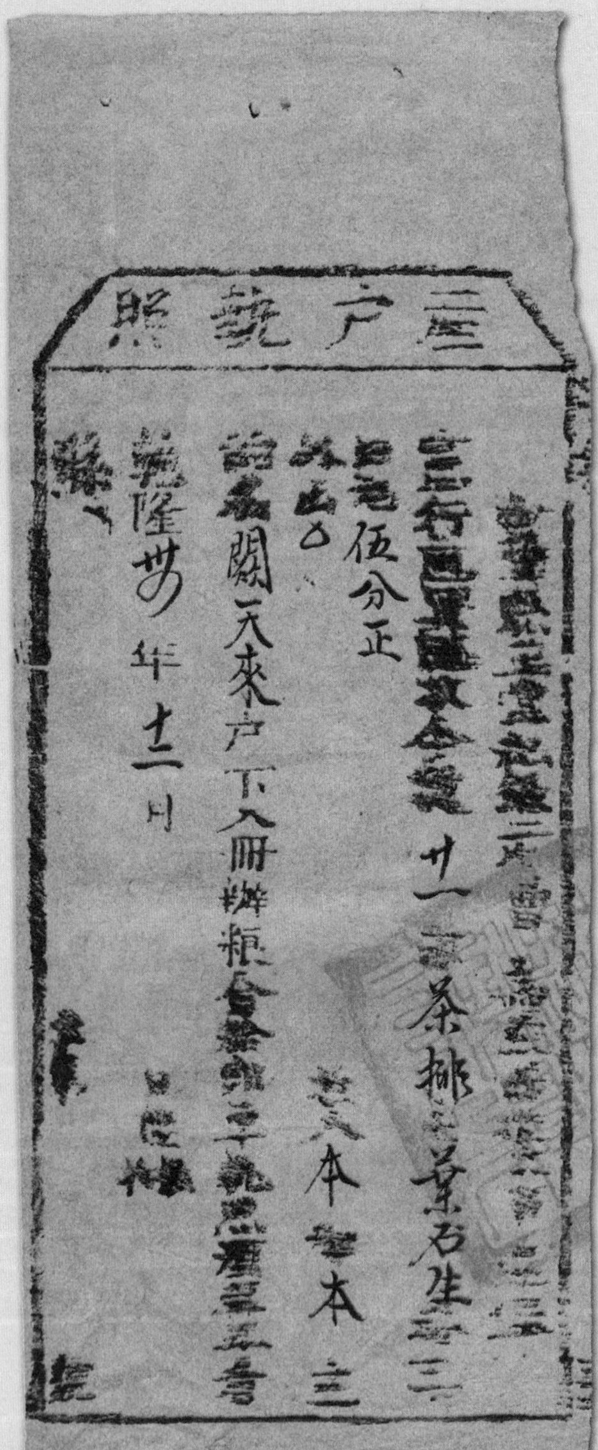

# 產户執照

特授松陽縣正堂紀録二次曹　為嚴飭推收事，遵奉
憲行，随買随收，今據 廿一 都 茶排 庄 葉石生 将户下
田地 伍分正
外山 ○　　收入 本 都 本 庄
的名 闕天來　户下入册辦粮，合給印单執照，須至单者。
乾隆 卅四 年 十二 月　　日經 推 收
縣　　字第　　號

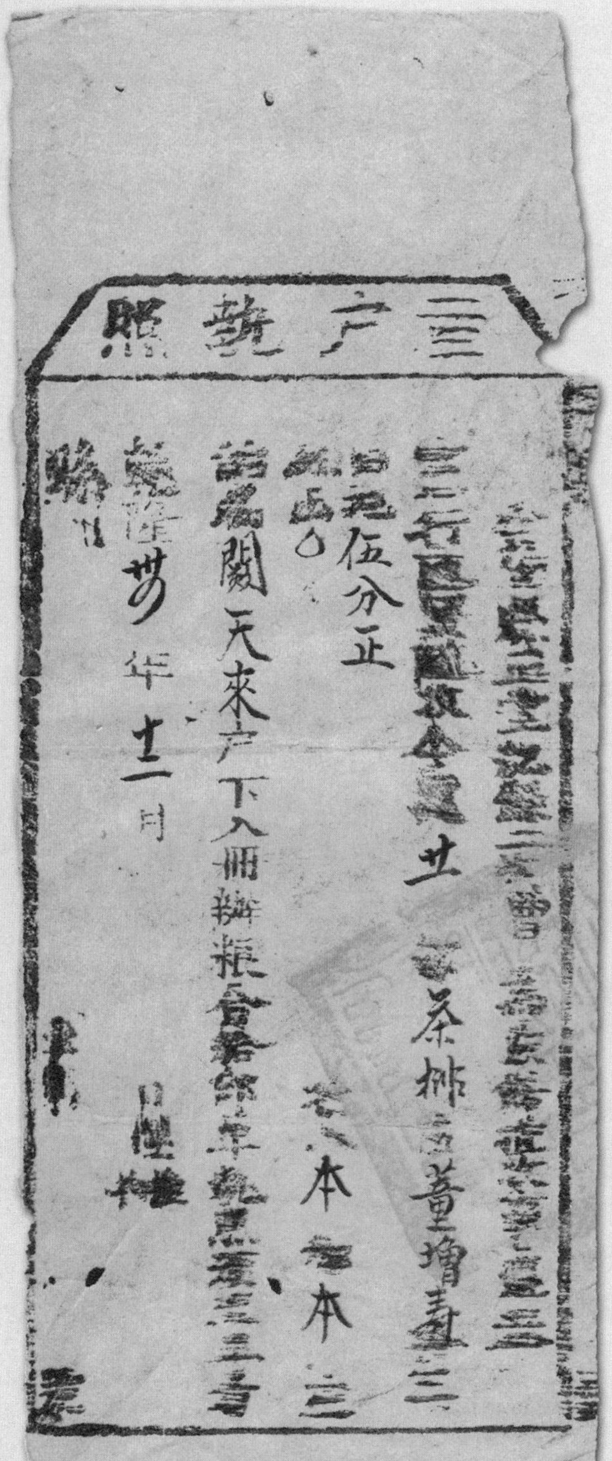

# 産户執照

松陽縣正堂紀録二次曹　為嚴飭推收事，遵奉
憲行，随買随收，今據廿一都茶排庄董增寿将户下
田地伍分正
外山○　收入本都本庄
的名闕天來户下入册辦粮，合給印单執照，須至单者。
乾隆卅四年十二月　日經推收
縣　字第　號

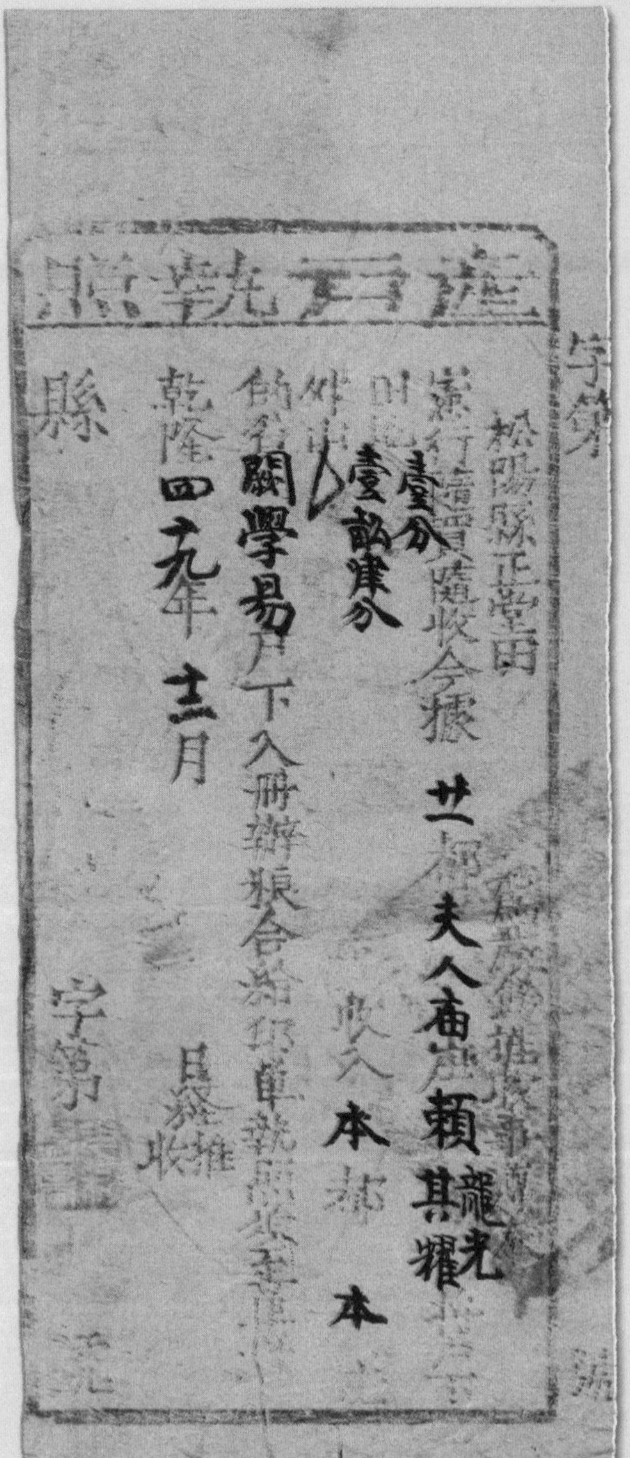

## 產戶執照

松陽縣正堂田　　為嚴飭推收事，遵奉

憲行，隨買隨收，今據 廿一都 夫人庙庄 賴龍光 其耀 將户下

田地 壹分 壹畝肆分　　收入 本 都 本 庄

外山 〇

的名 闕學易 户下入册辦粮，合給印单執照，須至单者。

乾隆 四十九 年 十二 月　　日經推收

縣　　字第　　號

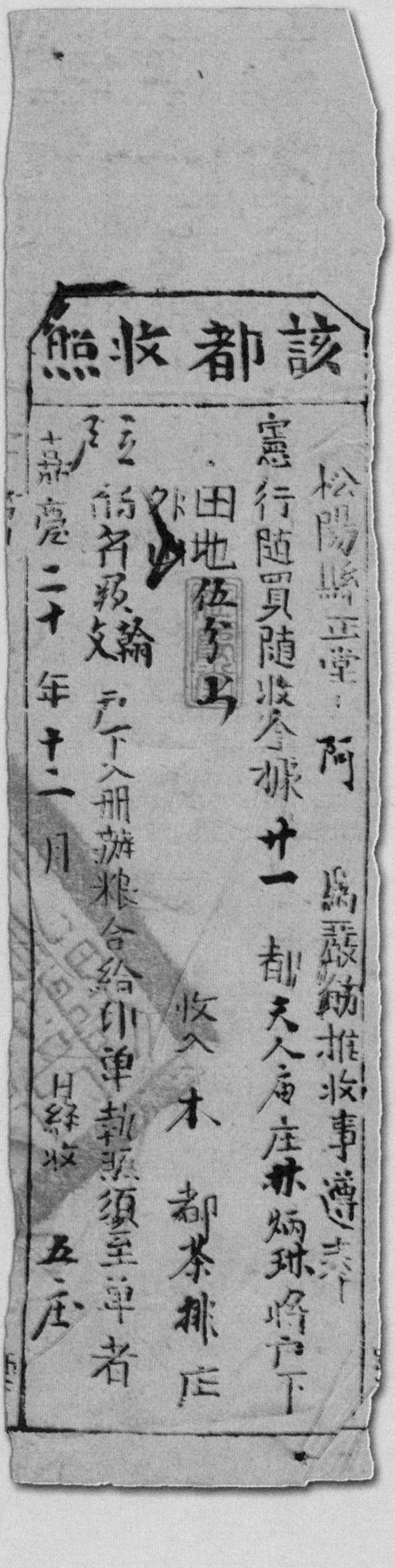

# 該都收照

松陽縣正堂　阿　　　　爲嚴飭推收事，遵奉

憲行，随買随收，今據 廿一 都夫人庙庄 林炳琳 将户下

田地　伍分正　　　　收入　本　都　茶排　庄

外山　○

立户　的名　阙翰文户下入册辦粮，合給印单執照，須至单者。

嘉慶　二十年　十二　月　　　　日經收　　五庄

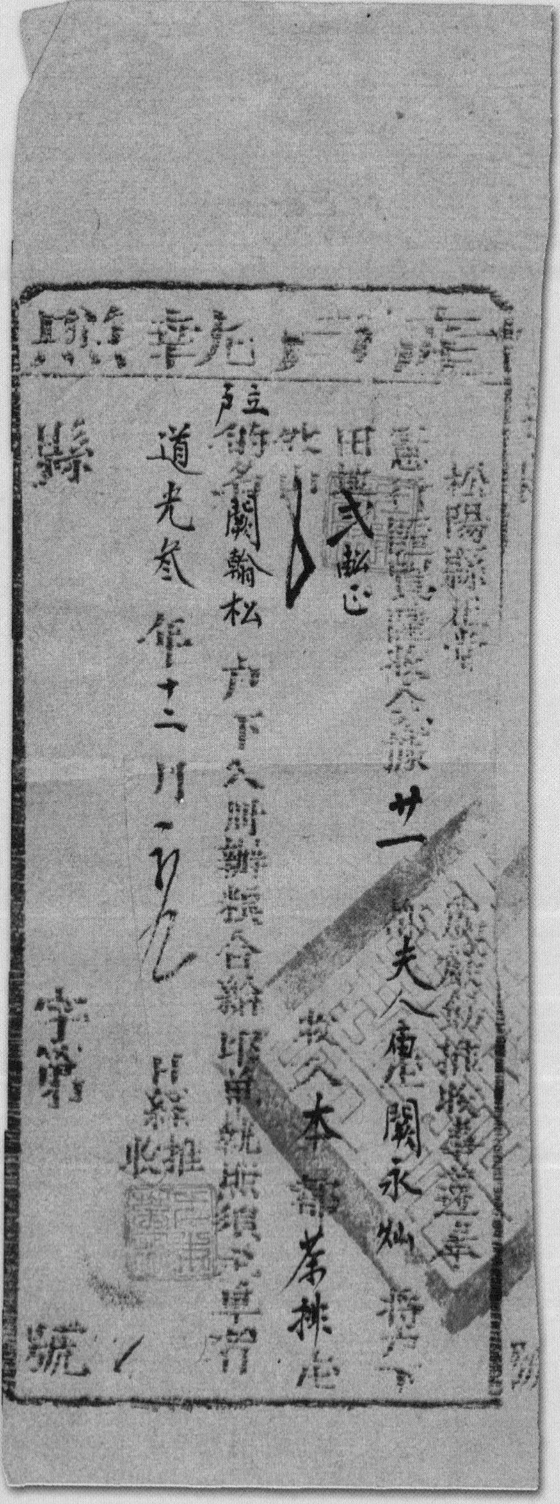

# 產戶執照

松陽縣正堂　　為嚴飭推收事，遵奉

憲行，隨買隨收，今據廿一都 夫人庙庄 闕永灿 将户下

田地 式畝正

外山 〇　　收入本都 茶排庄

立户的名 闕翰松 户下入册辦粮，合給印单執照，須至单者。

道光叁年十二月初九日經推收

縣　　字第　　號

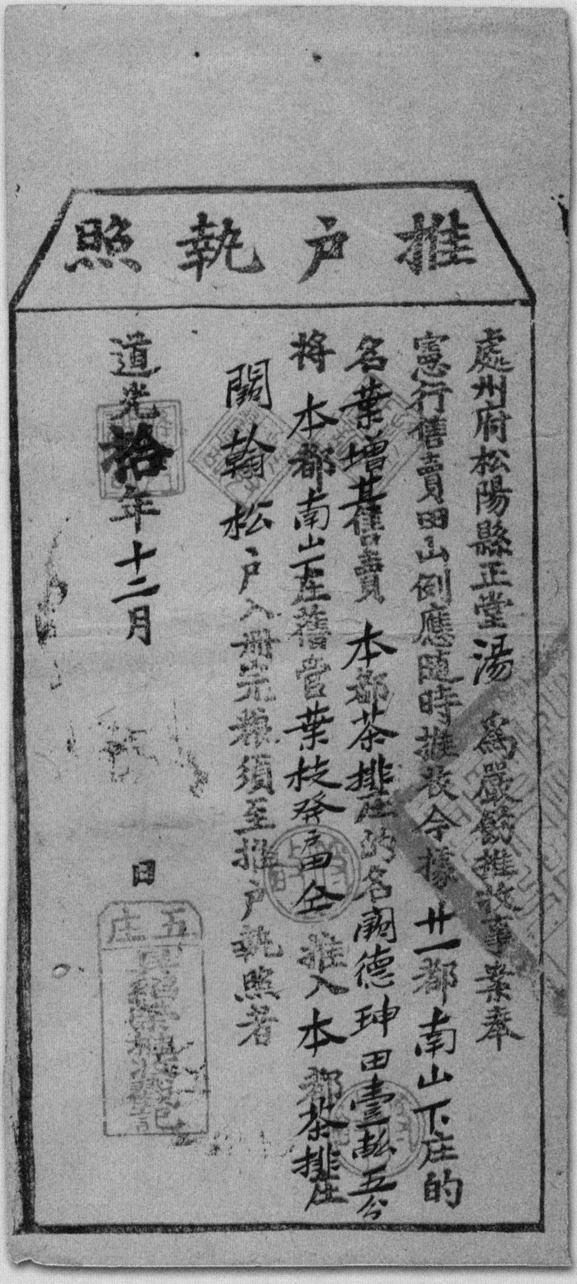

# 推户執照

處州府松陽縣正堂　湯　　爲嚴飭推收事，案奉
憲行售賣田山例，應随時推收，今據　廿一都　南山下　庄的
名　葉增其　售賣　本都　茶排　庄的名　闕德珅　田壹畝五分，
将本都　南山下　庄　舊管　葉枝發　户田　仝　推入　本都　茶排　庄
闕翰松　户　入册完粮，須至推户執照者。

道光　拾　年　十二月　　日

五庄

吴紹榮推收戳記

# 收戶執照

處州府松陽縣正堂　訥　為嚴飭推收事，遵奉
憲行置買田山例，應隨時推收，今據　都　庄的
名　承買　都　庄的名
收得伊舊管　廿一都　夫人庙庄　徐文瑞　户　田壹畝正　入本
都　茶排　庄　立户　闕玉裕　户下入册完粮，須至收户執照者。
道光　叁拾　年　正　月　日

五庄
吴紹榮推收戳記

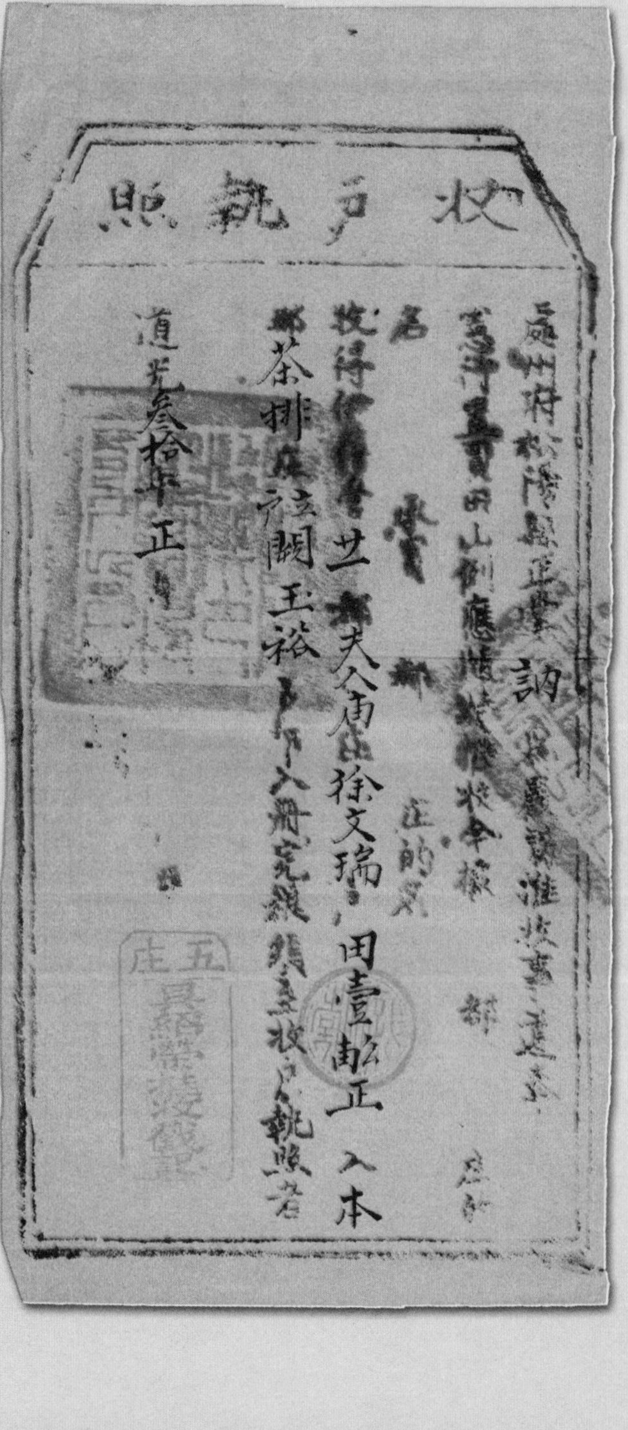

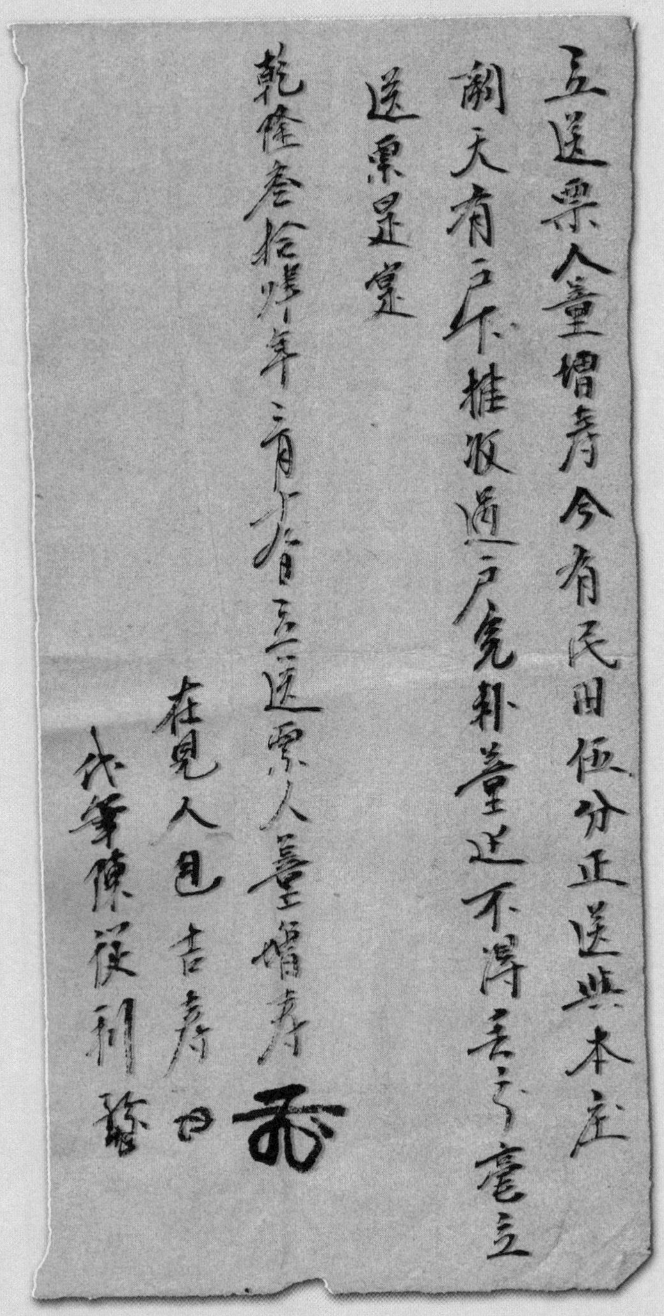

立送票人董增寿，今有民田伍分正，送與本庄闕天有户下推收過户完粮，董边不得丢（漏）分毫，立送票是寔。

乾隆叁拾肆年三月十九日　立送票人　董增寿

在見人　包吉寿

代筆　陳從利

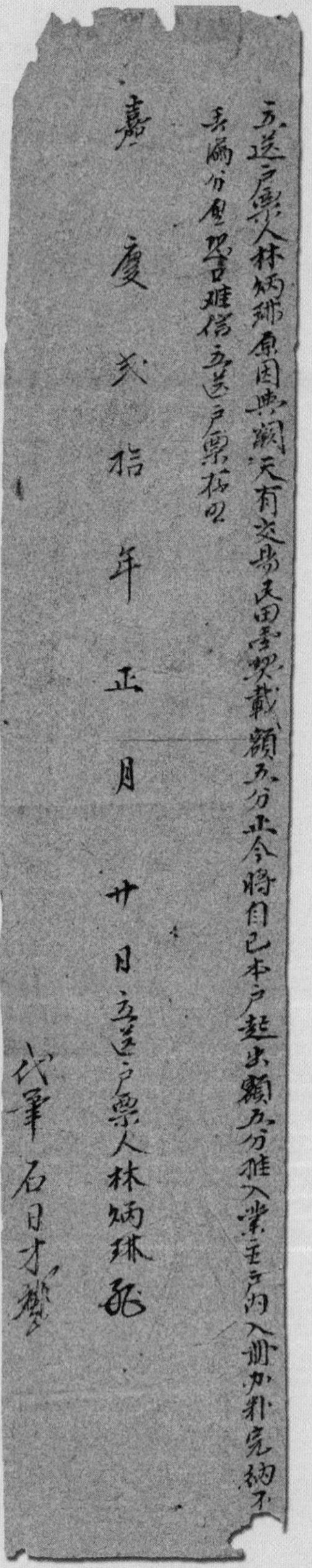

立送户票人林炳琳，原因與阙天有交易民田壹契，載額五分正，今将自己本户起出額五分，推入業主户内入册办粮完纳，不□丢漏分厘，恐口难信，立送户票存照。

嘉慶式拾年正月廿日　立送户票人　林炳琳

代筆　石日才

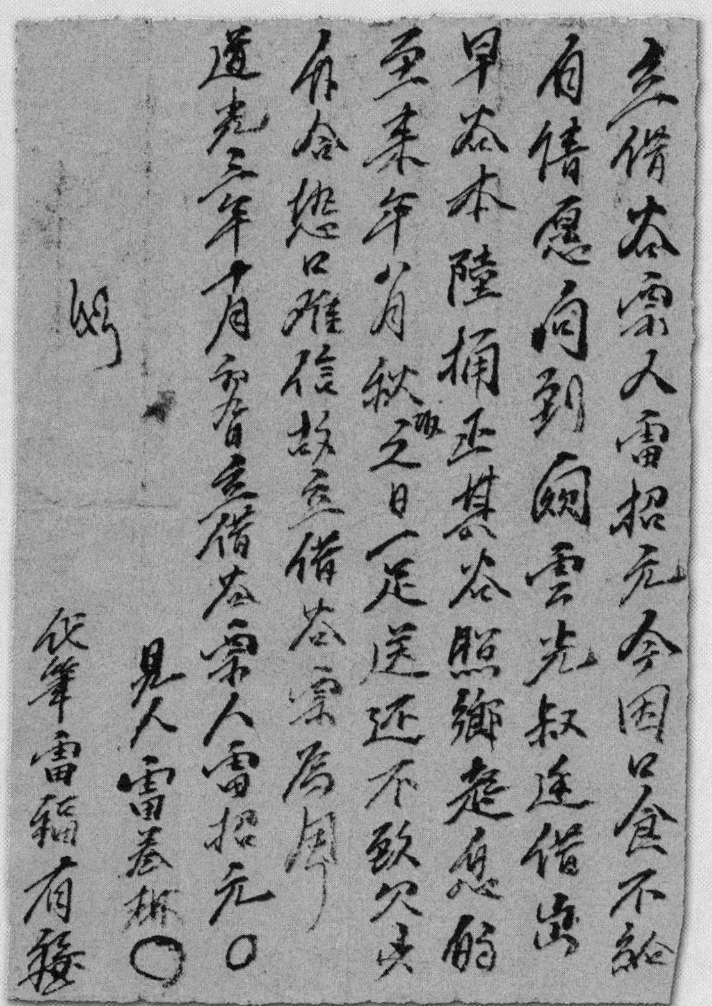

立借谷票人雷招元，今因口食不給，
自情愿向到闕雲光叔边，借出
早谷本陸桶正，其谷照鄉（例）起息，的
至来年八月秋收之日，一足送还，不致欠少
升合，恐口难信，故立借谷票為用。
道光三年十月初九日　立借谷票人　雷招元
見人　雷卷琳
代筆　雷福有

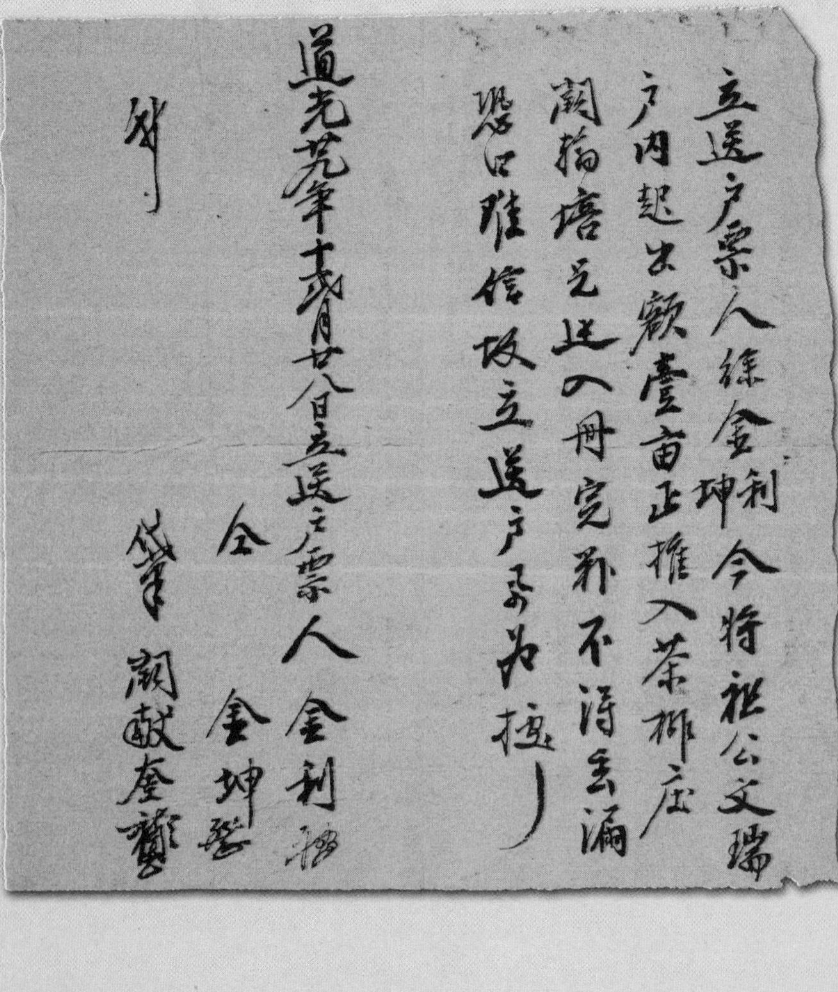

立送户票人徐金利、坤，今将祖公文瑞

户内起出额壹亩正，推入茶排庄

阙翰培兄边入册完粮，不得丢漏，

恐口难信，故立送户票为据。

道光廿九年十弍月廿八日　立送户票人　金利

　　　　　　　　　　　　　仝　金坤

　　　　　　　　　　代笔　阙献奎

# 上茶排

## 闕氏·天有·德珅·翰餘·玉森等

德珅餘慶堂内景

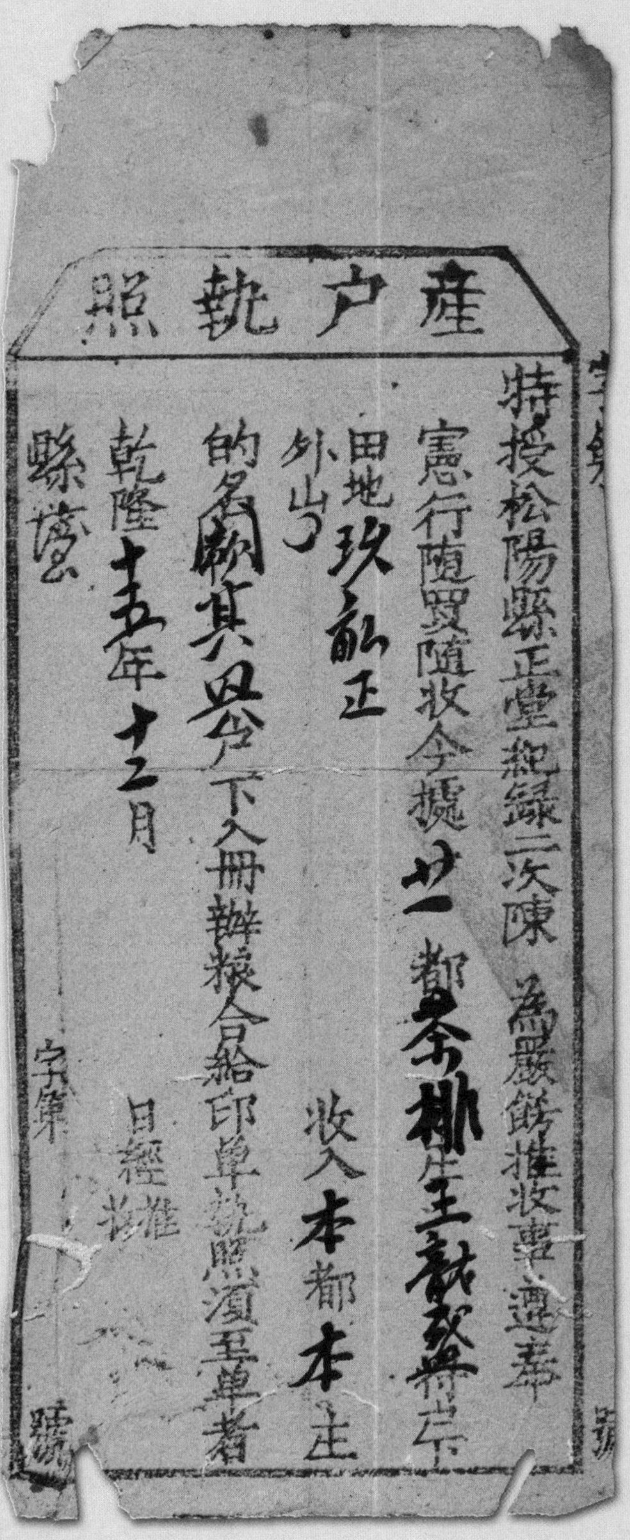

# 産户執照

特授松陽縣正堂紀録二次陳　為嚴飭推收事，遵奉

憲行，随買随收，今據廿一都　茶排庄　王龍盛　将户下

田地　玖畝正　　收入　本都　本庄

外山　○

的名　闕其兴　户下入册辦粮，合給印单執照，須至单者。

乾隆　十五　年　十二　月　　日經　推收

縣　　字第　　號

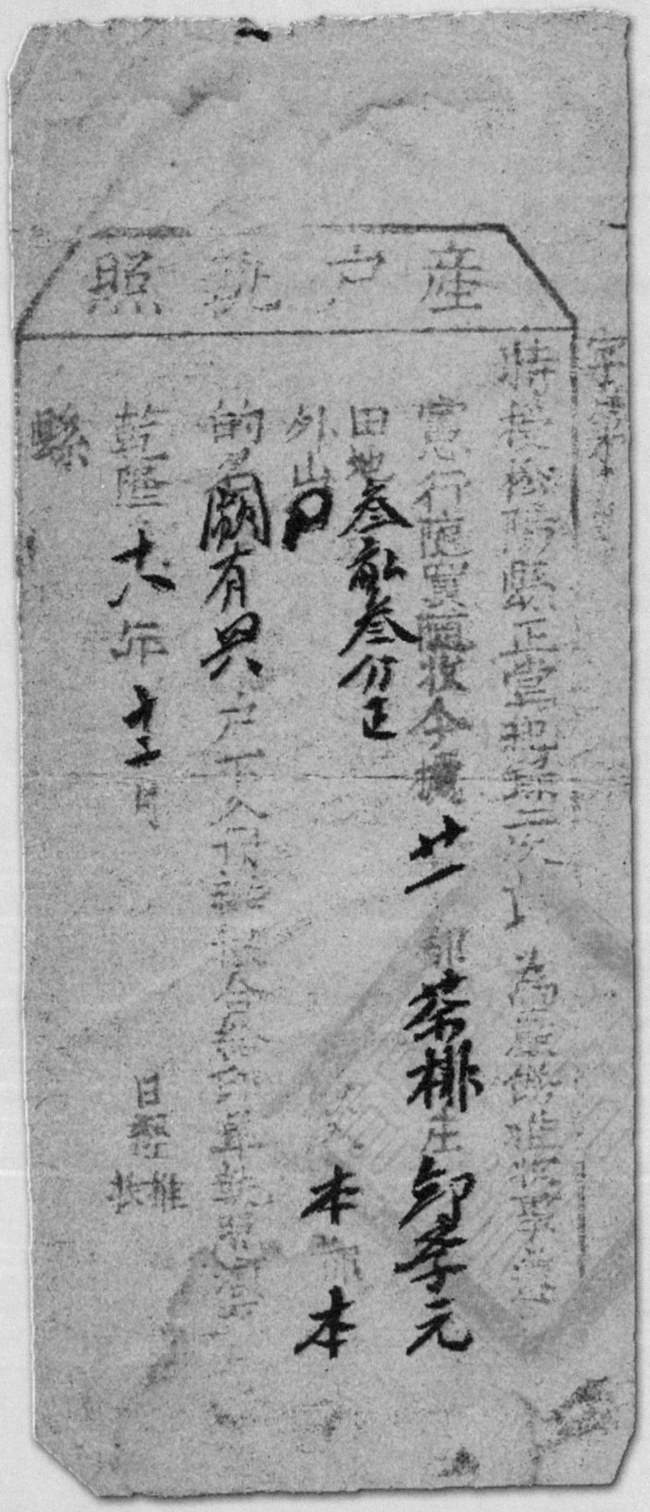

## 產户執照

特授松陽縣正堂紀録二次陳　為嚴飭推收事，遵奉
憲行，随買随收，今據廿一都　茶排庄　邱學元　将户下
田地　叁畝叁分正
外山　○　　收入　本都　本庄
的名　阙有兴　户下入册辦粮，合給印单執照，須至单者。
乾隆　十八　年　十二　月　　日經推收
縣　　字第　　號

畬字第壹仟玖百捌拾柒號

# 頒給墾戶執照

浙江等處承宣布政使司為請定開墾給照之例等事乾隆拾捌年伍月初伍日奉
巡撫部院覺羅雅　案驗乾隆拾捌年肆月貳拾玖日准
戶部咨開廣東司案呈所有本部議覆浙江按察使同德條奏報墾荒地令布政司刊發執
照給業戶收執一摺于乾隆拾捌年肆月初柒日奏本日奉
旨依議欽此相應通行各該督撫轉行遵照等因通行　遵照在案今據松陽縣呈報民人開墾土
田地數目前來合行照冊填頒執照為此照給松陽縣墾戶卯學元收執即將後開畝分數
目段落四至起科年分墾照執業完粮如有因丁□消亡或地土磽薄實在墾不成熟者准
令呈明勘實銷繳如業戶不請司照即以私墾治□倘轉售他人亦必將此執照隨契交割
敢有豪强佔併許業戶據實指名□究治毋違　須至執照者

今開

松陽縣貳拾貳都　畐等

墾戶卯學元名下

開墾田叁畝叁分　坐落土名本處湯□源　東至　南至　西至　北至

右給松陽縣墾戶卯學元收執

乾隆叁拾肆年貳月　日給

(前頁)>>>>>

# 頒給墾戶執照

浙江等處承宣布政使司為請定開墾給照之例等事，乾隆拾捌年伍月初伍日奉

巡撫部院覺羅雅　案驗乾隆拾捌年肆月貳拾玖日，准

户部咨開廣東司案呈所有本部議覆浙江按察使同德條奏報墾荒地，令布政司刊發執

照給業户收執一摺，于乾隆拾捌年肆月初柒日奏，本日奉

旨依議欽此，相應通行各該督撫轉行遵照等因，通行遵照在案，今據松陽縣呈報民人開墾

田地數目，前來合行照册填頒執照，為此照給松陽縣墾户邱學元收執，即將後開畝分数

目段落四至，起科年分，遵照執業完粮，如有因丁口消亡或地土磽簿〔薄〕實在墾不成熟者，准

令呈明勘實銷繳，如業户不請司照，即以私墾治□，倘轉售他人，亦必將此執照隨契交割，

敢有豪强佔併，許業户據實指名控告究治，毋違，須至執照者。

今開

松陽縣　貳拾貳　都　圖等

墾户　邱學元　名下

開墾田叁畝叁分　坐落土名芥菜源等處　東至　南至　西至　北至

右給松陽縣墾户　邱學元　收執

乾隆叁拾肆年貳月　廿九　日給

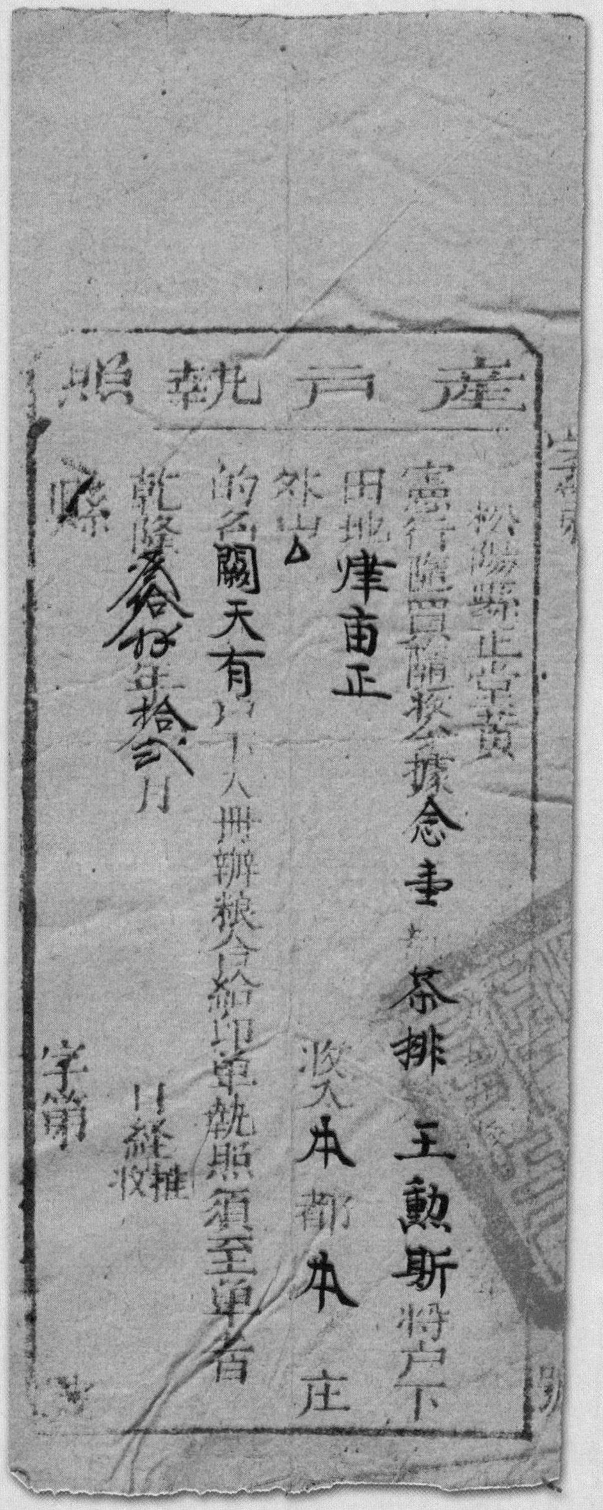

# 産户執照

松陽縣正堂 黄 為嚴飭推收事，遵奉
憲行，隨買隨收，今據念壹都 茶排庄 王勳斯 将户下
田地 肆亩正 收入 本都 本庄
外山 〇
的名 闕天有 户下入册辦粮，合給印单執照，須至单者。
乾隆 叁拾捌 年 拾弍 月 日經 推 收
縣 字第 號

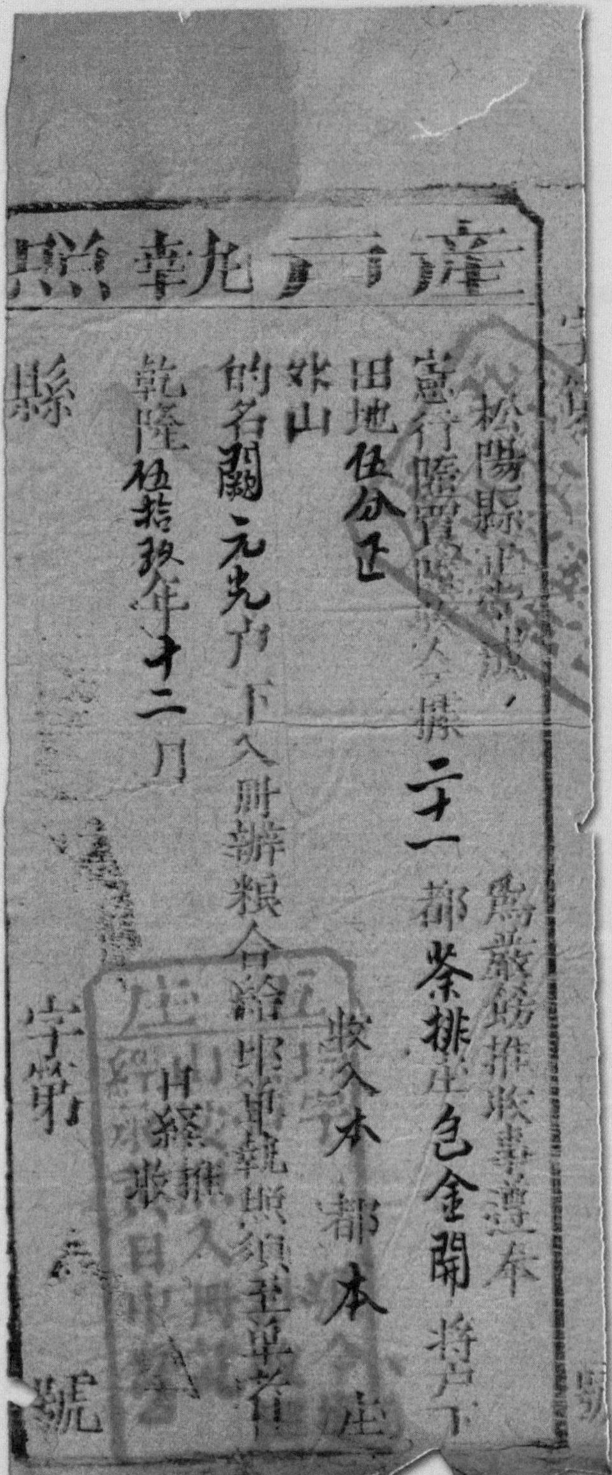

# 產戶執照

松陽縣正堂成　爲嚴飭推收事，遵奉

憲行，隨買隨收，今據二十一都　茶排庄　包金開　将户下

田地　伍分正

外山　收入　本都　本庄

的名　闕元光　户下入册辦粮，合給印单執照，須至单者。

乾隆　伍拾玖　年　十二　月　日經推收

縣　字第　號

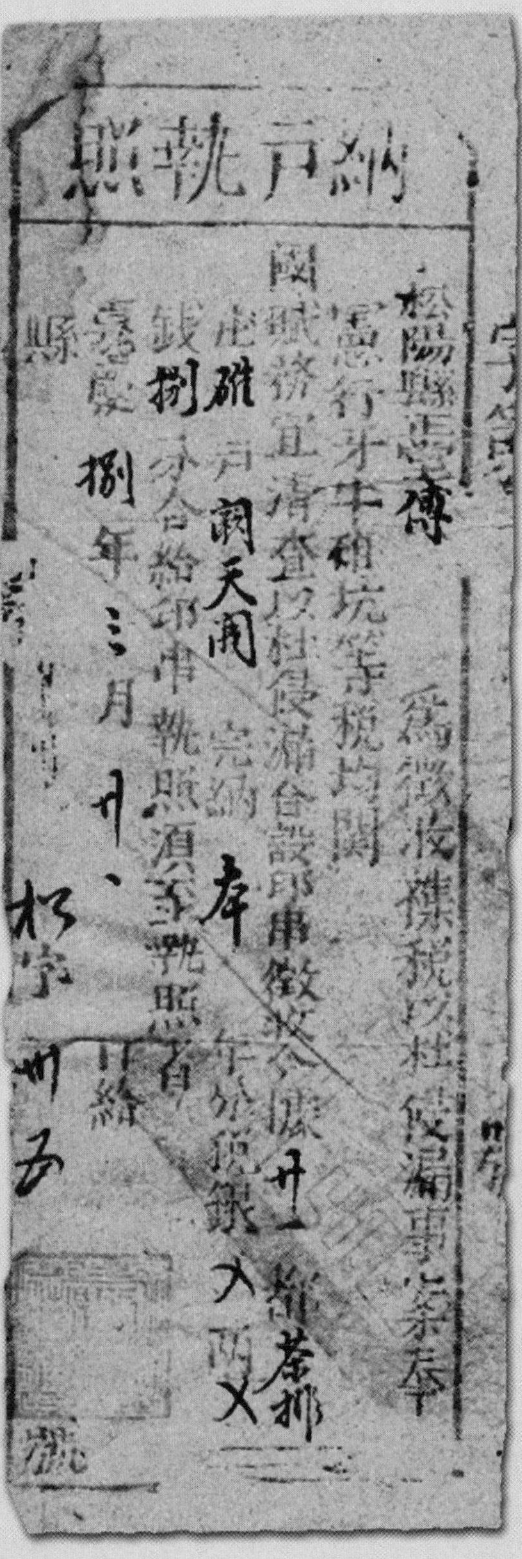

## 納戶執照

松陽縣正堂 傅　爲徵收雜税以杜侵漏事，案奉
憲行，牙牛碓坑等税，均關
國賦，務宜清查以杜侵漏，合設印串徵收，今據 廿一都 茶排
庄 碓 户 闕天閈 完納　本 年分税銀 兩
錢 捌 分，合給印串執照，須至執照者。
嘉慶 捌 年 三 月 廿一 日給
縣　松 字 卅五 號

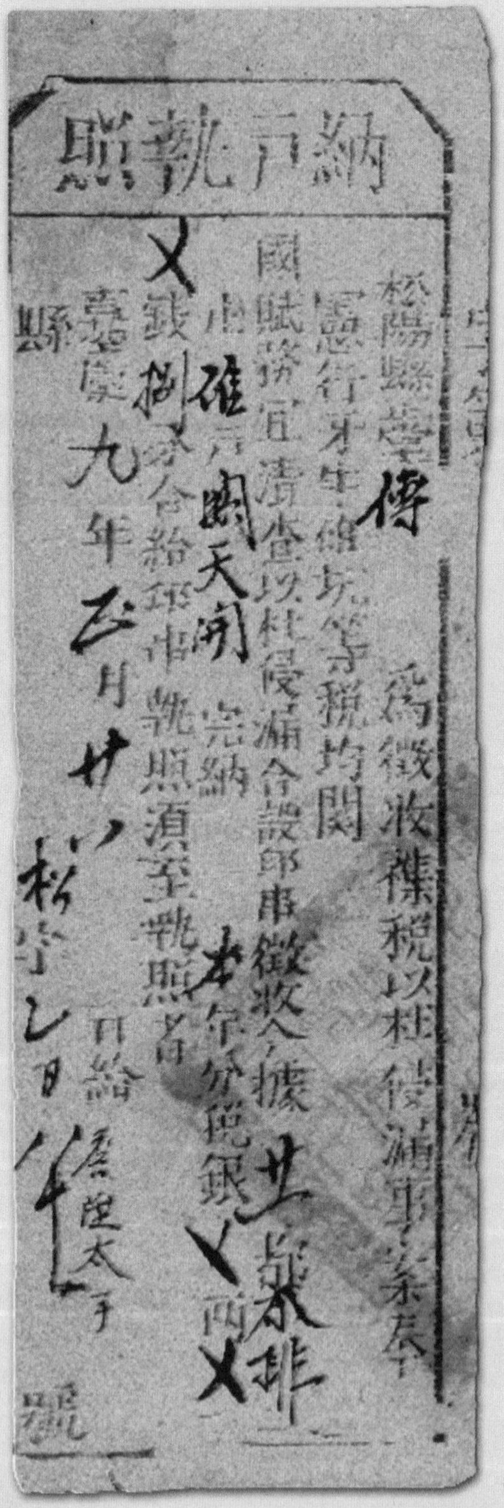

## 納戶執照

松陽縣正堂 傅　爲徵收雜稅以杜侵漏事，案奉
憲行，牙牛碓坑等稅，均關
國賦，務宜清查以杜侵漏，合設印串徵收，今據 廿一都 茶排
庄 碓户 闕天閈 完納　本 年分稅銀 兩
錢 捌 分，合給印串執照，須至執照者。
嘉慶 九 年 正 月 廿八 日給　詹陞太手
縣　松 字 一百八十 號

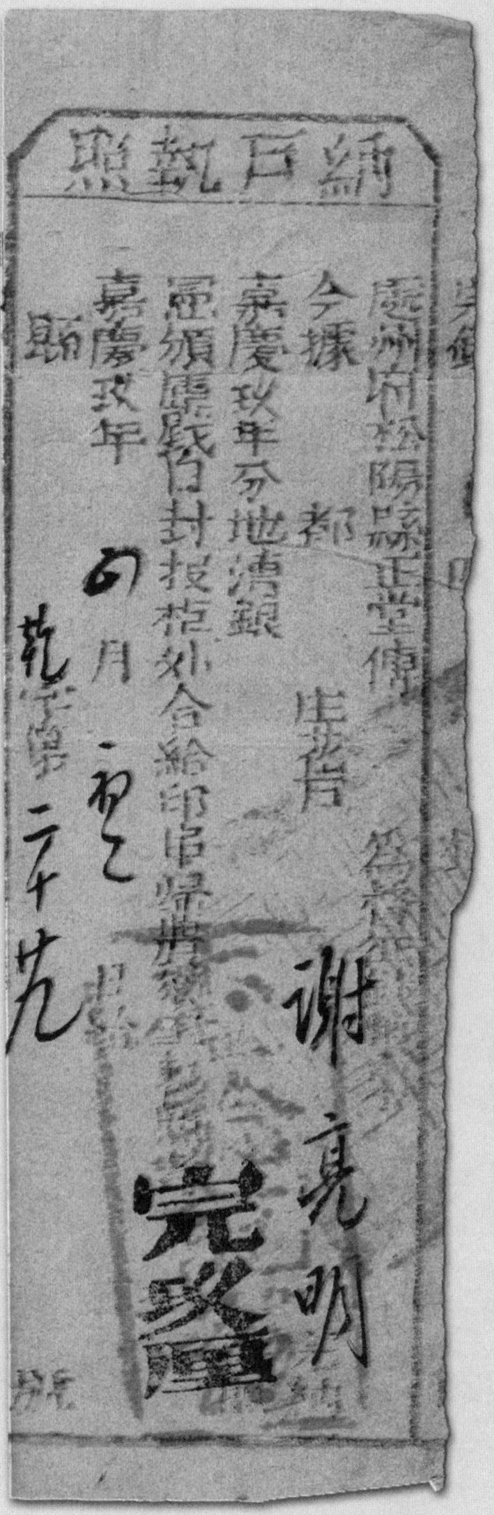

納戶執照

處州府松陽縣正堂傅　爲督征錢粮事，
今據　都　庄花户　謝亮明　完納
嘉慶玖年分地漕銀
憲頒庫戳自封投柜外，合給印串歸農□□執照　完玖厘
嘉慶　玖　年　四　月　初二日給
縣　　乾　字第　二千廿九　號

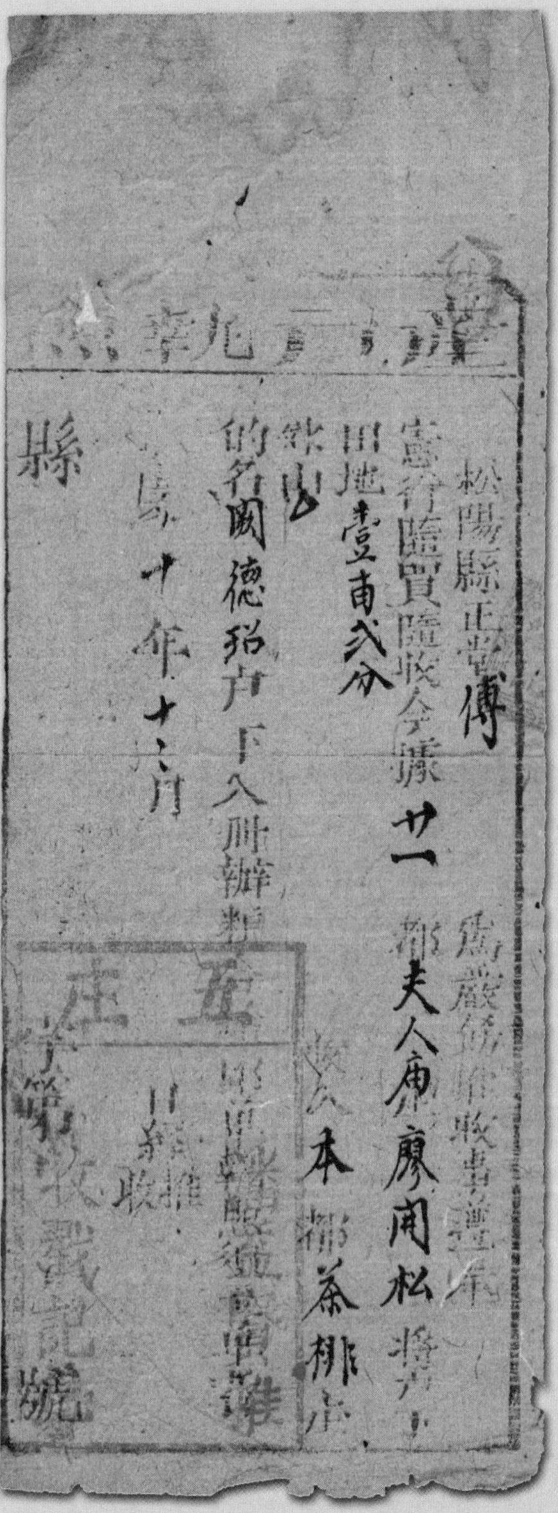

# 產戶執照

松陽縣正堂 傅　爲嚴飭推收事，遵奉

憲行，隨買隨收，今據廿一都 夫人庙 庄 廖闬松 将户下

田地　壹亩弍分

外山 ○　　收入 本都 茶排庄

的名 阙德珤 户下入册辦粮，合給印单執照，須至单者。

嘉慶 十 年 十 二 月　日經 推收

縣　字第　號

# 產戶執照

松陽縣正堂　鹿　　爲嚴飭推收事，遵奉
憲行，随買随收，今據廿一都　夫人庙庄　廖富九 清華　将户下
田地　肆分正 壹亩伍分正　　收入　本都　茶排庄
外山　○
的名　闕翰美　户下入册辦粮，合給印单執照，須至单者。
嘉慶　十四　年　十二　月　　日經推收
縣　　　　字第　　　號

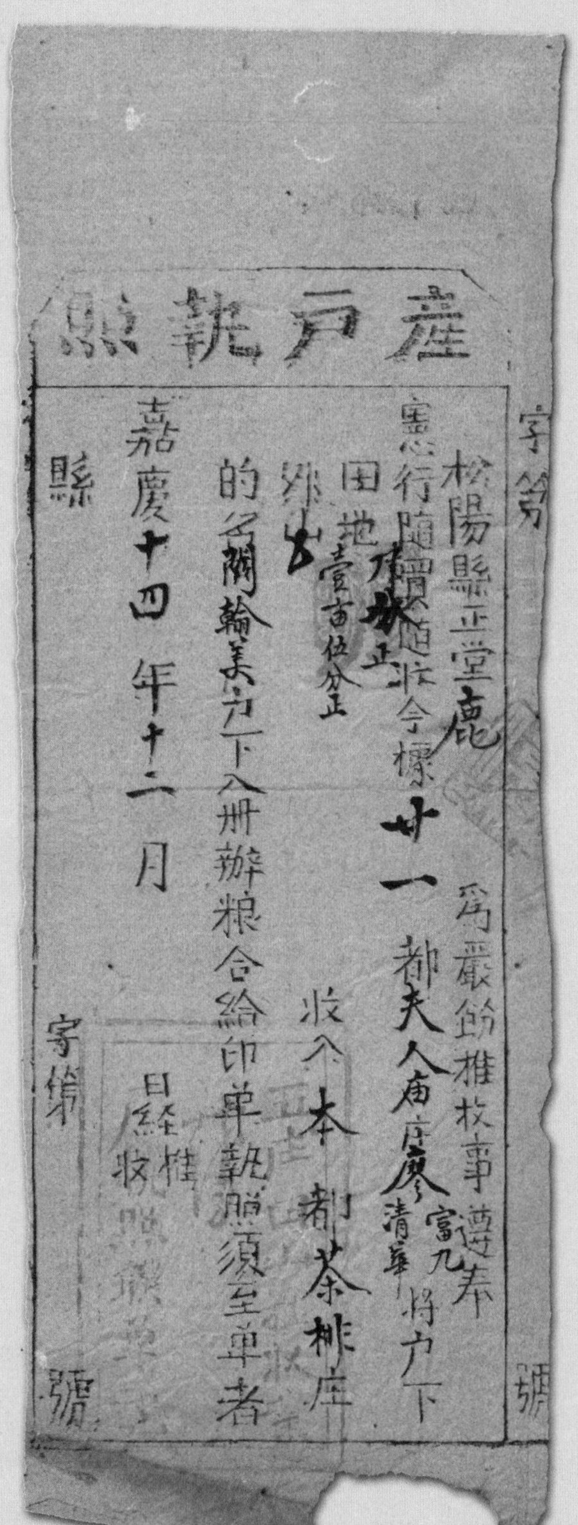

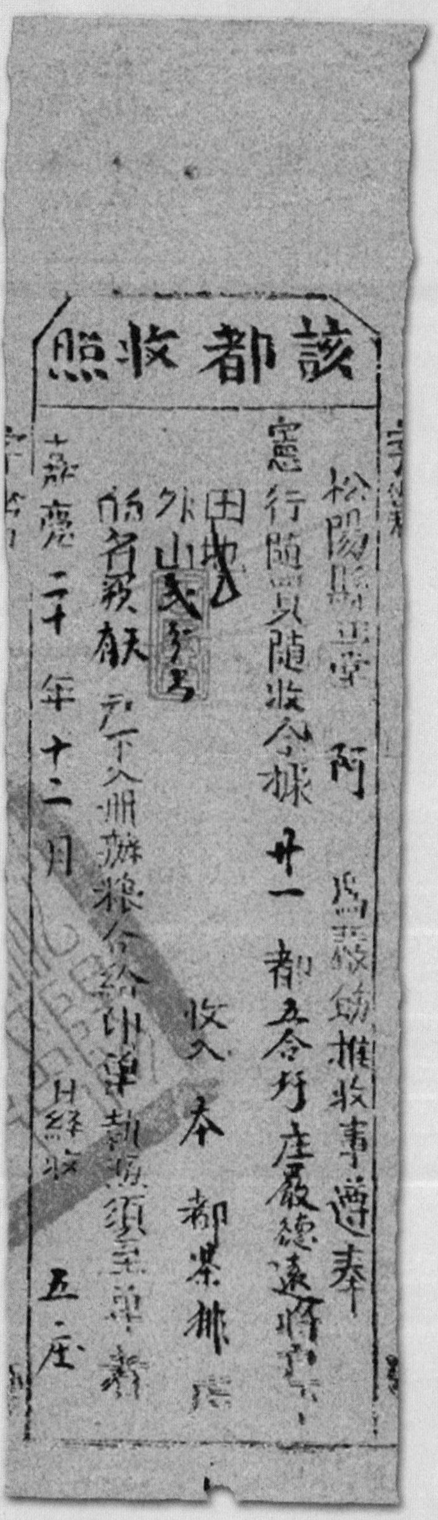

# 該都收照

松陽縣正堂 阿 爲嚴飭推收事，遵奉
憲行，随買随收，今據廿一 都 五合圩庄 嚴德遠 将户下
田地 〇
外山 弍分正 收入 本都 茶排庄
的名 闕天有 户下入册辦粮，合給印单執照，須至单者。
嘉慶 二十 年 十二 月 日經收 五庄

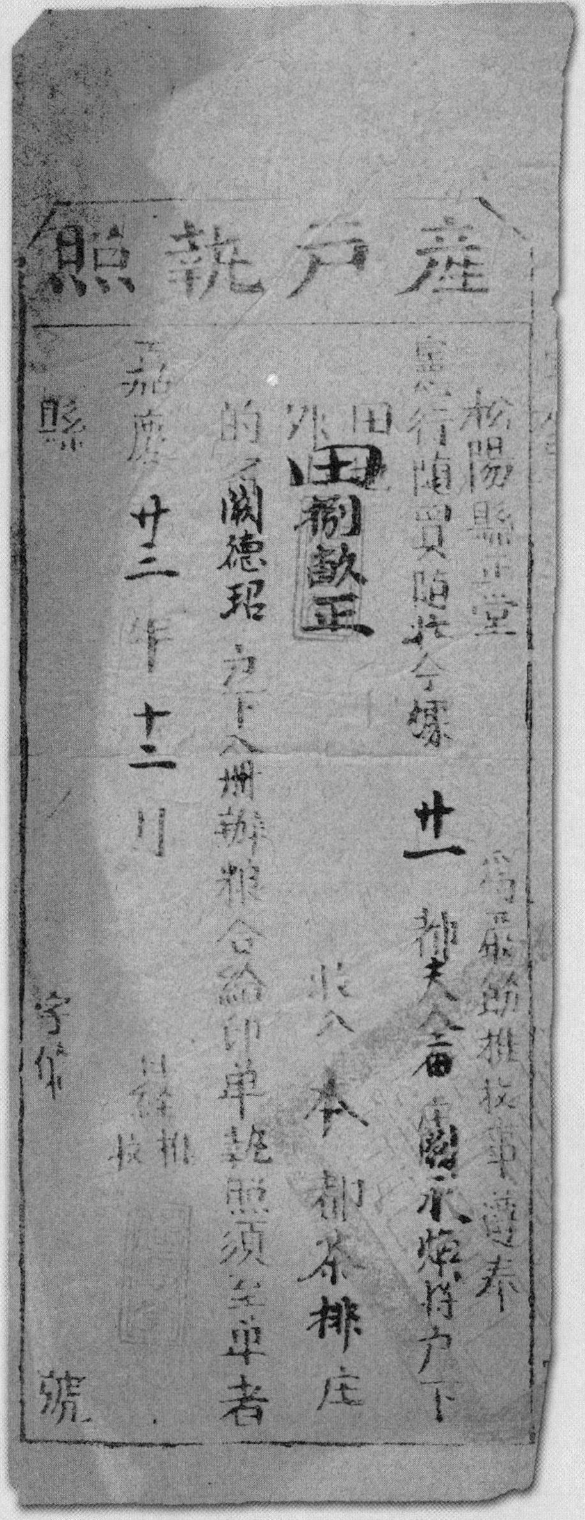

# 産戶執照

松陽縣正堂　　爲嚴飭推收事，遵奉

憲行，随買随收，今據廿一都 夫人庙庄 闕永焕 将户下

田地 捌畝正　　收入 本都 茶排庄

外山

的名 闕德珤 户下入册辦粮，合給印单執照，須至单者。

嘉慶 廿三 年 十二 月　　日經 推 收

縣　　字第　　號

# 該都收照

松陽縣正堂 劉　爲嚴飭推收事，遵奉
憲行，随買随收，今據二十一都 夫人庙庄 闕正興　将户下
田地　弍分正
收入　本都　茶排庄
外山 〇
的名　闕和利　户下入册辧粮，合給印单執照，須至单者。
嘉慶　二十五　年　十二　月　日　經收　五庄

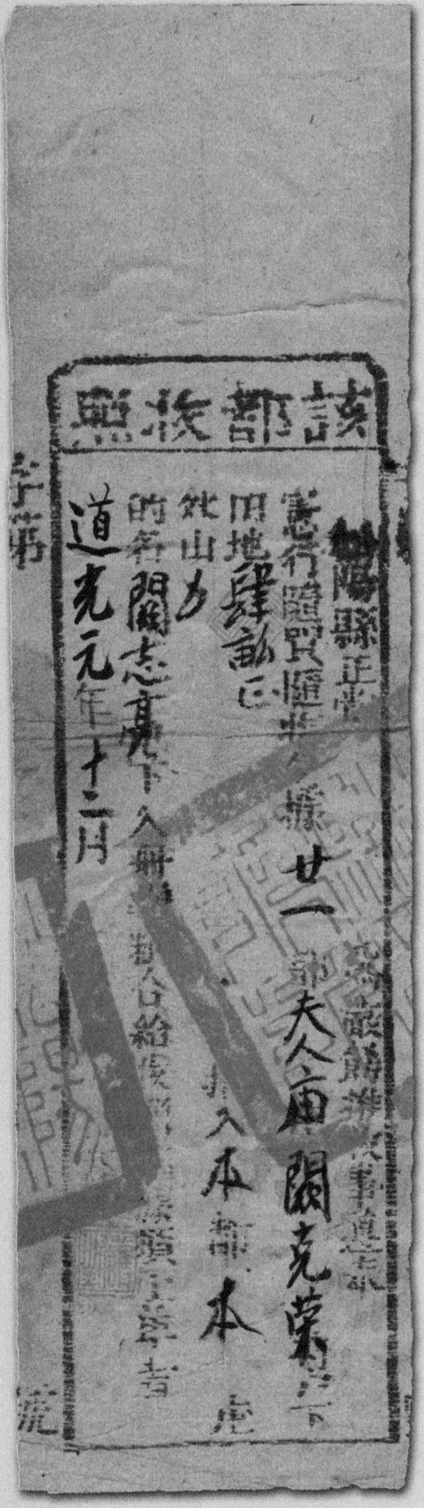

## 該都收照

松陽縣正堂　為嚴飭推收事，遵奉
憲行，隨買隨收，今據廿一都　夫人庙庄　闕克荣　将户下
田地　肆畝正
外山　○　　推入　本都　本庄
的名　闕志亮　户下入册辦粮，合給印单執照，須至单者。
道光　元　年　十二　月　　　日經收

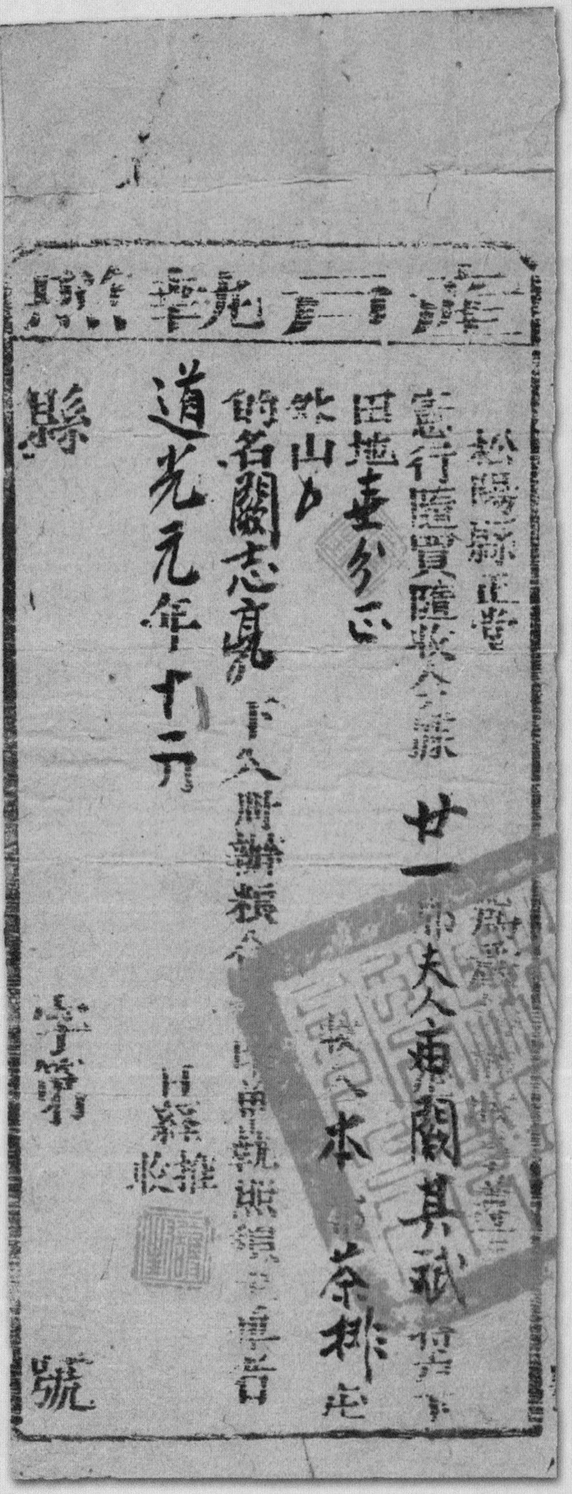

# 產戶執照

松陽縣正堂　為嚴飭推收事，遵奉
憲行，隨買隨收，今據廿一都　夫人庙庄　闕其斌　将户下
田地　壹分正　　收入　本都　茶排庄
外山　○
的名　闕志亮　户下入册辨粮，合給印单執照，須至单者。
道光　元　年　十二　月　　日經推收
縣　　字第　　號

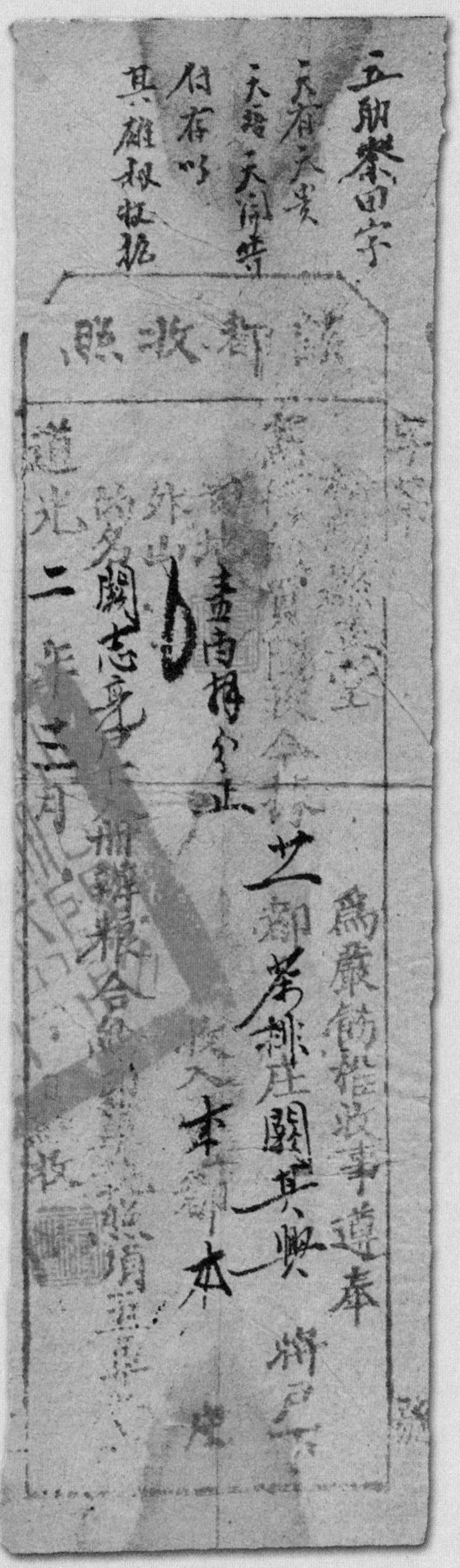

立助業田字
天有、天贵
天培、天𨳝等
付存以
其雄叔收执。

該都收照

松陽縣正堂　爲嚴飭推收事，遵奉
憲行，随買随收，今據廿一都　茶排庄　闕其興　将户下
田地　壹亩捌分正　收入　本都　本庄
外山　○
的名　闕志亮　户下入册辦粮，合給印单執照，須至单者。
道光　二　年　十二　月　日經收

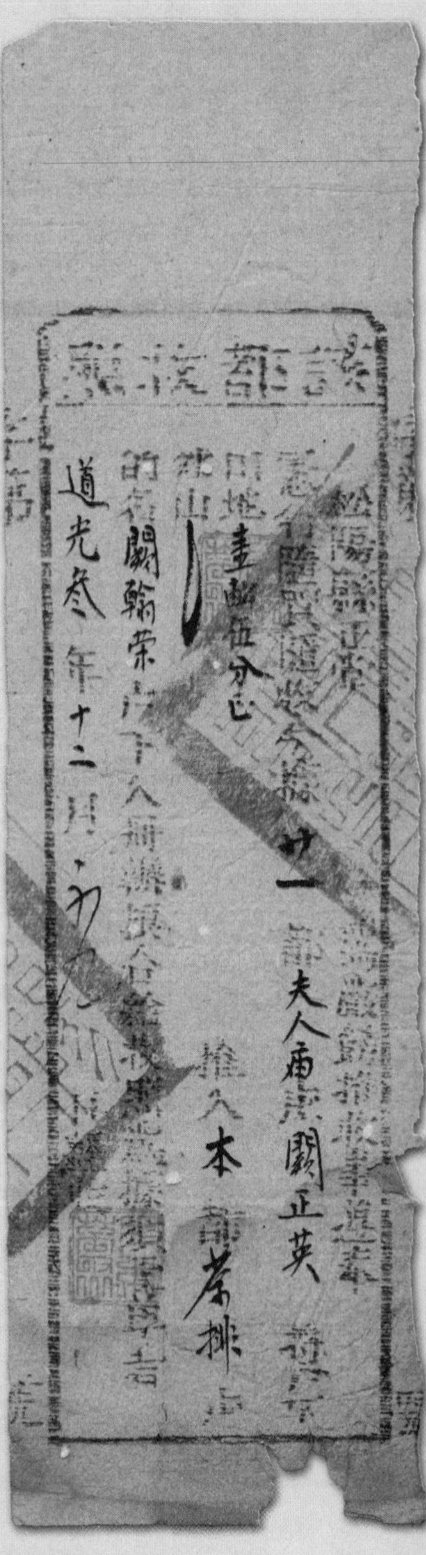

# 該都收照

松陽縣正堂　為嚴飭推收事，遵奉
憲行，隨買隨收，今據廿一都　夫人庙庄　闕正英　将户下
田地　壹畝伍分正
外山　〇　　推入　本都　茶排庄
的名　闕翰荣　户下入册辦粮，合給印单執照，須至单者。
道光　叄　年　十二月　初九　日經收

# 爐戶執照

松陽縣正堂　為請弛採铁之禁等事，案奉
前藩憲主檄飭出產铁砂，仰奉
督撫二憲會奏弛禁民間開採煎烹，所有坑炉税課先歷經詳請咨
部准行在案，查得
前督撫憲奏准給照以來，迄今二十餘年，其中不無事故歇業及新增採烹者，例許赴縣呈明歇業，原照繳銷，新增給照註册，原無頂替私開之弊，兹報現住開炉，無論新旧，概遵呈照查驗外，合行給照，為此仰炉户 闕成興 前往廿一都 執據開炉，照額完税，嗣後遵照前例事故歇業，原照稟銷，新增採烹，呈明給照 即移炉就山，亦必赴縣呈明存案以偹隨時稽查，杜絕弊混，倘故違不遵，及知情扶隱，一經察出，定處嚴究擬，不稍寬□，凛遵毋違，須至照者。

右仰爐户　闕成興　准此

道光　肆年　捌月　廿九　日給

縣

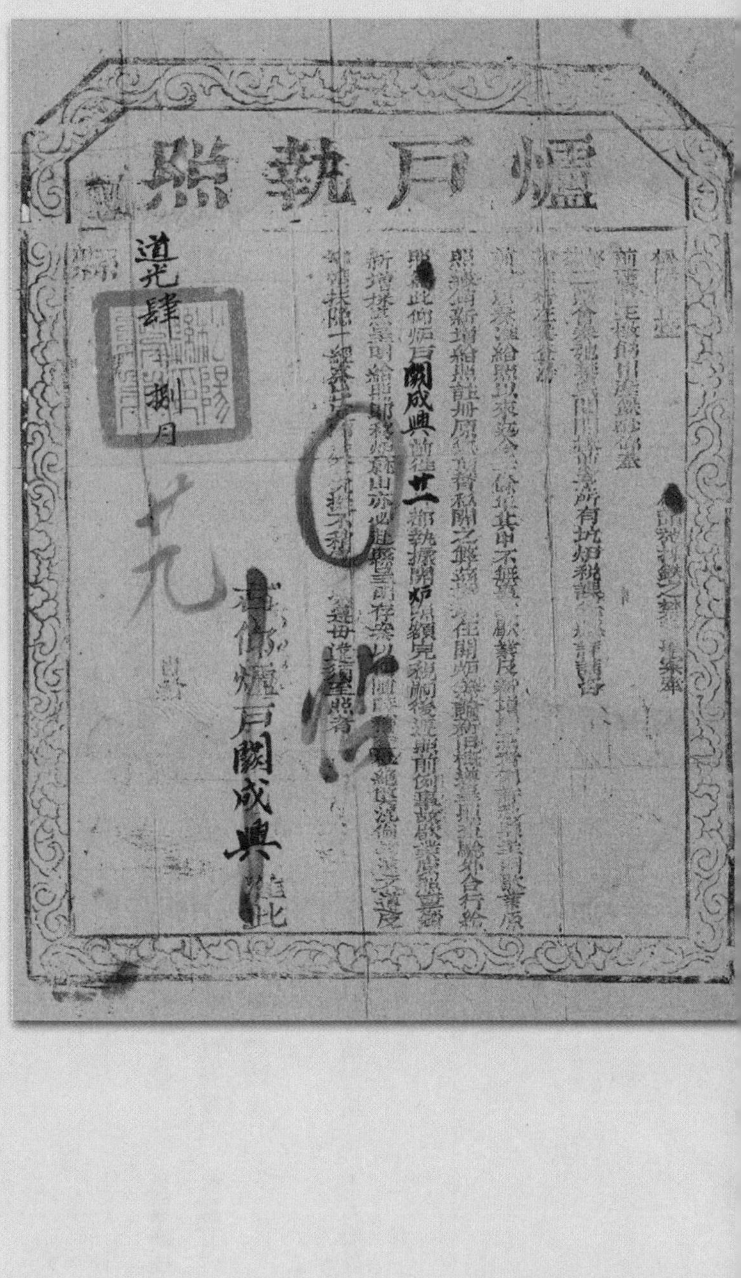

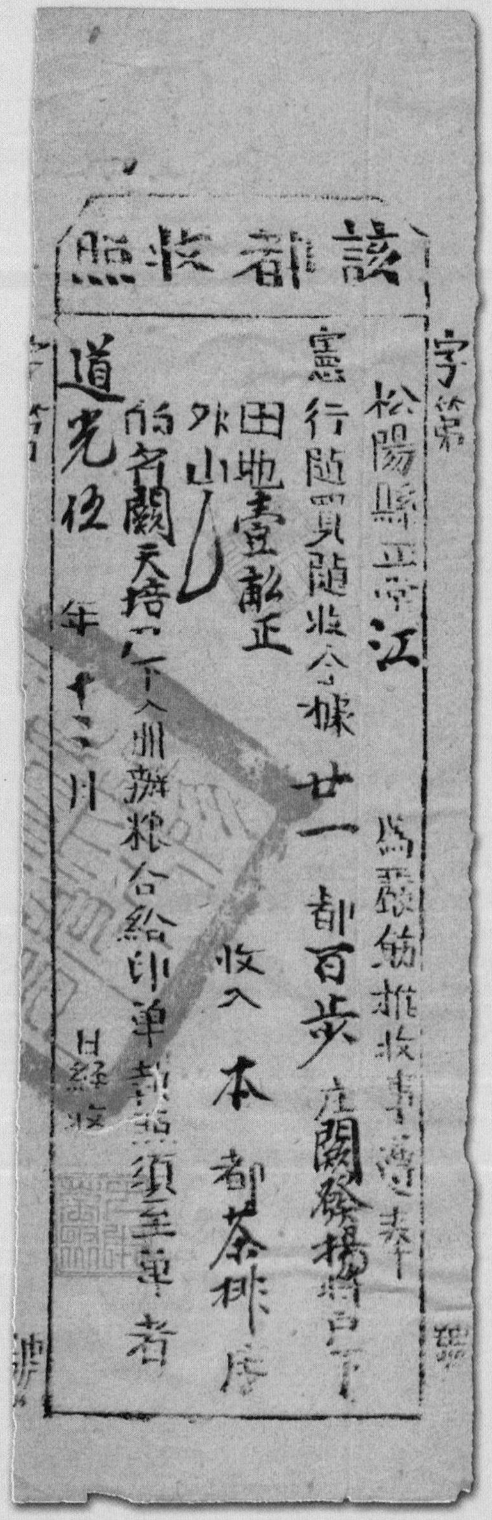

該都收照

松陽縣正堂　江　爲嚴飭推收事，遵奉
憲行，随買随收，今據廿一　都　百步庄　闕發揚　将户下
田地　壹畝正
外山　〇
收入　本都　茶排庄
的名　闕天培　户下入册辦粮，合給印单執照，須至单者。
道光　伍　年　十二　月　　日經收

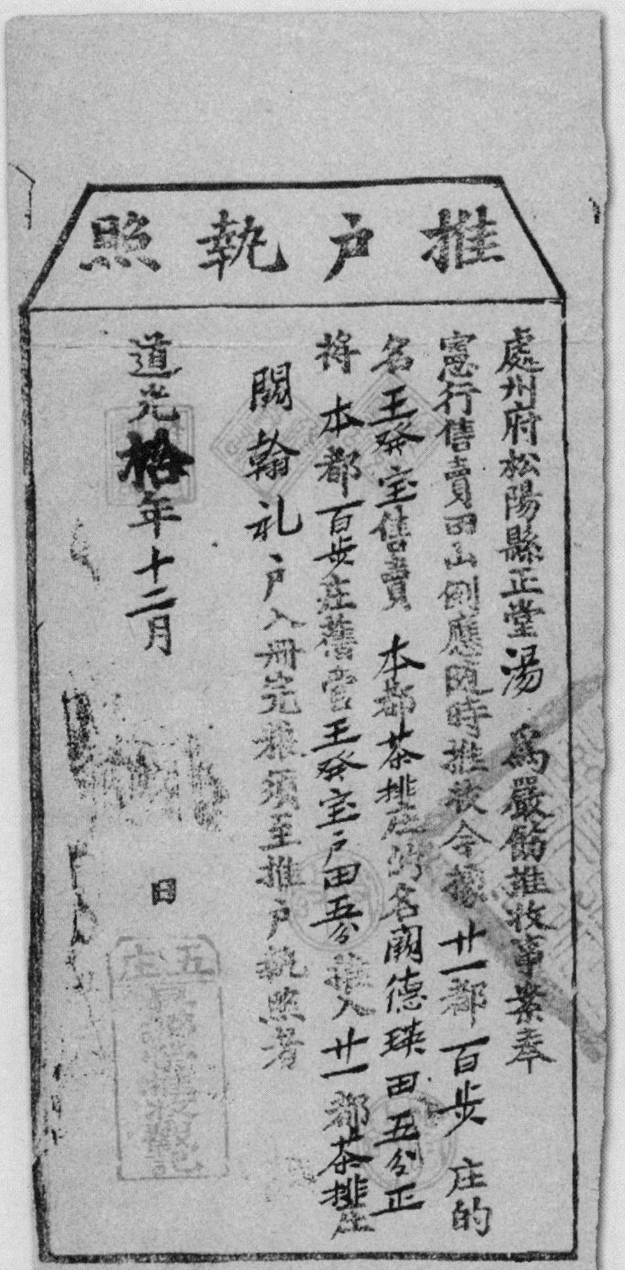

# 推户執照

處州府松陽縣正堂湯　爲嚴飭推收事，案奉
憲行售賣田山例，應随時推收，今據　廿一都　百步　庄的
名　王發宝　售賣　本　都　茶排　庄的名　闕德瑛　田　五分正，
将本　都　百步　庄舊管　王發宝　户田　五分　推入廿一　都　茶排　庄
闕翰礼　户入册完粮，須至推户執照者。
道光　拾　年　十二　月　　　　日

五庄
吴紹榮推收戳記

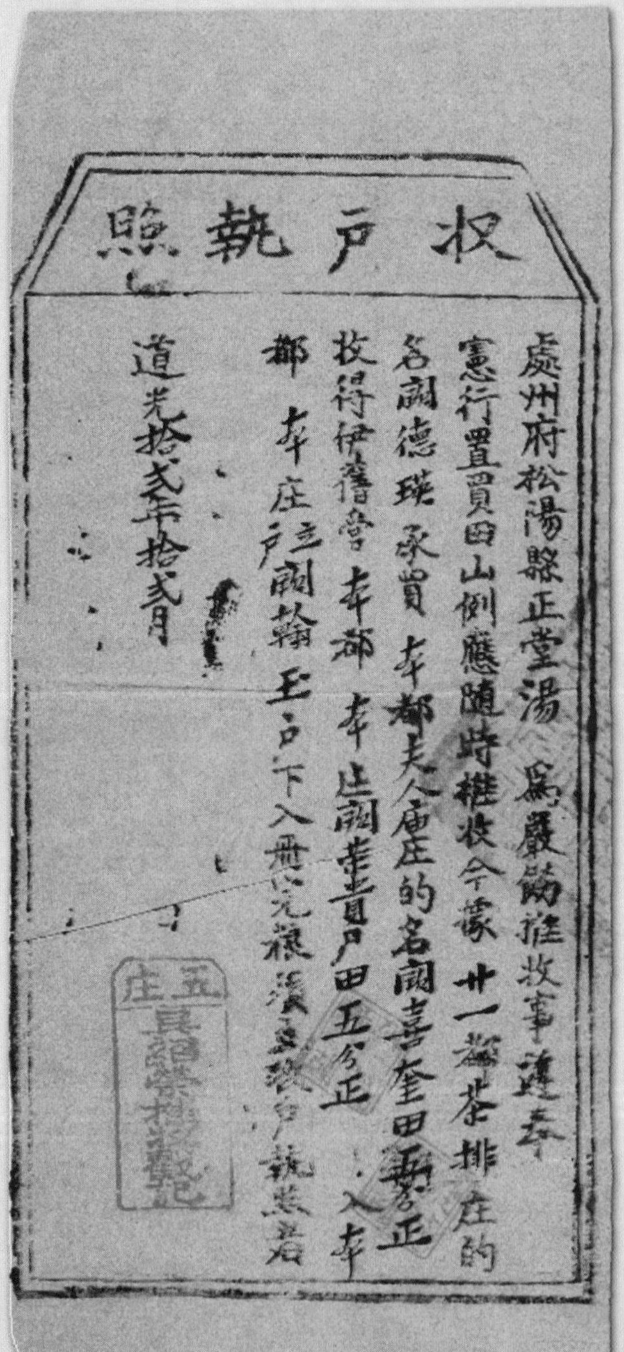

# 收戶執照

處州府松陽縣正堂湯　爲嚴飭推收事，遵奉
憲行置買田山例，應隨時推收，今據 廿一 都 茶排 庄的
名 闕德瑛 承買 本都 夫人庙 庄的名 闕喜奎 田 五分正，
收得伊舊管 本 都 本 庄 闕荣貴 户 田五分正 入本
都 本庄 立户 闕翰玉 户下入册完粮，須至收户執照者。

道光 拾弍 年 拾弍 月 日

五庄
吴紹榮推收戳記

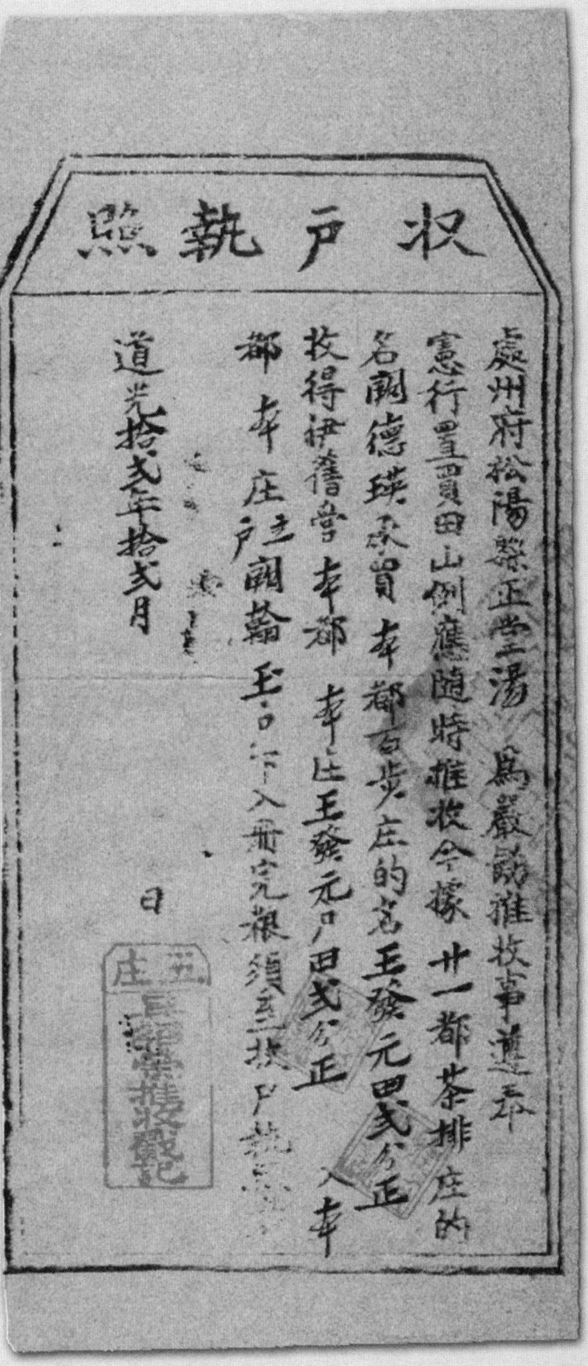

收戶執照

處州府松陽縣正堂湯　爲嚴飭推收事，遵奉

憲行置買田山例，應随時推收，今據　廿一都　茶排　庄的

名　闕德瑛　承買　本都　百步　庄的名　王發元　田　式分正，

收得伊舊管　本　都　本　庄　王發元户　田式分正　入本

都　本庄　立户　闕翰玉　户下入册完粮，須至收户執照者。

道光　拾式　年　拾式　月　日

五庄

吴紹榮推收戳記

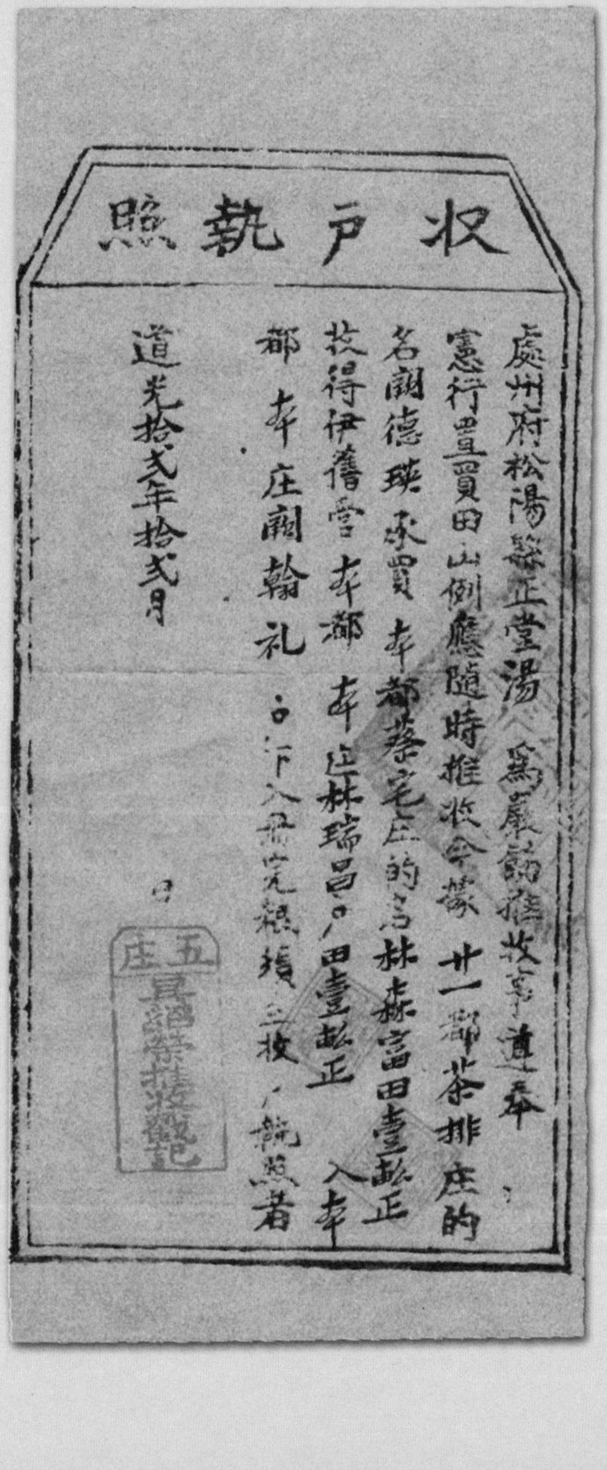

# 收戶執照

處州府松陽縣正堂湯　為嚴飭推收事，遵奉
憲行置買田山例，應隨時推收，今據 廿一都 茶排 庄的
名 闕德瑛 承買 本都 蔡宅 庄的名 林森富 田 壹畝正，
收得伊舊管 本 都 本 庄 林瑞昌户 田壹畝正 入本
都 本庄 闕翰礼 户下入册完粮，須至收户執照者。

道光 拾弍 年 拾弍 月 日

五庄
吳紹榮推收戳記

# 收戶執照

處州府松陽縣正堂湯　爲嚴飭推收事，遵奉
憲行置買田山例，應隨時推收，今據 廿一都 茶排 庄的
名 闕德瑛 承買 一都 城南 庄的名 魏金灿 田 五畝正，
收得伊舊管 一都 城南 庄 仝户 田五畝正 入本
都 本庄 立户 闕翰玉 户下入册完粮，須至收户執照者。
道光 拾叁 年 拾弍 月 日

五庄
吴紹榮推收戳記

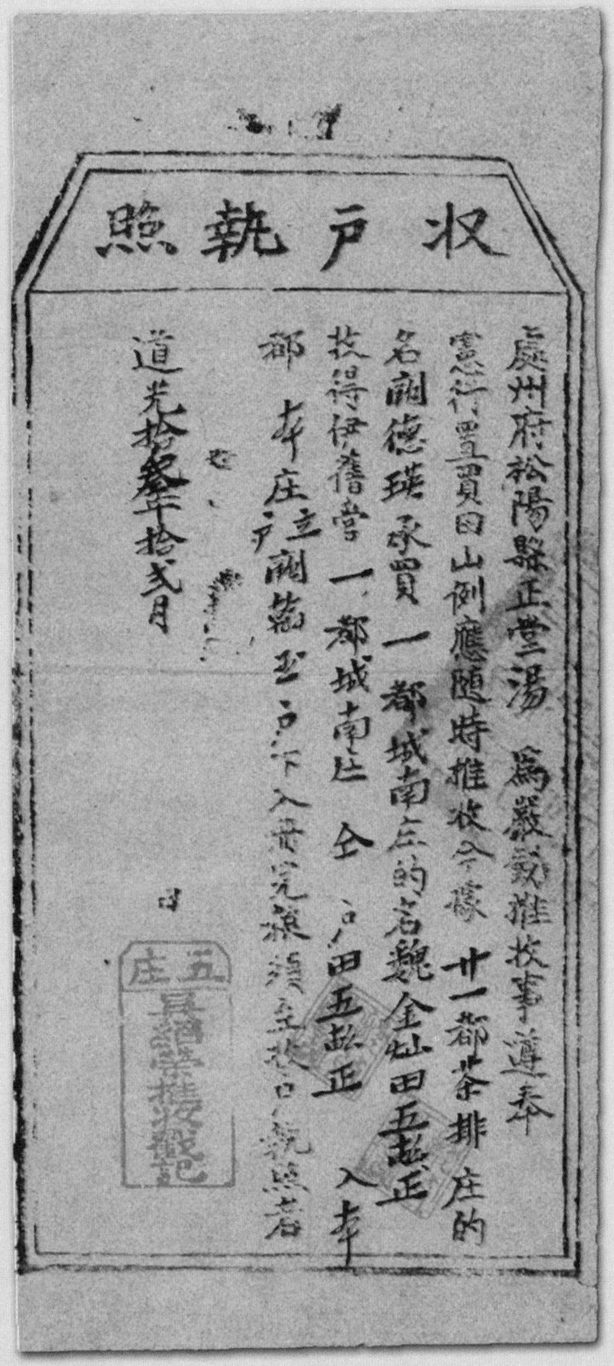

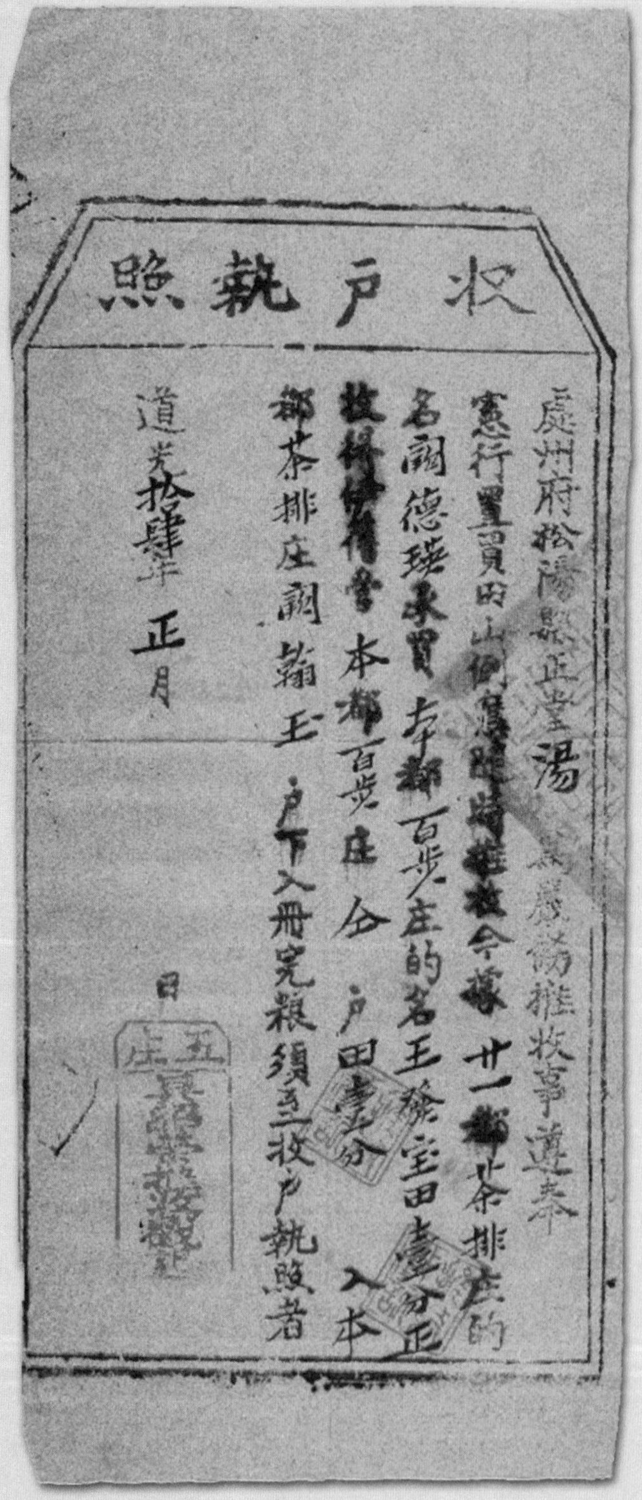

# 收戶執照

處州府松陽縣正堂湯　爲嚴飭推收事，遵奉
憲行置買田山例，應随時推收，今據　廿一都　茶排　庄的
名　闕德瑛　承買　本都　百步　庄的名　王發宝　田　壹分正，
收得伊舊管　本　都　百步　庄　仝户　田壹分　　入本
都　茶排庄　闕翰玉　户下入册完粮，須至收户執照者。

道光　拾肆　年　正　月　　日

五庄
吴紹榮推收戳記

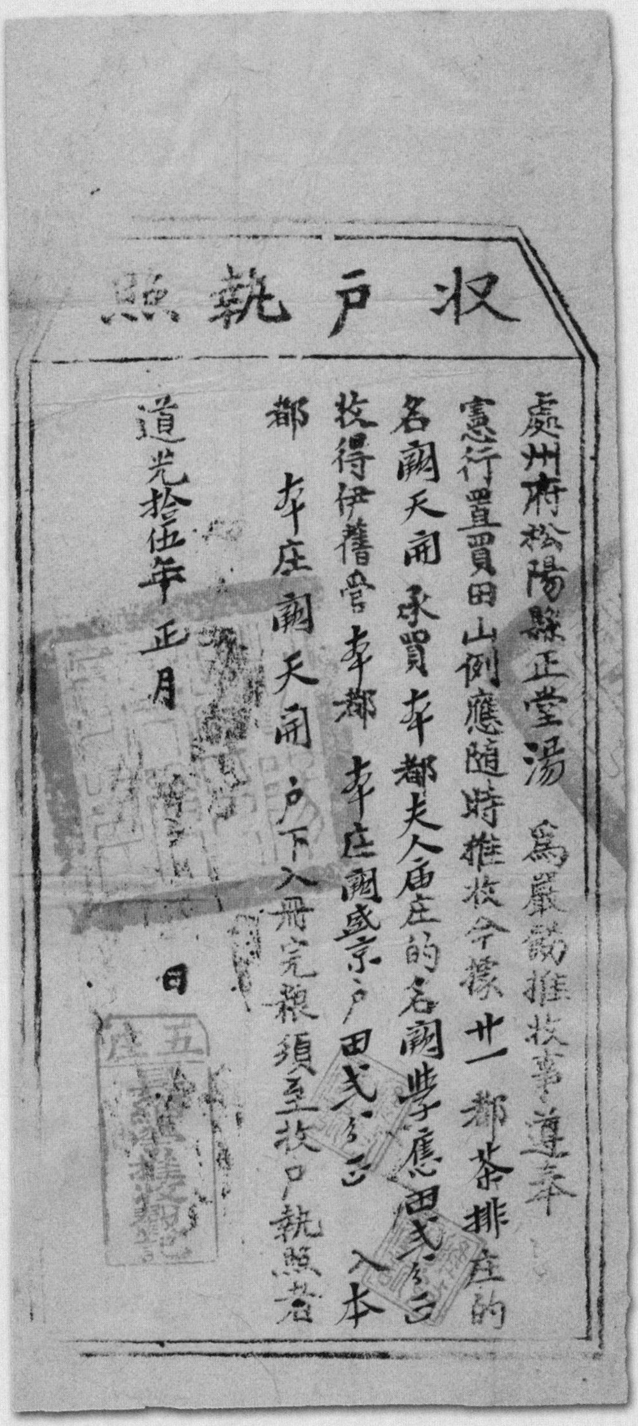

# 收戶執照

處州府松陽縣正堂湯　爲嚴飭推收事，遵奉
憲行置買田山例，應随時推收，今據　廿一　都　茶排　庄的
名　闕天開　承買　本都　夫人庙　庄的名　闕學應　田　式分正，
收得伊舊管　本　都　本　庄　闕盛京户　田式分正　　入本
都　本庄　闕天開　户下入册完粮，須至收户執照者。

道光　拾伍　年　正　月　　　日

五庄

吴紹榮推收戳記

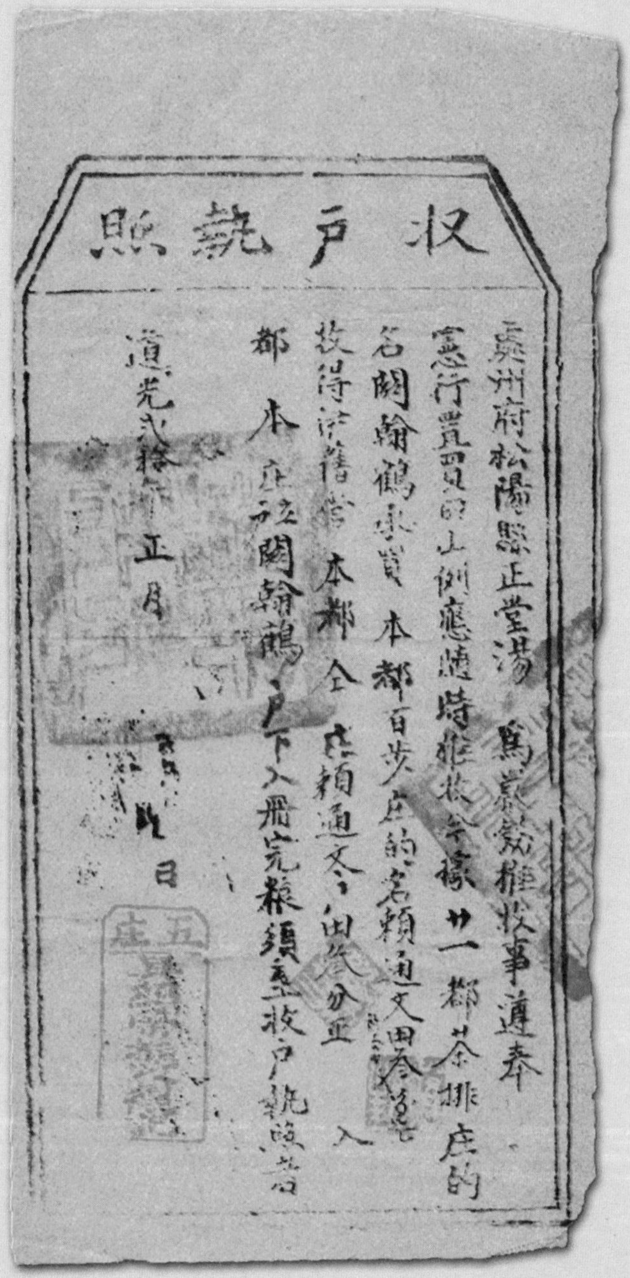

## 收戶執照

處州府松陽縣正堂湯　爲嚴飭推收事，遵奉
憲行置買田山例，應随時推收，今據　廿一都　茶排　庄的
名　闕翰鶴　承買　本都　百步　庄的名　賴通文　田　叁分正，
收得伊舊管　本　都　仝　庄　賴通文户　田叁分正　入本
都　本庄　立户　闕翰鶴　户下入册完粮，須至收户執照者。
道光　弍拾　年　正　月　　日

五庄
吳紹榮推收戳記

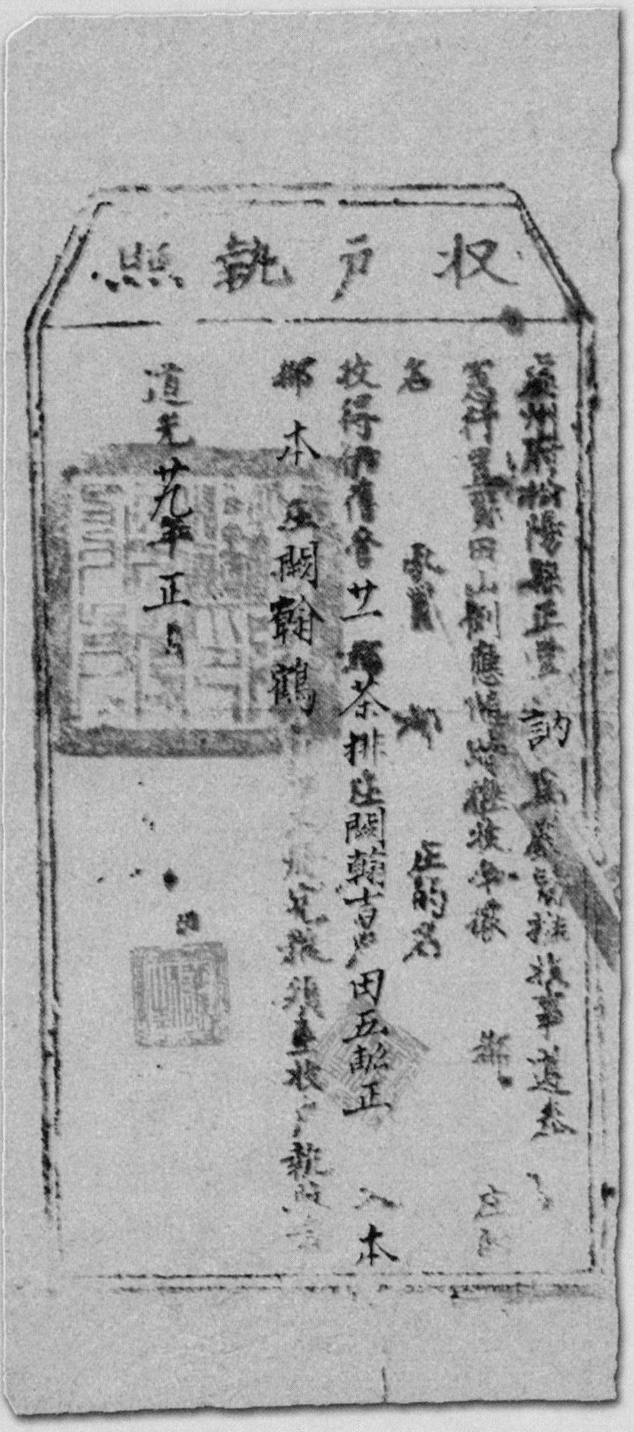

# 收戶執照

處州府松陽縣正堂訥　爲嚴飭推收事，遵奉
憲行置買田山例，應隨時推收，今據　都　庄的
名　承買　都　庄的名
收得伊舊管　廿一　都　茶排　庄　闕翰吉户　田五畒正　入本
都　本庄　闕翰鶴　户下入册完粮，須至收户執照者。
道光　廿九　年　正　月　日

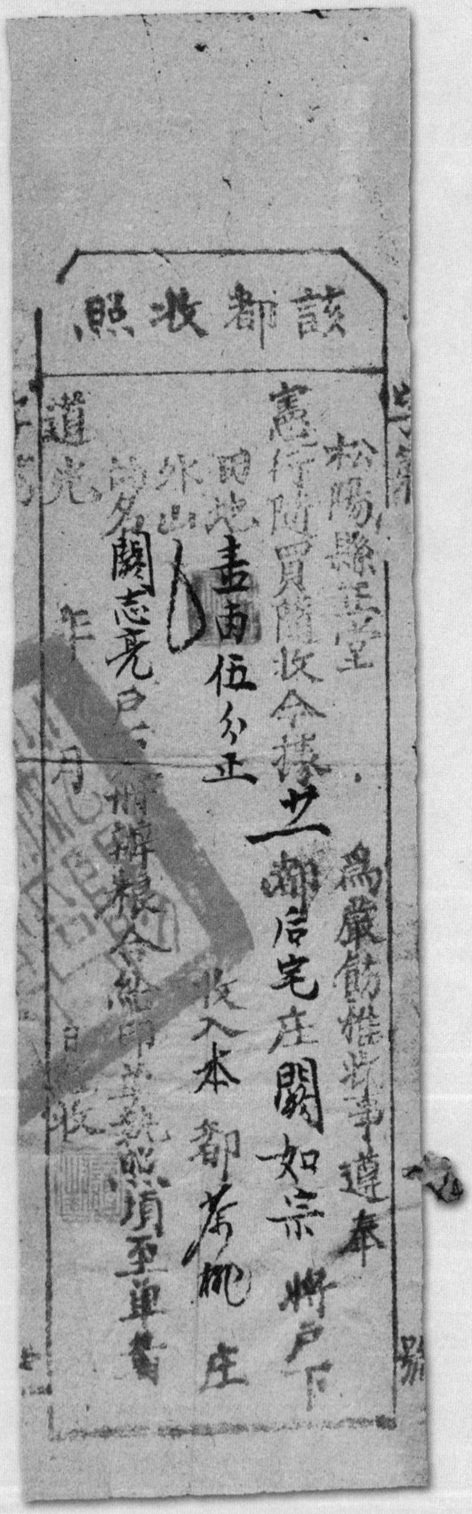

## 該都收照

松陽縣正堂　爲嚴飭推收事，遵奉
憲行，隨買隨收，今據廿一都　后宅庄　闕如宗　将户下
田地　壹亩伍分正
外山　○　　　收入　本都　茶排庄
的名　闕志亮　户下入册辦粮，合給印单執照，須至单者。
道光　　年　　月　　日經收

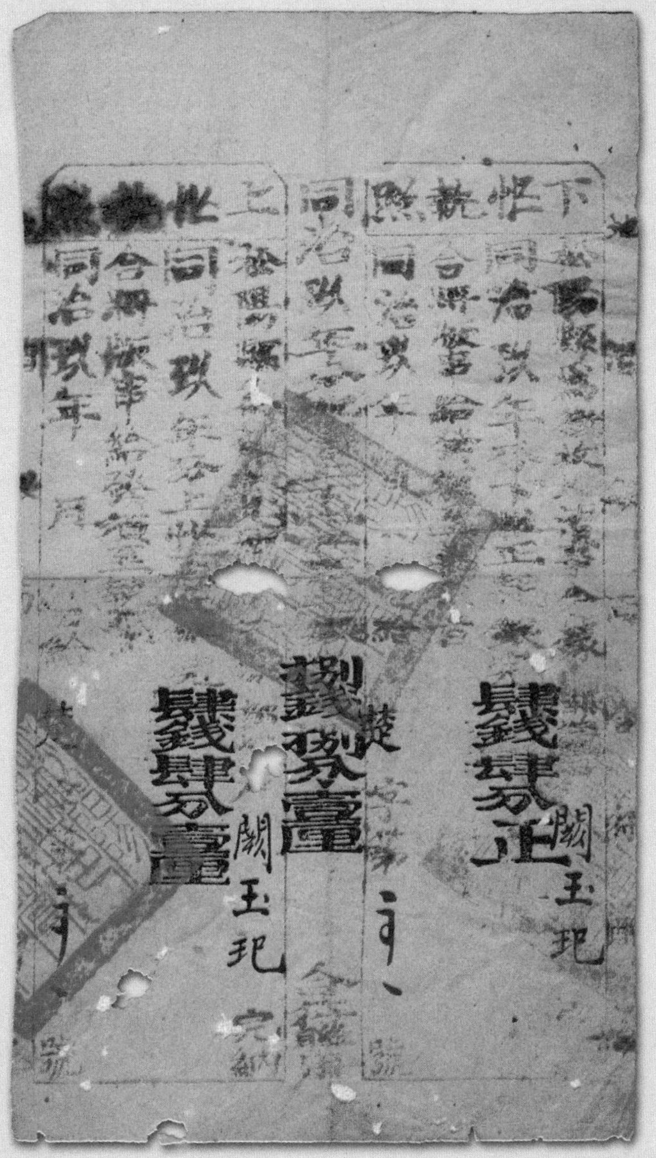

### 下忙執照

松陽縣爲徵收地漕事，今據　都糧户　闕玉玘　完納
同治玖年分下忙正耗銀完　肆錢肆分正，
合將版串給發，須至執照者。
同治　玖　年　月　日給　楚　字第二百一號

同治玖年分地漕上下忙共應完銀捌錢捌分壹厘　合符聯串

### 上忙執照

松陽縣爲徵收地漕事，今據　都糧户　闕玉玘　完納
同治玖年分上忙正耗銀完　肆錢肆分壹厘，
合將版串給發，須至執照者。
同治　玖　年　月　日給　楚　字第二百一號

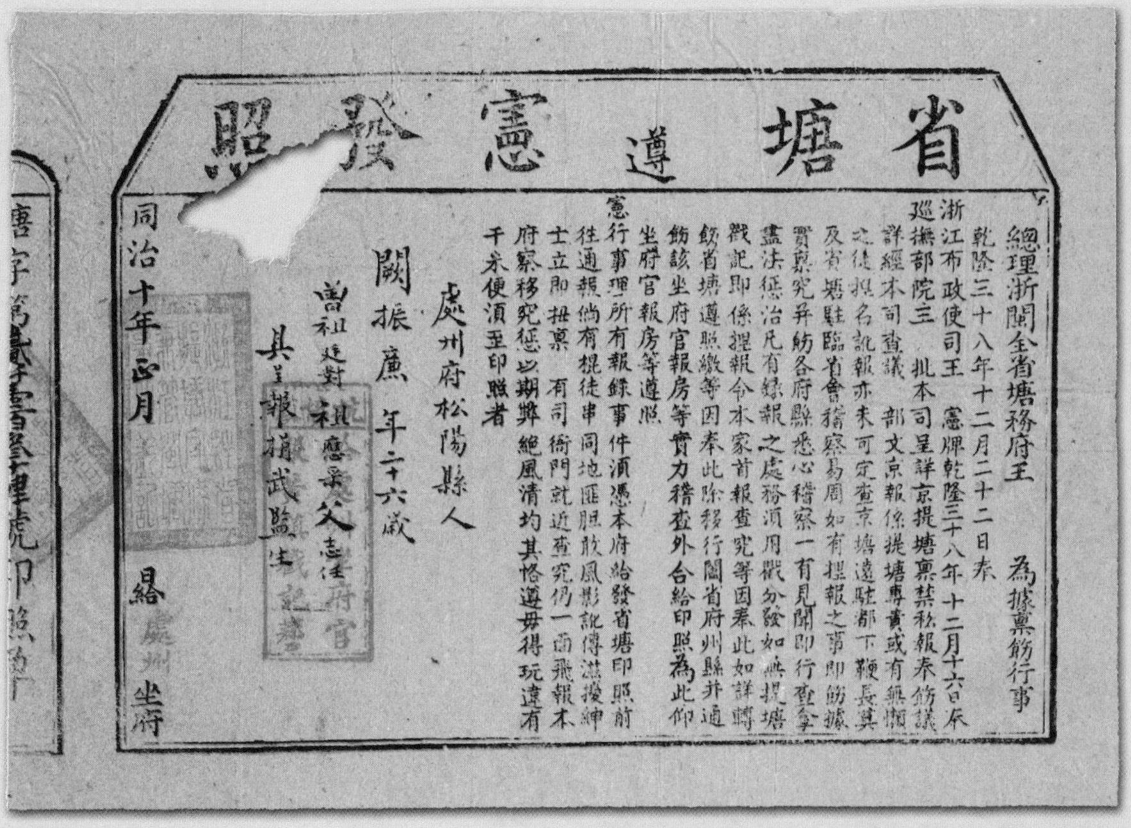

# 省塘遵憲發照

總理浙閩全省塘務府王　為據稟飭行事，

乾隆三十八年十二月二十二日奉

浙江布政使司王　憲牌，乾隆三十八年十二月十六日奉

巡撫部院三　批本司呈詳京提塘稟禁私報，奉飭議

詳，經本司查議，部文京報係提塘專責，或有無懶［賴］

之徒捏名詭報，亦未可定，查京塘遠駐都下，鞭長莫

及，省塘駐臨省會，稽察易周，如有捏報之事，即飭據

實稟究，并飭各府縣悉心稽察，一有見聞，即行查拿，

盡法懲治，凡有録報之處，務須用戳分發，如無提塘

戳記，即係捏報，令本家首報查究等因，奉此如詳，轉

飭省塘遵照繳等因，奉此，除移行閩省府州縣并通

飭該坐府官報房等實力稽查外，合給印照，為此仰

坐府官報房等遵照

憲行事理，所有報録事件，須憑本府給發省塘印照前

往通報，倘有棍徒串同地匪，胆敢風影詭傳，滋擾紳

士，立即扭稟　有司衙門，就近查究，仍一面飛報本

府察移究懲，以期弊絕風清，均其恪遵，毋得玩違，有

干未便，須至印照者。

處州府松陽縣人

闕振廉　年二十六歲

曾祖　廷對　祖　應采　父　志任

具呈報捐武監生

同治十年正月　　日給　處州　坐府

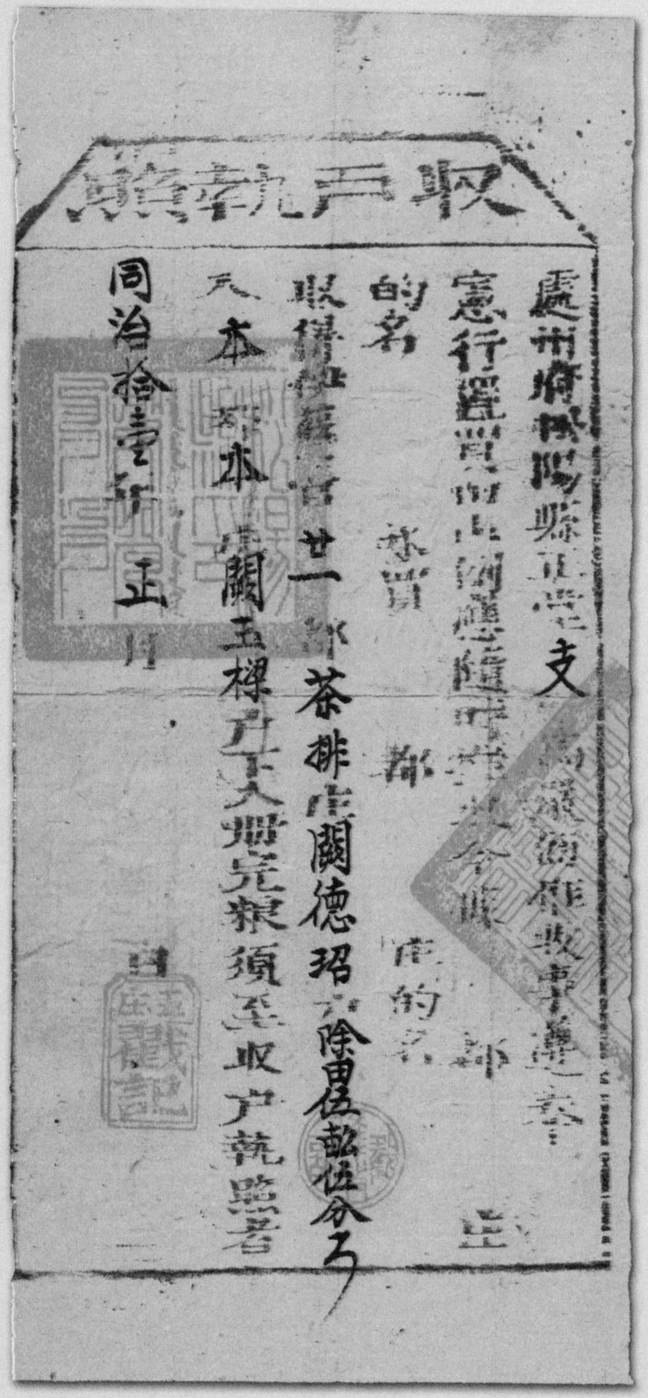

# 收戶執照

處州府松陽縣正堂支　為嚴飭推收事，遵奉
憲行置買田山例，應隨時推收，今據　都　庄
的名　承買　都　庄的名
收得伊舊管廿一都茶排庄闕德玿户除田伍畝伍分正
入本都本庄闕玉櫟户下入册完粮，須至收户執照者。

同治拾壹年正月　日

五庄戳記

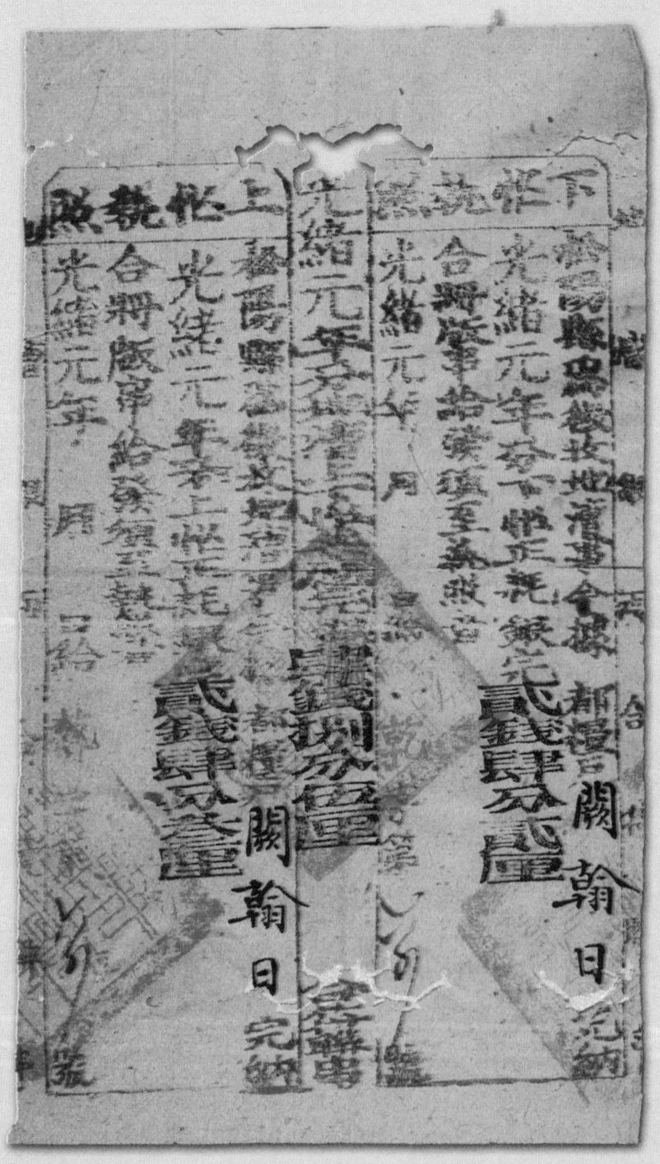

下忙執照

松陽縣爲徵收地漕事，今據　都糧户　闕翰日　完納
光緒元年分下忙正耗銀完　貳錢肆分貳厘，
合將版串給發，須至執照者。
光緒　元　年　月　日給　乾　字第　六四　號

光緒元年分地漕上下忙共應完銀肆錢捌分伍厘　合符聯串

上忙執照

松陽縣爲徵收地漕事，今據　都糧户　闕翰日　完納
光緒元年分上忙正耗銀完　貳錢肆分叁厘，
合將版串給發，須至執照者。
光緒　元　年　月　日給　乾　字第　六四　號

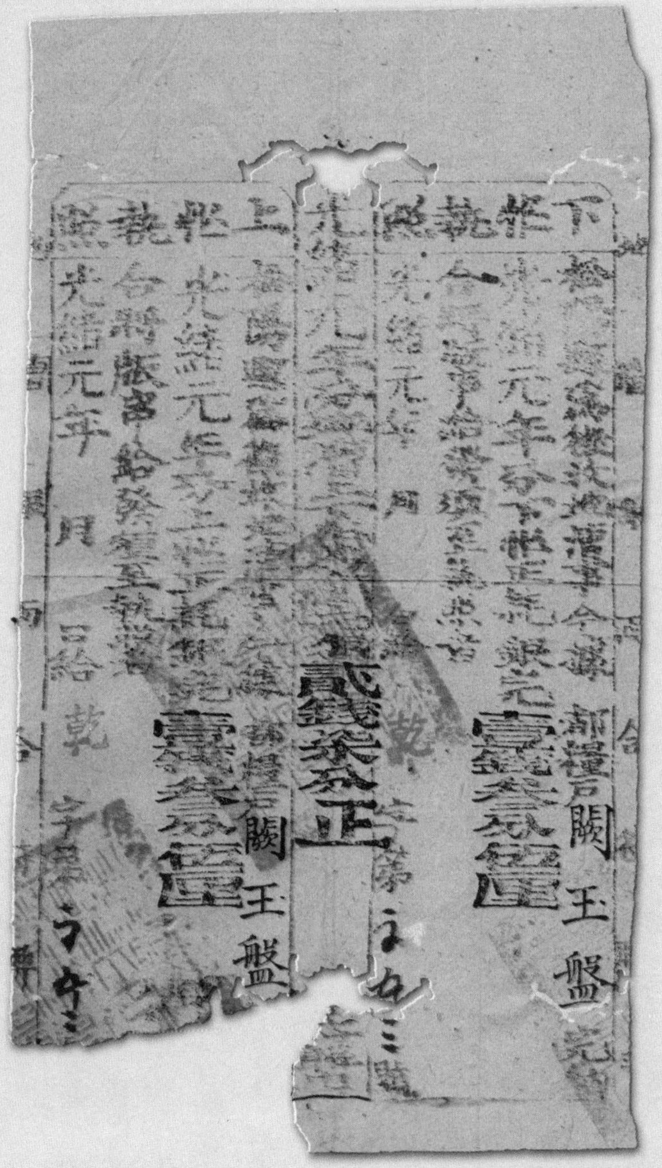

下忙執照

松陽縣爲徵收地漕事，今據　都糧户　闕玉盤　完納
光緒元年分下忙正耗銀完　壹錢叁分伍厘，
合將版串給發，須至執照者。
光緒　元　年　月　日給　乾　字第二百五三號

光緒元年分地漕上下忙共應完銀貳錢柒分正　合符聯串

上忙執照

松陽縣爲徵收地漕事，今據　都糧户　闕玉盤　完納
光緒元年分上忙正耗銀完　壹錢叁分伍厘，
合將版串給發，須至執照者。
光緒　元　年　月　日給　乾　字第二百五三號

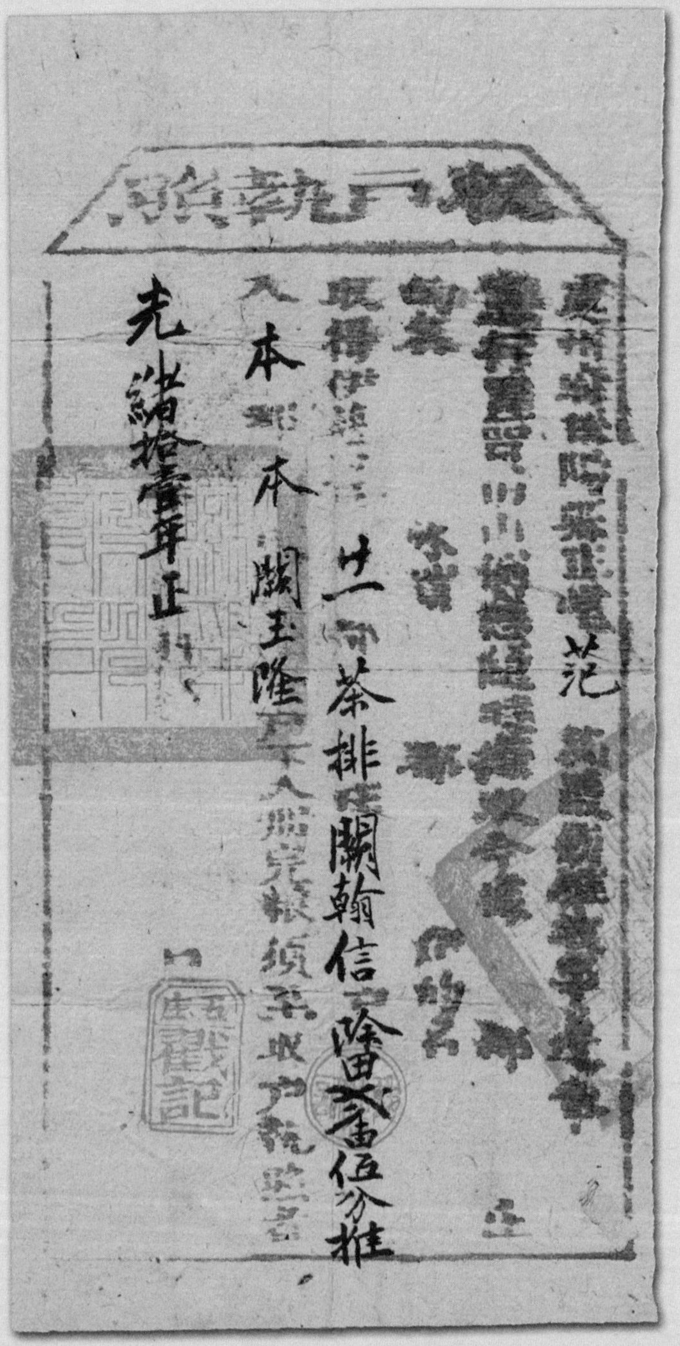

# 收戶執照

處州府松陽縣正堂范　為嚴飭推收事，遵奉

憲行置買田山例，應隨時推收，今據　都　庄

的名　承買　都　庄的名

收得伊舊管廿一都茶排庄闕翰信户除田弍畝伍分推

入本都本庄闕玉隆户下入册完粮，須至收户執照者。

光緒拾壹年正月　日

五庄戳記

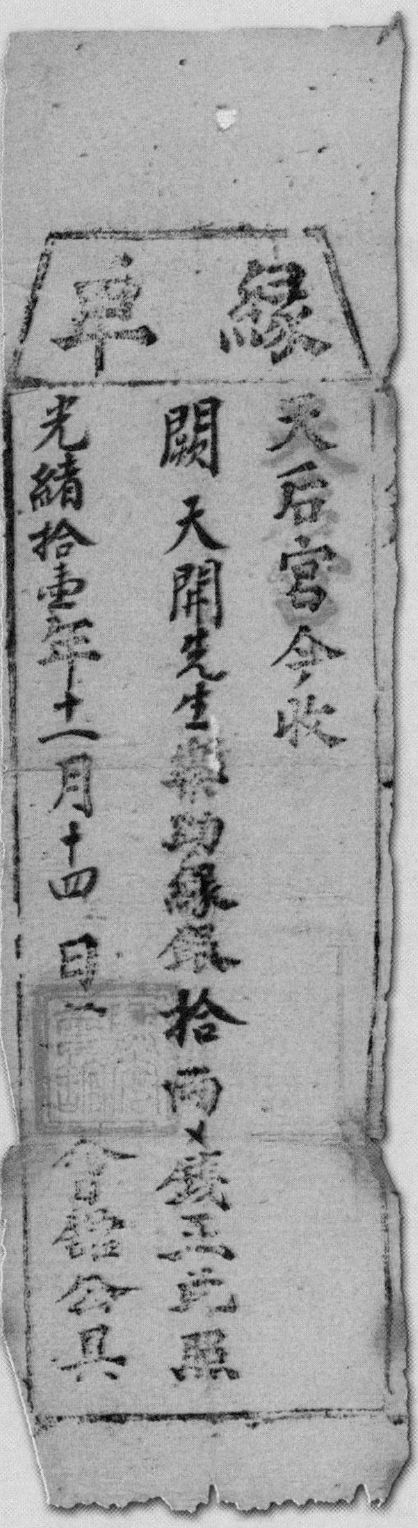

## 緣　単

天后宫今收

闞天開先生　樂助緣銀　拾　两　錢正，此照。

光緒　拾壹　年　十一　月　十四　日　會館公具

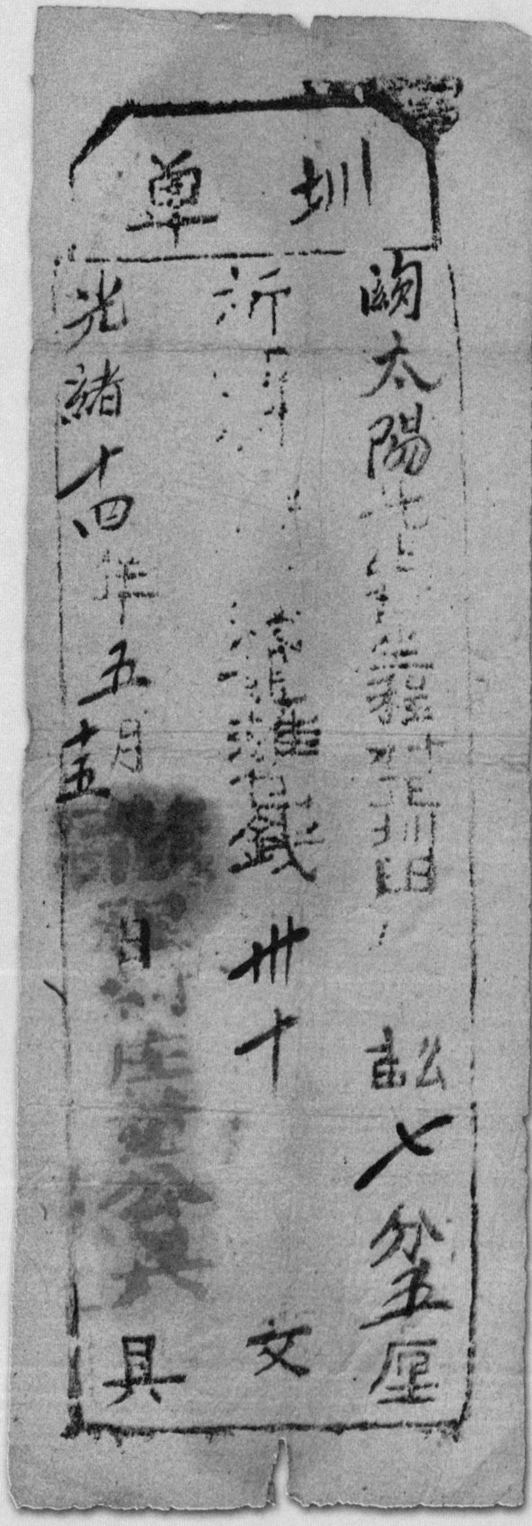

圳单

闞太陽先生計坐程村正圳田　畝七分五厘，

折□□□□□□仓錢　卌十　文。

光緒十四年五月十五日　程村庄董公　具

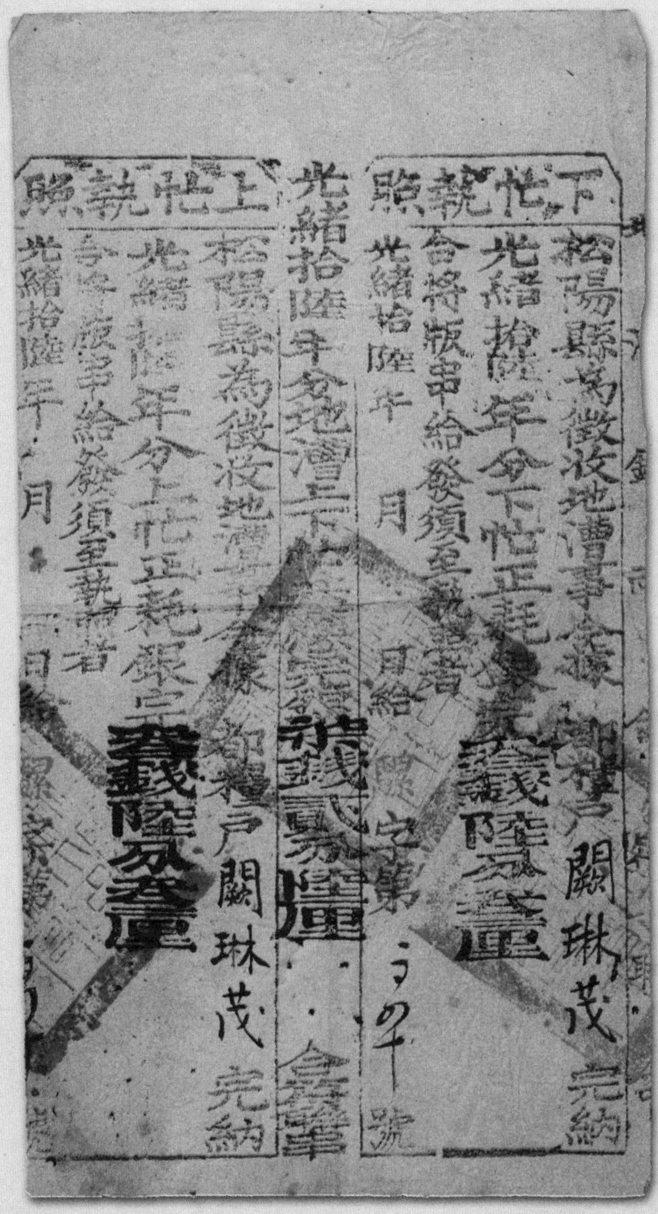

下忙執照

松陽縣為徵收地漕事，今據　　都糧户　闕琳茂　完納
光緒拾陸年分下忙正耗銀完　叁錢陸分叁厘，
合将版串給發，須至執照者。
光緒拾陆年　　月　　日給　縣　字第　二百四十　號

光緒拾陸年分地漕上下忙共應完銀柒錢貳分陸厘　　合符聯串

上忙執照

松陽縣為徵收地漕事，今據　　都糧户　闕琳茂　完納
光緒拾陸年分上忙正耗銀完　叁錢陸分叁厘，
合将版串給發，須至執照者。
光緒拾陸年　　月　　日給　縣　字第　二百四十　號

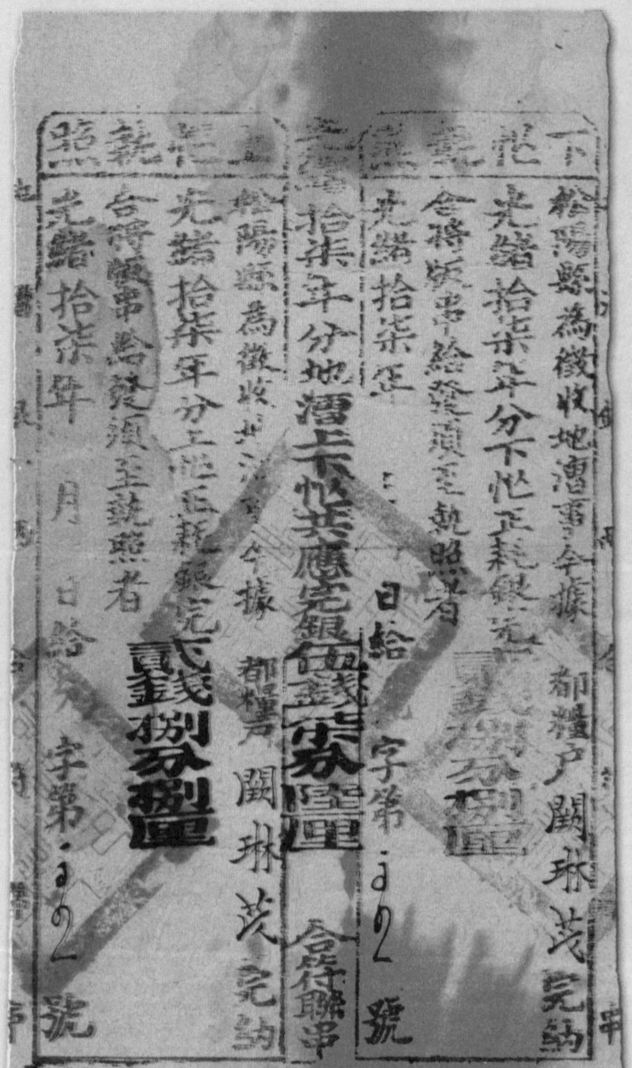

下忙執照

松陽縣為徵收地漕事，今據　都糧户　闕琳茂　完納
光緒拾柒年分下忙正耗銀完　貳錢捌分捌厘，
合将版串給發，須至執照者。
光緒拾柒年　月　日給　字第　二百四一　號

光緒拾柒年分地漕上下忙共應完銀伍錢柒分陸厘　合符聯串

上忙執照

松陽縣為徵收地漕事，今據　都糧户　闕琳茂　完納
光緒拾柒年分上忙正耗銀完　貳錢捌分捌厘，
合将版串給發，須至執照者。
光緒拾柒年　月　日給　字第　二百四一　號

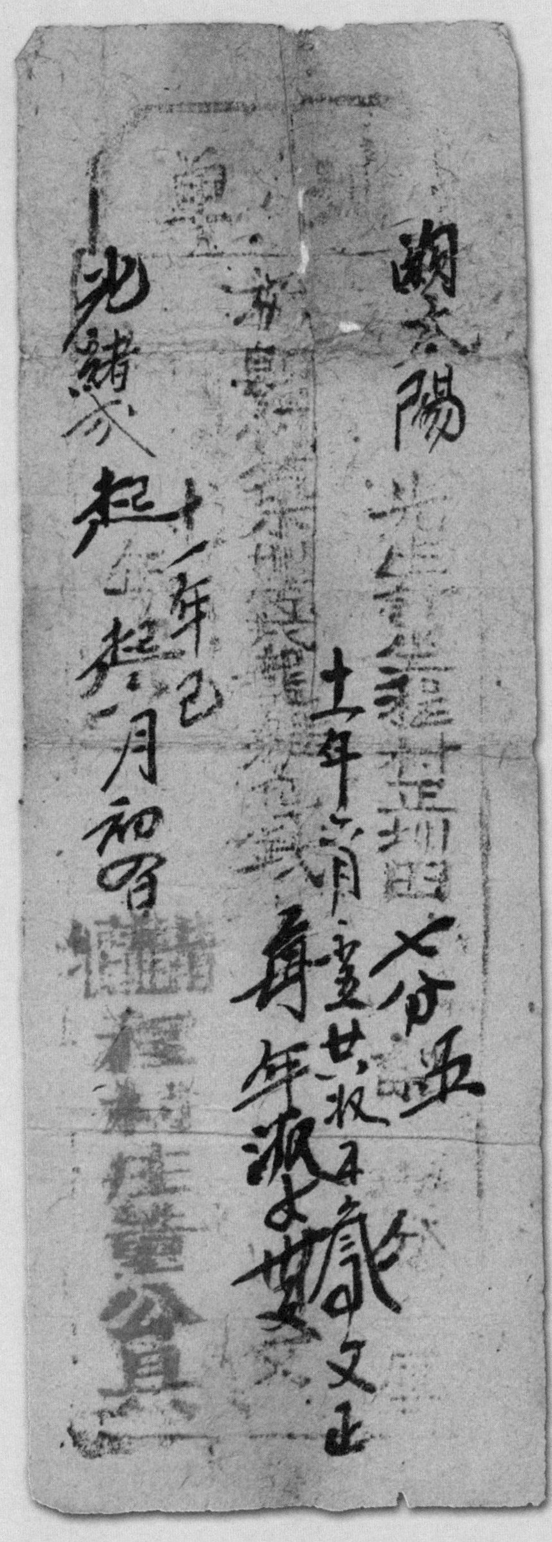

# 圳单

闕太陽先生計坐程村正圳田　畝　七分五厘，

十一年六月初五共收钱叁百文正，

折□□□□□□仓錢　每年派钱　卅　文。

十一年己

光緒　弍　起　年起　六　月　初四　日

程村庄董公具

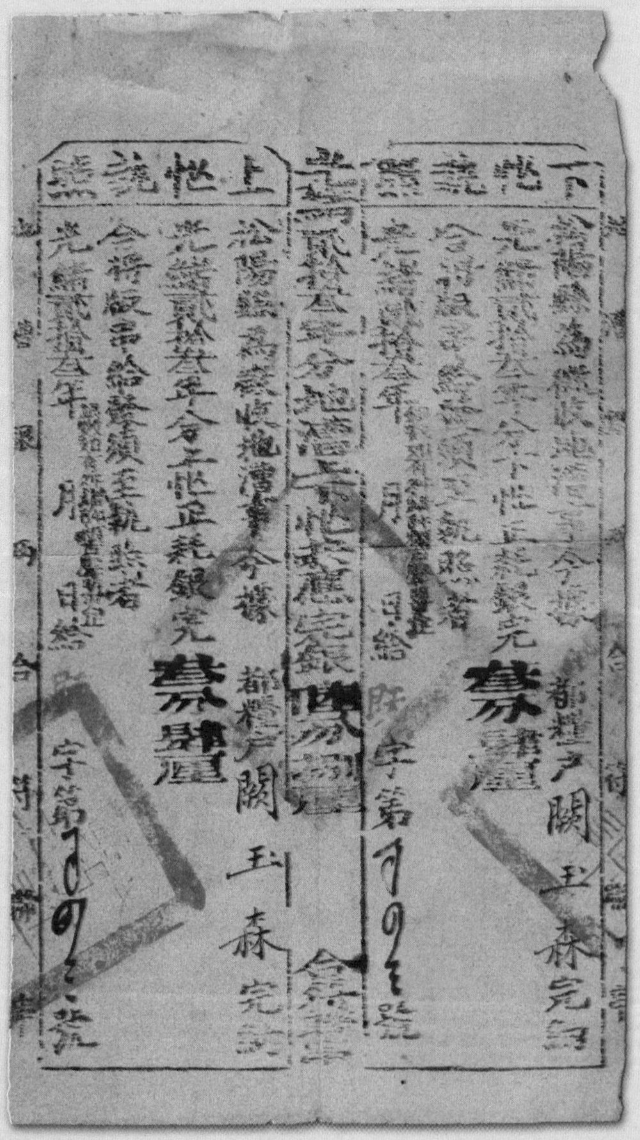

下忙執照

松陽縣為徵收地漕事，今據　都糧户　闕玉森　完納
光緒貳拾叁年分下忙正耗銀完　叁分肆厘，
合将版串給發，須至執照者。
銀数如有舛錯，許粮户聲明更正。
光緒貳拾叁年　月　日給　既　字第　一百四三　號

光緒貳拾叁年分地漕上下忙共應完銀陸分捌厘　合符聯串

上忙執照

松陽縣為徵收地漕事，今據　都糧户　闕玉森　完納
光緒貳拾叁年分上忙正耗銀完　叁分肆厘，
合将版串給發，須至執照者。
銀数如有舛錯，許粮户聲明更正。
光緒貳拾叁年　月　日給　既　字第　一百四三　號

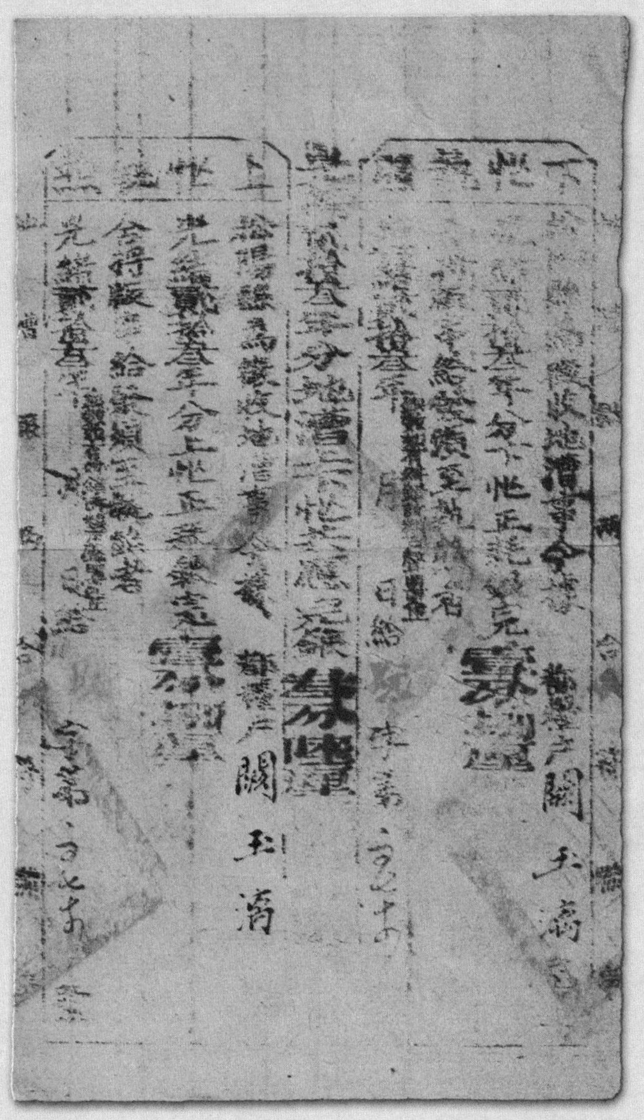

下忙執照

松陽縣為徵收地漕事，今據　都糧户　闕玉濟　完納
光緒貳拾叁年分下忙正耗銀完　壹分捌厘，
今将版串給發，須至執照者。
銀数如有舛錯，許粮户聲明更正。
光緒貳拾叁年　月　日給　字第　二百七十四　號

光緒貳拾叁年分地漕上下忙共應完銀叁分陸厘　合符聯串

上忙執照

松陽縣為徵收地漕事，今據　都糧户　闕玉濟　完納
光緒貳拾叁年分上忙正耗銀完　壹分捌厘，
今将版串給發，須至執照者。
銀数如有舛錯，許粮户聲明更正。
光緒貳拾叁年　月　日給　字第　二百七十四　號

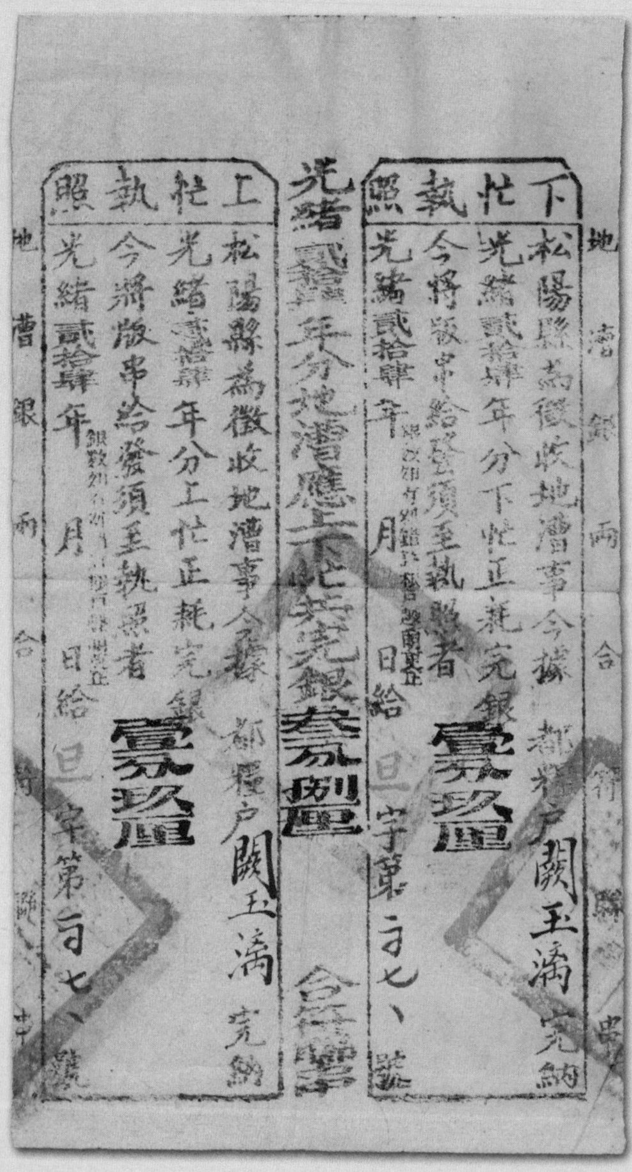

下忙執照

松陽縣為徵收地漕事，今據　都糧户　闕玉漓　完納
光緒貳拾肆年分下忙正耗完銀　壹分玖厘，
今將版串給發，須至執照者。
銀数如有舛錯，許粮户聲明更正。
光緒貳拾肆年　月　日給　旦　字第　二百七一　號

光緒貳拾肆年分地漕應上下忙共完銀叁分捌厘　合符聯串

上忙執照

松陽縣為徵收地漕事，今據　都糧户　闕玉漓　完納
光緒貳拾肆年分上忙正耗完銀　壹分玖厘，
今將版串給發，須至執照者。
銀数如有舛錯，許粮户聲明更正。
光緒貳拾肆年　月　日給　旦　字第　二百七一　號

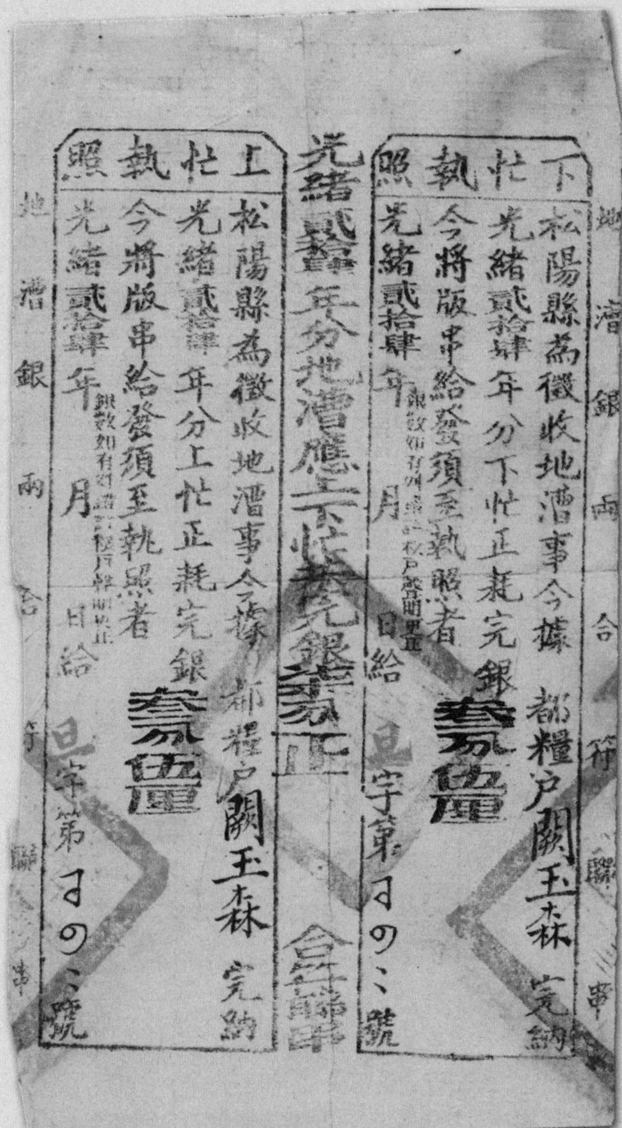

下忙執照

松陽縣為徵收地漕事，今據　都糧户　闞玉森　完納
光緒貳拾肆年分下忙正耗完銀　叁分伍厘，
今將版串給發，須至執照者。
銀数如有舛錯，許粮户聲明更正。
光緒貳拾肆年　月　日給　旦　字第　一百四二號

光緒貳拾肆年分地漕應上下忙共完銀柒分正
合符聯串

上忙執照

松陽縣為徵收地漕事，今據　都糧户　闞玉森　完納
光緒貳拾肆年分上忙正耗完銀　叁分伍厘，
今將版串給發，須至執照者。
銀数如有舛錯，許粮户聲明更正。
光緒貳拾肆年　月　日給　旦　字第　一百四二號

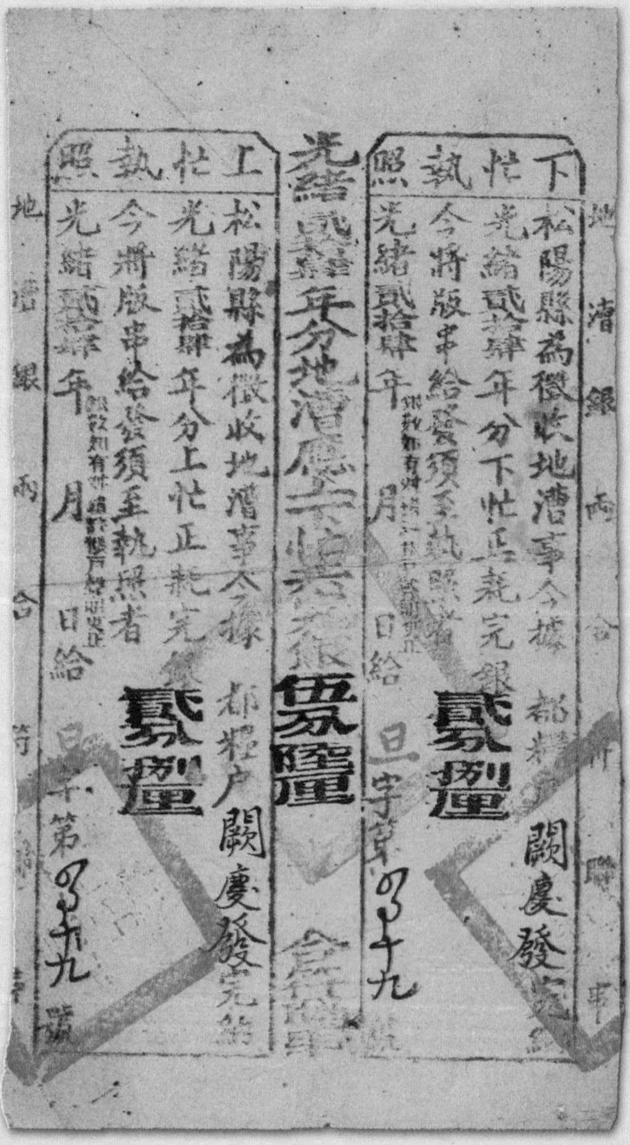

下忙執照

松陽縣為徵收地漕事，今據　都糧户　闕慶發　完納
光緒貳拾肆年分下忙正耗完銀　貳分捌厘，
今將版串給發，須至執照者。
銀数如有舛錯，許粮户聲明更正。
光緒貳拾肆年　月　日給　旦　字第　四百十九　號

光緒貳拾肆年分地漕應上下忙共完銀伍分陸厘　合符聯串

上忙執照

松陽縣為徵收地漕事，今據　都糧户　闕慶發　完納
光緒貳拾肆年分上忙正耗完銀　貳分捌厘，
今將版串給發，須至執照者。
銀数如有舛錯，許粮户聲明更正。
光緒貳拾肆年　月　日給　旦　字第　四百十九　號

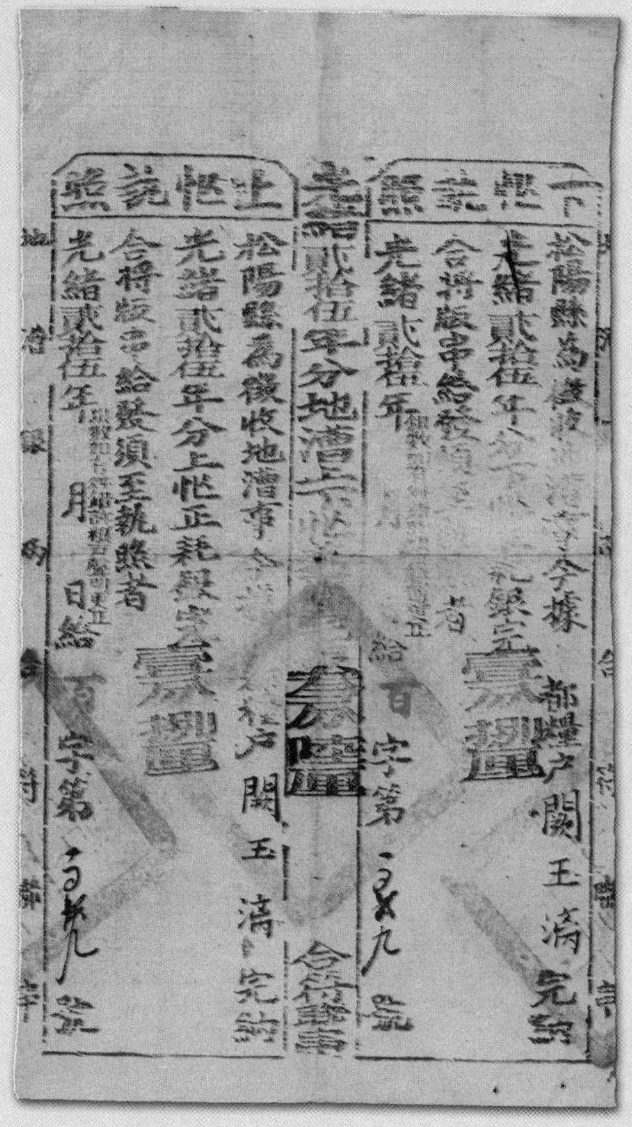

## 下忙執照

松陽縣為徵收地漕事，今據　都糧户　闕玉漓　完納
光緒貳拾伍年分下忙正耗銀完　壹分捌厘，
合将版串給發，須至執照者。
銀数如有舛錯，許粮户聲明更正。
光緒貳拾伍年　月　日給　百　字第　二百六十九　號

光緒貳拾伍年分地漕上下忙共應完銀叁分陸厘　合符聯串

## 上忙執照

松陽縣為徵收地漕事，今據　都糧户　闕玉漓　完納
光緒貳拾伍年分上忙正耗銀完　壹分捌厘，
合将版串給發，須至執照者。
銀数如有舛錯，許粮户聲明更正。
光緒貳拾伍年　月　日給　字第　二百六十九　號

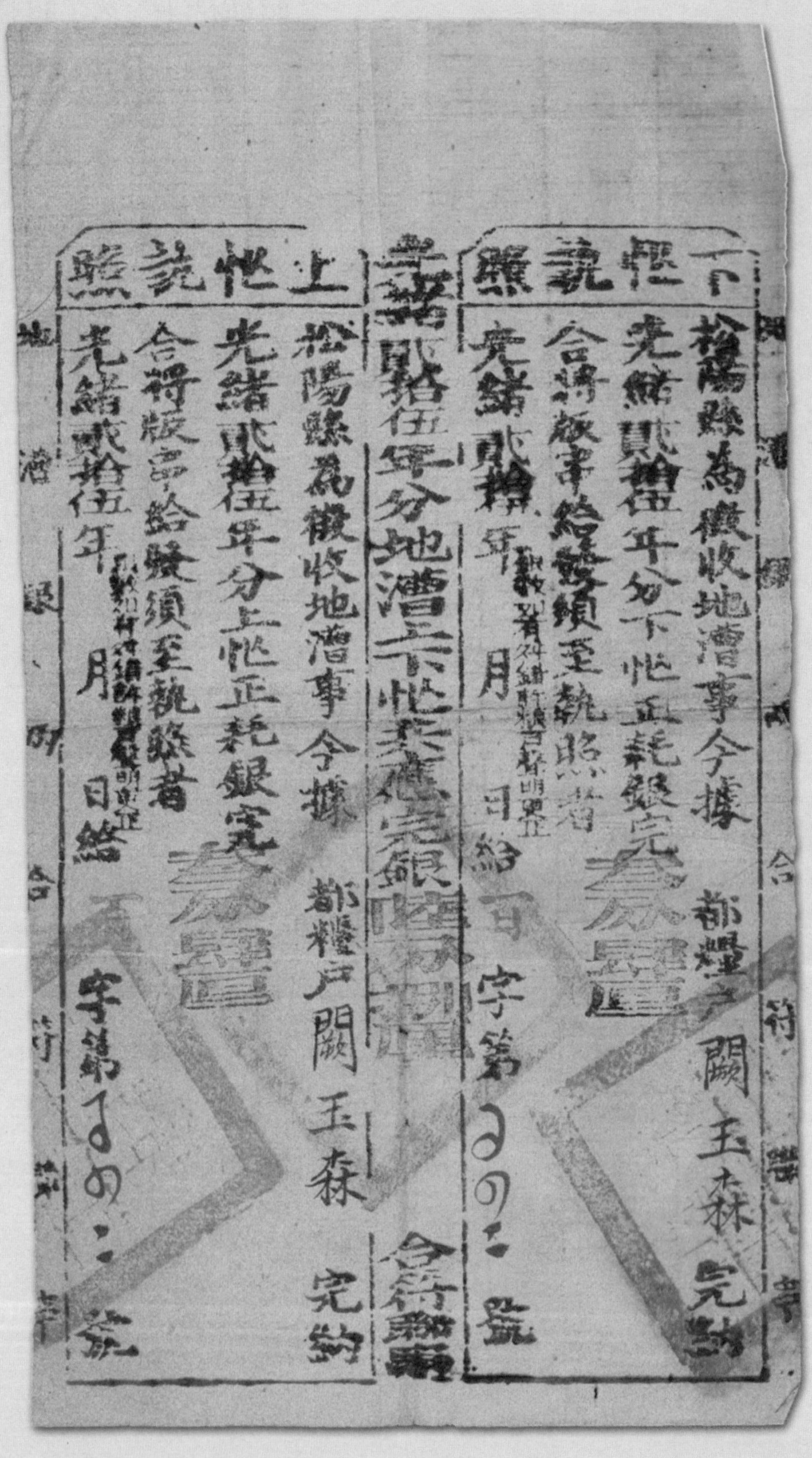

下忙執照

松陽縣為徵收地漕事今據

光緒貳拾伍年分下忙正耗銀完

合將版串給發須至執照者

都糧戶闕王森完納

光緒貳拾伍年 月 日給

[illegible]

字第 3の二 號

光緒貳拾伍年分地漕上下忙奏准完銀[illegible]

合符驗訖

上忙執照

松陽縣為徵收地漕事今據

光緒貳拾伍年分上忙正耗銀完

合將版串給發須至執照者

都糧戶闕王森完納

光緒貳拾伍年 月 日給

[illegible]

字第 3の二 號

下忙執照

松陽縣為徵收地漕事，今據　都糧户　闕玉森　完納
光緒貳拾伍年分下忙正耗銀完　叁分肆厘，
合將版串給發，須至執照者。
銀数如有舛錯，許粮户聲明更正。
光緒貳拾伍年　月　日給　百　字第　一百四二　號

光緒貳拾伍年分地漕上下忙共應完銀陸分捌厘　合符聯串

上忙執照

松陽縣為徵收地漕事，今據　都糧户　闕玉森　完納
光緒貳拾伍年分上忙正耗銀完　叁分肆厘，
合將版串給發，須至執照者。
銀数如有舛錯，許粮户聲明更正。
光緒貳拾伍年　月　日給　百　字第　一百四二　號

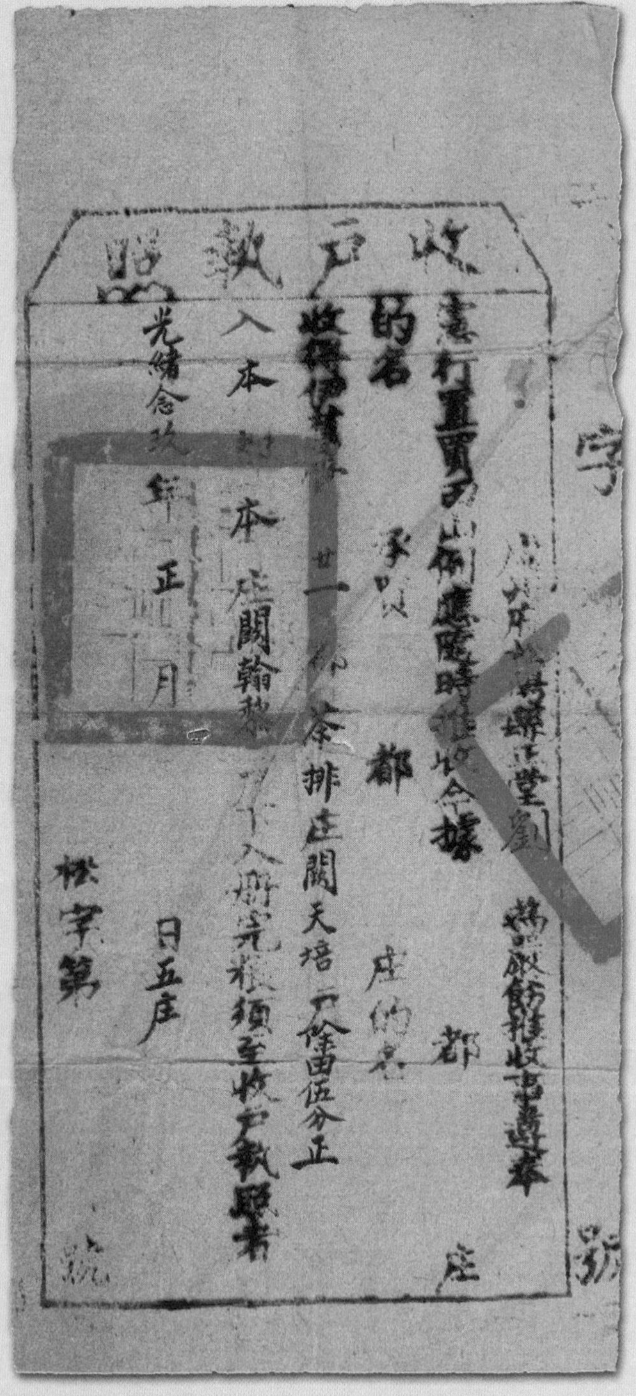

# 收戶執照

處州府松陽縣正堂劉　為嚴飭推收事，遵奉

憲行置買田山例，應隨時推收，今據　都　庄

的名　承買　都　庄的名

收得伊舊管廿一都茶排庄闕天培户除田伍分正

入本都本庄闕翰黎户下入册完粮，須至收户執照者。

光緒念玖年正月　日五庄

松字第　號

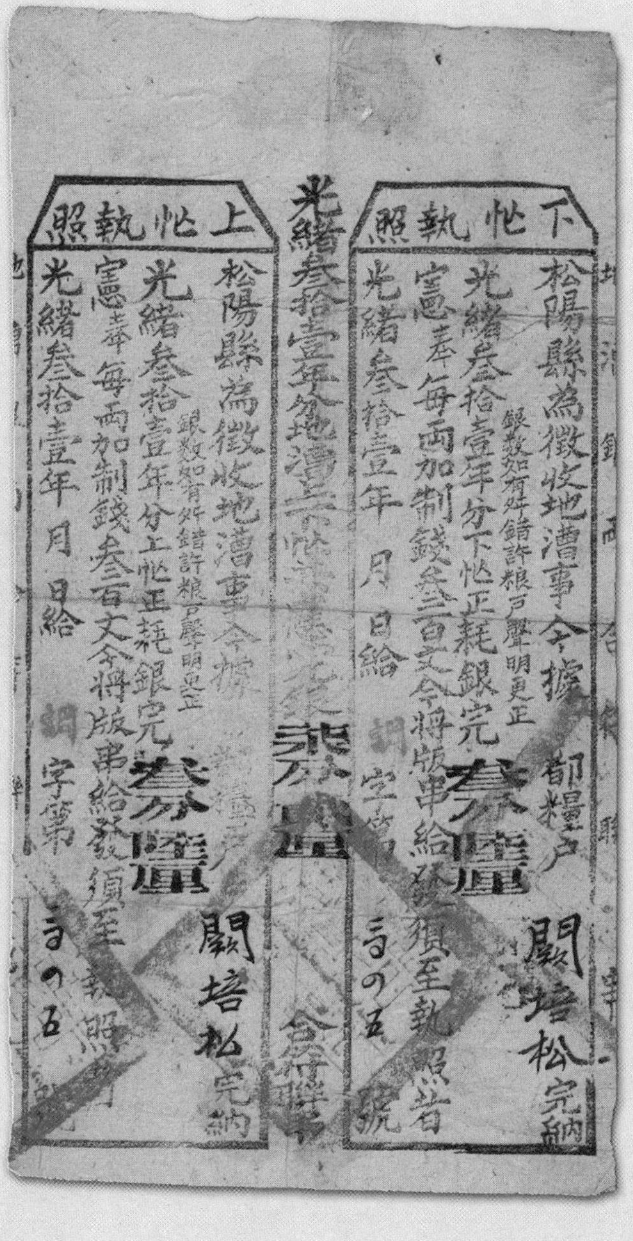

下忙執照

松陽縣為徵收地漕事，今據　都糧户　闕培松　完納
銀数如有舛錯，許粮户聲明更正。
光緒叁拾壹年分下忙正耗銀完　叁分陸厘，
憲奉每两加制錢叁百文，今將版串給發，須至執照者。
光緒叁拾壹年　月　日給　調　字第　三百四五　號

光緒叁拾壹年分地漕上下忙共應完銀柒分貳厘　合符聯串

上忙執照

松陽縣為徵收地漕事，今據　都糧户　闕培松　完納
銀数如有舛錯，許粮户聲明更正。
光緒叁拾壹年分上忙正耗銀完　叁分陸厘，
憲奉每两加制錢叁百文，今將版串給發，須至執照者。
光緒叁拾壹年　月　日給　調　字第　三百四五　號

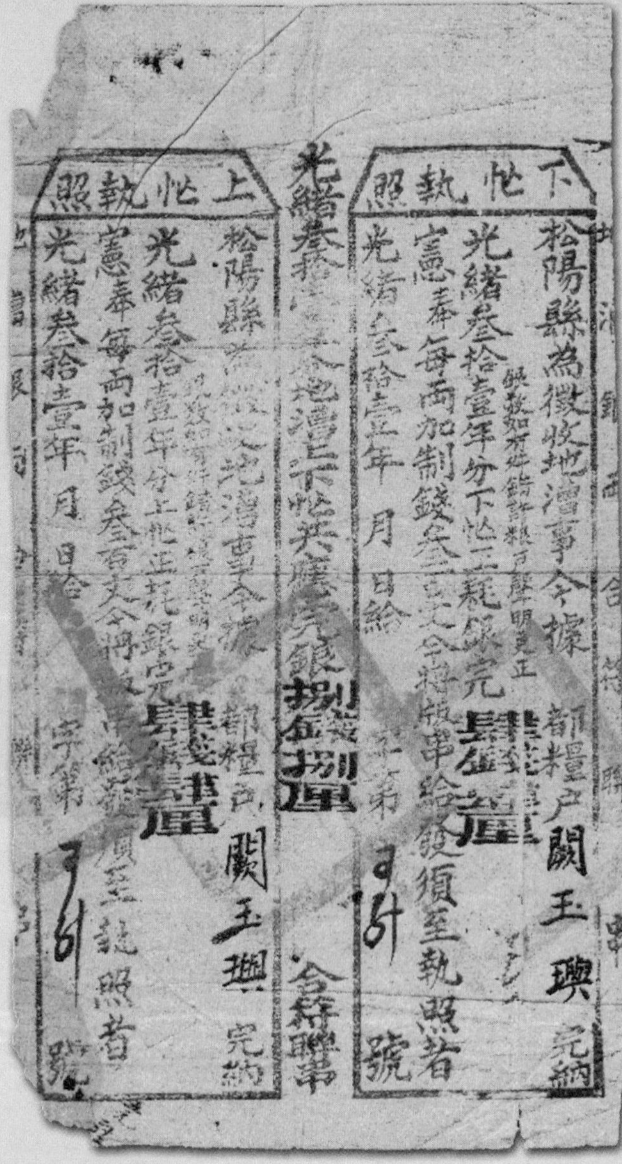

下忙執照

松陽縣為徵收地漕事，今據　都糧户　闕玉璵　完納
銀数如有舛錯，許粮户聲明更正。
光緒叁拾壹年分下忙正耗銀完　肆錢肆厘，
憲奉每两加制錢叁百文，今将版串給發，須至執照者。
光緒叁拾壹年　月　日給　字第　一百五十　號

光緒叁拾壹年分地漕上下忙共應完銀捌錢捌厘　合符聯串

上忙執照

松陽縣為徵收地漕事，今據　都糧户　闕玉璵　完納
銀数如有舛錯，許粮户聲明更正。
光緒叁拾壹年分上忙正耗銀完　肆錢肆厘，
憲奉每两加制錢叁百文，今将版串給發，須至執照者。
光緒叁拾壹年　月　日給　字第　一百五十　號

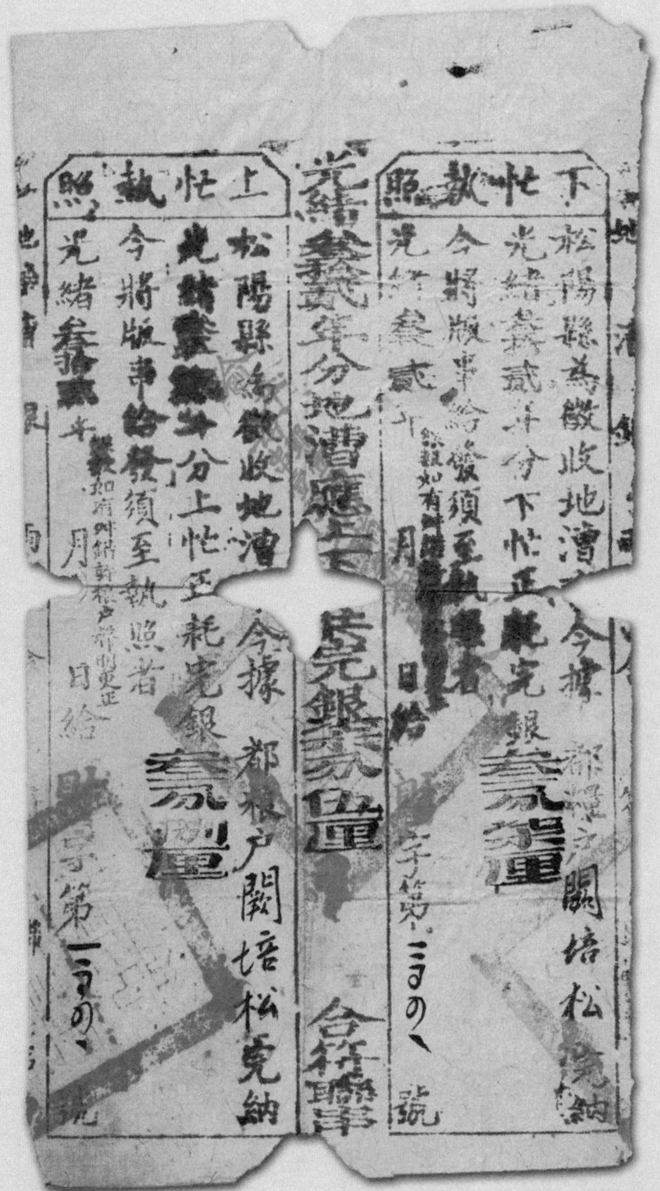

下忙執照

松陽縣為徵收地漕事，今據　都糧户　闕培松　完納
光緒叁拾貳年分下忙正耗完銀　叁分柒厘，
今將版串給發，須至執照者。
銀数如有舛錯，許粮户聲明更正。
光緒叁貳年　月　日給　財　字第　三百四一　號

光緒叁拾貳年分地漕應上下忙共完銀柒分伍厘　合符聯串

上忙執照

松陽縣為徵收地漕事，今據　都粮户　闕培松　完納
光緒叁拾貳年分上忙正耗完銀　叁分捌厘，
今將版串給發，須至執照者。
銀数如有舛錯，許粮户聲明更正。
光緒叁拾貳年　月　日給　財　字第　三百四一　號

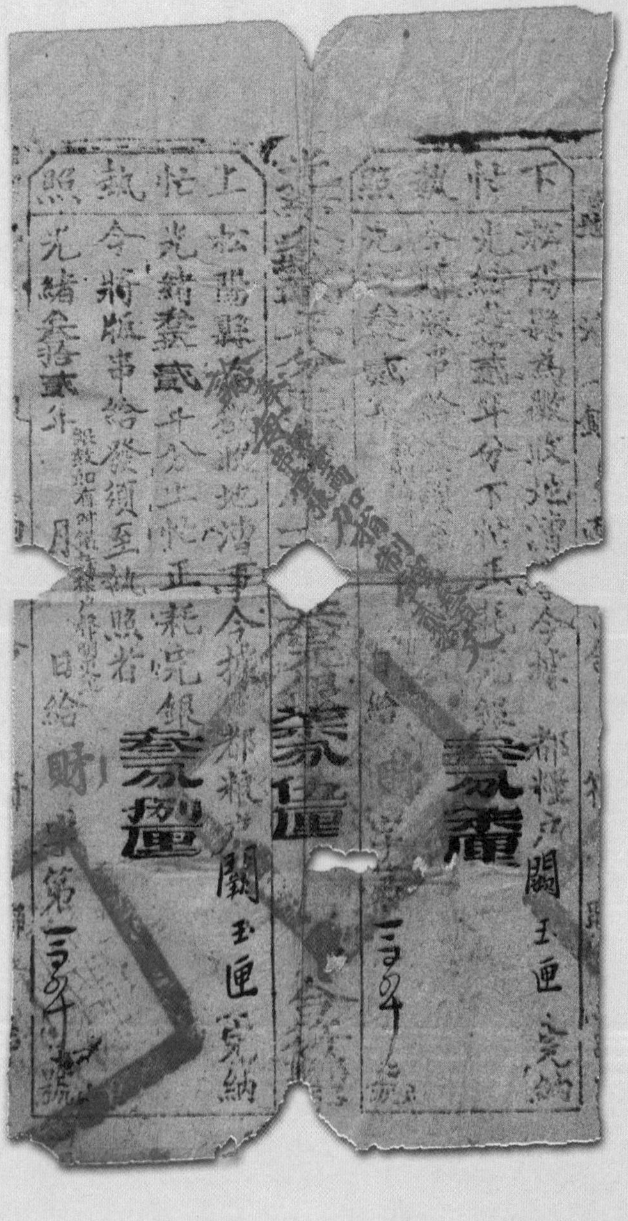

奉諭每銀壹两串壹張加捐制錢叁百貳拾文

下忙執照

松陽縣為徵收地漕事，今據　都糧户　闞玉匣　完納
光緒叁拾貳年分下忙正耗完銀　叁分柒厘，
今將版串給發，須至執照者。
銀数如有舛錯，許粮户聲明更正。
光緒叁拾貳年　月　日給　財　字第　三百四十　號

光緒叁拾貳年分地漕應上下忙共完銀柒分伍厘　合符聯串

上忙執照

松陽縣為徵收地漕事，今據　都粮户　闞玉匣　完納
光緒叁拾貳年分上忙正耗完銀　叁分捌厘，
今將版串給發，須至執照者。
銀数如有舛錯，許粮户聲明更正。
光緒叁拾貳年　月　日給　財　字第　三百四十　號

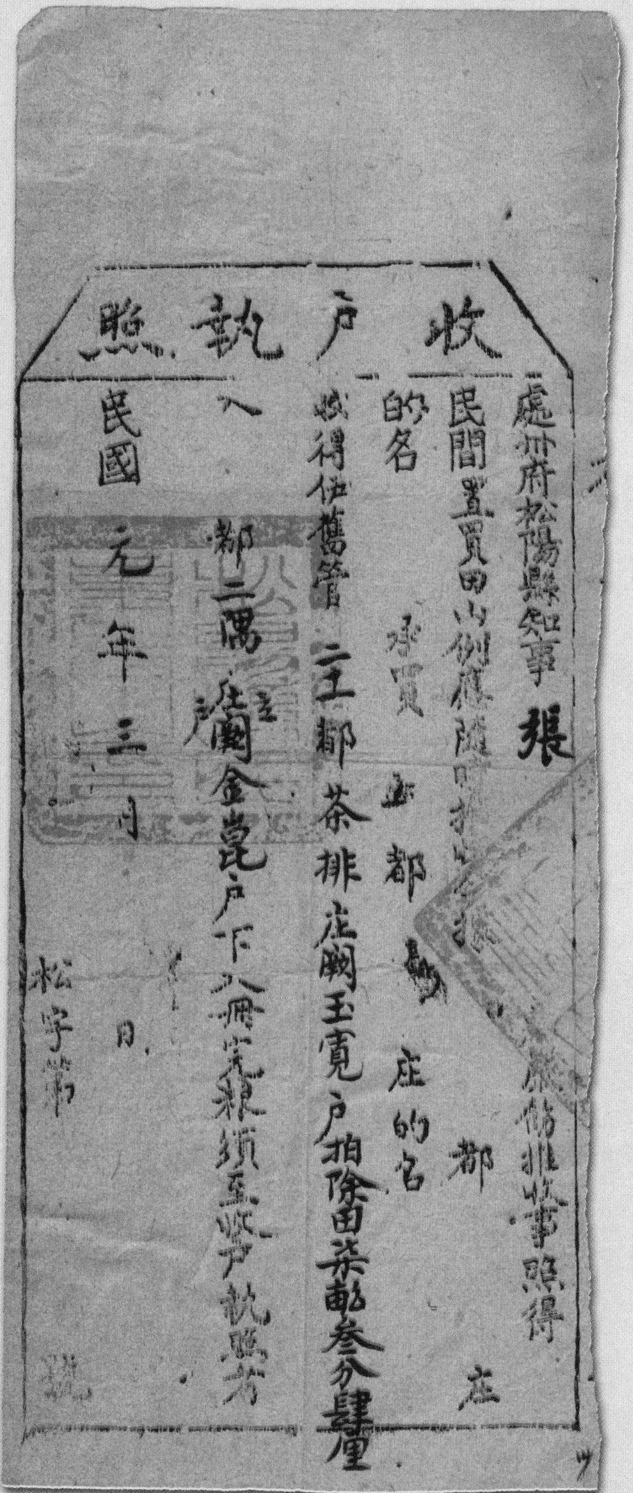

# 收户執照

處州府松陽縣知事張　為嚴飭推收事，照得
民間置買田山例，應隨時推收，今據　都　庄
的名　承買　都　庄的名
收得伊舊管二十一都　茶排庄　闕玉寬　户　拍除田柒畝叁分肆厘
入　都　二隅　庄　立户　闕金崑　户下入册完粮，須至收户執照者。
民國　元　年　三　月　日
松字第　號

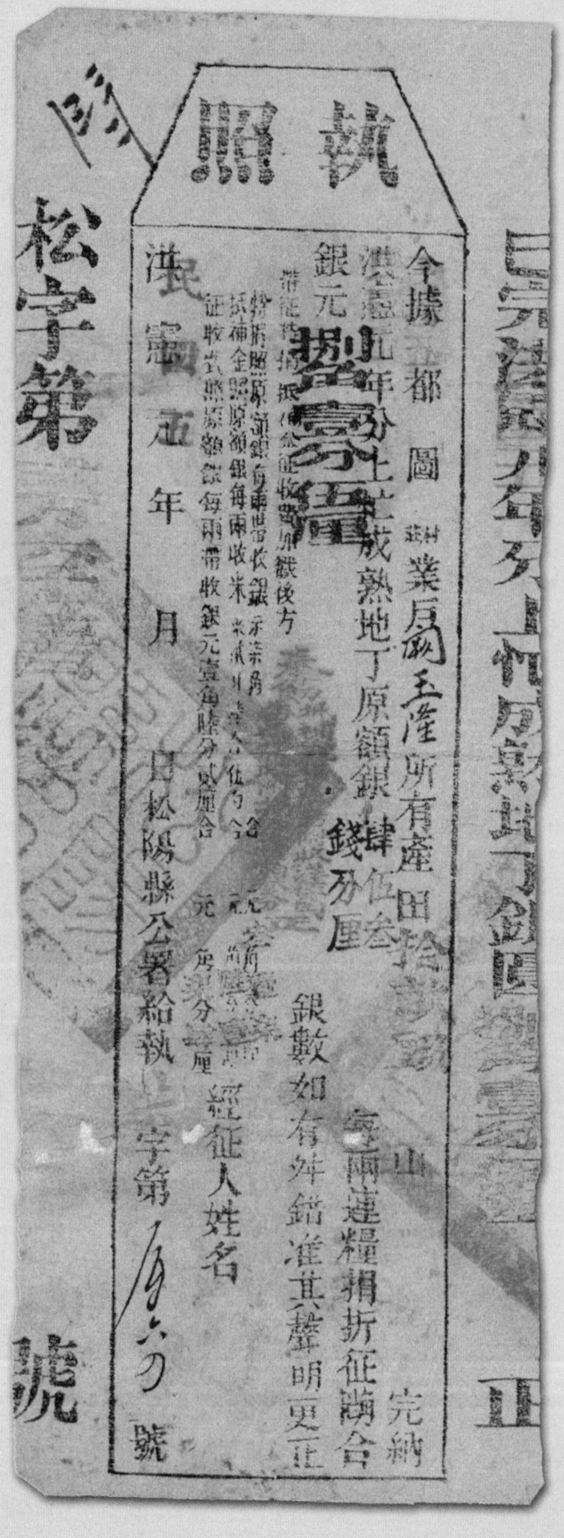

# 執照

今據　都　圖　村莊業户　闞玉隆　所有產田　拾畝玖厘　山　完納

洪憲元年分上忙成熟地丁原額銀　肆伍叁錢分厘　每兩連糧捐折征一元八角合

銀元　捌角壹分伍厘　銀數如有舛錯，准其聲明更正。

帶征特捐抵補金征收費加戳後方

特捐照原額銀每兩帶收銀示［元］柒角　合　元叁角壹分柒厘

抵補金照原額銀每兩收米貳升陸合伍勺　合　元　角陸分壹厘　經征人姓名

征收費照原額銀每兩帶收銀元壹角陸分貳厘合　元　角柒分肆厘

民國五年　月　日松陽縣公署給執　字第　一千五百六四　號

# 執照

今據　都　圖　村莊　業户　闕正敏　所有產田　拾畝陸分　陸　山　完納

洪憲元年分上忙成熟地丁原額銀　肆柒陸
錢分厘　每兩連糧捐折征一元八角合

銀元　捌角伍分柒厘　銀數如有舛錯，准其聲明更正。

帶征特捐抵補金征收費加戳後方

特捐照原額銀每兩帶收銀示〔元〕柒角　合　元叁角叁分叁厘

抵補金照原額銀每兩收米貳升陸合伍勺　合　元　角陸分肆厘　經征人姓名

征收費照原額銀每兩帶收銀元壹角陸分貳厘合　元　角柒分柒厘

民國五年　月　日松陽縣公署給執　共　字第　一千七百廿五　號

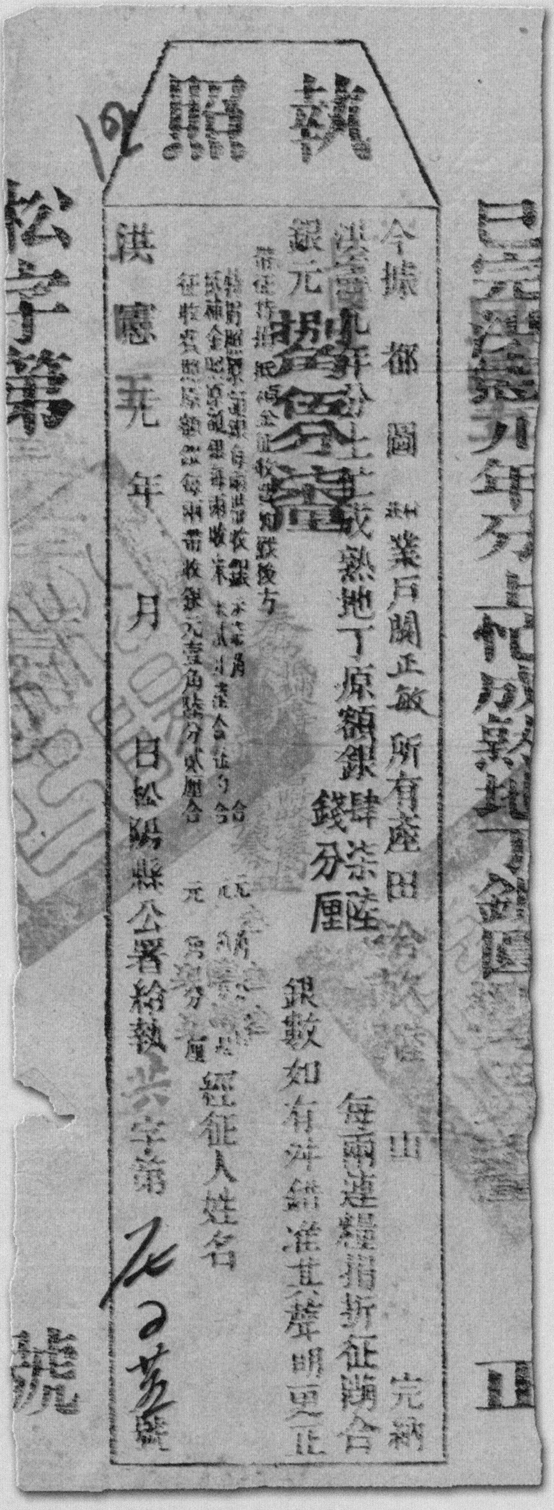

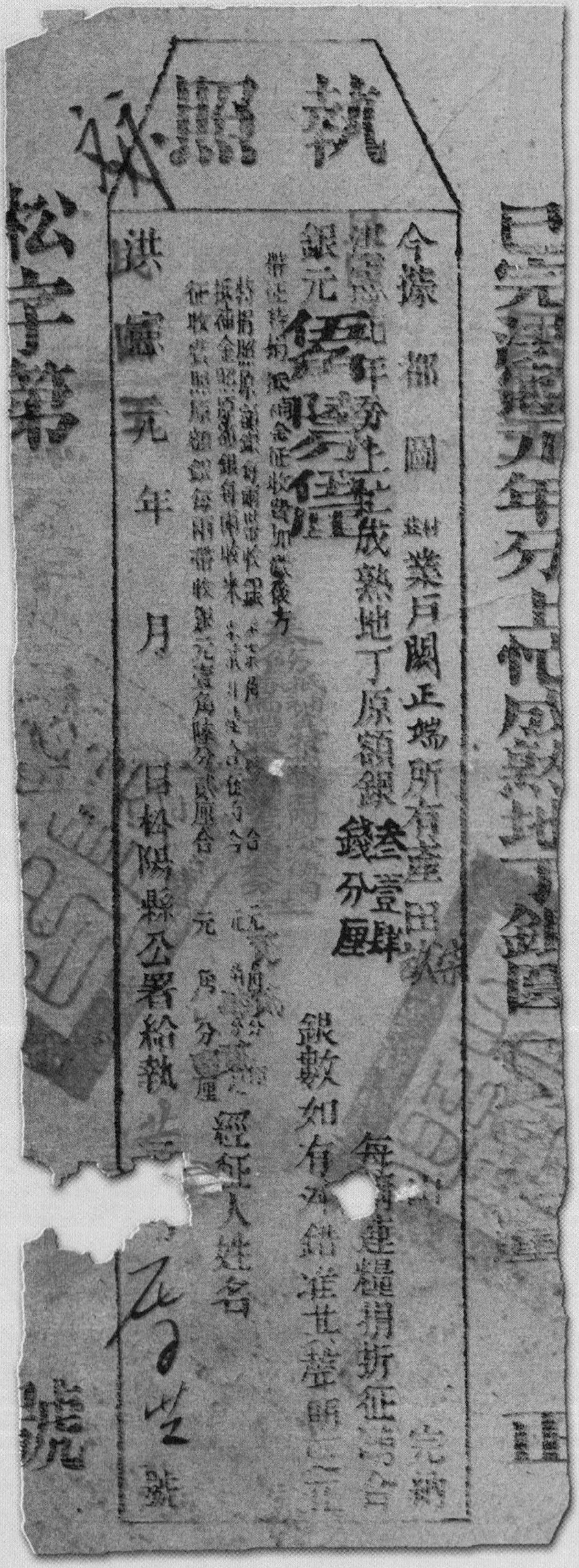

民國元年分上忙成熟地丁銀圓

正

執照

今據　都　圖　庄村　業戶闕正端所有產田坐落

洪憲元年分上忙成熟地丁原額銀叁錢壹分肆厘

銀元伍角壹分伍厘

帶征特捐振捐金征收費如後方

特捐照原額每兩帶收銀　元　角　分

振捐金照原額銀每兩收米　元　角　分

征收費照原額銀每兩帶收銀元壹角陸分貳厘合　元　角　分　厘

每兩連糧捐折征滿合　完納

銀數如有舛錯准其聲明更正

經征人姓名

洪憲元年　月　日松陽縣公署給執

號

松字第　號

# 執照

今據　都　圖　村莊業户　闕正端　所有産田柒畝　山　完納
洪憲元年分上忙成熟地丁原額銀　叁錢壹分肆厘　每兩連糧捐折征一元八角合
銀元　伍角陸分伍厘　銀數如有舛錯，准其聲明更正。
帶征特捐抵補金征收費加戳後方
特捐照原額銀每兩帶收銀示［元］柒角　合　元貳角貳分　厘
抵補金照原額銀每兩收米貳升陸合伍勺　合　元　角肆分貳厘　經征人姓名
征收費照原額銀每兩帶收銀元壹角陸分貳厘合　元　角伍分壹厘
民國五年　月　日松陽縣公署給執　共　字第　一千七百廿二　號

# 買契

字第　　號

稅四元七角四分

買主姓名　焉蘭茂

不動產種類

坐落

面積

四至

東至

南至

西至

北至

賣價　七十九元

應納稅額　四元七角四分

原契幾張

立契年月日

## 例則摘要

一不動產之買主或承典人須於契紙成立後六個月以內赴該管徵收官署投稅

一訂立不動產買契或典契時須由賣主或出典人赴該管徵收官署填具申請書請領契紙繳納契紙費五角

一不動產之賣主或出典人請領契紙後已逾兩月其契約尚未成立者原領契紙失其效力但因有障礙致契約不能成立時得於限內赴徵收官署申明事由酌予寬限

一原領契紙因遺失及其他事由須補領或更換時仍依第四條第一項之規定繳納契紙費

一契約成立後應在六個月內納稅如逾限在六個月以上處一倍罰金一年以上處二倍罰金二年以上處三倍罰金

一匿報契價十分之一以上未滿十分之二者照短納稅額處一倍罰金惟匿報數雖及一成其短稅不及一元者祗令補足免予科罰如匿報契價十分之二以上未滿十分之三者照短納稅額處二倍罰金十分之三以上處三倍罰金十分之四以上處四倍罰金十分之五以上處五倍罰金

一私紙立契除投稅時先據聲明請換契紙免予科罰外如被告發或查出者改換契紙補繳契紙費並處以二倍之罰金

一契約成立後六個月之納稅期間限於遵領官契紙者適用之其私紙所書之契約若事後不換寫契紙以逾限論

一適限未稅之契訴訟時無憑證之效力

中華民國七年五月　日

賣主

中人

縣給

# 買契

買主姓名：馮蘭茂
不動產種類：
座落：
面積：
四至：東至　南至　西至　北至
賣價：七十九元
應納税額：四元七角四分
原契幾張：
立契年月日：

## 例則摘要

一不動産之買主或承典人，須於契紙成立後六個月以内，赴該管徵收官署投税。
一訂立不動産買契或典契時，須由賣主或出典人，赴該管徵收官署填具申請書，請領契紙，繳納契紙費五角。
一不動産之賣主或出典人，請領契紙後已逾兩月，其契約尚未成立者，原領契紙失其效力，但因有障礙致契約不能成立時，得於限内赴徵收官署申明事由，酌予寬限。
一原領契紙因遺失及其他事由須補領或更换時，仍依第四條第一項之規定，繳納契紙費。
一契約成立後，應在六個月内納税，如逾限在六個月以上，處一倍罰金，一年以上，處二倍罰金，二年以上，處三倍罰金。
一匿報契價十分之一以上未滿十分之二者，照短納税額，處一倍罰金，惟匿報數雖及一成，其短税不及一元者，衹令補足，免予科罰，如匿報契價十分之二以上未滿十分之三者，照短納税額，處二倍罰金，十分之三以上，處三倍罰金，十分之四以上，處四倍罰金，十分之五以上，處五倍罰金。
一私紙立契，除投税時先據聲明請换契紙免予科罰外，如被告發或查出者，改换契紙，補繳契紙費，並處以二倍之罰金。
一契約成立後六個月之納税期間，限於遵領官契紙者適用之，其私紙所書之契約，若事後不换寫契紙，以逾限論。
一逾限未税之契，訴訟時無憑證之效力。

中華民國　七　年　五　月　　日
賣主
中人
縣給

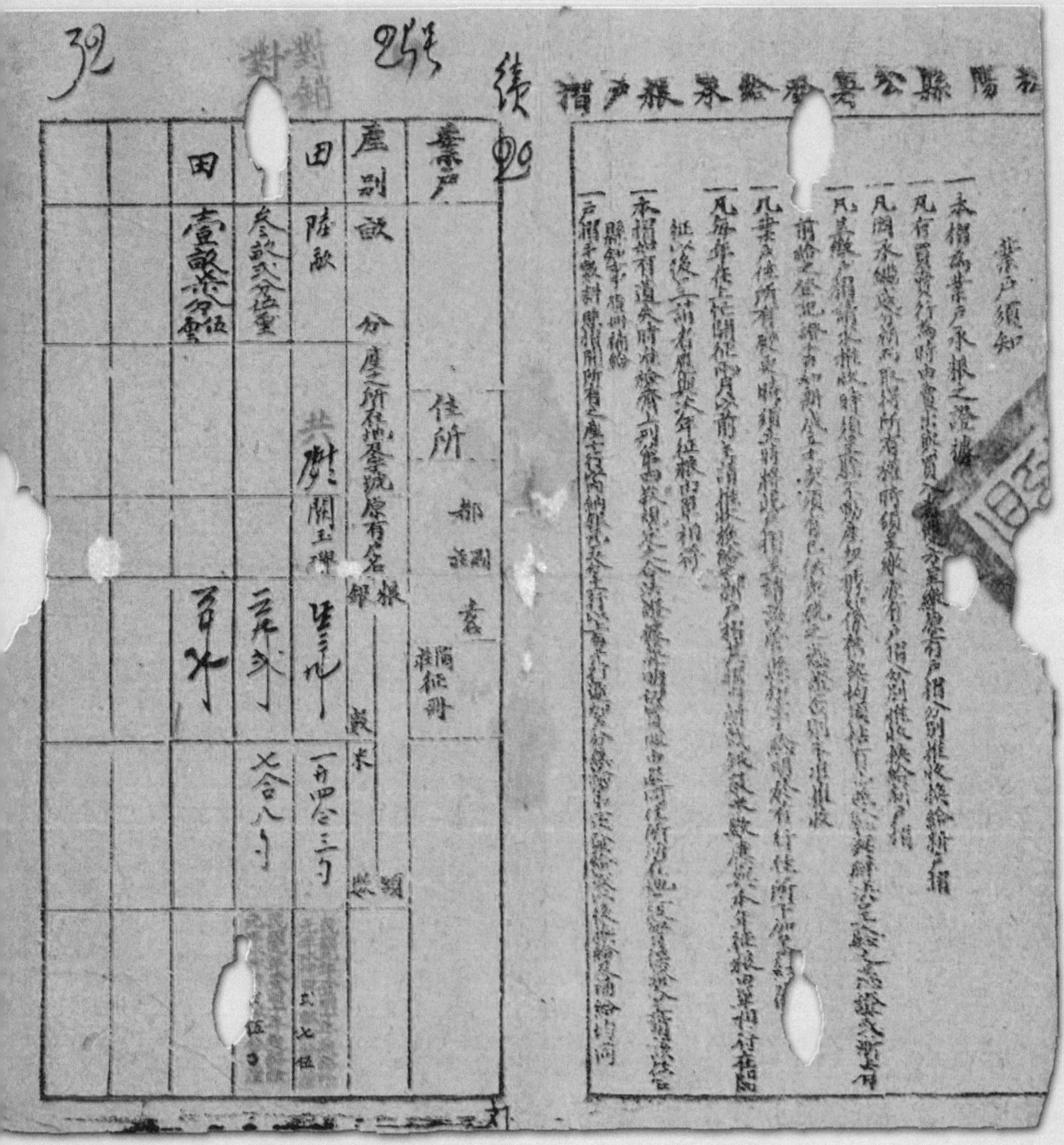

松陽縣公署發給承粮戶摺
業戶須知
一本摺為業戶承粮之證據
業戶
產別
畝
田
陸畝
叁畝貳分伍釐
壹畝柒分伍釐
住所

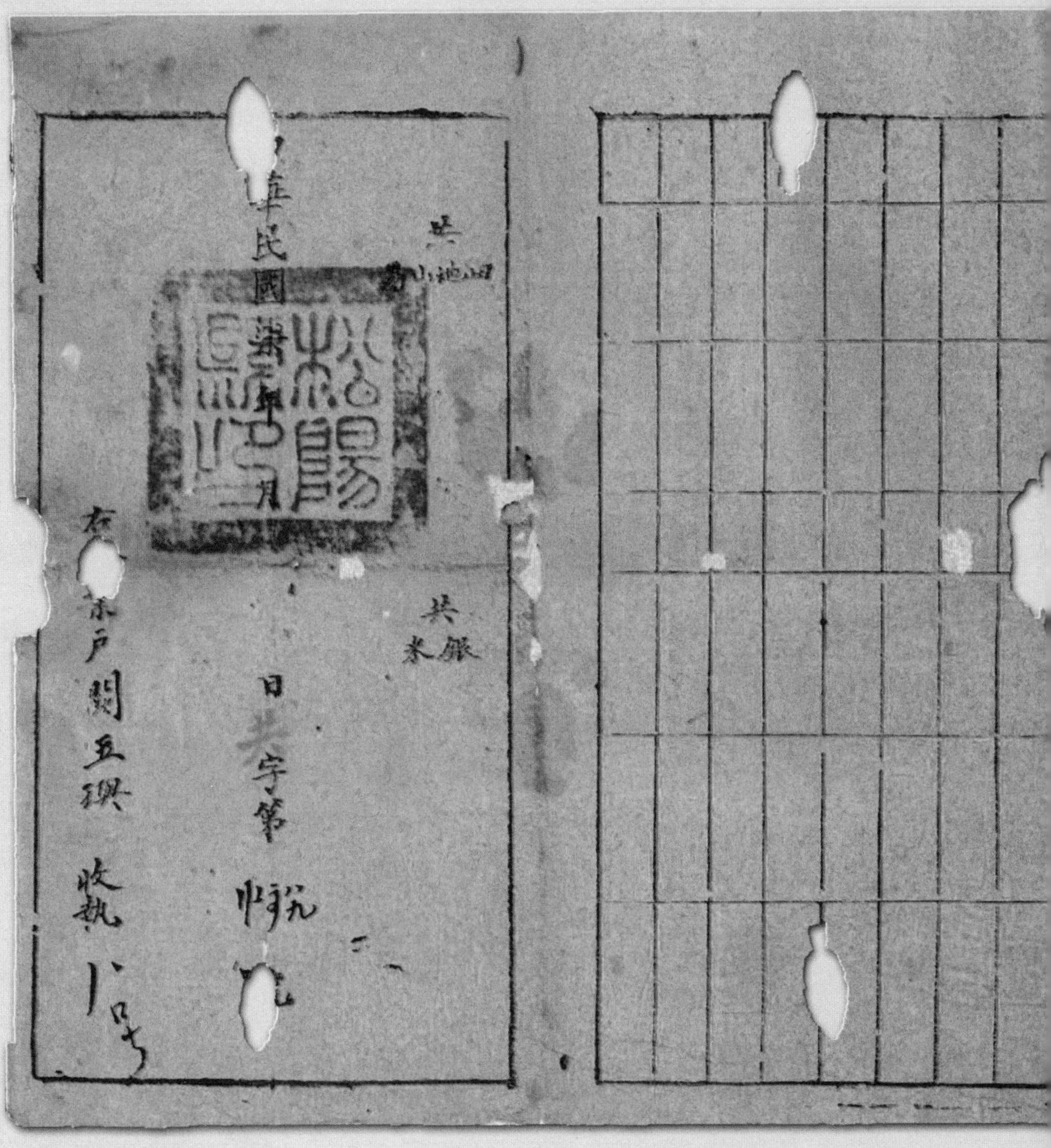
華民國
日
字第
戶闕五琳
收執

(前頁)>>>>>

業户

住所

都 莊圖 土名

莊圖征册

| 產別 | 畝分 | 產之所在地及字號 | 原有户名 | 粮額 銀數 | 粮額 米數 | |
|---|---|---|---|---|---|---|
| 田 | 陸畝 | 共□ | 闕玉璵 | □□□□ | 一升四合三勺 | 民國九年查明十年起豁除元年水冲田式畝七分伍厘 |
| □ | 叁畝式分伍厘 | | | □□□□ | 七合八勺 | 民國九年查明十年起豁除元年水冲田□畝伍分〇厘 |
| 田 | 壹畝柒分伍厘 | | | □□□□ | | |

共 田 地 山 蕩

共 銀 米

中華民國柒年　月　日　共　字第一千二百八九號

右給業户　闕玉璵　收執

# 上茶排

闕氏·天貴·德瑞·翰忠·玉蒼

天貴敦睦堂内景

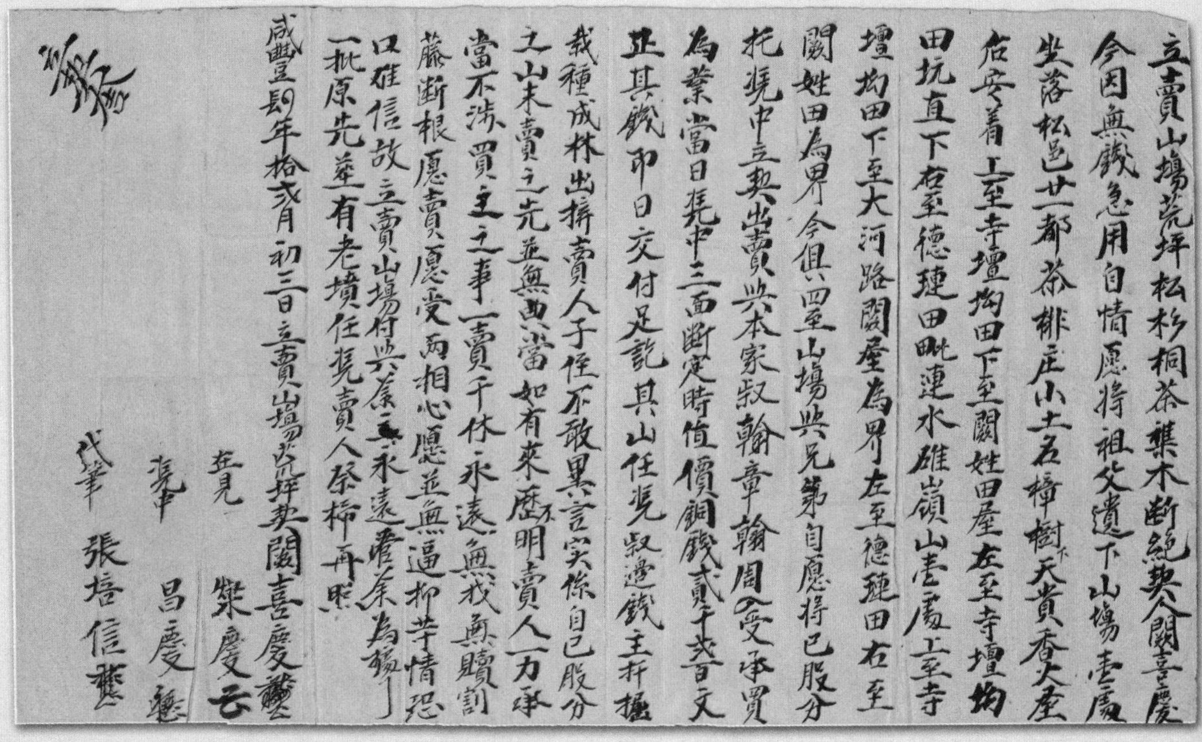

立賣山塲荒坪松杉桐茶雜木断絕契人闕喜慶，
今因無錢急用，自情愿将祖父遺下山塲壹處，
坐落松邑廿一都茶排庄，小土名樟樹下，天貴香火屋
后安着，上至寺壇坳田，下至闕姓田屋，左至寺壇坳
田坑直下，右至德璉田毗連水碓嶺，山壹處，上至寺
壇坳田，下至大河路闕屋為界，左至德璉田，右至
闕姓田為界，今俱四至山塲，與兄弟自愿将已股分，
托凂中立契，出賣與本家叔翰章、翰周人受承買
為業，當日凂中三面断定，時值價銅錢貳千弍百文
正，其錢即日交付足訖，其山任凂叔邊錢主扦掘
栽種，成林出拚，賣人子侄不敢異言，実係自己股分
之山，未賣之先，並無典當，如有來歷不明，賣人一力承
當，不涉買主之事，一賣千休，永遠無找無贖，割
藤断根，愿賣愿受，兩相心愿，並無逼抑等情，恐
口难信，故立賣山塲付與業主永遠管業為據。
一批原先葬有老墳，任凂賣人祭掃，再照。
咸豐肆年拾弍月初三日　立賣山塲荒坪契　闕喜慶
在見　燦慶
凂中　昌慶
代筆　張培信

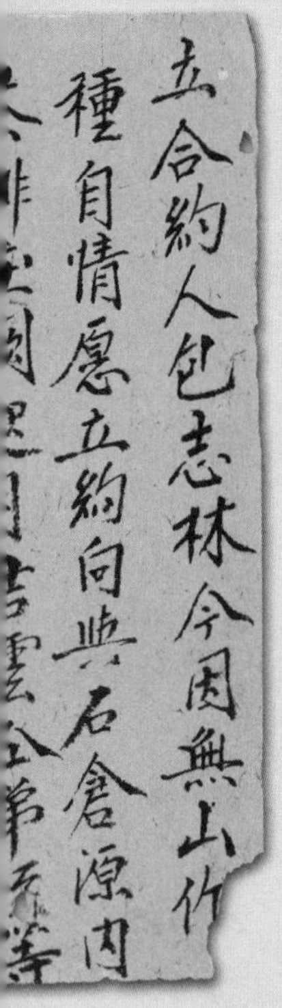

立合約人闕玉良，今将仝侄等自情愿（將）祖父遺下民山壹處，土名坐落松邑二十都樹稍庄，小土名社庙墇小源坑安着，上至山頂，下至坑，左至周姓大崗分水，右至闕姓分水為界，今具四至分明，自向與问至清石垻包立豪邊，三面言定山租英洋銀陆元正，其洋辛卯、壬辰弍年付讫，其山任並［憑］包边前来闸山砍伐，作種苞萝雜色，並直［植］桐子，出息追與種人，闕边無得異言再討，山内扦插杉樹，闸挑［扦］籙養成林，日後辛卯起，庚申年完满，闕、包二姓邀同出拚，十分内杉木出息，山主坐五分，種人坐五分，亦無增多减少，此出两相心愿，（並無）逼抑等情，恐口难信，故立合約永遠為據。

光緒拾柒年正月廿九日　立合約人　闕玉良

在見人　闕起鑑

見約　闕起来

代笔　包立文

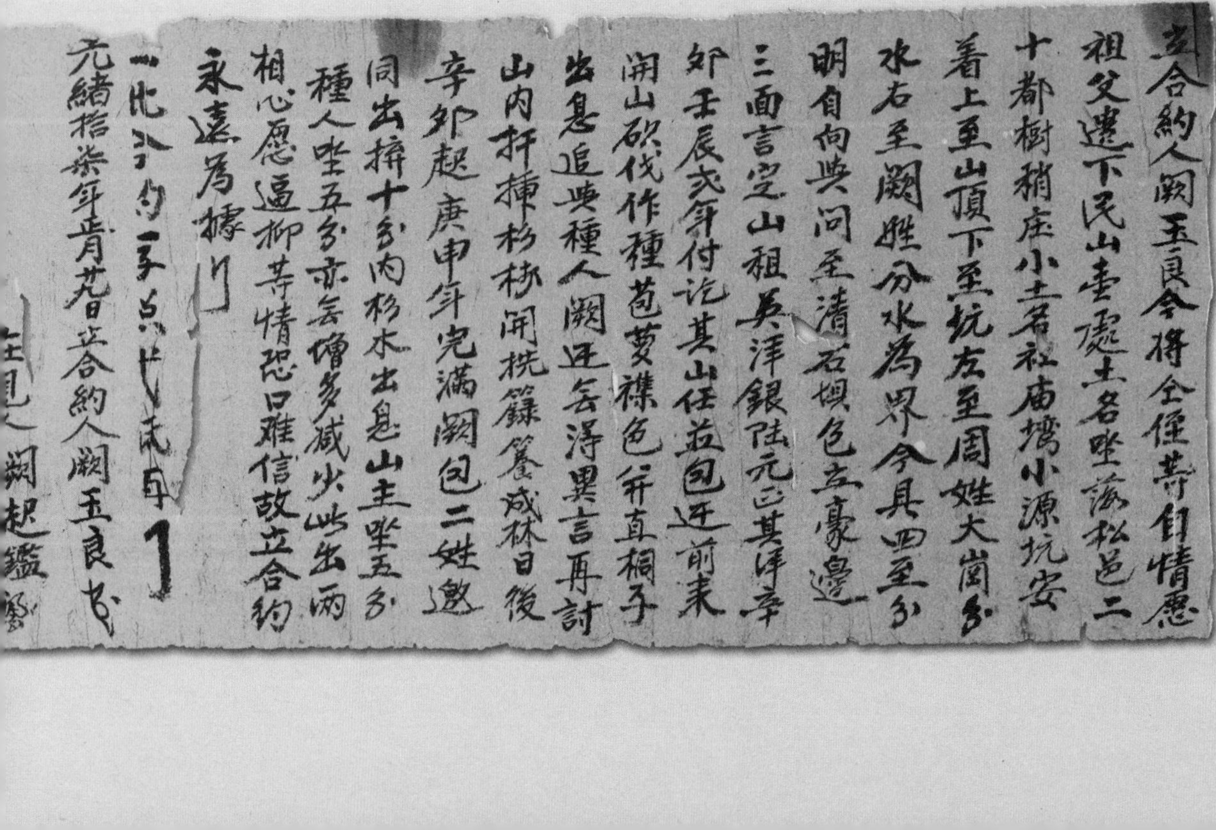

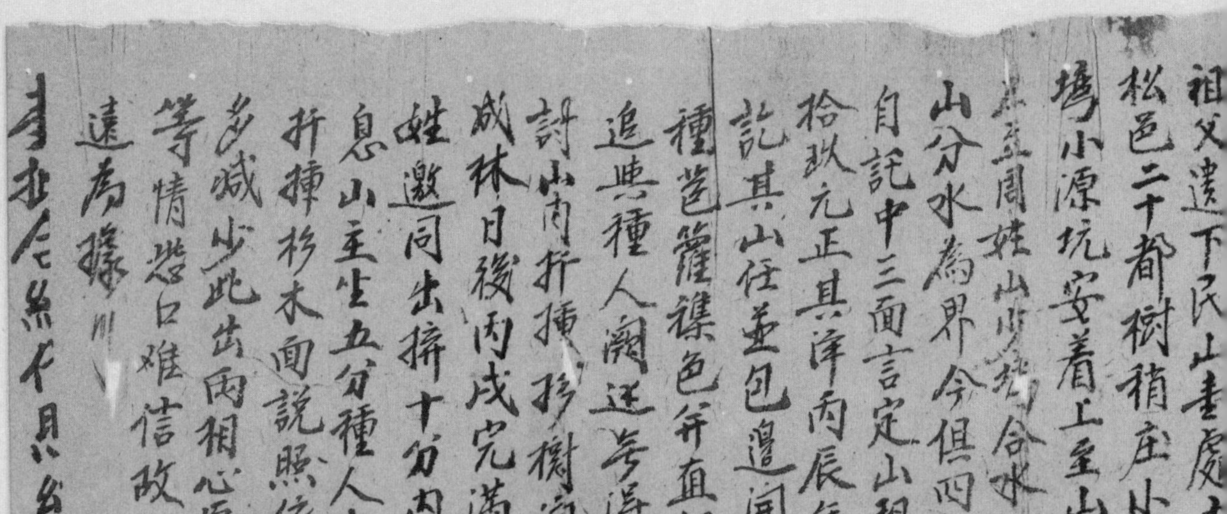

立合約人包志林，今因無山作
種，自情愿立約向與石倉源內
茶排庄闕起月、吉雲仝弟侄等
祖父遺下民山壹處，土名坐落
松邑二十都樹稍庄，小土名社庙
壙小源坑安着，上至山頂，下至坑，
左至周姓山少壙合水，右至闕姓
山分水為界，今俱四至分明，
自託中三面言定山租英洋銀
拾玖元正，其洋丙辰年冬成付
訖，其山任並［憑］包邊闬山砍伐，作
種苞蘿雜色，并直［植］桐子，出息
追與種人，闕边無得異言再
討，山內扦插杉樹，闬挑［扦］籙养
成林，日後丙戌完滿，闕、包二
姓邀同出拚，十分內杉木出
息，山主坐五分，種人坐五分，前
扦插杉木面說，照依亦無增
多減少，此出兩相心愿，（並無）逼抑
等情，恐口难信，故立合約永
遠為據。
（中華民國五年　立租山合約字人　包志林）

立賣民屋字契人林周顕今因無錢使用自情愿將父手遺下分己阄内民屋壹堂三間坐落松邑廿一都石倉源夫人庙庄小土名周嶺脚安着民屋三值上連瓦角下併地基門路出入一併在内東至路南至滴水西至屋後滴水北至滴水為界今俱四至分明自愿托中立契出賣與闕執鐸入受承買為業當日憑中三面言斷日值時價大洋叁拾弍元正其洋即日隨契付清找訖不少分厘每年貼納屋租谷五桶正自當之後屋租不清任憑受主追租鎖門管業出當無得異言阻執如有上手來歷不明賣人一力承當不干買主之事日後不限年月備办原價取贖愿當愿受各無饭悔恐口無憑故立當屋字為據

一批花押大洋捌角正此照

立賣民屋字人 林周顕（押）

在見胞兄 林周勝（押）

憑中 闕光求（押）

依口代筆 闕昕齋（押）

中華民國二拾年拾弍月初三日

契

(前頁)>>>>>

立賣民屋字契人林周顕，今因無錢使用，自情愿将父手遺下分己阄内民屋壹堂三間，坐落松邑廿一都石倉源夫人庙庄，小土名周嶺脚，安着民屋三值，上連瓦角［桷］，下併地基，門路出入，一併在内，東至路，南至滴水，西至屋後滴水，北至滴水為界，今俱四至分明，自愿托中立契，出賣與闕執鐸入受承買為業，當日憑中三面言断，目值時價大洋叁拾弍元正，其洋即日随契付清找訖，不少分厘，每年充納屋租谷五桶正，自當之後，屋租不清，任憑受主追租鎖門，管業出當，無得異言阻执，如有上手來歷不明，賣人一力承當，不干買主之事，日後不限年月，備办原價取贖，愿當愿受，各無反悔，恐口無憑，故立當屋字為據。

一批花押大洋捌角正，此照。

中華民國二拾年拾弍月初三日　立賣民屋字人　林周顕

在見胞兄　林周勝

憑中　闕光求

依口代筆　闕昕齋

立退桐子杉木工本字人雷藍福今因無錢便用自願將日前向張李賴
三姓批来開種山塲壹處目今三姓又將該山出賣與闕吉豪為業
其山坐落雲邑九都茶鋪庄担鉄[illegible]桌子窩陽向山塲壹處上至山頂
下至坑左至崀右至新發土養耕種山為界又上面山塲壹處上至新發
種山下至土養種山左至崀右至青山為界今俱四至分明四至界内桐子杉
木自願托中立字出退與闕吉琛為業當日經中斷賣過大洋捌元正
其洋即日收訖不少分文其桐子杉木自賣之後任憑承受人採摘籙
養砍伐出賣人無得異言阻执此係自己開種山塲扦插桐子杉木與
内外房親人等無涉願退願受各無反悔恐口無憑故立退桐
子杉木工本字為據

一批合同土養玉書承批批字[illegible]收存再照
中華民國弍拾四年九月十九日
立退桐子杉木工本字人雷藍福

在塲 雷老滿

代筆 闕祥銘

（前頁）>>>>>

立退桐子杉木工本字人雷藍福，今因無錢使用，自願將日前向張、李、賴
三姓批來㽘種山塲壹處，目今三姓又将该山出賣與闕吉豪為業，
其山坐落雲邑九都茶鋪庄担鉄路柴子窝陽向山塲壹處，上至山頂，
下至坑，左至崀，右至新發、土養耕種山為界，又上面山塲壹處，上至新發
種山，下至土養種山，左至崀，右至青山為界，今俱四至分明，四至界內，桐子杉
木，自願托中立字，出退與闕吉瑹為業，當日經中断賣過大洋捌元正，
其洋即日收訖，不少分文，其桐子杉木自賣之後，任憑承受人採摘篛
養砍伐，出賣人無得異言阻执，此係自己㽘種山塲，扦插桐子杉木，與
內外房親人等無涉，願退願受，各無反悔，恐口無憑，故立退桐
子杉木工本字為據。
一批合同土養、玉書承批，批字玉□收存，再照。
中華民國弍拾四年九月十九日　立退桐子杉木工本字人　雷藍福
在塲　雷老滿
代筆　闕祥銘

立賣斷截老屋契人阚门李火玉仝子吉圭、三妹仝子吉陞，今因粮食不給，自愿將上手遗下分自己股下房屋坐落松邑念一都茶排庄樟樹下貴公香火堂正棟上手客軒祠堂邊丰间，又本客軒墻後回廊壹间，其上二處房屋上連瓦桷，下及地基，并门窗户扇，出入门路，一應在内，又本屋下横屋小门外晒谷坪沿與買主相連上手廁所半间，上瓦桷并地基在内，今俱间数分明，自愿托中立斷截契出賣與親房吉冕衆為業，當日三面斷定，目值時價燥穀陸担正，其穀即日付清，不少升合，其屋自賣之后，任憑買主封鎖门户，永遠管業，此係賣人自己股下清業，與伯叔子侄人并無干涉，一賣千休，永遠無找無贖，愿買愿賣，各無反悔，恐口無憑，故立賣斷截契永遠為據。

中華民國叁拾　年　月　日立賣斷截老屋契人阚门李火玉

李三妹

吉圭

吉陞

在見　起義（押）

吉坪（押）

合

憑中　起清　押
保長　祥坤
依口代筆　闕起聲　押

今收過貴公老屋價字人闕門李火玉、李三妹二人共收過貴公名下大里屋價燥穀壹拾肆担正，三面交付不少升合，自收之后任憑買主封鎖門户，永遠管業，所立收字是寔。

中華民國叁拾七年　月　日　今收屋價字人闕門李火玉

李三妹

見　吉圭

吉堂

起清　押

代筆　闕起聲　押

合

(前頁)>>>>>

立賣断截老屋契人阙门李火玉仝子吉圭，三妹仝子吉陞，今因粮食不给，自愿将上手遗下分自己股下房屋，坐落松邑念一都茶排庄樟樹下貴公香火堂正棟上手客軒衕堂邊半间，又本客軒墻後回廊壹间，其上二處房屋，上連瓦桷，下及地基，并门窗户扇，出入门路，一應在内，又本屋下横屋小门外晒谷坪沿，與買主相連上手厠所半间，上瓦桷并地基在内，今俱间数分明，自愿托中立断截契，出賣與親房吉冕衆為業，當日三面断定，目值時價燥穀陆担正，其穀即日付清，不少升合，其屋自賣之后，任憑買主封鎖门户，永遠管業，此係賣人自己股下清業，與伯叔子侄人并無干涉，一賣千休，永遠無找無贖，愿買愿賣，各無反悔，恐口無憑，故立賣断截契永遠為據。

中華民國叁拾年　月　日　立賣断截老屋契人　阙门李火玉

李三妹

吉圭

在見　吉陞

起義

吉玶

憑中　起清

保長　祥坤

依口代筆　阙起聲

今收過贵公老屋價字人阙门李火玉、李三妹二人共收過贵公香火堂屋價燥穀壹拾肆担正，三面交付，不少升合，自收之后，任憑買主封锁门户，永遠管業，所立收字是寔。

中華民國叁拾七年　月　日　今收屋價字人阙门　李火玉

李三妹

見　吉圭

吉陞

起清

代筆　阙起聲

# 土地房產所有證

浙江省松陽縣（市）土地房產所有證　字第2 6892號

松陽縣（市）靖居區石倉鄉居民闕祥·鍈、周成弟

依據中國人民政治協商會議共同綱領第二十七條「保護農民已得土地所有權」之規定確定本戶全家人本人私有產業有耕種居住典賣轉讓贈與等完全自由任何人不得侵犯特給此證

所有土地共計可耕地 段 畝 分 釐 毫；非耕地 段 畝 分 釐 毫

房產共計房屋 間

地基 段 畝 分 釐 毫均作為本戶全家人私有產業

計開

| | 坐落 | 種類 | 都（區）圖（鄉）地號 | | 面積（畝） | （分） | （釐） | （毫） | 四至 | 長寬尺度 | 附屬物 | 備考 |
|---|---|---|---|---|---|---|---|---|---|---|---|---|
| 土地 | 下茶排三樟頭 | 田 | 靖居 石倉 | 下茶排 | 零 | 壹 | 叁 | 零 | 東闕起瓊產 南坑 西路 北闕起清田 | | | 拾壹 |
| 土地 | 下茶排三樟頭 | 田 | 靖居 石倉 | 下茶排 | 零 | 零 | 柒 | 零 | 東闕祥奎田 南闕起 西路 北高昇錫田 | | | 拾貳 |
| 土地 | 下茶排冷水 | 田 | 靖居 石倉 | 下茶排 | 貳 | 零 | 零 | 零 | 東闕樟法田 南闕祥動 西山 北闕長生田 | | | 式伍 |
| 土地 | 夢嶺腳屋外 | 田 | 靖居 | 下茶排 | 壹 | 貳 | 伍 | 零 | 東路 南闕吉霖田 西[illegible] 北闕吉金田 | | | [illegible] |
| 土地 | 夢嶺腳楓樹窟 | 田 | 靖居 石倉 | 下茶排 | 零 | 叁 | 捌 | 零 | 東闕祥勝田 南闕[illegible] 西闕吉庭田 北路 | | | 肆 |
| 土地 | 下茶排油車圳 | 田 | 靖居 石倉 | 下茶排 | 零 | 壹 | 叁 | 零 | 東路 南闕吉存田 西坑 北油車屋 | | | [illegible] |
| 土地 | 下宅街闕公祠四坑子 | 田 | [illegible] | 下茶排 | 壹 | 六 | 伍 | 零 | 東坑 南闕根法田 西路 北路 | | | 式伍 |
| 土地 | 闕公祠叁腳 | 田 | 靖居 石倉 | 下茶排 | 壹 | [illegible] | 陸 | 零 | 東闕根有田 南闕卯龍 西闕宗[illegible] 北闕根存田 | | | 叁伍 |
| 土地 | 下茶排老屋背 | 地 | 靖居 石倉 | 下茶排 | 零 | [illegible] | 伍 | 零 | 東闕官法屋 南高明 西闕大旺 北路 | | | 伍伍 |

| | 坐落 | 種類 | 都（區）圖（鄉）地號 | | 面積（畝） | （分） | （釐） | （毫） | 間數 | 地基四至 | 地基長寬尺度 | 附屬物 | 備考 |
|---|---|---|---|---|---|---|---|---|---|---|---|---|---|
| 房產 | 下茶排老屋下樓屋 | 樓 | [illegible] 一石倉 | 下茶排 | 零 | 零 | 叁 | 伍 | 貳 | [illegible] | | | |
| 房產 | 下茶排老屋下 | 平 | [illegible] 一石倉 | 下茶排 | 零 | 零 | 壹 | 零 | 壹 | [illegible] | | | |
| 房產 | 下茶排老屋下 | 平 | [illegible] | 下[illegible] | 零 | 零 | 壹 | 伍 | 壹 | [illegible] | | | |

縣（市）長　吳[illegible]義

一九　年　月　日發

（前頁）>>>>>

# 土地房產所有證

字第26892號

浙江省 松陽 縣（市）土地房產所有證

松陽縣（市） 靖居區 石倉鄉居民 闕祥鎂 周成弟

依據中國人民政治協商會議共同綱領第二十七條「保護農民已得土地所有權」之規定，確定本户全家 本人

所有土地共計 可耕地 段 柒畝 壹分 弍釐 零毫

非耕地 段 零畝 捌分 弍釐 零毫 房產共計房屋 捌 間

地基 段 零 畝 零 分 玖 釐 弍 毫，均作為本户全家 本人 私有產業，有耕種、居住、典賣、轉讓、贈與等完全自由，任何人不得侵犯，特給此證。

縣（市）長 吳□義

計開

土地

| 座落 | 種類 | 都（區） | 圖（段） | 地號 | 面積 畝 | 分 | 釐 | 毫 | 四至 | 長寬尺度 | 附屬物 | 備考 |
|---|---|---|---|---|---|---|---|---|---|---|---|---|
| 下茶排三横頭 | 田 | 靖居 | 石倉 | 下茶排 | 零 | 壹 | 叁 | 零 | 東闕起峻屋南坑西路北闕起清田 | | | 拾壹坵 |
| 下茶排三横頭 | 田 | 靖居 | 石倉 | 下茶排 | 零 | 叁 | 柒 | 零 | 東闕祥惠田南闕起清田西路北高彩奶田 | | | 弍坵 |
| 下茶排冷水 | 田 | 靖居 | 石倉 | 下茶排 | 貳 | 零 | 零 | 零 | 東闕樟法田南闕祥勤田西山北闕長生田 | | | 拾壹坵 |
| 夢嶺脚屋外 | 田 | 靖居 | 石倉 | 下茶排 | 壹 | 貳 | 伍 | 零 | 東路南闕吉寗田西闕官法田北闕吉全田 | | | 肆坵 |
| 夢嶺脚楓樹良 | 田 | 靖居 | 石倉 | 下茶排 | 零 | 叁 | 捌 | 零 | 東闕祥勝田南闕祥□田西闕吉庭田北路 | | | 肆坵 |
| 下茶排油車側 | 田 | 靖居 | 石倉 | 下茶排 | 零 | 壹 | 叁 | 零 | 東路南闕吉壽田西坑北油車屋 | | | 弍坵 |
| 下宅街周岭脚四坑子 | 田 | 靖居 | 石倉 | 下茶排 | 壹 | □ | 伍 | 零 | 東坑南闕根法田西路北路 | | | 叁坵 |
| 周岭良周岭脚 | 田 | 靖居 | 石倉 | 下茶排 | 壹 | 伍 | 陸 | 零 | 東闕根壽田南邱能宝田西闕官土田北闕根壽田 | | | 伍坵 |
| 下茶排老屋背 | 地 | 靖居 | 石倉 | 下茶排 | 零 | □ | 伍 | 零 | 東闕官法屋南高明翠田西闕土旺坪北路 | | | |

房產

| 座落 | 種類 | 都（區） | 圖（段） | 地號 | 面積 畝 | 分 | 釐 | 毫 | 間數 | 地基四至 | 地基長寬尺度 | 附屬物 | 備考 |
|---|---|---|---|---|---|---|---|---|---|---|---|---|---|
| 下茶排老屋下横屋 | 楼 | 靖居 | 石倉 | 下茶排 | 零 | 零 | 叁 | 伍 | 貳 | 東蔡林珠中堂南闕官法厨西蔡林珠屋北闕吉邦屋 | | | |
| 下茶排老屋下 | 平 | 靖居 | 石倉 | 下茶排 | 零 | 零 | 壹 | 零 | 壹 | 東闕吉俊厨南天井西闕吉邦厨北闕吉俊间 | | | |
| 下茶排老屋下 | 平 | 靖居 | 石倉 | 下茶排 | 零 | 零 | 壹 | 伍 | 壹 | 東闕吉芬軒南蔡林珠厨西自坪北闕起義厨 | | | |

一九五一年 月 日 發

# 上茶排

## 闕氏·三有·德琮·翰惟·玉定（一）

石倉溪夏

立賣田契人闕玉宗今因錢粮無办自情愿將父手遺下民田壹處坐落松邑二十一都茶排庄麥嶺脚石橋頭面上安着其田上至闕姓田併路下至闕姓田左至小坑右至闕姓田為界今俱四至分明計額壹畝弍分伍厘正併及田頭地角樹桐茶雜木一應在内自愿托中親立文契出賣與本家玉定入受承買為業當日憑中三面言斷目值時價洋銀肆拾伍元正其洋銀隨契交足不少分厘其田自賣之後任憑買主推收過戶起耕改佃另賃耕種收租管業未賣之先上手並無文墨重典交加既賣之後與内外親房伯叔兄弟子侄人等並無干碍如有上手來歷不明賣人自己一力承當不涉買主之事愿賣愿買兩家心愿各無反悔一賣千休如桐截木並無逌加之理恐口難憑故立賣田契付與買主永遠管業為據

光緒柒年拾壹月二十壹日　立賣田契人　闕玉宗

在場　玉鐮　玉兆　玉顏　玉對

憑中　胡秉裕

代筆　闕翰邦

立找斷截田契人闕玉宗日前與本家玉定支有民田壹契坐落松邑二十一都茶排庄麥嶺脚石橋頭面上安着其田界至畝分前有正契明原因粮食無办請託原中前來向業主找過契外洋銀伍元正其洋銀隨契交付清楚不少分厘其田自找之後契明價足一找千休

契尾

字　號

計開：業戶　買田　畝　分　厘　價銀伍拾兩×錢×分　納稅銀壹兩伍錢×分×厘

布字　號給業戶闕玉定　准此

光緒　年　月　日

光緒柒年十弍月弍拾四日　立截斷截田契人　闕玉崇（押）

在場兄　玉鑣（押）

玉兆（押）

玉顏（押）

原中　玉對（押）

胡秉裕（押）

代筆　劉翰卿（押）

（前頁）>>>>>

立賣田契人闕玉崇，今因錢粮無办，自情愿将父手遺下民田壹處，坐落松邑二十一都茶排庄夢嶺脚石橋頭面上，安着其田，上至闕姓田併路，下至闕姓田，左至小坑，右至闕姓田為界，今俱四至分明，計額壹畝弍分伍厘正，併及田頭地角，柏桐茶雜木，一應在内，自愿托中親立文契，出賣與本家玉定入受承買為業，當日凴中三面言断，目值時價洋銀肆拾伍元正，其洋銀隨契交足，不少分厘，其田自賣之後，任凴買主推收過户，起耕改佃，完粮耕種，收租管業，未賣之先，上手並無文墨重典交加，既賣之後，與内外親房伯叔兄弟子侄人等並無干碍，如有上手来歷不明，賣人自己一力承當，不涉買主之事，愿賣愿買，两家心愿，各無反悔，一賣千休，如桐［同］截木，並無逼抑之理，恐口難凴，故立賣田契付與買主永遠管業為據。

光緒柒年拾壹月二十壹日　立賣田契人　闕玉崇

玉鏕

在場　玉兆

玉顔

凴中　玉對

胡秉裕

代筆　闕翰柳

（前頁）>>>>>

立找断截田契人阙玉崇，日前與本家玉定交有民田壹契，坐落松邑二十一都茶排庄夢嶺脚石橋頭面上，安着其田，界至畝分，前有正契（載）明，原因粮食無办，請託原中前来向勸業主，找過契外洋銀伍元正，其洋銀随契交付清楚，不少分厘，其田自找之後，契明價足，一找千休，割藤断根，愿断愿找，两家心愿，各無反悔，日後永遠無找無贖，並無逼抑之理，恐口難凴，故立找断截田契付與買主永遠管業為據。

光緒柒年十弍月弍拾四日　立找断截田契人　闕玉崇

玉鑣

在塲兄　玉兆

玉顔

原中　玉對

胡秉裕

代筆　阙翰柳

（契尾，光緒捌年叁月）

立賣田契人闕起炳，今因無錢办用，自情愿將父手遺下分自己闕內民田壹處，坐落松邑廿都茶排庄，土名亭嶺脚涼亭外安着，田壹處，上至闕姓田，下至河，左至闕姓田，右至闕姓田崀及下為界，并及坑外田壹坵，今具四至分明，計額壹畝柒分伍厘正，并及田頭地塝一應在內，自愿托中立契出賣與本家玉定叔邊入手承買為業，當日憑中三面言斷，目值時價洋艮五拾元正，其洋銀隨契交足，不少分厘，其田自賣之後，任憑推收過户完粮，起畊改佃，收租管業，未賣之先，上手並無文墨重畳交加，既賣之後，與內外房親伯叔兄弟子侄人等並無干碍，如有上手來歷不明，賣人一力承當，不涉買主之事，應賣應買，兩相情愿，各無反悔，一賣千休，如桐截木，並無逼抑之理，恐口难信，故立賣田契為據。

一批：內手田墈當大路內，田外壹節並及田塝不在數內，任憑賣人扦葬坟地壹穴，買人無阻（浮叁），留再照。

光緒玖年拾壹月十九日　立賣田契字人闕起炳（押）

在場　起開（押）　玉星（押）見中　胡秉裕○
包人僖（押）　張紘斌○　翰鄉（押）

代筆　玉土（押）

（押）

立找断截田契人闕起炳，日前與玉定叔交易民田壹契，坐落松邑廿都茶排庄亭嶺脚涼亭外安着民田壹處，其田畝分界至前有正契載明，原因粮食無办，请托原（原意）中前來向與業主找過契外洋銀肆元正，其洋[illegible]

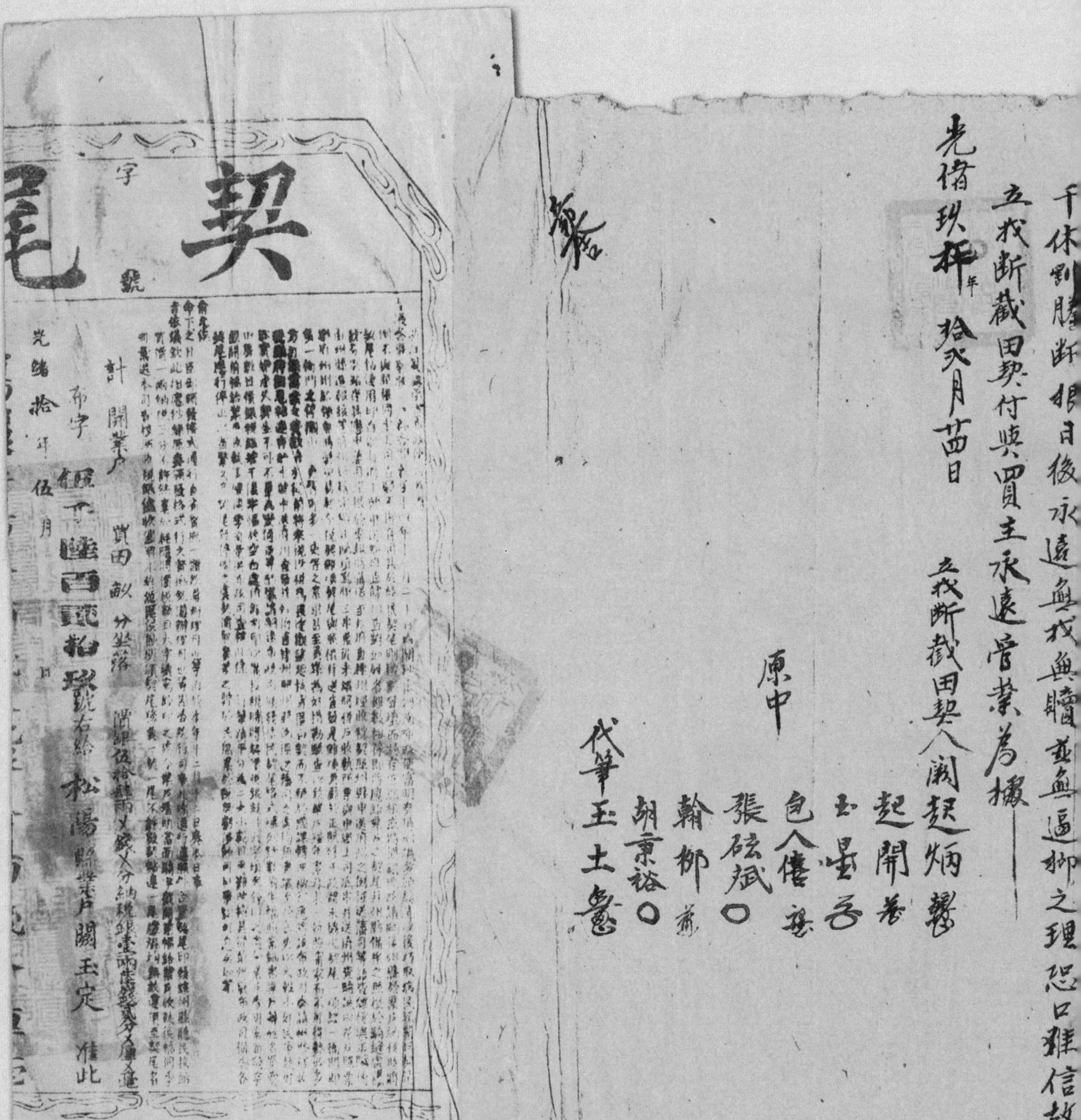

千休割藤斷根自後永遠無找無贖並無違抑之理恐口難信故
立找断截田契付與買主永遠管業為據
光绪玖年拾弍月廿四日
立找断截田契人闕起炳
起開
玉壘
包人傳
張磁斌
翰卿
胡景裕
原中
代筆玉土

契尾
字　號
計開業户　買田　畝　分　釐　毫　價銀伍拾肆兩乂錢乂分納税銀
布字　號右給　松陽縣業户闕玉定　准此
光緒拾年伍月　日

（前頁）>>>>>

立賣田契人闕起炳，今因無錢办用，自情愿将父手遺下分自己阄内民田壹處，坐落松邑弍十一都茶排庄，土名夢嶺脚涼亭外，安着田壹處，上至闕姓田，下至河，左至闕姓田，右至闕姓田良及下為界，并及坑外田壹坵，今具四至分明，計額壹畝柒分伍厘正，并及田頭地角，一應在內，自愿托中立契，出賣與本家玉定叔边入手承買為業，當日憑中三面言断，目直時價洋银五拾元正，其洋銀隨契交足，不少分厘，其田自賣之後，任憑推收過户，完粮起耕，改佃收租管業，未賣之先，上手並無文墨重典交加，既賣之後，與内外房親伯叔兄弟子侄人等並無干碍，如有上手来歷不明，賣人一力承當，不涉買主之事，愿賣愿買，兩相情愿，各無反悔，一賣千休，如桐［同］截木，並無逼抑之理，恐口难信，故立賣田契為據。一批内手田壠窝大路内田外壹節，並及田角不在数内，任憑賣人扦葬坟地壹穴，買人無得阻留，再照。

光绪玖年拾壹月十九日　立賣田契字人　闕起炳

起開　包人僖

在傷［場］　玉星　見中　張砿斌

胡秉裕　翰柳

代筆　玉土

（前頁）>>>>>

立找断截田契人闕起炳，日前與玉定叔交易民田壹契，坐落松邑廿一都茶排庄夢嶺脚涼亭外，安着民田壹處，其田畝分界至，前有正契載明，原因粮食無办，请托原中前来向與業主，找過契外洋銀肆元正，其洋银即日交付清楚，不少分厘，其田自找之後，契明價足，一找千休，割藤断根，日後永遠無找無贖，並無逼抑之理，恐口难信，故立找断截田契付與買主永遠管業為據。

光绪玖年拾弍月廿四日　立找断截田契人　闕起炳

起開

玉星

原中　包人僖

張依斌

翰柳

胡秉裕

代筆　玉土

（契尾，光緒拾年伍月）

立賣田契人樓兆琳今因粮食無办自情愿將自置有民田壹處坐落松邑
二十一都石倉源茶排村水井頭上手石㘭内安着塆垅田壹垅其田上至劉
姓田下至路石㘭左至劉姓田右至墻脚為界今具四至分明計額陸分明正併
又田頭地墈柎樹雜木一應在内自愿托中親立文契出賣與劉起德親邊入
受承買為業當日憑中三面言許目直時價洋銀叁拾弍元正其洋銀即日
随契當中交付足訖不少分厘其田自賣之後任憑買主推收過户完粮起
耕改佃收租管業未賣之先上手並無文墨重典交加既賣之後以内外房親
伯叔並無干碍如有上手來歷不清賣人自己一力支當不干買主之事愿賣
愿買兩家心愿各無反悔一賣千休並無退柳之理恐口難憑故立賣田契
付與買主永遠管業為據

光緒拾壹年九月二十三日　立賣田契人　樓兆琳（押）

見中　劉玉裁○　劉玉對（押）　王新琰（押）　劉起玉（押）

代筆　劉翰柳（押）

立找斷截田契人樓兆琳日前與劉起德親邊交有民田壹契坐落
松邑二十一都石倉源茶排村井頭上手石㘭内安着塆垅田壹垅其田另
……因粮食無办請託原中前來向劉買主找

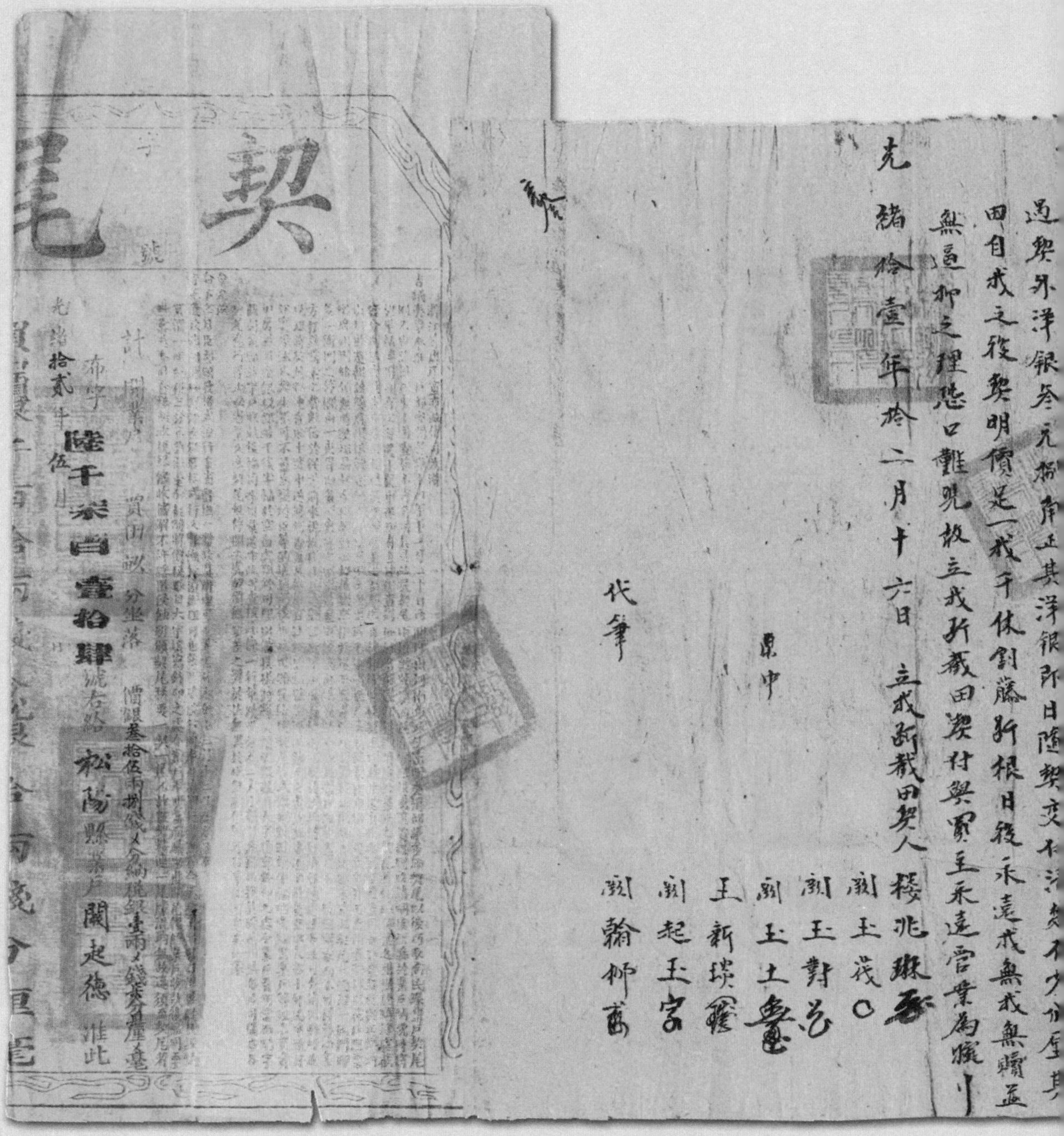

契

光緒拾貳年伍月

布字 陸千柒百壹拾肆號

計開

買田　畝　分坐落

價銀叁拾伍兩

松陽縣業戶闕起德　准此

過契外洋銀叁元捌角正其洋銀即日隨契交[illegible]

田自找之後契明價足一找千休割藤斷根日後永遠找無找無贖並

無過抑之理恐口難憑故立找斷截田契付與買主永遠管業爲據

光緒拾壹年拾二月十六日　立找斷截田契人　樓兆琳

劉玉茂

劉玉對

眾中　劉玉土

王新瑛

劉起玉

代筆　劉翰柳

（前頁）>>>>>

立賣田契人楼兆琳，今因粮食無办，自情愿将自置有民田壹處，坐落松邑二十一都石倉源茶排村水井頭上手石坳内，安着墑坵田壹坵，其田上至闕姓田，下至路石坳，左至闕姓田，右至墻脚為界，今具四至分明，計額陸分明正，併及田頭地角，柏樹雜木，一應在内，自愿托中親立文契，出賣與闕起德親邊入受承買為業，當日凴中三面言断，目直時價洋銀叁拾弍元正，其洋銀即日隨契當中交付足訖，不少分厘，其田自賣之後，任凴買主推收過户，完粮起耕，改佃收租管業，未賣之先，上手並無文墨重典交加，既賣之後，以［與］内外房親伯叔並無干碍，如有上手来歷不清，賣人自己一力支當，不干買主之事，愿賣愿買，两家心愿，各無反悔，一賣千休，並無逼抑之理，恐口難凴，故立賣田契付與買主永遠管業為據。

光緒拾壹年九月二十三日　立賣田契人　楼兆琳

凴中　闕玉茂

闕玉對

王新琰

闕起玉

代筆　闕翰柳

（前頁）>>>>>

立找断截田契人楼兆琳，日前與闕起德親邊交有民田壹契，坐落松邑二十一都石倉源茶排村井頭上手石壍内，安着墑圻田壹圻，其田界至畝分，前有正契載明，原因粮食無办，請託原中前来向勸業主，找過契外洋銀叁元捌角正，其洋銀即日隨契交付清楚，不少分厘，其田自找之後，契明價足，一找千休，割藤断根，日後永遠無找無贖，並無逼抑之理，恐口難凴，故立找断截田契付與買主永遠管業為據。

光緒拾壹年拾二月十六日　立找断截田契人　楼兆琳

闕玉茂

闕玉對

原中　闕玉土

王新琰

闕起玉

代筆　闕翰柳

（契尾，光緒拾貳年伍月）

立賣田契字人胡秉發今因錢粮無办自情愿將父手遺下自己民田壹處坐落松邑二十一都茶排庄土名夢嶺脚涼亭外安着大路外弍坵上至闕姓田墈脚下至買主田左至買主田右至買主田為界又本處大路上田叁坵上至婁姓田下至買主田左至闕姓田右至闕姓田為界今俱四至分明自愿托中立字出賣與闕玉定承受管業計額柒分正當日三面言断時值田價洋銀壹拾玖元正其洋銀即日随契交付足訖不少分文其田自賣之後任凴買主收租管業過户完粮如有来歷不明賣人一力承當不干買主之事此係自己清楚物業與内外伯叔子侄人等並無干碍如有樣茶雜木併及田頭荒坪地塝一概在内賣人無得異言愿買愿賣一賣千休各無返悔等情恐口無憑故立賣田契付與買主永遠為據

光緒拾叁年十一月二十九日立賣田契字人胡秉發 押

在見 胡敦發〇

原中 胡秉禮〇

代筆 闕玉養

（前頁）>>>>>

立賣田契字人胡秉發，今因錢粮無办，自情愿将父手遺下自
己民田壹處，坐落松邑二十一都茶排庄，土名夢嶺脚涼亭外，
安着大路外弍坵，上至闕姓田塝脚，下至買主田，左至買主田，右至買
主田為界，又本處大路上田叁坵，上至娄姓田，下至買主田，左至闕姓田，
右至闕姓田為界，今俱四至分明，自愿托中立字，出賣與闕玉定承
受管業，計額柒分正，當日三面言断，時值田價洋銀壹拾玖元正，其
洋銀即日隨契交付足訖，不少分文，其田自賣之後，任浼買主收租
管業，過户完粮，如有来歷不明，賣人一力承當，不干買主之事，此係自
己清楚物業，與内外伯叔子侄人等並無干碍，如有槿茶雜木，併及田
頭荒坪地角，一概在內，賣人無得異言，愿買愿賣，一賣千休，各無反
悔等情，恐口無凴，故立賣田契付與買主永遠為據。

光緒拾叁年十一月二十九日　立買［賣］田契字人　胡秉發

在見　胡敦發

原中　胡秉禮

代笔　闕玉養

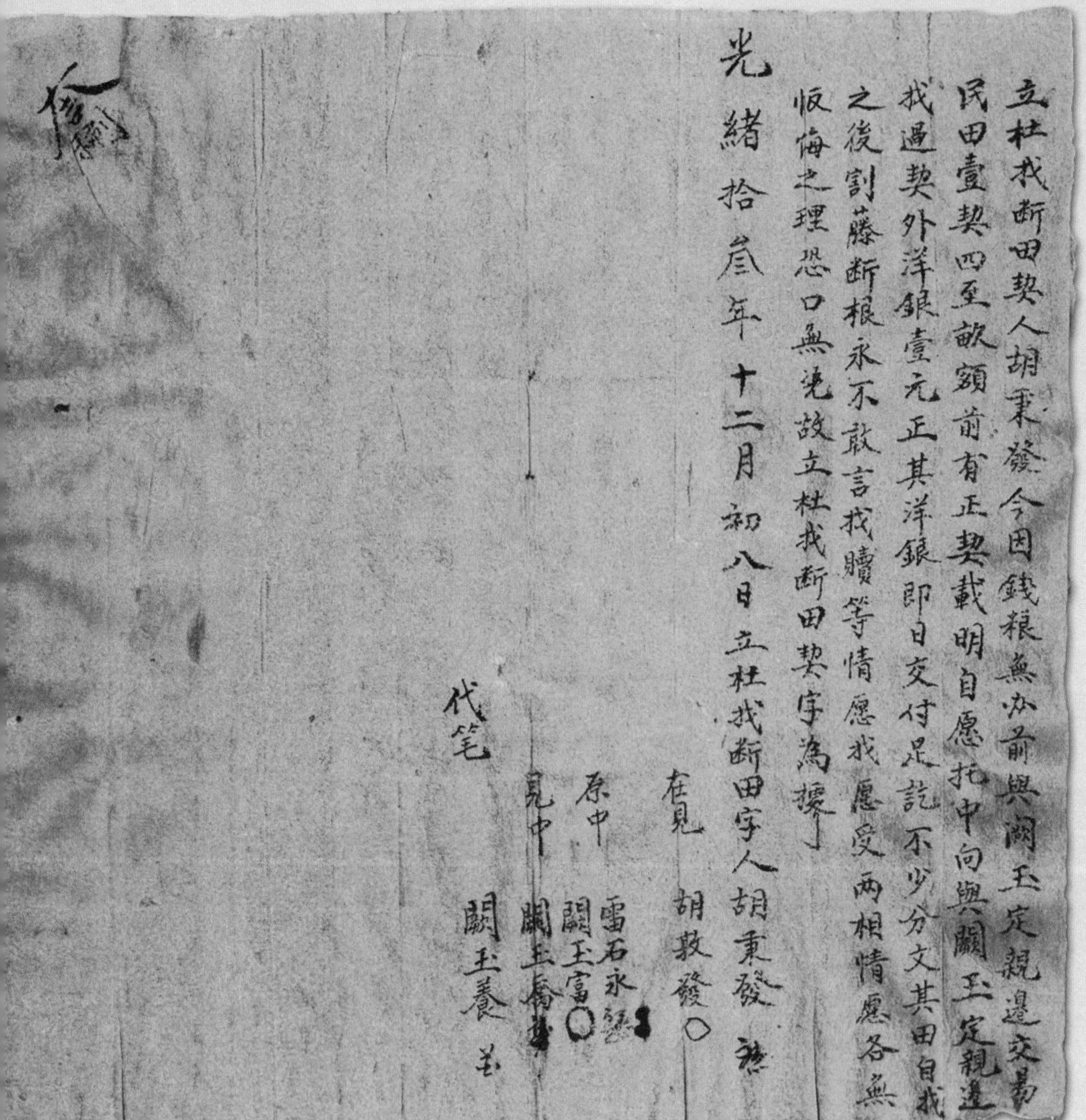

立杜找斷田契人胡秉發今因錢粮無办前與闕玉定親邊交易民田壹契四至畝額前有正契載明自愿托中向與闕玉定親邊找過契外洋銀壹元正其洋銀即日交付足訖不少分文其田自找之後割藤斷根永不敢言找贖等情愿找愿受两相情愿各無恢悔之理恐口無凭故立杜找斷田契字為據

光緒拾叁年十二月初八日立杜找斷田字人胡秉發

在見　胡敎發

原中　雷石永　闕玉富

見中　闕玉喬

代笔　闕玉養

(前頁)>>>>>

立杜找断田契人胡秉發，今因錢粮無办，前與闕玉定親邊交易民田壹契，四至畝額，前有正契載明，自愿托中向與闕玉定親邊，找過契外洋銀壹元正，其洋銀即日交付足訖，不少分文，其田自找之後，割藤断根，永不敢言找贖等情，愿找愿受，两相情愿，各無反悔之理，恐口無凴，故立杜找断田契字為據。

光緒拾叁年十二月初八日　立杜找断田字人　胡秉發

在見　胡敦發

原中　雷石永

闕玉富

見中　闕玉喬

代笔　闕玉養

立賣房屋字人闕玉瑳今因錢粮無办自愿將父手遺下已分闽内房屋壹
㚒坐落松邑廿一都茶排庄小土名洋庄水井頭香火堂左手安着共屋三直弍箱
房又中心廳堂右手正間半間又毗連前箱房壹間又箱房後叁直并樓三直又三直
内禾倉弍格又毗連禾倉右手實地屋壹間以上屋宇後至民田前至墻外大路左至玉
富屋右手墻外路為界以上屋宇上及桷橡瓦埔下并地基柱磉四圍板壁门窗户扇
天井出入门路樓梯巷衕一概在内不留寸業又实地屋外餘基壹塊又屋上手玉球牛欄
背茅厕壹間今具界至分明托中立契出賣與闕玉定兄边入手承買為業當日
三面言断时值屋價洋銀柒拾元正共洋即日交付足讫不少分厘共屋自賣之後
任憑買主居住执契管業此有上手来歷不明賣人一力承当不涉買主之事愿賣愿
買各無悔恨恐口難信故立賣房屋契付與買主永遠为據

光緒拾肆年叁月廿六日立賣房屋契人闕玉瑳

在場 玉川 玉照 玉碧 玉信 玉淮 玉星 玉對 玉蒼

代筆

（前頁）>>>>>

立賣房屋字人闕玉瑳[1]，今因錢粮無办，自愿将父手遺下己分阄内房屋壹處，坐落松邑廿一都茶排庄，小土名洋庄水井頭香火堂左手，安着其屋三直弍箱房，又中心廳堂右手正间半间，又毗連前箱房壹间，又箱房後叁直并楼三直，又三直内禾倉弍格，又毗連禾倉右手實地屋壹间，以上屋宇，後至民田，前至墻外大路，左至玉富屋右手墻外路为界，以上屋宇上及楣樑瓦角［桷］，下并地基柱磉，四圍板壁，门窗户扇，天井出入门路，楼梯巷衕，一概在内，不留寸業，又实地屋外餘基壹塊，又屋上手玉球牛欄背茅厠壹间，今具界至分明，托中立契，出賣與闕玉定兄边入手承買为業，当日三面言断，时值屋價洋银柒拾元正，其洋即日交付足讫，不少分厘，其屋自賣之後，任凴買主居住，执契管業，如有上手来歷不明，賣人一力承当，不涉買主之事，愿賣愿買，各無反悔，恐口難信，故立賣房屋契付與買主永遠为據。

光绪拾肆年叁月廿六日　立賣房屋契人　闕玉磋

在場　玉川

玉照

玉碧

玉信

玉淮

玉星

玉對

代筆　玉蒼

1 據光緒《闕氏宗譜》，「玉瑳」或「玉磋」實為「玉祚」之誤。

立當灰蔡字人闕玉碧今因無錢應用自情原將祖父遺下自己
闕内灰蔡半間坐落松邑廿都茶排庄小土名楓桃樹百闕亭
邊安着上至山下至大路左至玉土本欄右至樓姓灰蔡為界今
俱四至分明自情托中立字出當與本家起換侄邊入手承當
為業手内当過英洋銀弍元正其洋即日付訖当日三面言断每
年洋艮無利灰蔡無租任憑艮主燒灰管業当人不得如言阻执
愿当愿承各無悔恐口难信故立当字為據

光緒廿弍年二月廿三日　立當字人　闕玉碧（押）

憑中　闕玉瑤（押）

親筆（押）

立當契稿

（前頁）>>>>>

立當灰寮字人闕玉碧，今因無錢應用，自情原〔愿〕将祖父遺下自己
阄内灰寮半间，坐落松邑廿一都茶排庄，小土名楓桃樹百阁亭
背安着，上至山，下至大路，左至玉土牛欄，右至楼姓灰寮為界，今
俱四至分明，自情托中立字，出當與本家起瑍侄边入手承當
為業，手内当過英洋銀弍元正，其洋即日付訖，当日三面言断，每
年洋银無利，灰寮無租，任凴银主燒灰管業，当人不得如〔異〕言阻执，
愿当愿承，各無反悔，恐口难信，故立当字為據。

光绪廿弍年二月廿三日　立當字人　闕玉碧

凴中　闕玉瑶

親筆

立賣田契字人闕玉崇今因錢粮無办自情愿將叔父遺下自己股内粮田壹處坐落松邑念壹都茶排庄賣主新屋下首灰寮背安着上至灰寮墻脚下至闕姓田内至魚塘墻脚外至闕姓田為界計額叁分正今俱四至分明並及田頭地角相樹雜木一概在内自情托中立契出賣與本家起德兄弟仝買入受叅買為業當日憑中三面言斷目値時田價洋艮貳拾陸元正其洋艮即日隨契交付足訖不少分文其田自賣之後任憑買主推收過戶入册完粮衣租起耕改佃耕種管業賣人不得異言阻執乃係正行交易不是準折貿債之故未賣之先上手並無文墨重典既賣之後亦無内外人等爭執如有上手来歷不明賣人一力承當不涉買主之事愿買愿賣两相情愿各無悔悔恐口無憑故立契字管業為據

光緒貳拾弍年八月初一日立賣田契字人闕玉崇

在塲 玉兆

胡炳裕

玉對

代筆 玉顏

立找斷截田契人闕玉崇今因日先與本家起德等交易民田壹處坐落松邑念壹都茶排庄安着額畝界至前有正契載明自情愿請托中前去相勸業主手内找出正契外田價洋……中日隨找契两相交付足訖不少分文其田自找

契尾

光緒貳拾叁年伍月　日

業戶闕起德　准此

之後契斷價足劉藤斷根一找千休日後永遠無找無贖應照
找所出兩相情愿並無逼抑之理恐口無憑立找斷截田契付與買
主永遠管業為據

光緒貳拾叁年十二月十六日立找斷截田契人闕玉崇（押）

在場兄　玉兆（押）

憑中　胡炳裕（押）

玉對（押）

代筆　玉顏（押）

（前頁）>>>>>

立賣田契字人闕玉崇，今因錢粮無办，自情愿將叔父遺下自己股内粮田壹處，坐落松邑念壹都茶排庄賣主新屋下首灰寮背安着，上至灰寮墻脚，下至闕姓田，内至魚塘墻脚，外至闕姓田為界，計額叁分正，今俱四至分明，並及田頭地角，柏樹雜木，一概在内，自情托中立契，出賣與本家起德兄弟仝買入受承買為業，當日凴中三面言断，目直時田價洋银贰拾陸元正，其洋银即日隨契交付足訖，不少分文，其田自賣之後，任凴買主推收過户，入删［册］完粮收租，起耕改佃，耕種管業，賣人不得異言阻执，乃係正行交易，不是準折負債之故，未賣之先，上手並無文墨重典，既賣之後，亦無内外人等爭执，如有上手来歷不明，賣人一力承當，不涉買主之事，愿買愿賣，两相情愿，各無反悔，恐口無凴，故立契字管業為據。

光緒貳拾弍年八月初一日　立賣田契字人　闕玉崇

玉兆

在場　胡炳裕

玉對

代筆　玉顔

（前頁）>>>>>

立找断截田契人闕玉崇，今因日先與本家起德等交易民田壹處，坐落松邑念壹都茶排庄安着，額畝界至，前有正契載明，自情愿請托中前去相勸業主手内，找出正契外田價洋银伍元正，其洋银即日隨找契两相交付足訖，不少分文，其田自找之後，契断價足，割藤断根，一找千休，日後永遠無找無贖，愿断愿找，所出两相情愿，並無逼抑之理，恐口無凴，立找断截田契付與買主永遠管業為據。

光緒貳拾弍年十二月十六日　立找断截田契人　闕玉崇

在塲兄　玉兆

凴中　胡炳裕

玉對

代筆　玉顔

（契尾，光緒貳拾叁年伍月）

立賣坑坪字人闕玉淮今因無錢應用自情愿將自己股内坪壹塊坐落
松邑廿一都龍井窩安着上至闕姓下至闕姓茶山左至山右至山今具四至分明自
愿托中立字出賣與本家姪闕起璵入手承買為業當日憑中三面言斷目
值時價洋銀弍元正其洋即日交付足訖不少分毫其坪自賣之後任憑買主
永遠管業賣人無得異言執阻愿買愿賣各無恢悔如有此色賣人一力承當
不涉買主之時恐口難信故立賣字為據

光緒弍拾叁年拾壹月拾六日

立賣坑坪字人闕玉淮（押）
在場 玉對（押）
親筆（押）

（前頁）>>>>>

立賣荒坪字人阙玉淮，今因無钱应用，自情愿将自己股内坪壹塊『壹』，坐落松邑廿一都龍井窝安着，上至阙姓，下至阙姓茶山，左至山，右至山，今具四至分明，自愿托中立字，出賣與本家姪阙起瑍入手承買為業，當日凴中三面言断，目值時價洋银弍元正，其洋即日交付足訖，不少分毫，其坪自賣之後，任凴買主永遠管業，賣人無得異言执阻，愿買愿賣，各無反悔，如有此色，賣人一力承当，不涉買『之』主之時［事］，恐口难信，故立賣字為據。

光绪弍拾叁年拾壹月拾六日　立賣荒坪字人　阙玉淮

在塲　玉對

親筆

立賣正找斷截田契字人闕起仁仝弟等今因無錢應用自情愿將父手遺下民田
壹坵坐落松邑廿一都石倉源茶排庄小土名洋庄老高堂上手屋後安着田壹
坵其田上至闕姓田下至買主屋左至闕姓田右至賣主㙇坪為界今俱四至分明計
額弍分正自愿托中立字出賣與本家闕起德入手承買為業當日三面言斷時
值田價洋銀玖員叁角正其洋即日隨契交付足訖不少分文其田自賣之後
任憑買主過户完粮收租管業并及田頭地埔茶樹雜木一應在內賣人無得
異言阻執如有上手來歷不明賣人一力承当不干買主之事契明價足愿買
愿賣两相情愿各無反悔一賣千秋割騰斷根永遠無找無贖等情恐口
难信故立賣正找斷截田契為照

光緒廿五年正月十九日立賣正找斷截田契字人 闕起仁〇
胞弟 闕起鳳〇
見中 胡秉裕〇
雷石永孫
代筆 闕玉崇筆

（前頁）>>>>>

立賣正找断截田契字人闞起仁仝弟等，今因無錢應用，自情愿將父手遺下民田壹坵，坐落松邑廿一都石倉源茶排庄，小土名洋庄老香火堂上手屋後，安着田壹坵，其田上至闞姓田，下至買主屋，左至闞姓田，右至賣主荒坪為界，今俱四至分明，計額式分正，自愿托中立字，出賣與本家闞起德入手承買為業，当日三面言断，時直田價洋銀玖員叁角正，其洋即日隨契交付足訖，不少分文，其田自賣之後，任憑買主過户完粮，收租管業，并及田頭地角，茶樹雜木，一應在内，賣人無得異言阻执，如有上手来歷不明，賣人一力承当，不干買主之事，契明價足，愿買愿賣，两相情愿，各無反悔，一賣千秋［休］，割藤断根，永遠無找無贖等情，恐口难信，故立賣正找断截田契為照。

光緒廿五年正月十九日　立賣正找断截田契字人　闞起仁

胞弟　闞起風

見中　胡秉裕

雷石永

代筆　闞玉崇

立賣断截田契人瀏玉毓今因錢粮無办自情愿将祖父遗下分己阄
内民田坐落松邑二十一都茶郴庄小土名水井頭買人屋後安着民田
壹處上至瀏姓田下至瀏姓田左至胡姓田右至買主田為界今俱四至分明
計額壹畝五分正其田界内并及田頭地墈樣茶雜木等項壹概在内将田
自愿托中立契出賣與瀏起德仝弟等暱邊入受承買為業当日憑中面
断言定時值田價英洋陸拾陸員正其洋即日交付清楚不少分厘其田
自賣之後任憑買主起耕易佃过户完粮收祖管業未賣之先并無
文墨典当如有上手来歷不明賣人一力承当不干買主之事此係自
己清業與内外伯叔兄弟子姪人等無涉愿賣愿買此及两相情愿各
無悔悔恐口無憑故立断截田契為據

光緒弍拾六年拾弍月初六日

立賣断截田契人瀏玉毓

姪在見 起財

見中 玉台 玉吉 起棟 培章 玉璜

代筆

立杜断截找契人瀏玉毓今因無錢使用日前與姪边交易民田壹處坐
落松邑二十一都茶郴庄小土名水井頭買主屋後安着民田壹處其田界至

叔親前有正契載明再找憑中向與闕起德推送找过契外英洋拾元正
其洋即日随找付清將田自找之後永不敢再找一找干休如同截木愿
我愿領此後永遠無找無贖恐口無憑故立找杜断截田契為據
光緒弍拾六年　拾弍月　廿六日
立杜找断截田契人闕玉毓
姪覓
起財
玉吉
起衔
起星
玉對
玉嵘
憑中
代筆

契尾

貳拾柒
叁千陸百貳拾叁
松陽縣
闕起德

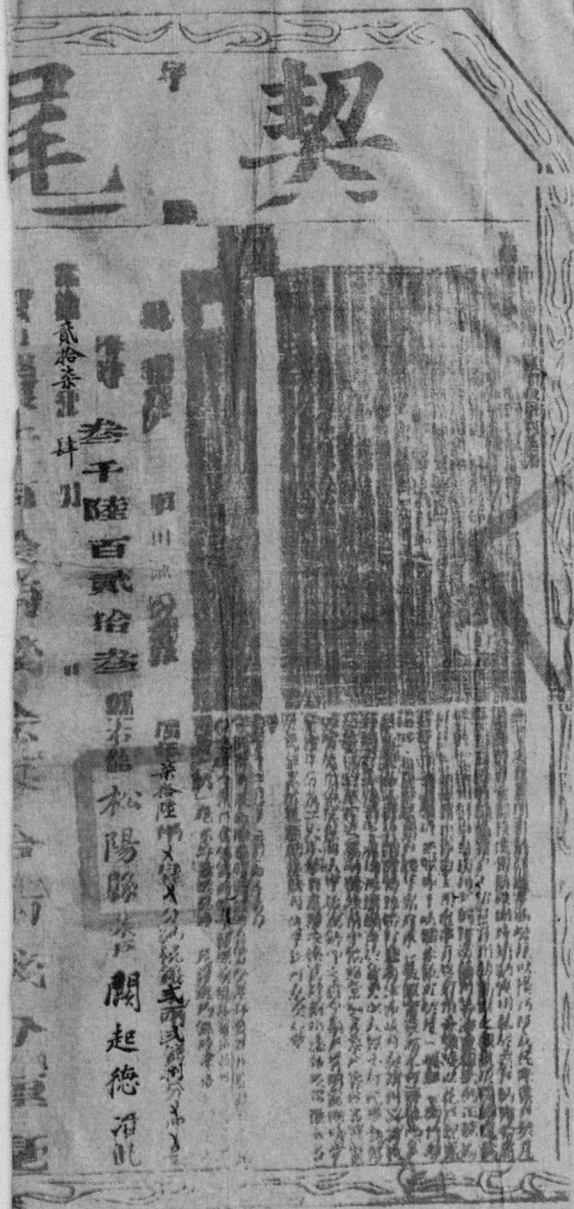

(前頁)>>>>>

立賣断截田契人闕玉毓，今因錢粮無办，自情愿将祖父遺下分己阄内民田，坐落松邑二十一都茶排庄，小土名水井頭買人屋後，安着民田壹處，上至闕姓田，下至闕姓田，左至胡姓田，右至買主田為界，今俱四至分明，計額壹畝五分正，其田界内并及田頭地角，槿茶雜木等項，壹概在内，将田自愿托中立契，出賣與闕起德仝弟等姪邊入受承買為業，当日憑中面断，言定時值田價英洋陸拾陸員正，其洋即日交付清楚，不少分厘，其田自賣之後，任憑買主起耕易佃，过户完粮，收租管業，未賣之先，並無文墨典当，如有上手来歷不明，賣人一力承当，不干買主之事，此係自己清業，與内外伯叔兄弟子姪人等無涉，愿賣愿買，此及两相情愿，各無反悔，恐口無憑，故立断截田契為據。

光绪弍拾六年拾弍月初六日　立賣断截田契人　闕玉毓

姪在見　起財

見中　玉台

玉吉

起棟

培章

代筆　玉璜

（前頁）>>>>>

立杜断截找契人闕玉毓，今因無錢使用，日前與姪边交易民田壹處，坐落松邑二十一都茶排庄，小土名水井頭買主屋後，安着民田壹處，其田界至畝額，前有正契載明，再托愿〔原〕中向與闕起德姪边找过契外英洋拾元正，其洋即日隨找付清，将田自找之後，永不敢再找，一找千休，如同截木，愿找愿領，此後永遠無找無贖，恐口無憑，故立找杜断截田契為據。

光绪弍拾六年拾弍月廿六日　立杜找断截田契人　闕玉毓

姪在見　起財

玉吉

憑中　起衡

起星

玉對

代筆　玉璜

（契尾，光緒貳拾柒年肆月）

立賣正找斷截契人闕門練氏今因粮食無办自情愿將之田壹坵坐落
松邑廿一都石倉源茶排洋庄闕起庄大門口安着田一坵上至闕姓
田下至闕姓田左至買主田右至闕姓田併及田頭地埆為界茶頭栢樹一应
在內今俱四至分明計額叁厘正與托原中親立文契出賣與本家起德
叔边入受承買為業當日憑中三面言断目值時價英洋拾弍元正其洋
即日隨契兩相交付清不少分厘其田自賣之后任憑買主起耕改佃收
租过户完粮管業此係清業與伯叔兄弟人等無涉如有上手來立不明
賣人一力承當不干買主之事契明價足劉騰断根愿買愿賣此出
兩相情愿各無悔悔日后永遠無找無贖之理恐口难信故立賣正
找断契字付與買主永遠管業為了

光緒叁拾四年拾月初九日立賣正找斷契字人 闕門練氏 ●

在見兄弟 起彩 ○

憑中 玉对 押

依口代筆 闕起琳 押

大吉

（前頁）>>>>>

立賣正找断截契人闕門練氏，今因粮食無办，自情愿将之［已］田壹坵，坐落松邑廿一都石倉源茶排洋庄闕起庄大門口，安着田一坵，上至闕性［姓］田，下至闕性［姓］田，左至買主田，右至闕性［姓］田，併及田頭地角為界，茶頭柏樹，一应在内，今俱四至分明，計額叁厘正，與托原中親立文契，出賣與本家起德叔边入受承買為業，當日凴中三面言断，目值時價英洋拾弍元正，其洋即日隨契两相交付清，不少分厘，其田自賣之后，任凴買主起耕改佃，收租过户，完粮管業，此係清業，與佰［伯］叔兄弟人等無涉，如有上手来立［歷］不明，賣人一力承當，不干買主之事，契明價足，割藤断根，愿買愿賣，此出两相情愿，各無反悔，日后永遠無找無贖之理，恐口难信，故立賣正找断契字付與買主永遠管業為（據）。

光緒叁拾四年拾月初九日　立賣正找断契字人　闕門練氏

在見兄弟　起彩

凴中　玉对

依口代筆　闕起琳

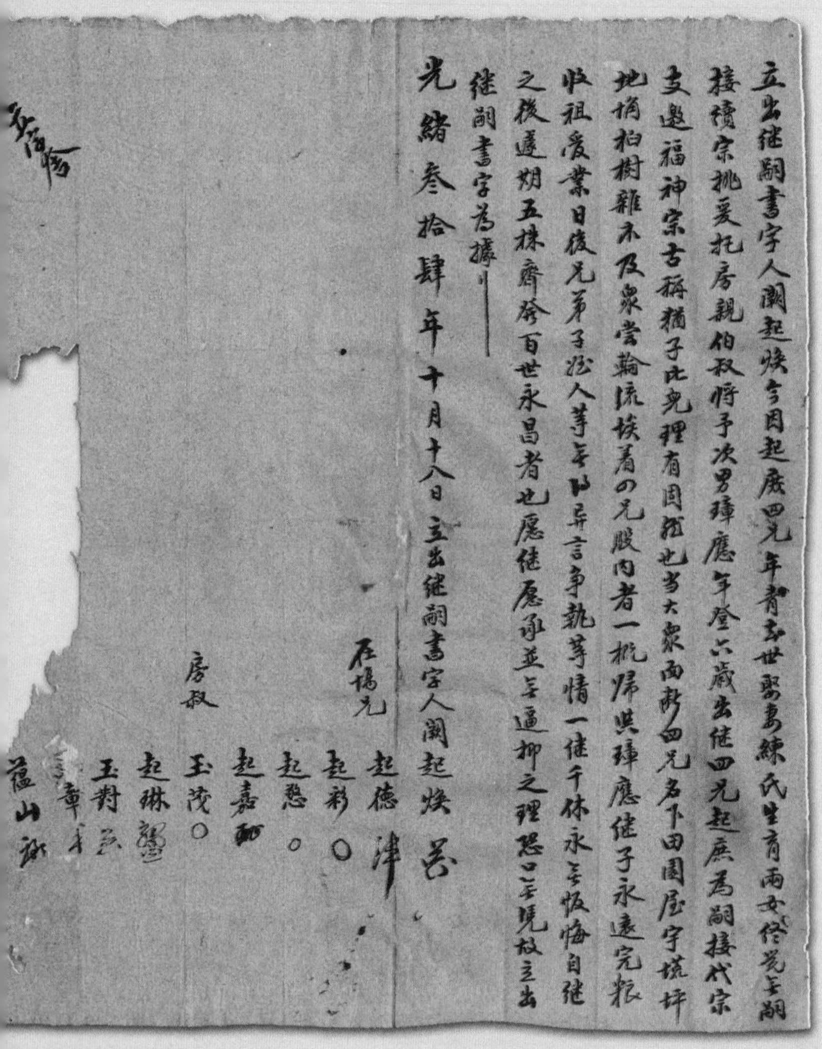

立出继嗣書字人阙起焕，今因起庶四兄年青去世，娶妻練氏生育兩女，終觉無嗣接續宗挑［祧］，爰托房親伯叔将予次男璋應，年登六歲，出继四兄起庶為嗣，接代宗支，邀福神宗，古稱猶子比兒，理有固然也，当大衆面断四兄名下田園屋宇，荒坪地角，柏樹雜木，及衆尝輪流埃［挨］着四兄股内者，一概歸與璋應继子永遠完粮收租管業，日後兄弟子姪人等無得异言争執等情，一继千休，永無反悔，自继之後，遽期五株齊發，百世永昌者也，愿继愿承，並無逼抑之理，恐口無凭，故立出继嗣書字為據。

光緒叁拾肆年十月十八日　立出继嗣書字人　阙起焕

在場兄　起德　起彩　起懋　起嘉

房叔　玉茂　起琳　玉對　□章　蘊山

# 上茶排

## 闕氏·三有·德琮·翰帷·玉定（二）

石倉溪冬

立賣山埸契人邱新達，今因無錢應用，自情愿将父手遺下分己闔内民山壹處，坐落二十壹都夫人廟庄，土名枯株嶺安着，上至山頂，下至山脚田面，左至闕德玿山隨窩直下合水，右至闕姓山隨崀直下分水為界，计山額叁分正，今俱四至分明，併及界内松杉茶頭雜木竹頭桐頭，俱概在内，托中立契，出賣與闕翰祥、翰林两位兄邊承買為業，當日凴中三面言断，定時值山價樹木銅錢貳拾捌仟文正，其錢即日隨契兩相交兑足訖，不欠分文，自賣之日，任從買主等栽種籙養雜木，推收過户，完粮出拚，砍伐管業，如違此色，賣人自己支听，不涉買主之事，所賣所買，兩相心愿，並無勒索債負之故，一賣千休，割藤断根，賣人永不敢異言識認取贖等情，如違，甘受叠騙之論，今恐口難信，故立賣山埸契交與買主子孫栽種籙養管業為據。

道光拾玖年弍月廿四日　立賣山埸契人　邱新達

見中兄　新貴

凴中姪　槐聰

槐露

槐寶

郭茂榮

闕献奎

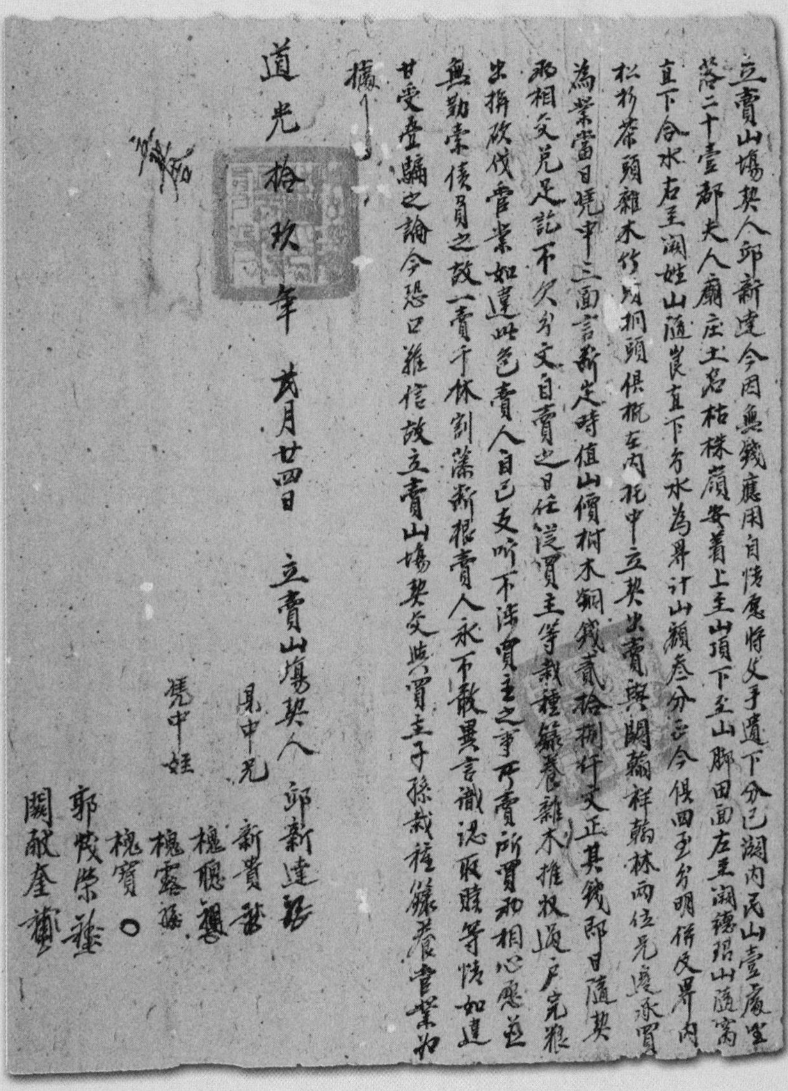

立賣田契人闕玉賜今因無錢應用自情愿將祖父遺下分己股內民田壹處坐落松邑廿一都后宅庄小土名大嶺后蓊頭安着其田上至闕姓田下至禹姓田左至竹山右至山脚坑為界今俱四至分明計額弍畝正其田四至界內與翰松伯各壹半均分自己壹半在中立契出賣與本家玉連入受承買為業即日三面言斷目值時價銅錢陸拾千文正其錢即日兩相交兑不少個文其田四至界內荒頭地坍雜木等項一應在內其田原係清楚物業與內外房親伯兄弟子侄人等無涉日先亦無重典文墨交加若有上手來歷不明賣人一力支當不涉買主之事其田自賣之後任憑買主推收過戶完粮易佃收租管業賣人無得異言其田原係正行交易此及兩相情愿買愿賣兩相情愿各無收悔一賣千休永無找無贖今恐口無憑故立賣契付與買主子孫永遠為業為據

同治叁年弍月初陸日立賣田契人闕玉賜

在叔 翰餘

堂兄 玉裕

弟 玉善

憑 胡其松

中 闕甲慶

親筆 玉來

立找斷截田契人闕玉賜，緣本年與本家玉建兄邊交易有民田壹處，坐落
松邑廿一都石宅庄，小土名大嶺后倉頭安着，其田界至畝分前有正契載明。
今因時價未足，請托原中再向業主找出正契外斷截足價銅錢拾千文正，其
錢即日隨找契交付足訖，不少分文。其田既找之後，契斷價足，無找無贖，任憑
買主推收過户，起耕易佃，完粮收租管業。日後年深月遠，賣人子侄不得異
言爭執，情愿如有此情，甘受叠騙之論。恐口無憑，故立找斷截田契付與買主
子孫永遠管業為據。

同治叁年叁月拾弍日　立找斷截契人　闕玉賜（押）

在場叔兄　翰餘（押）
　　　　　玉賜（押）
　　　　　玉裕（押）
　　　　　玉善（押）

原中　胡其松（押）
　　　闕甲慶（押）
　　　玉來（押）

親筆

（前頁）>>>>>

立賣田契人闕玉賜，今因無錢應用，自情愿将祖父遺下分己股内民田壹處，坐落松邑廿一都后宅庄，小土名大嶺后蒼頭，安着其田，上至闕姓田，下至馮姓田，左至竹山，右至山脚坑為界，今俱四至分明，計額弍亩正，其田四至界内，與翰松伯各壹半均分，自己壹半托中立契，出賣與本家玉連入受承買為業，即日三面言断，目值時價銅錢陆拾千文正，其錢即日兩相交兑，不少個文，其田四至界内，荒頭地角，雜木等項，一應在内，其田原係清楚物業，與内外房親伯叔兄弟子侄人等無涉，日先亦無重典文墨交加，若有上手来歷不明，賣人一力支當，不涉買主之事，其田自賣之後，任憑買主推收過户，完粮易佃，收租管業，賣人無得異言，其田原係正行交易，此及兩相情愿，愿買愿賣，『两相情愿，』各無反悔，一賣千休，永無找無贖，今恐口無憑，故立賣契付與買主子孙永遠管業為據。

同治叁年弍月初陆日　立賣田契人　闕玉賜

在塲叔　翰餘

兄　玉裕

弟　玉善

憑中　胡其松

闕甲慶

玉來

親筆

（前頁）>>>>>

立找断截田契人闕玉賜，緣本年與本家玉連兄边交易有民田壹處，坐落松邑廿一都后宅庄，小土名大嶺后蒼頭，安着其田，界至亩分，前有正契載明，今因時價未足，請托原中再向業主找出正契外断截足價銅錢玖千文正，其錢即日随找契交付足讫，不少分文，其田既找之後，契断價足，無找無贖，任憑買主推收過户，起耕易佃，完粮收租管業，日後年深久遠，賣人子侄不得異言争执情弊，如有此情，甘受叠騙之論，恐口無凴，故立找断截田契付與買主子孫永遠管業為據。

同治叁年叁月拾弍日　立找断截契人　闕玉賜

在場叔　翰餘

兄　玉賜

玉裕

弟　玉善

原中　胡其松

闕甲慶

玉來

親筆

立賣茶山字人闕玉善仝侄起乾等今因無錢使用自情愿將分己闔內茶山壹塊坐落松邑廿一都茶排庄小土名大炮頭安着茶山上至闕姓茶山為界下至橫路為界左至瑤基闕姓茶山為界右至買主茶山為界今俱四至分明托中立字出賣與玉連兄邊入受承買為業當日三面言斷時價洋銀伍元伍角正其洋即日交付足訖不少分厘自賣之後任憑買主採摘茶子管業如有上手來歷不明賣人一力承當不涉買主之事愿賣愿買兩相情愿各無反悔恐口难信故立茶山字付与買主子孫管業為據

光緒十四年三月初一日立賣茶山字人闕玉善

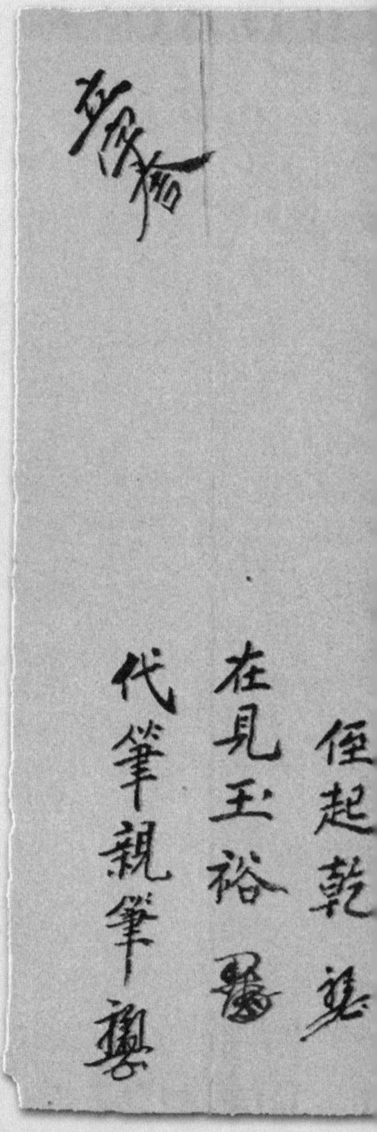


立賣茶山字人闕玉善仝侄起乾等，今因無錢使用，自情愿将分己阄内茶山壹塊，坐落松邑廿一都茶排庄，小土名大炮頭，安着茶山，上至闕姓茶头為界，下至横路為界，左至瑶〔窑〕基闕姓茶山為界，右至買主茶山為界，今俱四至分明，托中立字，出賣與玉連兄边入受承買為業，當日三面言断，時價洋銀伍元伍角正，其洋即日交付足訖，不少分厘，自賣之後，任憑買主採摘茶子管業，如有上手来歷不明，賣人一力承當，不涉買主之事，愿賣愿買，两相情愿，各無反悔，恐口难信，故立茶山字付与買主子孫管業爲據。

光緒十四年三月初一日　立賣茶山字人　闕玉善

侄　起乾

在見　玉裕

代筆親筆

立賣房屋字人闕起潛今因無錢應用自情愿將父手遺下分己閒内房屋壹間坐落松邑念壹都石倉源山邊庄下包上屋橫屋内手邊間内半間託中立字出賣與本家侄吉順入受承買為業當日憑中三面言斷目值時價洋銀拾陸元正其洋即日付清不少分厘其屋未賣之先並無文典當重疊交加係自己物業與内外房親伯叔兄弟子侄人等無涉既賣之後任憑買主居住鎖閉賣人不敢異言阻執如有上手來歷不明賣人一力承當不干買主之事日後並無找無贖此出兩相情愿各無悔悔愿賣愿買恐口難信故立賣房屋字付與買主永遠為據

光緒念柒年正月拾九日 立賣房屋字人 闕起潛（押）

在場胞伯 玉來（押）

玉連（押）

玉乾（押）

憑中 起光（押）

代筆 吉仁（押）

(前頁)>>>>>

立賣房屋字人闕起潛，今因無錢應用，自情愿將父手遺下分己閹內房屋壹間，坐落松邑念壹都石倉源山邊庄下包，上屋横屋内手邊間内半間，託中立字，出賣與本家侄吉順入受承買為業，當日憑中三面言断，目直時價洋銀拾肆元正，其洋即日付清，不少分厘，其屋未賣之先，並無文（墨）典當重賣交加，係自己物業，與内外房親伯叔兄弟子侄人等無涉，既賣之後，任憑買主居住鎖閉，賣人不敢異言阻执，如有上手來歷不明，賣人一力承當，不干買主之事，日後並無找無贖，此出两相情愿，各無反悔，愿賣愿買，恐口难信，故立賣房屋字付與買主永遠為據。

光緒念柒年正月拾九日　『故』立賣房屋字人　闕起潛

在傷［場］胞伯　玉來

玉連

玉乾

憑中　起光

代筆　吉仁

立賣斷截灰寮契字人闕起琳仝侄等今因無錢應用自情愿將父
手遺下分己閬內灰寮屋坐落松邑廿一都石蒼源茶排庄小土名洋
庄水井頭上手安着灰寮壹間其灰寮東至起庶火房為界南至
玉富灰寮為界西至路為界北至水圳為界今俱四至分明四至界
內上連瓦桷下及基地一概在內自愿托中立契出賣與本家起佳兄邊
入手承買為業當日憑中三面言斷時值價洋銀玖元捌角正其洋即
日隨契交付足訖不少分厘其灰寮自賣之後任憑買主燒灰管業
賣人無得異言阻執如內外伯叔兄弟子侄人等並無逼抑等情此係
自己物業如有上手來歷不明賣人一力承当不干買主之事一賣千
休如同截木愿賣愿買永遠無找無贖此出兩相情愿各無反悔
恐口難信故立賣斷截灰寮契字為據

光緒廿八年十一月廿八日　立賣斷截灰寮契人闕起琳

仝侄　璋卿 ●

在見　玉圓　玉對　起良

代筆　起棟

(前頁)>>>>>

立賣断截灰寮契字人闕起琳仝侄等，今因無錢應用，自情愿將父手遺下分己阄内灰寮屋，坐落松邑廿一都石蒼［倉］源茶排庄，小土名洋庄水井頭上手，安着灰寮壹间，其灰寮東至起庶火房為界，南至玉富灰寮為界，西至路為界，北至水圳為界，今俱四至分明，四至界内，上連瓦埆［桷］，下及基地，一概在内，自愿托中立契，出賣與本家起佳兄边入手承買為業，當日憑中三面言断，時值價洋銀玖元捌角正，其洋即日隨契交付足訖，不少分厘，其灰寮自賣之後，任憑買主燒灰管業，賣人無得異言阻执，如内外伯叔兄弟子侄人等，並無逼抑等情，此係自己物業，如有上手来歷不明，賣人一力承当，不干買主之事，一賣千休，如同截木，愿賣愿買，永遠無找無贖，此出两相情愿，各無反悔，恐口难信，故立賣断截灰寮契字為據。

光緒廿八年十一月廿八日　立賣断截灰寮契人　闕起琳

仝侄　璋卿

玉圓

在見　玉對

起良

代筆　起棟

立賣斷截灰蓁契人闕潘氏今因口食不結自情愿将上手祖父遺下分已
闯内灰蓁坐落松邑念壹都石倉源茶椰庄土名水井頭老屋上手安
着其灰蓁東至土生火箱墻南至水圳西至大路北至買主夾山墻為界
今俱四至分明上連瓦桷下併地基出入门路四圍滴水一概在内自情愿将灰
蓁壹间托中立契出賣與闕起佳鞋邊入受承買為業当日憑中三面言
斷時值灰蓁價英洋玖員玖角正其洋即日交付清楚不少分厘其灰蓁
自賣之後任憑買主烧灰放物管業未賣之先並無文墨典当如有上手来歷
不清賣人一力支当不干買主之事此係自己清楚物業與内外伯叔兄弟子
任人等無涉一賣千休如同截木契明價足永遠無找無贖愿賣愿買
各無恢悔等情恐口難信故立斷截賣契為據

一耗契内註有贖一個再照　押

光緒叁拾年　五月拾三日　立賣斷截灰蓁契人闕潘氏〇

男　起桂〇
男　起永〇

在見　起琳　押

憑中　玉對　押
玉茂〇

代筆　玉璜　押

（前頁）>>>>>

立賣断截灰寮契人闕潘氏，今因口食不結［給］，自情愿将上手祖父遺下分己阄内灰寮，坐落松邑念壹都石倉源茶排庄，土名水井頭老屋上手，安着其灰寮，東至土生火箱墻，南至水圳，西至大路，北至買主夾山墻為界，今俱四至分明，上連瓦埆［桷］，下併地基，出入门路，四圍滴水，一概在内，自情愿将灰寮壹间，托中立契，出賣與闕起佳姪邊入受承買為業，当日憑中三面言断，時值灰寮價英洋玖員玖角正，其洋即日交付清楚，不少分厘，其灰寮自賣之後，任憑買主燒灰放物管業，未賣之先，並無文墨典当，如有上手来歷不清，賣人一力支当，不干買主之事，此係自己清楚物業，與内外伯叔兄弟子侄人等無涉，一賣千休，如同截木，契明價足，永遠無找無贖，愿賣愿買，各無反悔等情，恐口難信，故立断截賣契為據。

一批契内註有贖一個，再照。

光緒叁拾年五月拾三日　立賣断截灰寮契人　闕潘氏

男　起桂

男　起永

在見　起琳

憑中　玉對

玉茂

代筆　玉璜

立賣斷截茶山契字人闕起隆今因無錢應用自情愿將分撥自己股內茶山壹處坐落松邑二十一都石倉源夫人廟底小土名下包屋后苦株嶺崀中申接茶山壹處上至大石頭下至本姓茶山內至本姓茶山外至大崀分水為界今俱四至分明又土名茶山一處坐落爛田窩中申崀安着上至本姓茶山下至隨窩合水內至本姓茶山隨崀分水外至芳莲外為界今俱貳處四至分明其山四至界內松杉雜木等項壹應在內自愿托中立字出與本家吉順侄邊入受承買為業三面言斷時值山價洋銀叁元正其洋銀隨契交付足訖不少分厘其茶山未買之先並無文墨典當淨賣之後任憑買主開割採摘永遠管業如有上手來歷不明賣人一力承當不涉買主之事一賣千秋永遠無贖無找愿買愿賣各無反悔恐口難信故立賣茶山契永遠為據

中華民國甲寅年正月廿八日立賣茶山字人　闕起隆（押）

在見　闕起佳　○

吉福　○

起光（押）

代筆　闕培英（押）

大吉

（前頁）>>>>>

立賣断栽〔截〕茶山契字人闕起隆，今因無錢應用，自情愿将分撥自己股内茶山壹處，坐落松邑二十一都石蒼〔倉〕源夫人廟庄，小土名下包屋后苦株嶺崀中申接茶山壹處，上至大石頭，下至本姓茶山，内至本姓茶山，外至大崀分水為界，今俱四至分明，又土名茶山一處，坐落爛田窝中申崀安着，上至本姓茶山，下至隨窝合水，内至本姓茶山隨崀分水，外至芬蓬外為界，今俱弍處，四至分明，其山四至界内，松杉雜木等項，壹應在内，自愿托中立字，出與本家吉順侄邊入受承買為業，三面言断，時值山價洋銀叁元正，其洋銀隨契交付足訖，不少分厘，其茶山未買之先，並無文墨典當，净賣之後，任憑買主闲劉採摘，永遠管業，如有上手来歷不明，賣人一力承當，不陟〔涉〕買主之事，一賣千秋〔休〕，永遠無贖無找，愿買愿賣，各無反悔，恐口难信，故立賣茶山契永遠為據。

中華民國甲寅叁年正月廿八日　立賣茶山字人　闕起隆

在見　闕起佳

吉福

起光

代筆　闕培兴

立仰批山字人闞培華等，今因将有民山壹塊，坐落松邑廿一都夫人庙庄，小土名芥菜源大垻尾，安着陽向山壹塊，其山上至横路，下至山脚，左右二至山主衆山分水為界，今俱四至分明，自愿托中立仰，与吉順侄边承種，三面言訂山批價洋柒元正，其洋即日收讫，不少分厘，其山任憑侄边上山砍伐，闲種芭［苞］蘿桐茶等件，無得抽租，日后栽插杉松二木，日後成林出拚，两家各半均分，無得佔多減少，其山的限四拾年滿期過後，樹脚歸还山主養籙，無得阻执异言，恐口無憑，故立仰合同批字存照。

民國丁卯拾陆年九月初七日　立仰批合同字人　闞培英

闞培華

見中　闞吉芳

代笔　闞吉貞

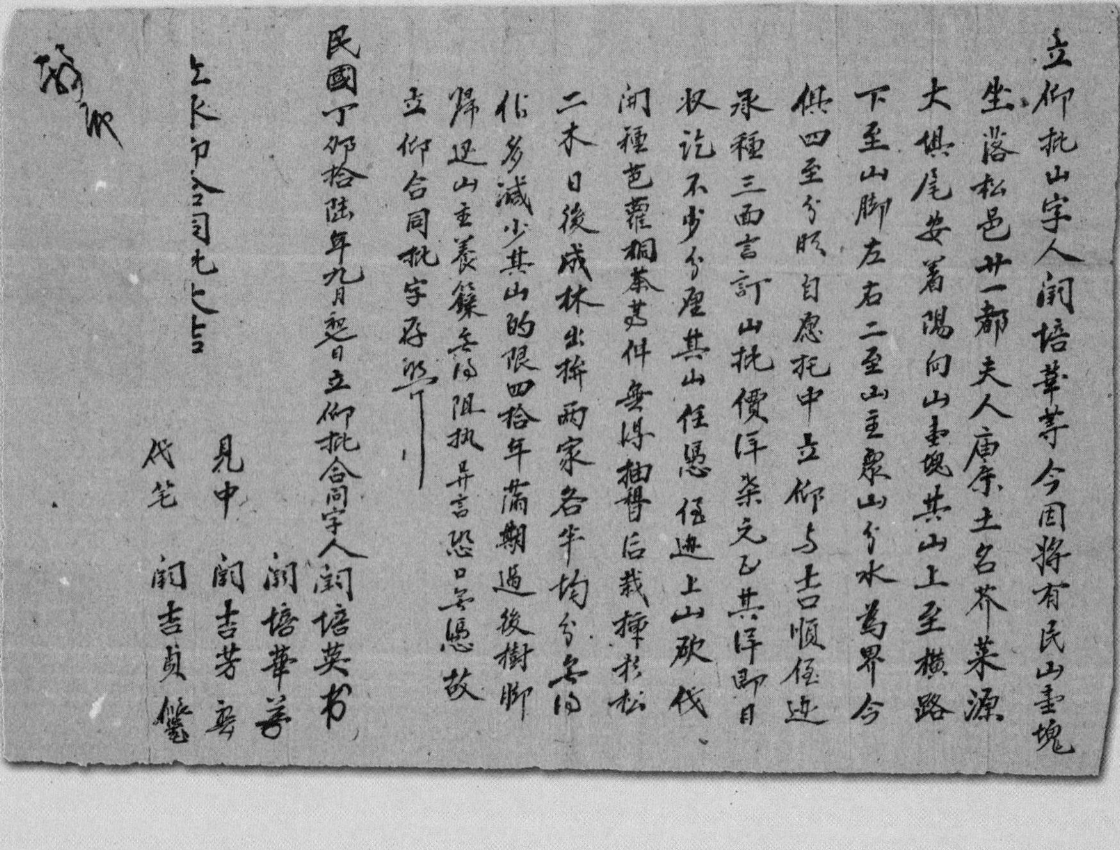

立仰批山字人闞培華等今因将有民山壹塊坐落松邑廿一都夫人庙庄小土名芥菜源大垻尾安着陽向山壹塊其山上至横路下至山脚左右二至山主衆山分水為界今俱四至分明自愿托中立仰与吉順侄边承種三面言訂山批價洋柒元正其洋即日收讫不少分厘其山任憑侄边上山砍伐闲種芭蘿桐茶等件無得抽租日后栽插杉松二木日後成林出拚两家各半均分無得佔多減少其山的限四拾年滿期過後樹脚歸还山主養籙無得阻执异言恐口無憑故立仰合同批字存照
民國丁卯拾陆年九月初七日立仰批合同字人闞培英
闞培華
見中 闞吉芳
代笔 闞吉貞

# 上茶排

## 闕氏·天永·德滿·翰祿·玉彩

石倉村景

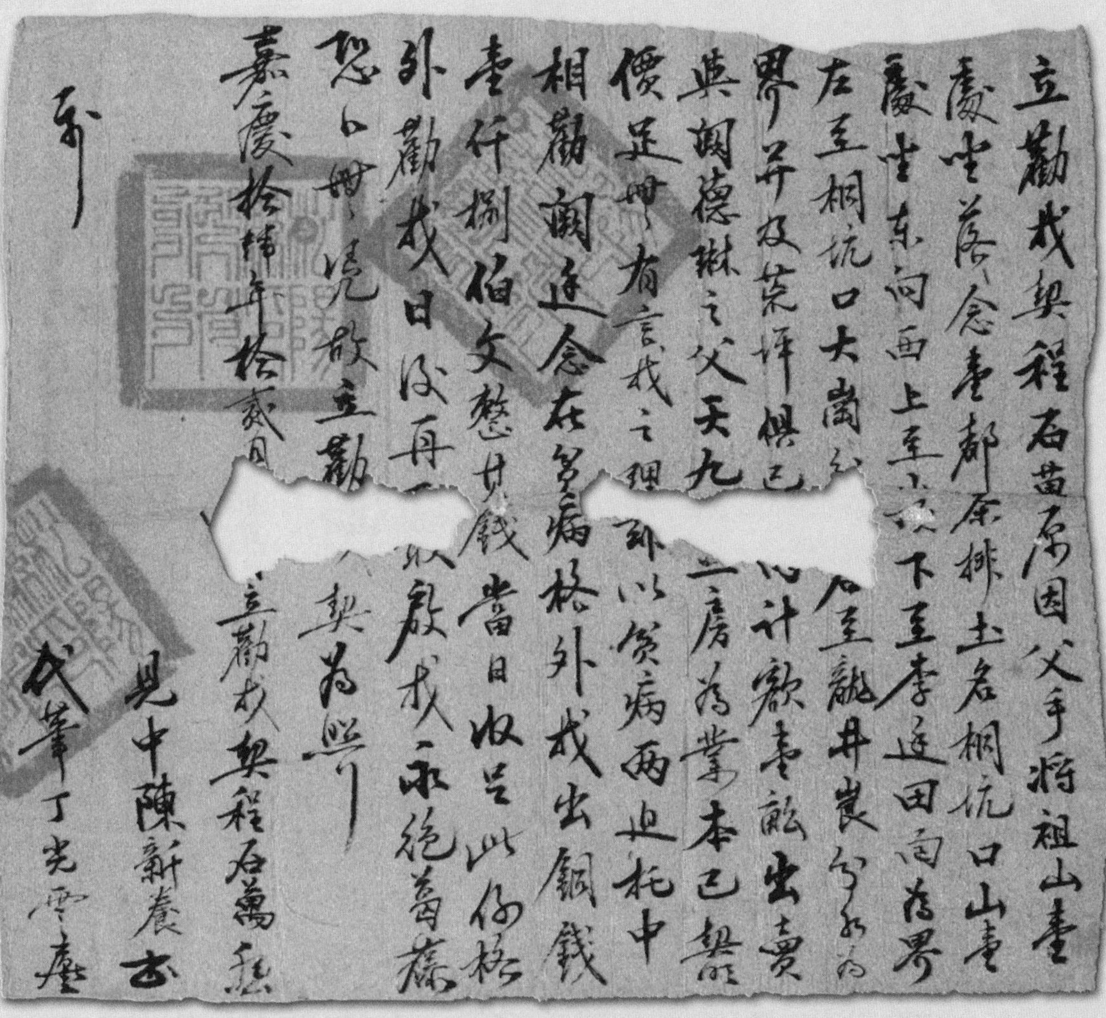

立勸找契程石萬，原因父手将祖山壹
處，坐落念壹都茶排，土名桐坑口山壹
處，坐东向西，上至山顶，下至李边田面為界，
左至桐坑口大崗分□□，右至龍井崀分水为
界，并及荒坪俱已□□，计額壹畝，出賣
與闕德琳之父天九□□房為業，本已契明
價足，無有言找之理，兹以贫病两迫，托中
相勸闕边念在贫病，格外找出銅錢
壹千捌伯文整，其錢當日收足，此係格
外勸找，日後再不敢啟找，永绝葛藤，
恐口無凴，故立勸找契為照。
嘉慶拾肆年拾貳月□□□立勸找契　程石萬
見中　陳新養
代筆　丁光雲

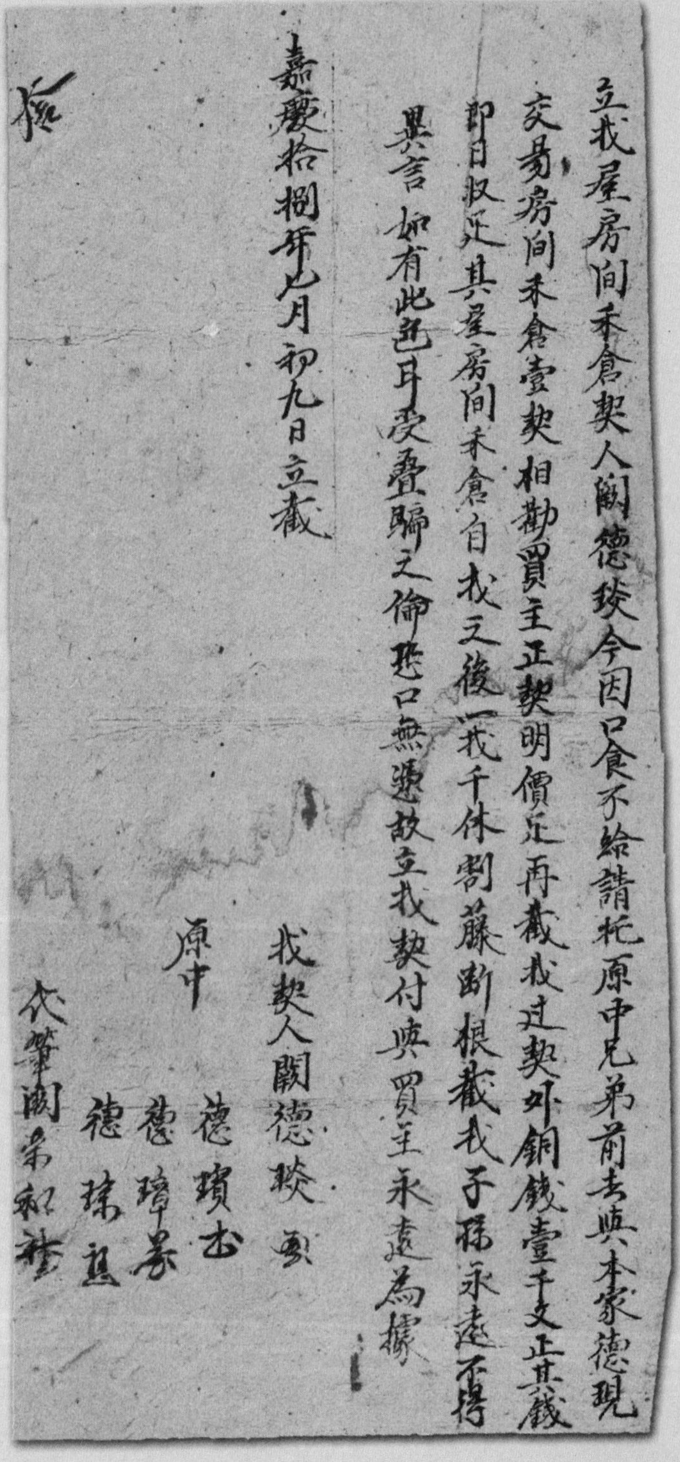

立找屋房間禾倉契人闕德琰今因口食不給請托原中兄弟前去與本家德現交易房間禾倉壹契相勸買主正契明價足再截找過契外銅錢壹千文正其錢即日收足其屋房間禾倉自找之後一找千休割藤斷根截找子孫永遠不得異言如有此色甘受叠騙之倫恐口無憑故立找契付與買主永遠為據

找契人闕德琰

原中　德瑨　德璋　德琮

代筆闕荣和

嘉慶拾捌年七月初九日立截

---

立找屋房间禾倉契人闕德琰，今因口食不給，請托原中兄弟前去與本家德現交易房间禾倉壹契，相勸買主正契明價足，再截找過契外銅錢壹千文正，其錢即日收足，其屋房间禾倉自找之後，一找千休，割藤斷根截找，子孫永遠不得異言，如有此色，甘受叠騙之倫［論］，恐口無憑，故立找契付與買主永遠為據。

嘉慶拾捌年七月初九日　立截找契人　闕德琰

原中　德瑨
　　　德璋
　　　德琮
代筆　闕荣和

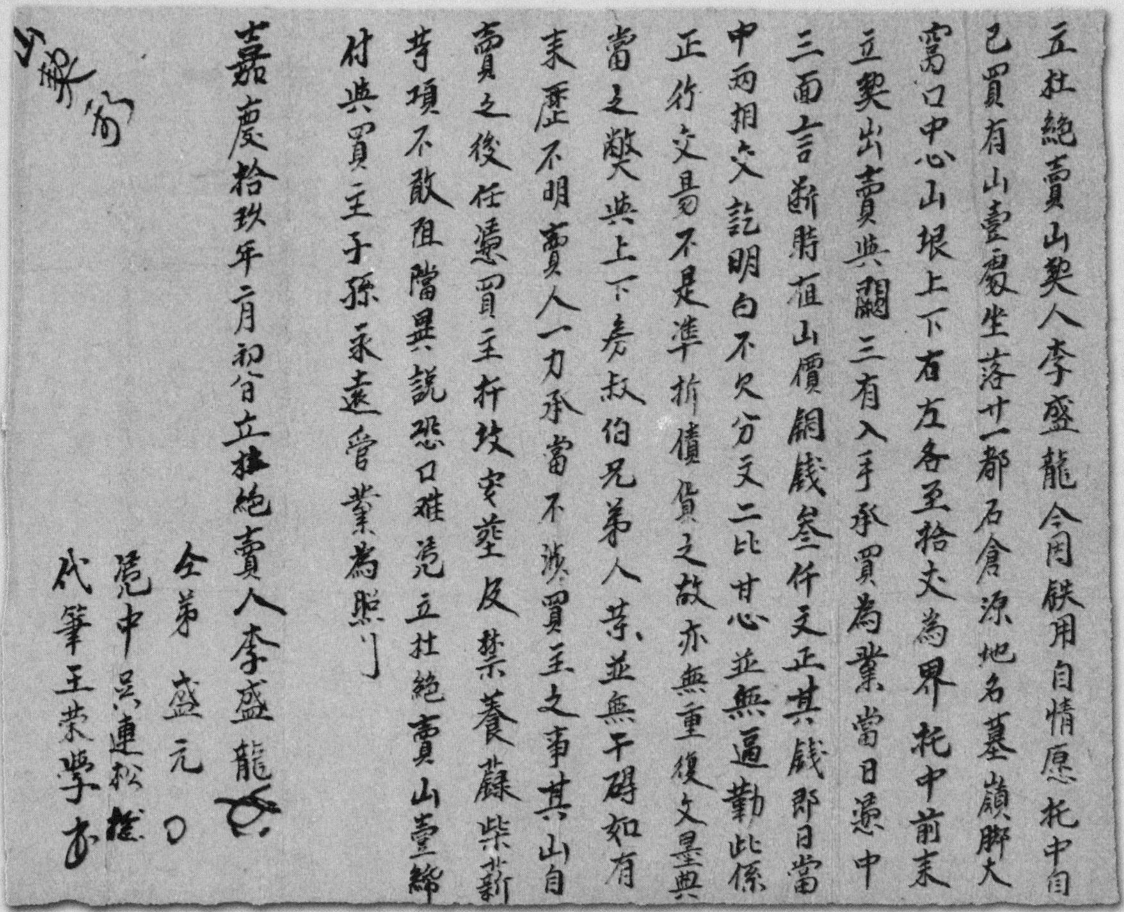

立杜絕賣山人李盛龍，今因缺用，自情愿托中（將）自
己買有山壹處，坐落廿一都石倉源，地名墓［夢］嶺脚大
窩口中心山垠，上、下、右、左各至拾丈為界，托中前来
立契，出賣與闕三有入手承買為業，當日憑中
三面言断，時直山價銅錢叁仟文正，其錢即日當
中兩相交訖明白，不欠分文，二比甘心，並無逼勒，此係
正行交易，不是準折債貨之故，亦無重復文墨典
當之弊，與上下房叔伯兄弟人等並無干碍，如有
来歷不明，賣人一力承當，不涉買主之事，其山自
賣之後，任憑買主扦坟安葬及禁養籙柴薪
等項，不敢阻擋異説，恐口难憑，立杜絕賣山壹紙
付與買主子孫永遠管業為照。

嘉慶拾玖年二月初八日　立杜絕賣人　李盛龍

全弟　盛元

憑中　吳連松

代筆　王荣學

立承管山塲字人馮元有，今来承得阙三有身边山，坐落廿一都茶排庄夢岭脚大窝裏山壹塊，上至半嶺横路为界，下至大路为界，内至坑為界，外至李边山為界，立出四址分明，承来録〔籙〕養，當日面断，日后養録〔籙〕松杉木成林出拚，对半均分，此出两家情愿，恐口無凴，立承管存據。

嘉慶弍拾壹年正月廿六日　立承管山人　馮元有

在見　馮天学

代筆　阙德璁

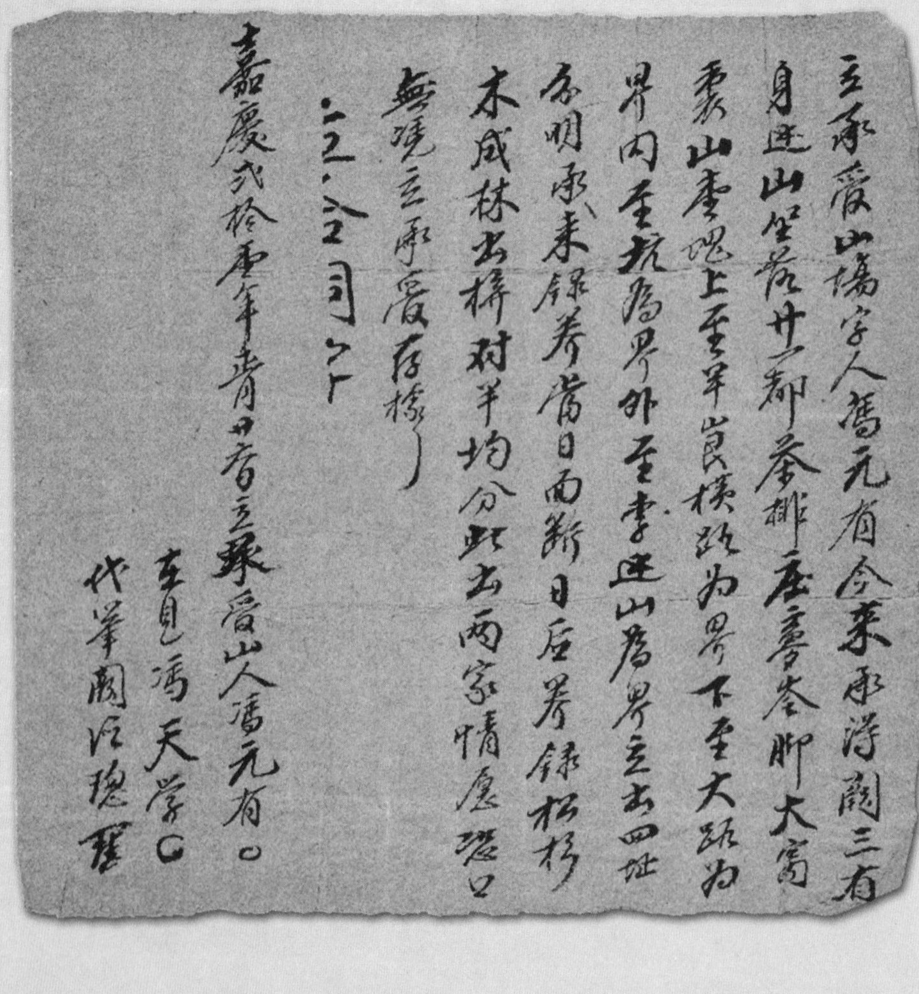

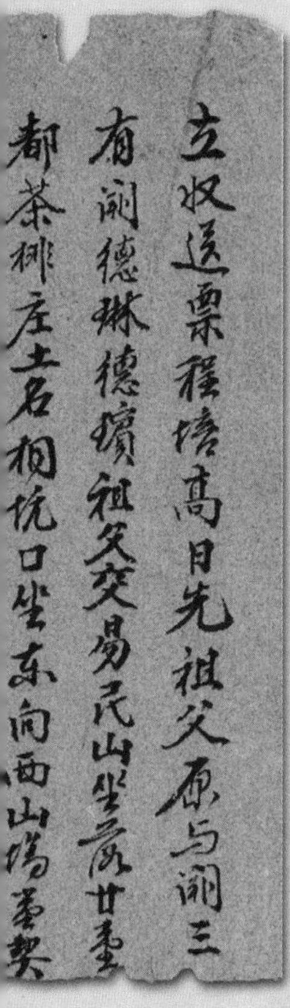
立收送禀程培高日先祖父原与阙三
有阙德琳德璜祖父交易民山坐落廿壹
都茶排庄土名桐坑口坐东向西山塲壹契

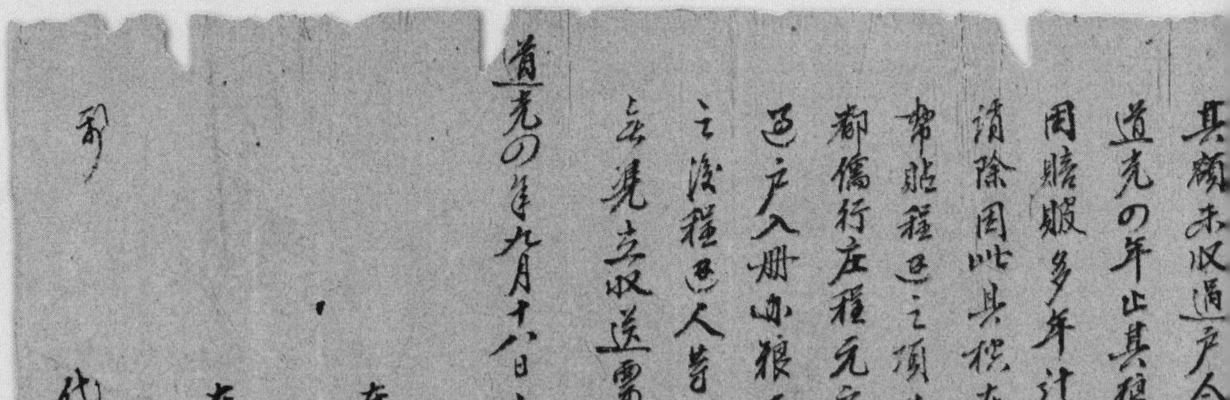

立收送票程培高，日先祖父原与闕三有、闕德琳、德瓆祖父交易民山，坐落廿壹都茶排庄，土名桐坑口，坐东向西，山塲壹契，其額未收過户，今收得自乾隆年间起至道光四年止，其粮程边自己投櫃完纳，因賠貱多年，計山額甚廣，其粮無所消除，因此具積在案，承親友理明闕边幇貼程边之項，其錢即日親收，即将壹都僑行庄程元户下山額拾畝，任凴闕边過户入册办粮，不得丢漏，自立送票之後，程边人等不得異言生端，恐後無凴，立收送票為照。

道光四年九月十八日　立送粮票　程培高

在塲理明　蔡三玉

丁光雲

在塲　程良德

程文錢

代筆　羅輝日

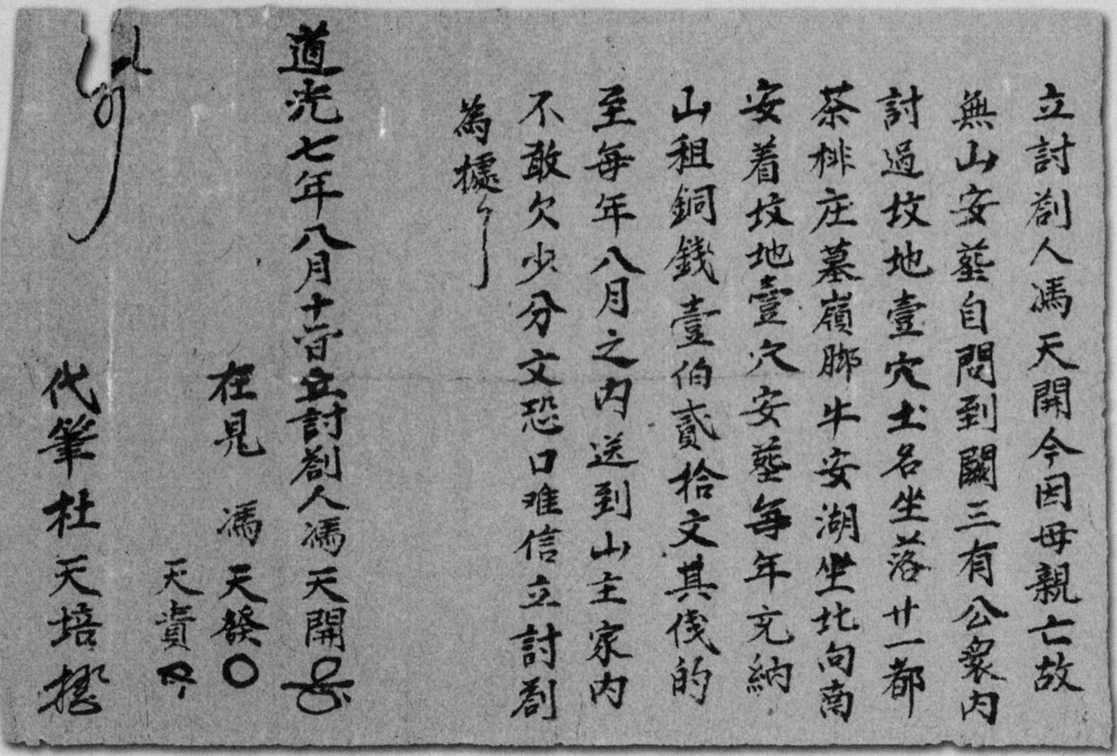

立討劄人馮天開，今因母親亡故
無山安葬，自問到闞三有公衆内
討過坟地壹穴，土名坐落廿一都
茶排庄墓［夢］嶺脚牛安湖，坐北向南，
安着坟地壹穴安葬，每年充納
山租銅錢壹伯貳拾文，其钱的
至每年八月之内送到山主家内，
不敢欠少分文，恐口难信，立討劄
為據。

道光七年八月十六日　立討劄人　馮天開
在見　馮天發
天貴
代筆　杜天培

立杜找断截田契人闕玉何，原因日前與胡其廷親邊手内交易民田壹契，坐落松邑二十一都茶排庄，小土名夢嶺脚，安着其田，畝分界至，前有正（契載）明，自愿請托原中向勸業主，找出契外銅錢叁仟伍佰文正，其錢即日隨契交清，不少個文，其田自找之後，永不敢言找言贖之理，一找千收［休］，割藤断根，恐口無憑，故立找田契交付與胡姓邊永遠管業為據。

咸豐肆年十二月十二日　立杜找断截契人　闕玉何

叔　翰瓊

原中叔　翰彩

弟　玉品

胡其根

代筆叔　翰堂

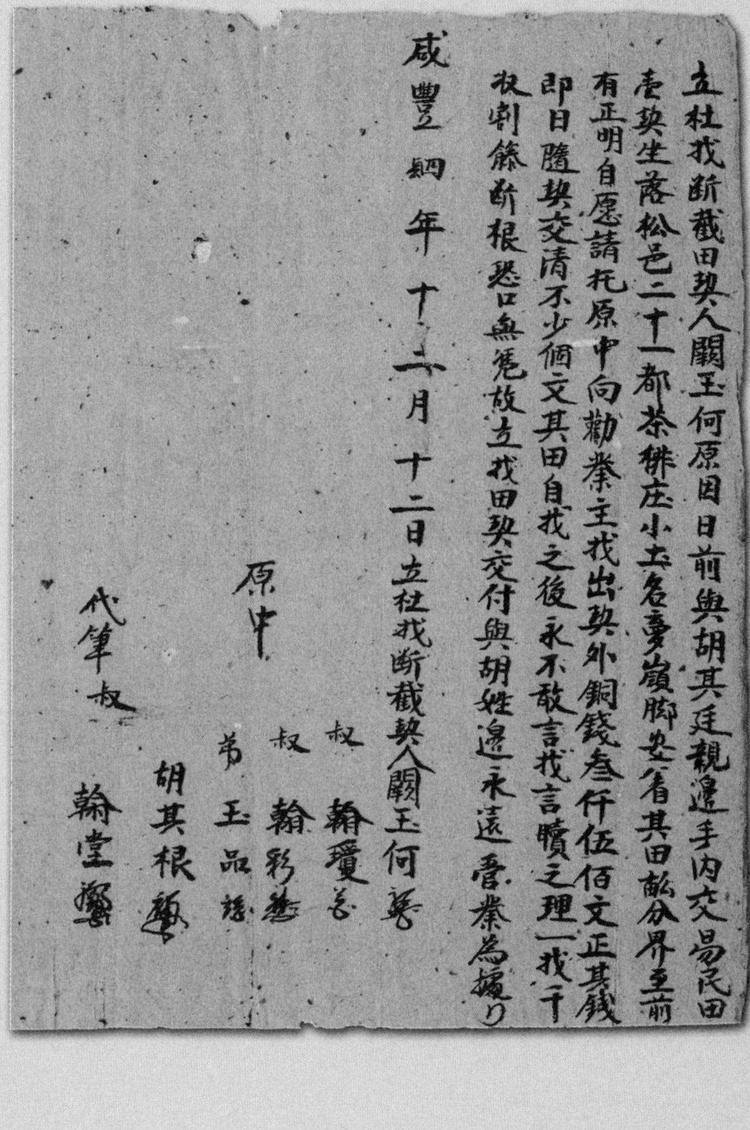

立賣荒坪契人闕玉香今因無錢使用今將父手遺下分已闕
内荒坪一塊坐落松邑廿一都蔡排庄土名龍井窩安着上至玉
橋坪為界下至山為界左右二 至山為界今俱四至分明自愿託中
立契出賣與玉槐弟边入手 業當日面断時值地價銅錢五
仟文正其錢即日隨契交足 個文其荒地自賣之後任從買
主起耕過户收租管業原係自己清楚物業與伯叔子侄人等並
無干碍如有上手來歷不明 出賣人一力承當一賣仟休割藤
斷截永遠無找無贖原愿 心買賣兩相情愿各無反悔等情
恐口難信故立賣荒坪地物 與永遠子孫管業為據

同治元年十二月十二日立賣 坪地契人 闕玉香
弟 玉喬
在見 玉文
玉琢
代筆 翰書

(前頁)>>>>>

立賣荒坪契人闕玉香，今因無錢使用，今将父手遺下分己阄内荒坪一塊，坐落松邑廿一都茶排庄，土名龍井窝安着，上至玉橋坪為界，下至山為界，左右□至山為界，今俱四至分明，自愿託中立契，出賣與玉槐弟边入手為業，當日面断，時值地價銅錢五仟文正，其钱即日随契交足，□□個文，其荒地自賣之後，任從買主起耕過户，收租管業，原係自己清楚物業，與伯叔子侄人等並無干碍，如有上手來歷不明，□與賣人一力承當，一賣仟休，割藤断截，永遠無找無贖，愿賣愿買，两相情愿，各無反悔等情，恐口难信，故立賣荒坪地契付與永遠子係［孫］管業為據。

同治元年十二月十三日　立賣荒坪地契人　闕玉香

弟　玉喬

在見　玉文

玉□

代筆　翰書

立賣灰寮契人闕玉海，今因無錢使用，自情愿将祖父遺下己分阄内，坐落松邑廿一都茶排庄，小土名楓桃樹下老屋背安着，内至山，外至大路，左至翰彩牛欄，右至翰相灰寮為界，今具四至分明，自情托中将自己一半，立契出賣與本家三叔翰萬入手承買為業，當日三面言断，目直時價銅錢伍仟五佰文正，其錢即日隨契两相交付足訖，不少個文，其灰寮上併及樑柱瓦桷，下地基柱脚，一應在内，賣人不得異言，亦不敢阻执，乃係正行交易，不是準执負債之故，愿賣愿買，此出两相情愿，各無反悔，一賣千休，並無逼抑之理，割藤断根，日後永無找無贖，恐口無凴，故立賣灰寮付與買主永遠管業為據行。

同治式年六月十九日　立賣灰寮契人　闕玉海

凴中　翰瓊

代筆・翰柳

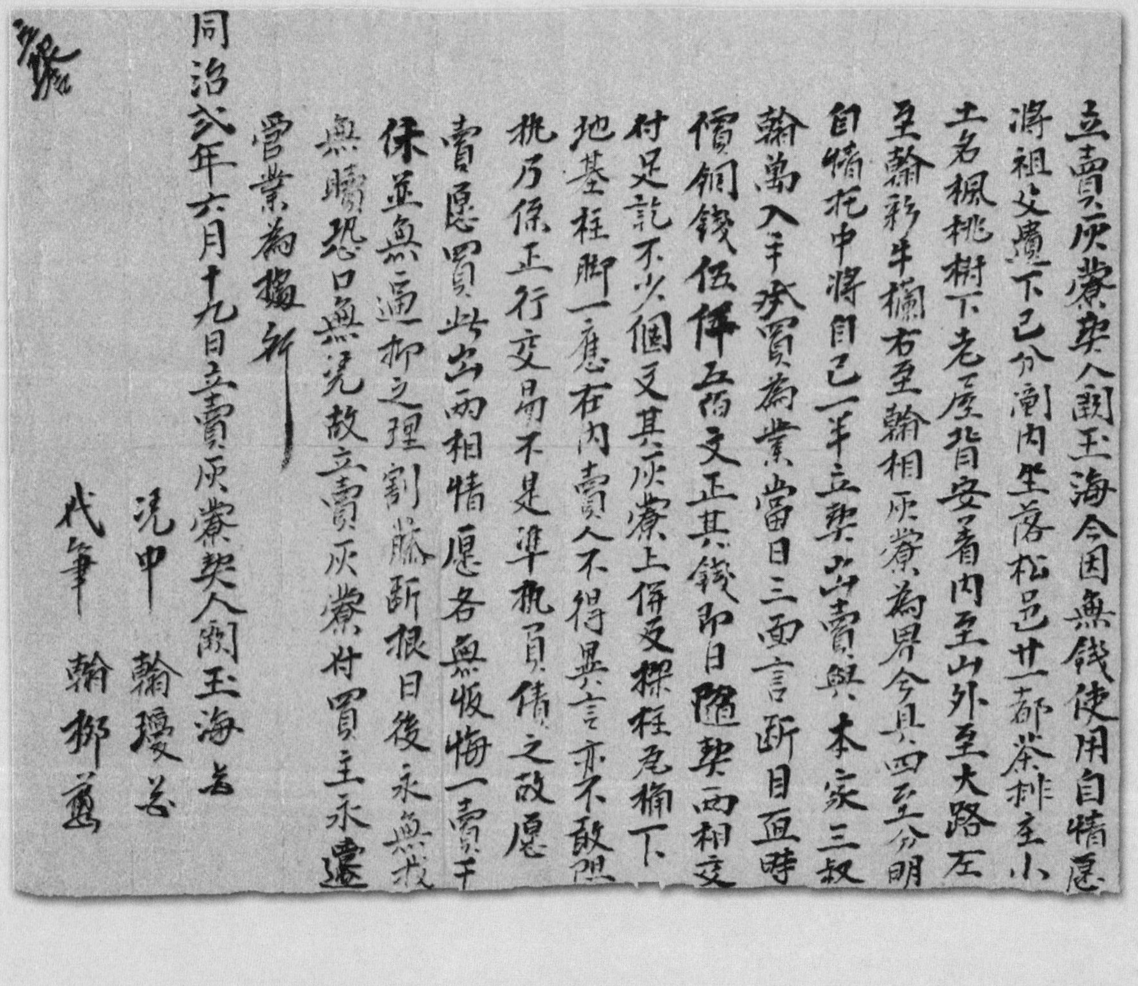

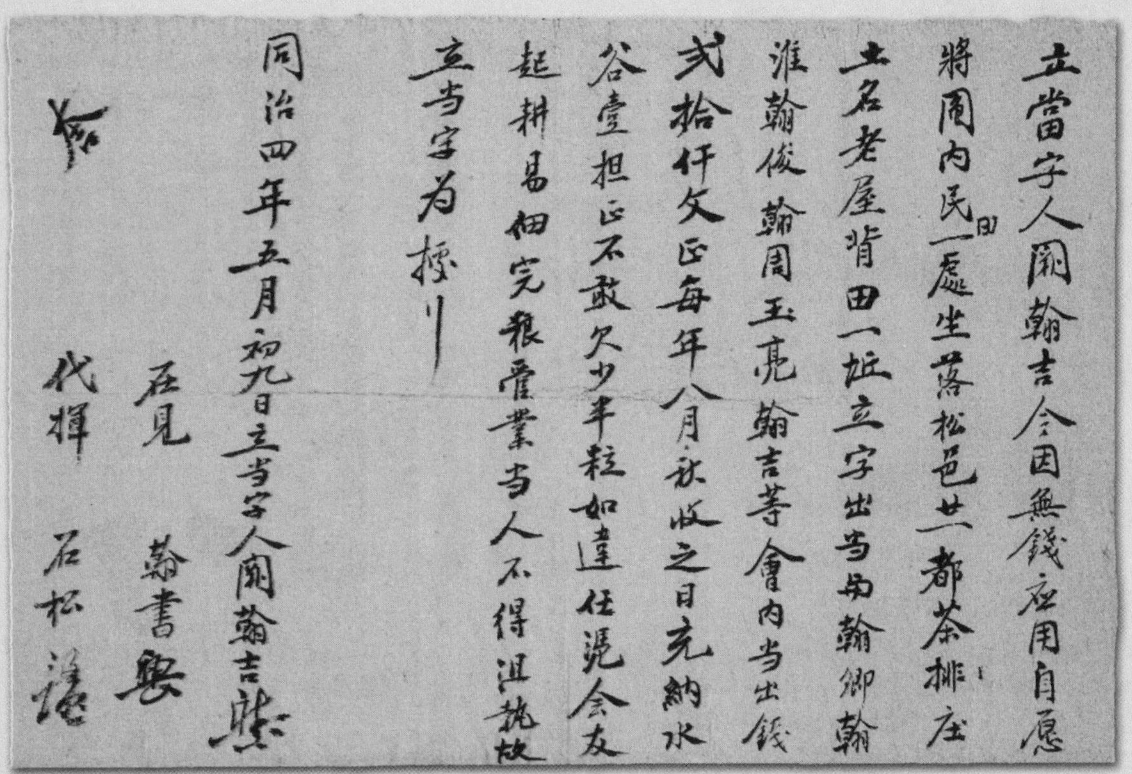

立當字人闕翰吉，今因無錢应用，自愿
將阄内民田一處，坐落松邑廿一都茶排庄，
土名老屋背，田一坵，立字出当与翰卿、翰
淮、翰俊、翰周、玉亮、翰吉等會内，当出錢
弍拾仟文正，每年八月秋收之日，充納水
谷壹担正，不敢欠少半粒，如違，任凴会友
起耕易佃，完粮管業，当人不得阻執，故
立当字为據。

同治四年五月初九日　立当字人　闕翰吉

在見　翰書

代揮　石松

立當房屋字人阙翰禄，今因無錢使用，自情愿将祖父遺下房屋兩棡［間］，坐落松邑廿一都茶排庄，土名洋庄水井頭安着，托中立字，出當與堂兄玉星手内，當過銅錢本伍千伍伯文正，當日三面言断，行利長年加壹伍起息，其利每年不敢欠少，如違，任凴兄邊居住，封鎖修整，另租他人，當人無得異言，恐口难信，故立當房屋字為據。

同治柒年十一月十六日　當房屋字人　阙翰禄

在見侄　玉水

代筆　胡其松

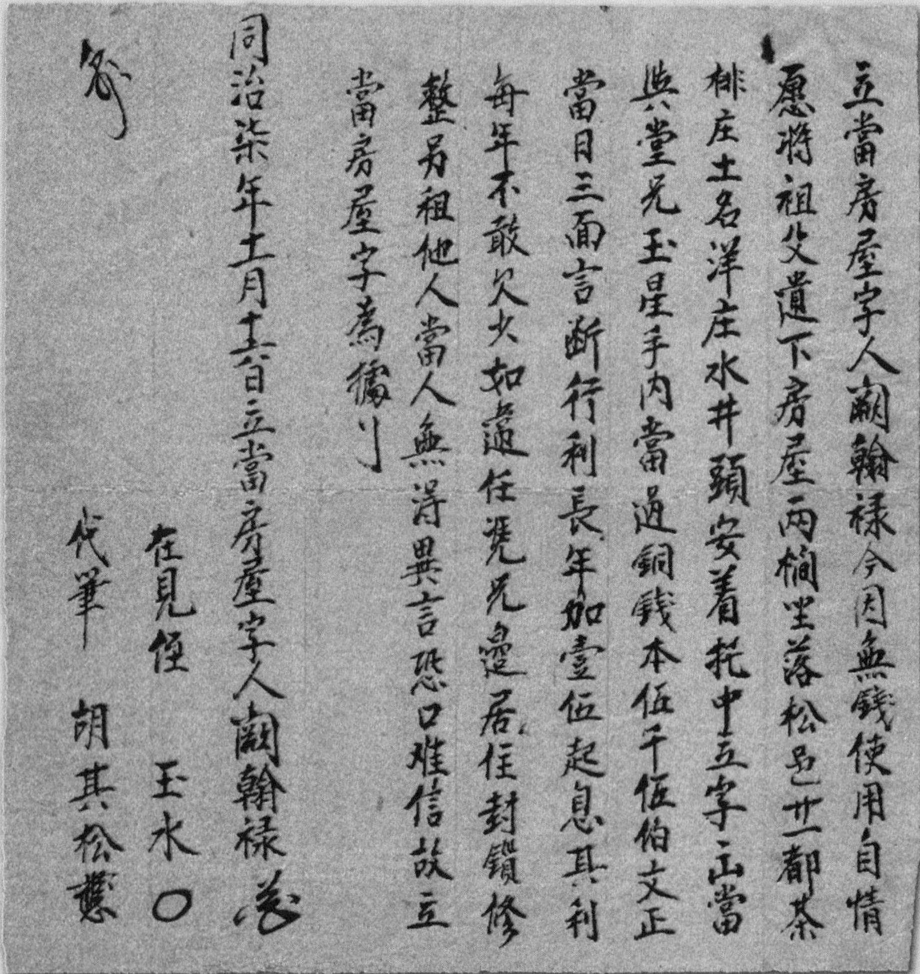
立當房屋字人阙翰禄今因無錢使用自情
愿将祖父遺下房屋兩棡坐落松邑廿一都茶
排庄土名洋庄水井頭安着托中立字出當
與堂兄玉星手内當過銅錢本伍千伍伯文正
當日三面言断行利長年加壹伍起息其利
每年不敢欠少如違任凴兄邊居住封鎖修
整另租他人當人無得異言恐口难信故立
當房屋字為據
同治柒年十一月十六日立當房屋字人阙翰禄
在見侄　玉水
代筆　胡其松

立賣房屋基地契人闕翰淮，緣因三子玉配亡故喪費以及日前債款等項無從措
出，自情愿將閣分玉配名下房屋坐落松邑念叁都茶排庄，小土名洋庄水井頭，安着樓
屋叁直，併樓上出入門路，毗連對面廂房壹間，中廳正間，外樓半間，又毗連水井邊下廂壹
直，上併柱磉瓦桷，下及基地柱磉地栿灶磚，又門口上手糞池壹間，以至天井出入門路俱[illegible]在
內，又前堂廳面壹半，又老屋大門中心晒坪壹股，一併在內，自愿托中立契出賣與本家翰萬兄
邊入手承買為業。當日憑中面斷，目值契內房屋價銅錢陸拾捌仟文正，其錢即日當中交付足訖，
不短分文。其屋自賣之後，任從兄邊前去修理居住關鎖。此係玉配名下清楚物業，并無內外伯
叔子姪人等干埒，各無反悔等情。如有來歷不明，賣人一力支當。愿賣愿買，兩相情愿，一賣千休，
割藤斷根，永遠無找無贖等情。恐口難信，故立賣房屋基地契付與兄邊永遠執管為據。

大清光緒元年弍月拾玖日立賣房屋基地契人闕翰淮（押）

翰祿○
玉星（押）
翰豎（押）
翰柳（押）
玉方○
玉聰○
王元昌（押）

代筆　闕翰信（押）

（前頁）>>>>>

立賣房屋基地契人闕翰淮，緣因三子玉配亡故，喪費以及日前債款等項無從措出，自情愿將閹分玉配名下房屋，坐落松邑念壹都茶排庄，小土名洋庄水井頭，安着楼屋叁直，併楼上出入門路，毗連對面厢房壹間，中廳正間外接半間，又毗連水井邊火厢壹直，上併柱樑瓦桷，下及基地柱磉，地栿灶磚，又門口上手糞池壹間，以至天井出入門路，俱概在内，又前堂廳面壹半，又老屋大門中心晒坪壹股，一併在内，自愿托中立契，出賣與本家翰萬兄邊入手承買為業，當日凴中面断，目值契内房屋價銅錢陸拾捌仟文正，其錢即日當中交付足訖，不短分文，其屋自賣之後，任從兄邊前去修理居住關鎖，此係玉配名下清楚物業，并無内外伯叔子姪人等干碍，各無反悔等情，如有来歷不明，賣人一力支當，愿賣愿買，两相情愿，一賣千休，割藤断根，永遠無找無贖等情，恐口難信，故立賣房屋基地契付與兄邊永遠执管為據。

大清光緒元年弍月拾玖日　立賣房屋基地契人　闕翰淮

翰禄

玉星

翰陞

翰柳

玉方

玉聰

王元昌

代筆　闕翰信

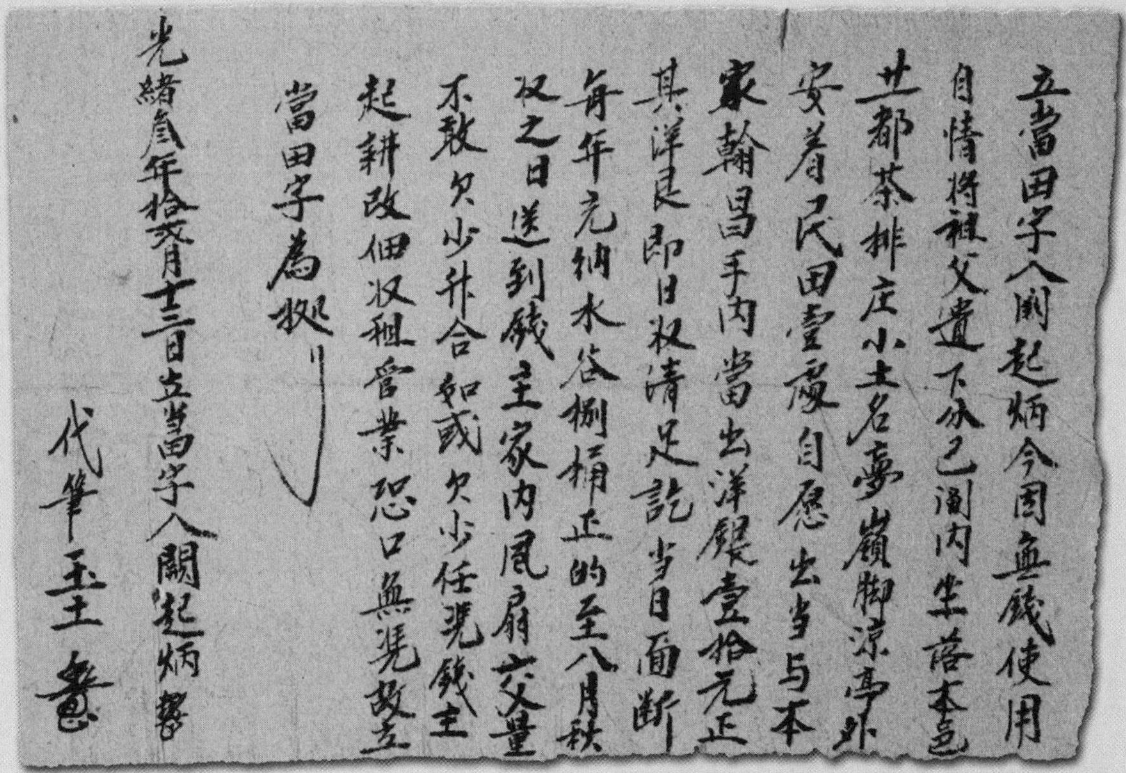

立當田字人闕起炳，今因無錢使用，
自情将祖父遺下分己阄内，坐落本邑
廿一都茶排庄，小土名夢嶺脚涼亭外，
安着民田壹處，自愿出当与本
家翰昌手内，當出洋銀壹拾元正，
其洋银即日收清足訖，当日面断，
每年充纳水谷捌桶正，的至八月秋
收之日，送到錢主家内風扇交量，
不敢欠少升合，如或欠少，任凂錢主
起耕改佃，收租管業，恐口無凂，故立
當田字為據。
光緒叁年拾弍月十三日　立当田字人　闕起炳
代筆　玉土

立賣斷截田契人闕玉方兄弟等今因無錢应用自情愿將父手遺下民田壹處坐落松邑廿一都茶排庄小土名大山通元裹安着民田壹處其田上至賣主青山為界下至胡姓田為界左至賣主青山為界右至胡姓青山為界今俱四至分明計額弍分正自愿托中親立文契出賣與樓起松親邊入手承買為業當日憑中三面言斷定目值田價銅錢柒仟捌百文正其錢即日當中交付足訖不少個文其田自賣之后任憑買主過户完粮収租管業與内外房親伯叔兄弟子侄人等並無干碍未賣之先亦無重典文墨交加如有上手來歷不明賣人一力承當不干買主之事其田四至界内不留寸土並及墈坪田頭地角相對雜木一應在内其田自賣之後契斷價足心意滿足一賣千休永遠無找無贖逼抑準折債貨之故此出兩家心愿各無返悔其田割藤斷根等情今恐口難信故立賣斷截田契付與買主永遠為據

大清光緒四年　二月初弍日　立賣斷截田契人闕玉方○

在場叔翰淮（押）

憑中房兄玉利（押）

玉土（押）

在場兄弟　玉顕○　玉田○　玉葱○　玉祥○　玉培○　玉有○

侄起元○

代筆人闕翰陞（押）

行

（前頁）>>>>>

立賣断截田契人闕玉方兄弟等，今因無錢办用，自情愿将父手遺下民田壹處，坐落松邑廿一都茶排庄，小土名大山通元裏，安着民田壹處，其田上至賣主青山為界，下至胡姓田為界，左至賣主青山為界，右至胡姓青山為界，今俱四至分明，計額弍分正，自愿托中親立文契，出賣與樓起松親邊入手承買為業，當日凴中三面言断，定目值田價銅錢柒仟捌百文正，其錢即日當中交付足訖，不少個文，其田自賣之后，任凴買主過户完粮，收租管業，與内外房親伯叔兄弟子侄人等並無干碍，未賣之先，亦無重典文墨交加，如有上手來歷不明，賣人一力承當，不干買主之事，其田四至界内不留寸土，並及荒坪田頭地角，柏树雜木，一應在内，其田自賣之後，契断價足，心意滿足，一賣千休，永遠無找無贖，逼抑準折債貨之故，此出兩家心愿，各無反悔，其田割藤断根等情，今恐口难信，故立賣断截田契付與買主永遠為據行。

大清光绪四年二月初弍日　立賣断截田契人　闕玉方

在場叔　翰淮

在場兄　玉顕

玉回

弟　玉蔥

玉祥

玉培

玉有

侄　起元

凴中房兄　玉利

玉土

代筆人　闕翰陞

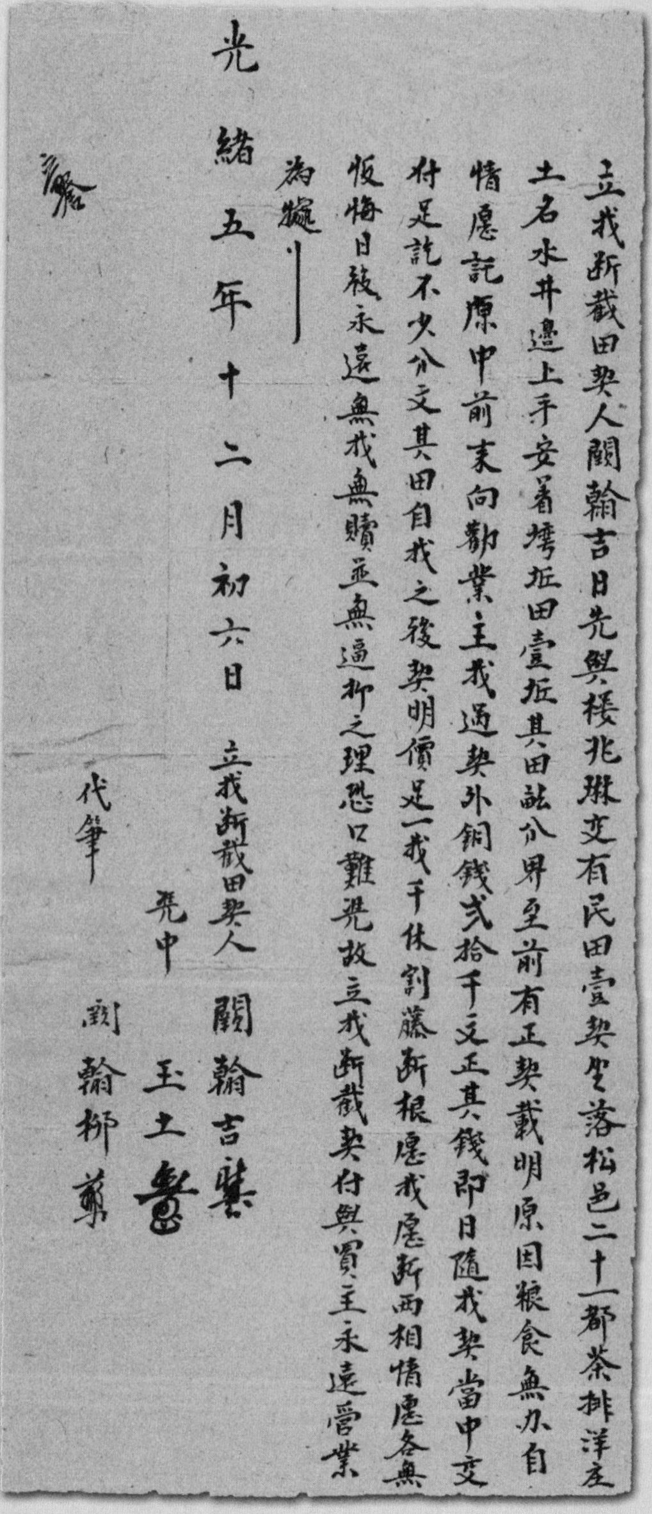

立找断截田契人闕翰吉，日先與楼兆琳交有民田壹契，坐落松邑二十一都茶排洋庄，土名水井邊上手，安着墧坵田壹坵，其田畝分界至，前有正契載明，原因粮食無办，自情愿託原中前来向勸業主，找過契外銅錢弍拾千文正，其錢即日隨找契當中交付足訖，不少分文，其田自找之後，契明價足，一找千休，割藤断根，愿找愿断，两相情愿，各無反悔，日後永遠無找無贖，並無逼抑之理，恐口難凴，故立找断截契付與買主永遠管業為據。

光緒五年十二月初六日　立找断截田契人　闕翰吉

凴中　玉土

代筆　闕翰柳

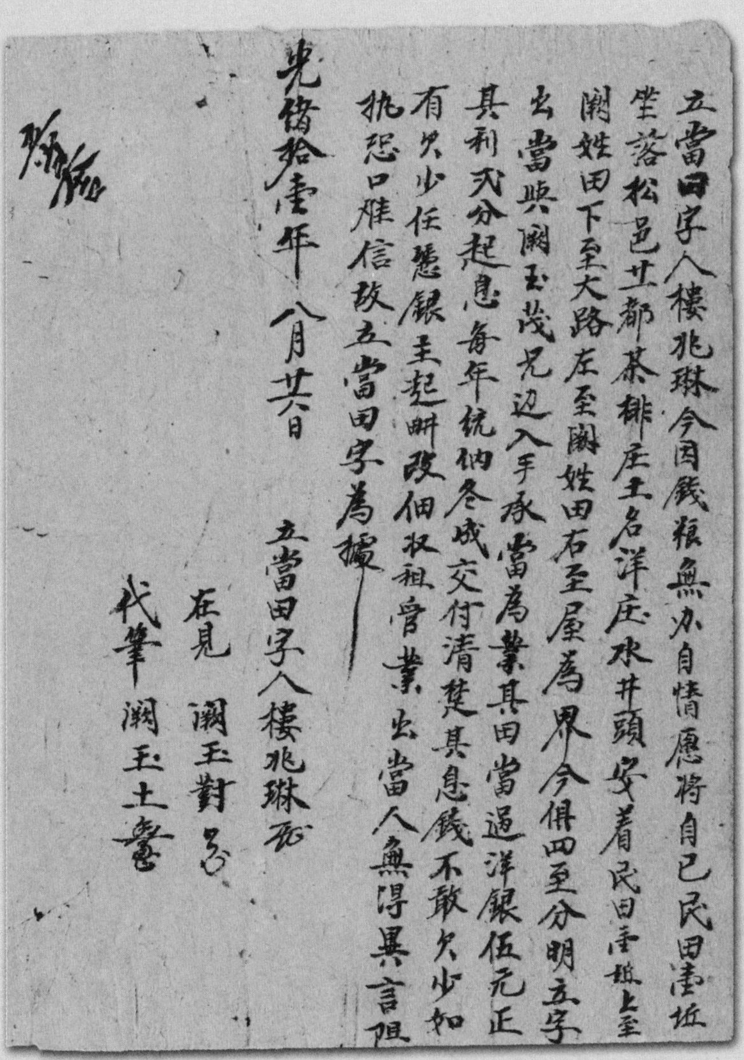

立當田字人樓兆琳，今因錢粮無办，自情愿将自己民田壹坵，
坐落松邑廿一都茶排庄，土名洋庄水井頭，安着民田壹坵，上至
闕姓田，下至大路，左至闕姓田，右至屋為界，今俱四至分明，立字
出當與闕玉茂兄边入手承當為業，其田當過洋銀伍元正，
其利式分起息，每年统纳冬成交付清楚，其息錢不敢欠少，如
有欠少，任憑銀主起耕改佃，收租管業，出當人無得異言阻
执，恐口难信，故立當田字為據。

光绪拾壹年八月廿六日　立當田字人　樓兆琳

在見　闕玉對

代筆　闕玉土

立賣田契人劉玉崇今因粮食無办自情愿將父手遺下民田壹處坐
落松邑二十一都茶排庄土名麥嶺脚石橋頭面上安着上至劉姓田下至買
主田左至坑右至山為界今具四至分明計額貳畝正併及田頭地塝栁樹食茶雜
木一應在内自愿托中親立文契出賣與玉定兄邊入受承買為業當日憑
中三面言断目值時價洋銀肆拾玖元正其洋銀即日隨契交付足訖不少
分厘其田自賣之後任憑買主推收過户起耕改佃完粮耕種收租管業未
賣之先上手并無文墨重典交加既賣之後以内外房親伯叔兄弟子侄並
無干碍如有上手來歷不清賣人一力承當不干買主之事愿賣愿買兩相
情愿各無悔一賣千休並無返贖之理恐口難憑故立賣田契付買主承
遠管業為據

光緒拾二年十月二十日 立賣田契人 劉玉崇

在場兄 玉鐮
玉兆
玉星
玉對

憑中 張元亭

代筆 劉翰卿

稅訖

（前頁）>>>>>

立賣田契人闕玉崇，今因粮食無办，自情愿将父手遺下民田壹處，坐落松邑二十一都茶排庄，土名夢嶺脚石橋頭面上安着，上至闕姓田，下至買主田，左至坑，右至山為界，今具四至分明，計額式畝正，併及田頭地角，柏树食茶雜木，一應在内，自愿托中親立文契，出賣與玉定兄邊入受承買為業，當日凴中三面言断，目值時價洋银肆拾玖元正，其洋銀即日隨契交付足訖，不少分厘，其田自賣之後，任凴買主推收過户，起耕改佃，完粮耕種，收租管業，未賣之先，上手並無文墨重典交加，既賣之後，以［與］内外房親伯叔兄弟子侄並無干碍，如有上手来歷不清，賣人一力承當，不干買主之事，愿賣愿買，两相情愿，各無反悔，一賣千休，並無逼抑之理，恐口難凴，故立賣田契付買主永遠管業為據。

光緒拾二年十月二十日　立賣田契人　闕玉崇

在埸兄　玉鏕

玉兆

玉星

凴中　玉對

張元華

代筆　闕翰柳

立找断截田契人劉玉崇，原因日前與玉定兄邊交易民田壹契，坐落松邑二十一都茶排庄土名嶺(書)脚石橋頭面上安着，其田界至畝分，前有正契載明。今因粮食無办，請託原中前向勸業主找過契外洋銀肆元正，其洋銀即日隨契付足，訖不少分厘。其田自找之後，契明價足，一找千休，割藤断根，尽找尽断，兩家心愿，日後永遠無找無贖，並無違抑之理，恐口難凭，故立找断截田契付與買主永遠管業為照。

光緒十二年十一月廿四日　立找断截田契人　劉玉崇

玉鎮

在場兄　玉兆　玉星　玉對

原中　張元葉

代筆　劉翰柳

三號

（前頁）>>>>>

立找断截田契人闕玉崇，原因日前與玉定兄邊交易民田壹契，坐落松邑二十一都茶排庄，土名夢嶺脚石橋頭面上，安着其田，界至畝分，前有正契載明，今因粮食無办，請託原中来前向勸業主找過契外洋銀肆元正，其洋銀即日隨契付足訖，不少分厘，其田自找之後，契明價足，一找千休，割藤断根，愿找愿断，两家心愿，日後永遠無找無贖，並無逼抑之理，恐口難凴，故立找断截田契付與買（主）永遠管業為據。

光緒十二年十一月廿四日　立找断截田契人　闕玉崇

在場兄　玉鑣

玉兆

玉星

原中　玉對

張元華

代筆　闕翰柳

立找斷截屋契字人闕玉碓原因日先與玉定兄邊交易房屋壹契坐落松邑廿一都茶排庄小土名洋庄水井頭朱火堂左手安着共屋界限間數前有正契載明今因錢粮無办托中相勸買主找過契外英洋銀伍元正其洋隨找契交付足訖不少分厘其屋自找之後契明價足一找千休永遠無找無贖如同截木等情此係正行交易並無逼抑之理恐口難信故立找斷截房屋契付與買主永遠管業爲照

光緒拾肆年四月初五日立找斷截屋契人闕玉碓（押）

在場　玉川（押）　玉照（押）　玉碧（押）　起寬（押）　玉信（押）　玉淮（押）　玉星（押）　玉對（押）　玉蒼（押）

代筆

[illegible]

（前頁）>>>>>

立找断截屋契字人闕玉祚，原因日先與玉定兄边交易房屋壹契，坐落松邑廿一都茶排庄，小土名洋庄水井頭香火堂左手，安着其屋，界限间数，前有正契載明，今因錢粮無办，托中相勸買主找過契外英洋银伍元正，其洋随找契交付足讫，不少分厘，其屋自找之後，契明價足，一找千休，永遠無找無贖，如同截木等情，此係正行交易，並無逼抑之理，恐口難信，故立找断截房屋契付與買主永遠管業为照。

光绪拾肆年四月初五日　立找断截屋契人　闕玉祚

在場　玉川

玉照

玉碧

起寬

玉信

玉淮

玉星

玉對

代筆　玉蒼

立賣斷截田契人闕起棟仝弟等今因無錢應用自情愿将父手遺
下同內民田壹坵坐落松邑廿一都茶排庄小土名津庄老香火堂上手
屋後安着田壹坵上至闕娃田下至屋左至闕娃田右至買主塝埠
為界今具四至分明計額弍分正自愿托中立契出賣(賣意)與本家叔邊
玉星入手承買為業当日三面言斷時值田價銅錢捌千陆百文
其錢即日隨契交付足訖不少分文其田自賣之後任憑買主過户
完粮収租管業并及田頭地墈茶樹雜木一應在內賣人無得異
言阻挠如有上手来歷不明賣人一力承当不干買主之事契明價
足愿買愿賣两相情愿各無反悔一賣千休割騰斷根永遠無
無找無贖等情恐口難信故立賣断截田契為據

光緒拾五年 拾月 初十日 立賣斷截田契人闕起棟（押）

胞叔 玉川（押）

玉對（押）

憑中 玉球（押）

玉銀（押）

代筆 玉土（押）

（前頁）>>>>>

立賣断截田契人阙起楝仝弟等，今因無錢應用，自情愿将父手遺下阄内民田壹坵，坐落松邑廿一都茶排庄，小土名洋庄老香火堂上手屋後，安着田壹坵，上至阙姓田，下至屋，左至阙姓田，右至買主荒坪為界，今具四至分明，計額式分正，自愿托中立契，出賣與本家叔边玉星入手承買為業，当日三面言断，時直田價銅錢捌千陆百文，其錢即日隨契交付足訖，不少分文，其田自賣之後，任憑買主過户完粮，收租管業，并及田頭地角，茶樹雜木，一應在内，賣人無得異言阻执，如有上手来歷不明，賣人一力承当，不干買主之事，契明價足，愿買愿賣，两相情愿，各無反悔，一賣千休，割藤断根，永遠『無』找無贖等情，恐口难信，故立賣断截田契為據。

光绪拾五年拾月初十日　立賣断截田契人　闕起楝

胞叔　玉川

玉對

憑中　玉球

玉銀

代筆　玉土

立賣茶子山字人闕翰禄今因無錢应用自情愿將父手遺下茶子山壹塊
坐落松邑廿都茶排庄小土名大山龍井對面安着茶山壹塊上至大坪
下至坑左至青山右至田為界今具四至分明自情托中立字出賣
與本家玉星入手承買為業当日三面言斷時值茶山價錢叁千文佰
文正其錢即日隨字交付足清不少分文其茶子山自賣之後任憑玉星
便边上山收摘茶子并及修理茶山永遠管業賣人無得異言阻執一賣千
休永遠無找無贖割騰断根愿買愿賣兩相情愿各無反悔恐口难
信故立賣茶子山為據

光緒拾五年拾壹月初九日　立賣茶子山字人闕翰禄（押）
在塲房侄玉有○
見中　玉銀頭
代筆　玉土

（前頁）>>>>>

立賣茶子山字人闕翰禄，今因無錢办用，自情愿将父手遺下茶子山壹塊，坐落松邑廿一都茶排庄，小土名大山龍井對面，安着茶山壹塊，上至大坪，下至坑，左至青山，右至田為界，今具四至分明，自情托中立字，出賣與本家玉星入手承買為業，当日三面言断，時直茶山價錢叁千弍伯文正，其錢即日隨字交付足清，不少分文，其茶子山自賣之後，任憑玉星侄边上山收摘茶子，并及修理茶山，永遠管業，賣人無得異言阻执，一賣仟休，永遠無找無贖，割藤断根，愿買愿賣，两相情愿，各無反悔，恐口难信，故立賣茶子山為據。

光绪拾五年拾壹月初九日　立賣茶子山字人　闕翰禄

在塲房侄　玉有

見中　玉銀

代筆　玉土

立賣斷截田契人闕玉土，今因缺錢應用，自情愿將祖父遺下民田壹處，坐落松邑廿都茶排庄，小土名亭嶺脚牛湖安着，田壹處，上至山，下至大路，內至山，外至大路為界，々具四至明，分計額四分正，托中立契出賣與洋庄會內入手承買為業。當日三面言斷時值田價洋鈒壹拾五元正，其洋即日隨契交付足訖，不少分厘。其田自賣之後，任憑洋庄會內推收過戶，完粮收租管業，賣人無得異言阻执。如有上手來歷不明，賣人一力承當，不涉買主之事。一賣千休，永遠無找無贖。悉賣愿買，此出兩相情愿，各無反悔等情，恐口難信，故立賣斷截田契字為據。

光緒弍拾年肆月初九日

立賣斷截田契字 闕玉土（押）

在見 梭起松（押）

闕玉星（押）

代筆 闕玉淮（押）

少契

（前頁）>>>>>

立賣断截田契人闕玉土，今因缺钱應用，自情愿将祖父遺下民田壹處，坐落松邑廿一都茶排庄，小土名夢嶺脚牛湖，安着田壹處，上至山，下至大路，内至山，外至大路為界，今具四至明分，計額四分正，托中立契，出賣與洋庄會内人手承買為業，當日三面言断，時值田價洋銀壹拾五元正，其洋即日随契交付足訖，不少分厘，其田自賣之後，任憑洋庄會内推收過户完粮，收租管業，賣人無得異言阻执，如有上手來歷不明，賣人一力承當，不涉買主之事，一賣千休，永遠無找無贖，愿賣愿買，此出两相情愿，各無反悔等情，恐口难信，故立賣断截田契字為據。

光緒式拾年肆月初九日　立賣断截田契字　闕玉土

在見　楼起松

闕玉星

代筆　闕玉淮

立賣灰寮字人闕起寬仝弟等今因無錢應用自情愿將祖父
手遺下分己阄内灰寮壹间與玉碧对半均分坐落扮邑廿一都茶
排庄八阁亭背第三间灰寮半间前至大路後至山脚左至闕姓
灰寮右至楼姓灰寮為界上併瓦桷下併地基併及门路出入今俱
四至分明自愿托中立字出賣與本家起錄兄邊入手承買為業當
日任憑買主三面言断目值時價銅錢弍千七百六十文正共錢即日交
付足訖不少分文自賣之丑 日悲 任憑買主燒灰管業如有上手來歷不明賣
人一力承當不涉買主之事愿賣愿買兩家情愿各無攺悔一賣千
休永 永悲 遠無找無贖恐口难信故立賣灰寮字付與買主永遠管業為據

光緒弍拾壹年十一月廿九日立賣灰寮字人闕起寬

在場 玉對

憑中 玉碧 玉善

親筆 起寬

立字合

（前頁）>>>>>

立賣灰寮字人闕起寬仝弟等，今因無錢應用，自情愿将祖父手遺下分己阄内灰寮壹间，與玉碧对半均分，坐落枌［松］邑廿一都茶排庄八閣亭背，弟［第］三间灰寮半间，前至大路，後至山脚，左至闕姓灰寮，右至楼姓灰寮為界，上併瓦桷，下併地基，併及门路出入，今俱四至分明，自愿托中立字，出賣與本家起瑍兄邊入手承買爲業，當日任憑買主三面言断，目值時價銅錢弍千七百六十文正，其錢即日交付足訖，不少分文，自賣之日，任憑買主燒灰管業，如有上手来歷不明，賣人一力承當，不涉買主之事，愿賣愿買，两家情愿，各無反悔，一賣千休，永遠無找無贖，恐口难信，故立賣灰寮字付與買主永遠管業為據。

光緒弍拾壹年十一月廿九日 立賣灰寮字人 闕起寬

在場 玉對

玉碧

憑中 玉善

親筆 起寬

立当田字人闕玉星，今因無錢應用，自情愿將父手遺下民田，坐落松邑廿一都石倉源茶排庄，小土（名）水井頭外手当人自己门口，水田壹坵，其田上至闕姓田，下至路，内至自己田并闕姓田，外至闕姓田為界，今俱四至分明，自愿托中立字，出当與闕起德侄边，当過英洋本四元正，其洋即日付清，三面言断，每年八月統納水租谷四桶正，送到銀主家内風扇過桶，不敢欠少升合，如有欠少，任憑銀主起耕改佃，当人不得異言，愿当愿受，两相情愿，各無反悔，恐口無憑，故立当字為據。

光緒廿一年十二月十八日　立当田字人　闕玉星

見中男　闕起仁

代筆　闕玉崇

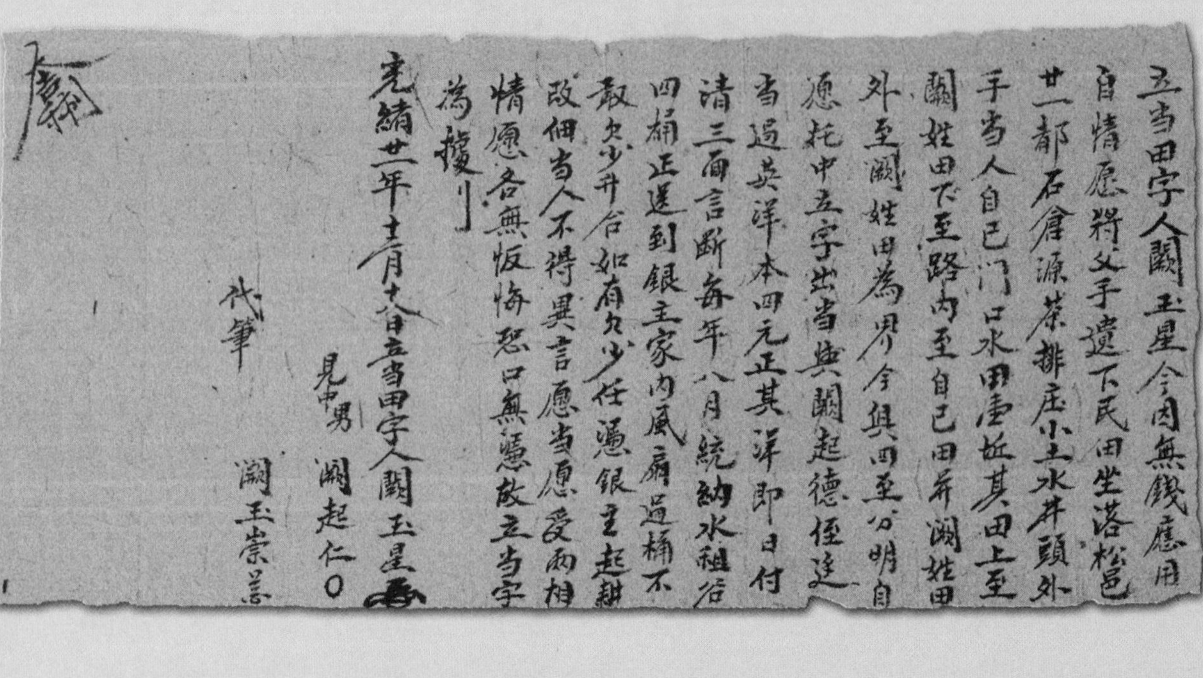

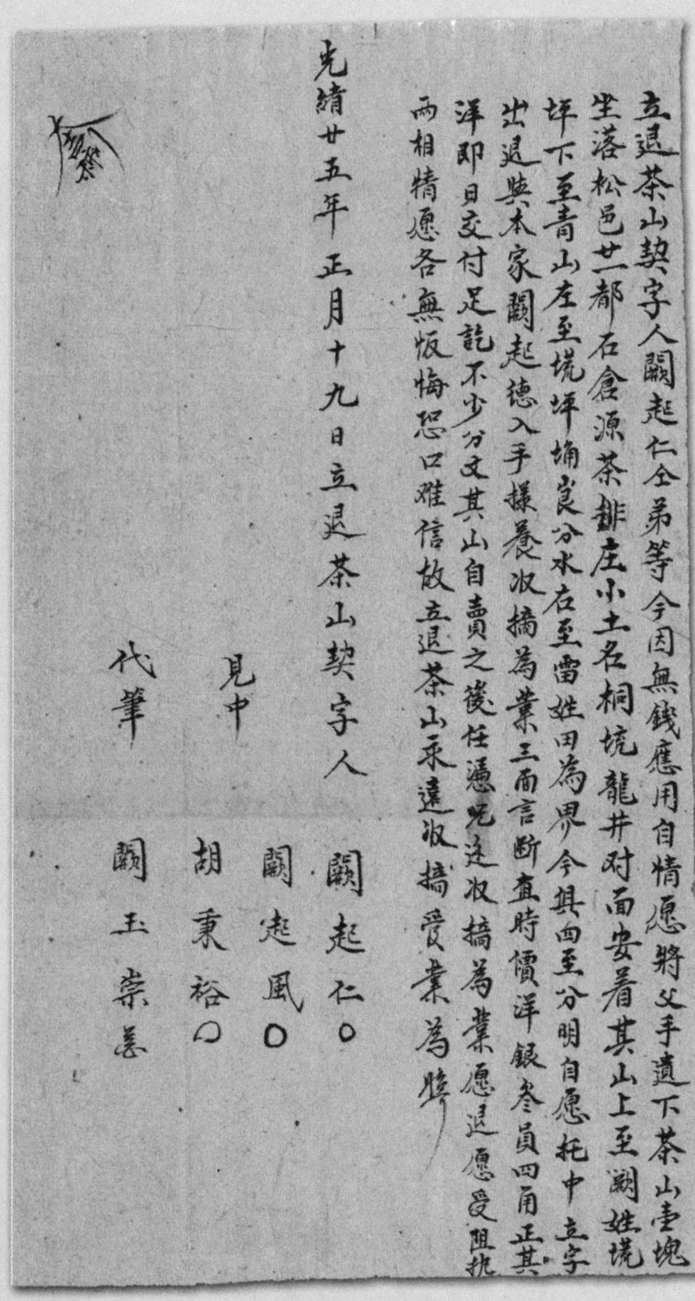

立退茶山契字人闞起仁仝弟等，今因無錢應用，自情愿將父手遺下茶山壹塊，坐落松邑廿一都石倉源茶排庄，小土名桐坑龍井对面，安着其山，上至闞姓荒坪，下至青山，左至荒坪角艮分水，右至雷姓田為界，今俱四至分明，自愿托中立字，出退與本家闞起德人手□養收摘為業，三面言断，直時價洋銀叁員四角正，其洋即日交付足訖，不少分文，其山自賣之後，任憑兄边收摘為業，愿退愿受，『阻执，』两相情愿，各無反悔，恐口难信，故立退茶山永遠收摘管業為照。

光緒廿五年正月十九日　立退茶山契字人　闞起仁

見中　闞起風

胡秉裕

代筆　闞玉崇

立賣田契字人闕母王氏男起仁仝等今因粮食不足自情
愿將父手遺下自己阄内民田壹處坐落松邑念一都石倉
源茶排庄小土名水井頭河堪大路内安着上至闕姓田下至賣
主门口坪左至闕姓田右至闕姓田為界共計實額粮伍厘正
今俱四至分明併及田頭地坳雜木一應在内自情托中立契出
賣與起德侄邊入手承買為業當日憑中三面言斷目值時
田價洋銀壹拾陸元正其洋銀即日隨契交付足清不少分厘其
田自賣之后任憑買主推收過戶入册起耕改佃完粮收租耕種管
業賣人不得異言亦不敢阻執乃係正行交易未賣之先並無文墨重
典既賣之后亦無内外人等爭執如有上手來歷不明賣人一力承當
一賣千休日後永遠無找無贖不涉買主之事愿買愿賣两無悔
恐口难信故立賣田契字為據

光緒二十五年九月十三日立賣田契字人闕王氏（押）

男　起仁（押）

起鳳（押）

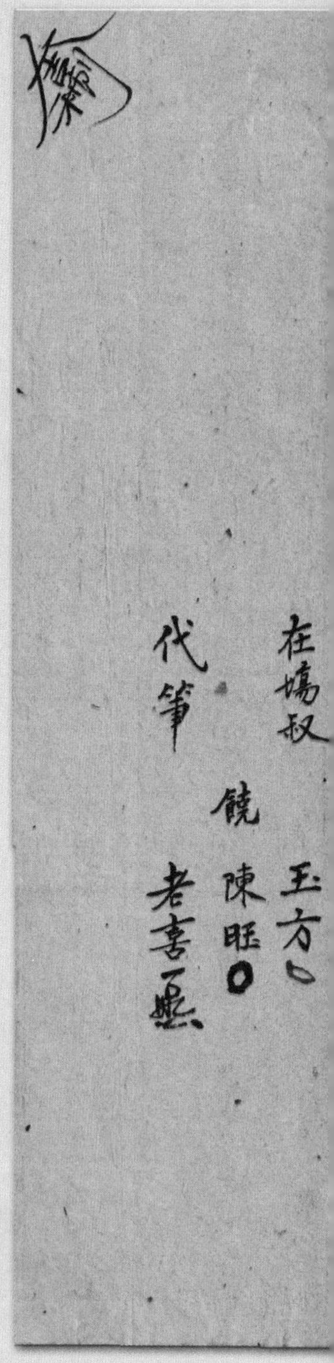


立賣田契字人闕母王氏、男起仁仝等，今因粮食不足，自情愿将父手遺下自己阄内民田壹處，坐落松邑念一都石倉源茶排庄，小土名水井頭河垻大路内安着，上至闕姓田，下至賣主门口坪，左至闕姓田，右至闕姓田為界，共計實額粮伍厘正，今俱四至分明，併及田頭地角雜木，一應在内，自情托中立契，出賣與起德侄邊入手承買為業，當日憑中三面言断，目直時田價洋銀壹拾陸元正，其洋銀即日隨契交付足清，不少分厘，其田自賣之后，任憑買主推收過户入册，起耕改佃，完粮收租，耕種管業，賣人不得異言，亦不敢阻执，乃係正行交易，未賣之先，並無文墨重典，既賣之后，亦無内外人等争执，如有上手来歷不明，賣人一力承當，一賣千休，日後永遠無找無贖，不涉買主之事，愿買愿賣，各無反悔，恐口难信，故立賣田契字為據。

光緒二十五年九月十三日　立賣田契字人　闕王氏

男　起仁

起風

在場叔　玉方

饒陳旺

代筆　老喜

立賣灰甫屋之人翁玉星今得自己灰甫壹间坐落松邑廿都茶排庄小土名水井头安主路下至楠木屋界左至翁姓田右至灰甫墙脚为界今具四至分明托中立字出賣與本家翁起庚入手承買為業当日三面言断自價英洋壹拾四元正其洋即日交付足訖不少分毫其灰甫自賣之後任憑買主管業如有上手來去不明賣人一力承当不涉買主之事出入門路通用一賣千休永無找贖此出兩相情愿各無反悔恐口難信故立賣灰甫屋為據

光緒弍拾五年拾月廿三日

立賣灰甫屋之人翁玉星

在場 翁起仁 翁起林 翁起豈

見中 翁玉对

代筆 翁玉淮

（前頁）>>>>>

立賣灰甫［鋪］屋字人闕玉星，今将自己灰甫［鋪］壹间，坐落松邑廿一都茶排庄，小土名水井头安（着），上至路，下至樀［滴］水為界，左至闕姓田，右至灰甫［鋪］墻脚為界，今具四至分明，托中立字，出賣與本家闕起庶入手承買為業，当日三面言断，自價英洋壹拾四元正，其洋即日交付足訖，不少分毫，其灰甫［鋪］自賣之後，任凴買主管業，如有上手来去不明，賣人一力承当，不涉買主之事，出入门路通用，一賣千休，永無找贖，此出两相情愿，各無反悔，恐口難信，故立賣灰甫［鋪］屋為據。

光绪弍拾五年拾月廿三日　立賣灰甫［鋪］屋字人　闕玉星

在場　闕起仁

見中　闕起林

闕起豐

闕玉对

代筆　闕玉淮

立當碗厨、衣厨字人闕培琳，今因無銀應用，自情愿将父手遺下碗厨、衣厨共弍造，自情向於闕起庶兄边手内，當過洋銀貳元正，每年充納銀利洋銀四角正，不敢拖欠銀利，如有拖欠銀利，任憑銀主将碗厨、衣厨扛歸受用，當人無得異言阻执，恐口难信，故立當碗厨、衣厨字為據。

光绪廿七年十二月廿一日　立當碗厨、衣厨人　培琳

在見　楼石福

代笔　闕老喜

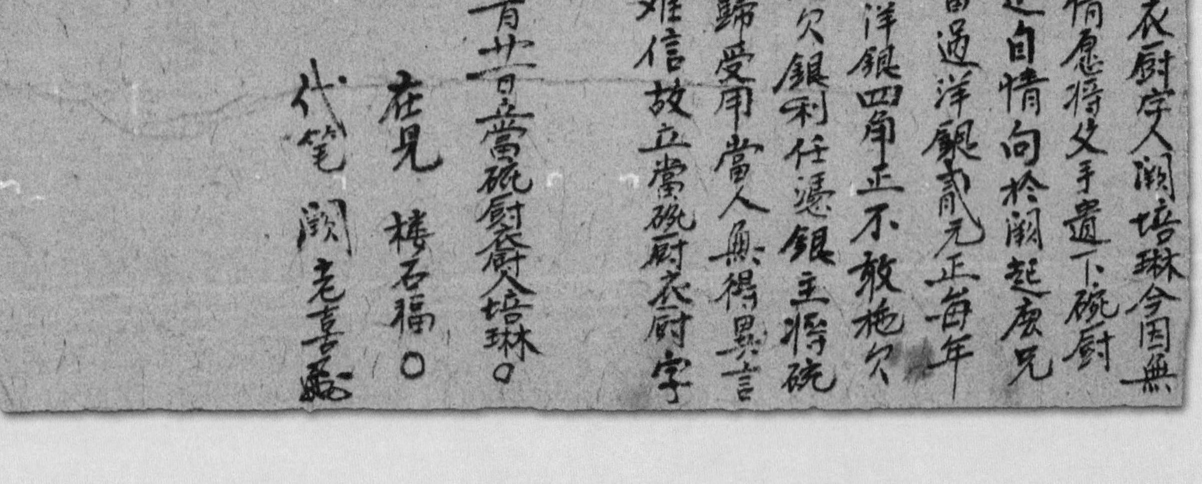
立當碗厨衣厨字人闕培琳今因無銀應用自情愿将父手遺下碗厨衣厨共弍造自情向於闕起庶兄边手内當過洋銀貳元正每年充納銀利洋銀四角正不敢拖欠銀利如有拖欠銀利任憑銀主将碗厨衣厨扛歸受用當人無得異言阻执恐口难信故立當碗厨衣厨字為據
光绪廿七年十二月廿一日立當碗厨衣厨人培琳
在見　楼石福
代笔　闕老喜

立退田契人闕起瑍，今因無錢應用，自情愿将自己壹股
民田壹處，坐落松邑廿一都，小土名本村本庄新屋后安着，前
有正契載明，前有畝界至，自情托中立契，出退起彩、德兄边仝等
入受承買為業，當日三面言断，目值田價洋銀式拾元正，其銀即
日隨契两相交付足訖，不少分文，其田自退之後，任憑買主收租耕
種管業，不得異言阻执，愿退愿受，此出两相情愿，各無反悔，恐口难信，故
立田契為照。

光緒式拾九年十二月十四日　立退田契人　闕起瑍

親筆

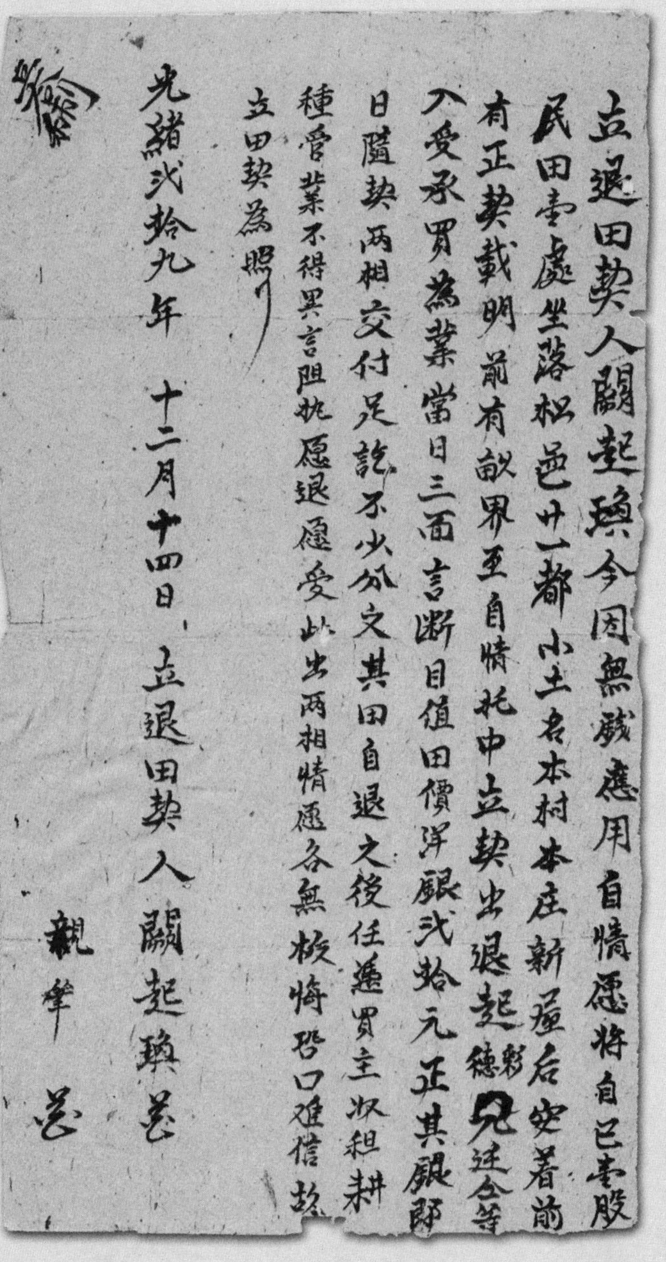
立退田契人闕起瑍今因無錢應用自情愿将自己壹股
民田壹處坐落松邑廿一都小土名本村本庄新屋后安着前
有正契載明前有畝界至自情托中立契出退起彩德兄边仝等
入受承買為業當日三面言断目值田價洋銀式拾元正其銀即
日隨契两相交付足訖不少分文其田自退之後任憑買主收租耕
種管業不得異言阻执愿退愿受此出两相情愿各無反悔恐口难信故
立田契為照
光緒式拾九年十二月十四日　立退田契人闕起瑍
親筆

立退會契字人闕玉圓，今因無錢使用，自情愿將自置松邑廿一都茶排庄洋庄樟花會十六股，自己壹股，自愿托中立字出退與聖母會友承買為業。當日憑中面斷時價英洋弍元陸角正，其洋即日交付清楚，不少分厘。其會自退之後，任憑買主管業，出退人無得異言阻執。與內外兄弟子侄人等並無逼抑等情，愿退愿承，兩相情愿，各無反悔。恐口難信，故立退會契字為據。

光緒叁拾年三月初九日　立退會契人　闕玉圓（押）

在場　闕玉對（押）

代筆　闕起棟（押）

（前頁）>>>>>

立退會契字人闕玉圓，今因無錢使用，自情愿將自置松邑廿一都
茶排庄洋庄插花會十六股，自己壹股，自愿托中立字，出退與聖母
會友承買為業，当日憑中面断，時價英洋弍元捌角正，其洋即日交
付清楚，不少分厘，其會自退之後，任憑買主管業，出退人無得異言阻
执，與内外兄弟子侄人等並無逼抑等情，愿退愿承，两相情愿，各無反
悔，恐口难信，故立退會契字為據。

光绪叁拾年三月初九日　立退會契人　闕玉圓
在場　闕玉對
代筆　闕起棟

立当房屋契字人潘氏今因口食不給自情愿將自置房屋壹间坐落松邑廿一都茶排庄水井头内手安着中心棟外手正间壹直其屋内至廳壹外至路左至大门右至大门為界今俱四至分明四至界内上并瓦桷柚桐横㮓下及基地柱脚一概在内自愿托中立字出当與本家闕起德侄边入受承当為業当日憑中三面言断当过洋銀伍元正其洋即日随当交付清楚不少分厘其房屋自当之後面言充納利息叁分正每年其息不敢拖欠如有拖欠任憑銀主関鎖收理出当人無得異言阻執此係自己清業愿当愿承兩相情愿各無悔怨口無憑故立当房屋字為據

光緒叁拾三年三月十四日　立当房屋字人闕门潘氏

在見　起永　起琳

代筆　起棟

（前頁）>>>>>

立当房屋契字人潘氏，今因口食不給，自情愿將自置房屋壹间，坐落松邑廿一都茶排庄水井头内手，安着中心楝外手正间壹直，其屋内至聽［廳］堂，外至路，左至大门，右至大门為界，今俱四至分明，四至界内，上并瓦埆［桷］抽楣横絛［條］，下及基地柱脚，一概在内，自愿托中立字，出当與本家闕起德侄边入受承当為業，当日憑中三面言断，当過洋銀伍元正，其洋即日隨当交付清楚，不少分厘，其房屋自当之後，面言充納利息式分正，每年其息不敢拖欠，如有拖欠，任憑銀主關鎖收理，出当人無得異言阻执，此係自己清業，愿当愿承，两相情愿，各無反悔，恐口無憑，故立当房屋字為據。

光緒叁拾三年三月十四日　立当房屋字人　闕门潘氏

在見　起永

起琳

代筆　起楝

立賣断截房屋契字人闕门潘氏今因口食不給自情愿将自置房屋坐落
松邑廿一都茶排庄小土名洋庄水井头安着房屋中心棟外手正间壹直
其房屋上至出入大门下至出入大门内至聽堂外至路為界今俱四至分明四
至界内上并瓦墉柚捐横榡下及基地柱脚上礎并及四围板樘门窓户扇
出入门路一概在内自愿托中出賣與本家趙德趙彩兄边入手承買為
業当日憑中三面言断得值屋價英洋拾柒元正其洋即日隨契交付清
楚不少分厘其屋自賣之後任憑買主闵鎖收整管業出賣人無得
異言阻执如有上手来歷不明賣人一力承当不干買主之事此係自己
清業與内外伯叔兄弟子侄人等並無逼抑等情一賣千休如同截木應
賣愿買兩相情愿永遠無找無贖各無恢悔恐口难信故立賣断截
房屋契字為據

中華民國元年三月十四日　立賣断截房屋契人闕门潘氏〇

在場子　趙永〇

見中　趙琳（押）　玉對（押）

代筆　趙棟（押）

（前頁）>>>>>

立賣断截房屋契字人闕门潘氏，今因口食不給，自情愿將自置房屋，坐落松邑廿一都茶排庄，小土名洋庄水井头，安着房屋中心棟外手正间壹直，其房屋上至出入大门，下至出入大门，内至聽［廳］堂，外至路為界，今俱四至分明，四至界内，上并瓦墒［桷］抽楣横絛［條］，下及基地柱脚上磉，并及四圍板壁，门窗户扇，出入门路，一概在内，自愿托中出賣與本家起德、起彩兄边入手承買為業，当日憑中三面言断，時值屋價英洋拾柒元正，其洋即日隨契交付清楚，不少分厘，其屋自賣之後，任憑買主關鎖收整管業，出賣人無得異言阻执，如有上手来歷不明，賣人一力承当，不干買主之事，此係自己清業，與内外伯叔兄弟子侄人等並無逼抑等情，一賣千休，如同截木，愿賣愿買，两相情愿，永遠無找無贖，各無反悔，恐口难信，故立賣断截房屋契字為據。

中華民國元年三月十四日　立賣断截房屋契人　闕门潘氏

在場子　起永

見中　起琳

玉對

代筆　起棟

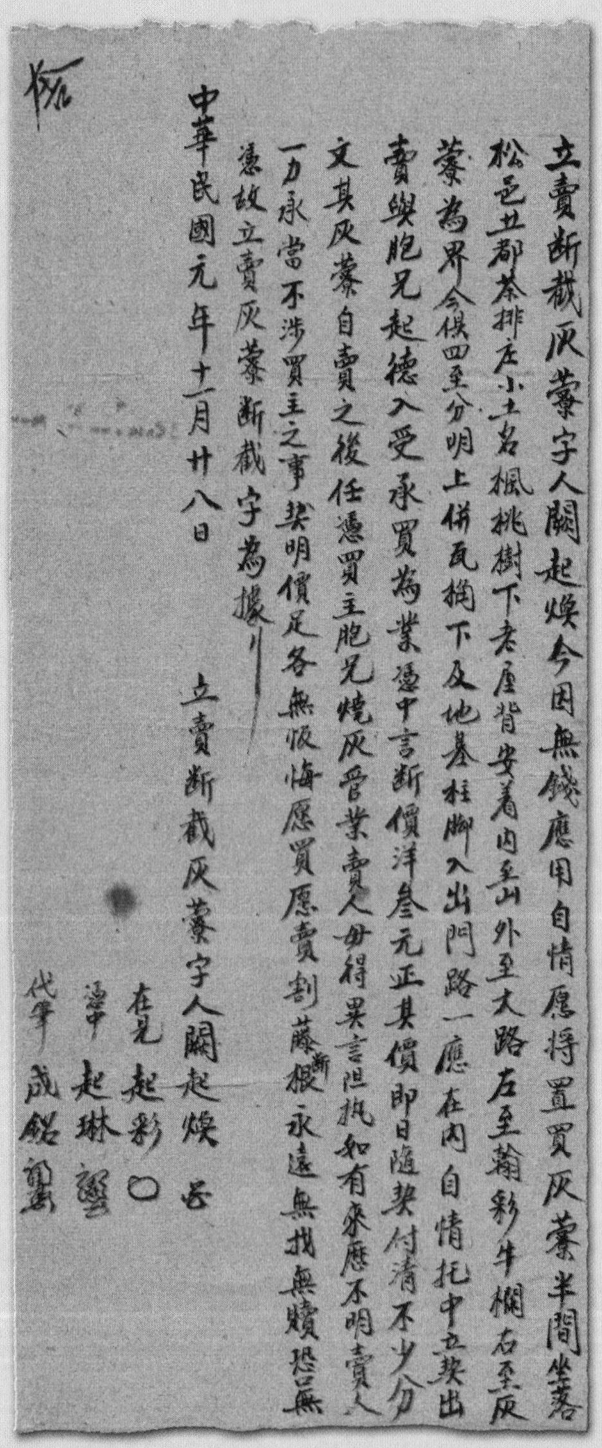

立賣断截灰寮字人闞起煥，今因無錢應用，自情愿將置買灰寮半間，坐落松邑廿一都茶排庄，小土名楓桃樹下老屋背安着，內至山，外至大路，左至翰彩牛欄，右至灰寮為界，今俱四至分明，上併瓦桷，下及地基柱脚，入出門路，一應在內，自情托中立契，出賣與胞兄起德入受承買為業，憑中言断價洋叁元正，其價即日隨契付清，不少分文，其灰寮自賣之後，任憑買主胞兄燒灰管業，賣人毋得異言阻执，如有來歷不明，賣人一力承當，不涉買主之事，契明價足，各無反悔，愿買愿賣，割藤断根，永遠無找無贖，恐口無憑，故立賣灰寮断截字為據。

中華民國元年十一月廿八日　立賣断截灰寮字人　闞起煥

在見　起彩

憑中　起琳

代筆　成銘

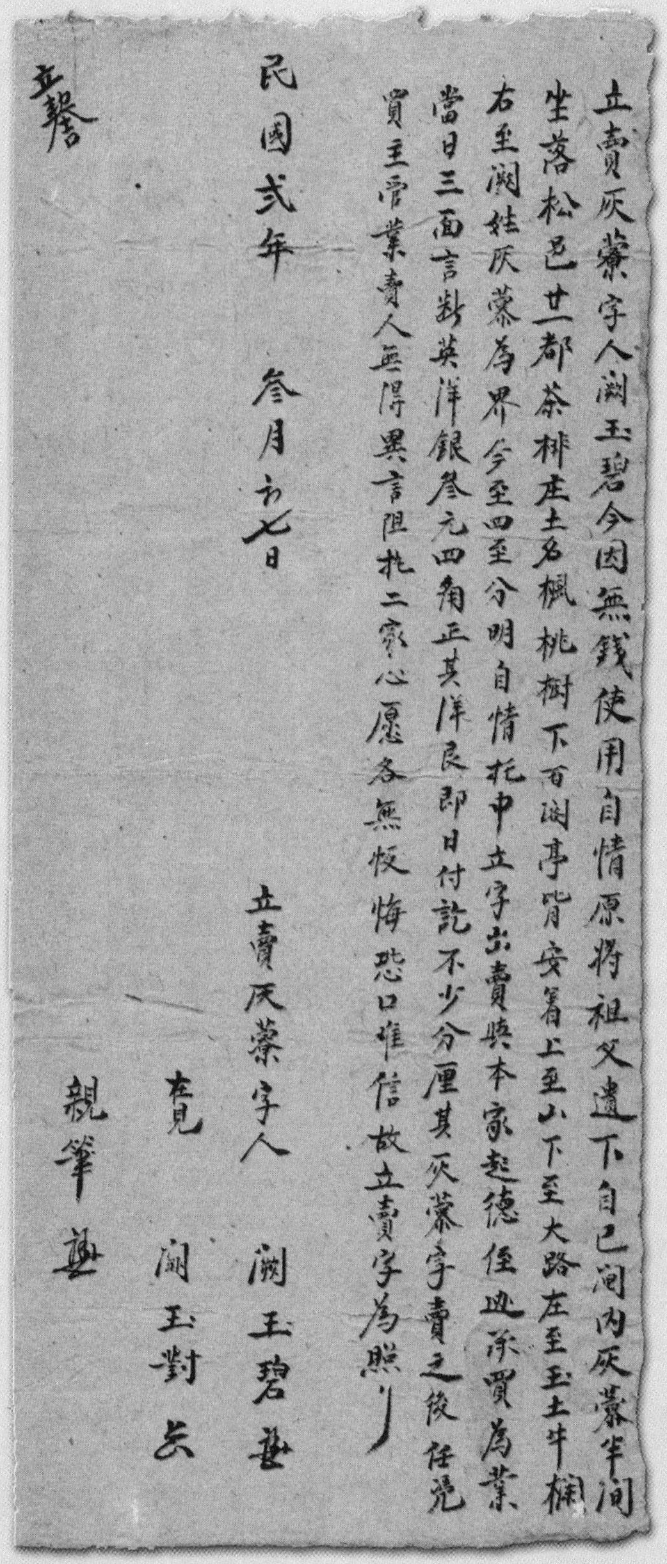

立賣灰寮字人闕玉碧，今因無錢使用，自情原［愿］将祖父遺下自己阄内灰寮半间，坐落松邑廿一都茶排庄，土名楓桃樹下百阁亭背安着，上至山，下至大路，左至玉土牛欄，右至闕姓灰寮為界，今至［具］四至分明，自情托中立字，出賣與本家起德侄边承買為業，當日三面言断英洋银叁元四角正，其洋银即日付訖，不少分厘，其灰寮字［自］賣之後，任凴買主管業，賣人無得異言阻执，二家心愿，各無反悔，恐口难信，故立賣字為照。

民國式年叁月初七日　立賣灰寮字人　闕玉碧

在見　闕玉對

親筆

立賣灰寮契字人闕吉本今因母故無錢應用自情愿將父手遺下分己股内灰坐落松邑廿一都茶排庄土名水井頭老屋上手灰寮壹间坐上至闕姓厨房墙脚下至大路左至滴水右至滴水為界今俱四至分明上並瓦桷下連地一應在内自愿托中立契出賣與本家起德叔邊入受承買為業當日憑中三面言断目值時價大洋九元正其洋銀隨契交清楚不少分厘其灰寮未賣之先並無文墨典當自賣之後任憑買主修正燒灰受用管業此係自己清業如有上手来歷不清賣人一力承當不干買主之事愿買愿賣两相情愿各無反悔恐口難憑立賣灰寮字為據

一批断截契管業再照

中華民國拾壹年五月十九日　立賣灰寮字人闕吉本

在見　起琳

憑中　起芸　吉聲

代筆　培昇

（前頁）>>>>>

立賣灰寮契字人闕吉本，今因母故，無錢應用，自情愿将父手遺下分己股内灰（寮），坐落松邑廿一都茶排庄，土名水井頭老屋上手，灰寮壹间，坐上至闕姓厨房墻脚，下至大路，左至滴水，右至滴水為界，今俱四至分明，上並瓦桷，下連地（基），一應在内，自愿托中立契，出賣與本家起德叔邊入受承買為業，當日憑中三面言断，目直時價大洋九元正，其洋銀隨契交清楚，不少分厘，其灰寮未買之先，並無文墨典當，自賣之後，任憑買主修正［整］燒灰，受用管業，此係自己清業，如有上手来歷不清，賣人一力承當，不干買主之事，愿買愿賣，两相情愿，各無反悔，恐口難憑，立賣灰寮字為據。

一批断截契管業，再照。

中華民國拾壹年正月十九日　立賣灰寮字人　闕吉本

在見　起琳

起兰

憑中　吉聲

代筆　培昇

立賣田契字人闕起名今因為妻亡故喪費無办自愿将父手遺下分已阄内民田坐落念壹都石倉源茶排水口外小土名夢嶺脚屋後安着田壹處其田上至闕姓田下至闕姓田内至小坑外至闕姓田為界今具四至分明并及田頭地坰雜木一應在内計租叁担壹籮正計額壹畝柒分正自愿立契出賣與胞弟起适入受承買為業當日三面言定時直田價大洋壹百柒拾伍元正其洋即日隨契交付清訖不少分厘其田自賣之後任憑弟邊完粮收租改佃永遠管業如有來歷不清賣人一力承當不干弟邊之事愿賣愿買各無反悔恐口難信日後備办契内原價取贖故立賣田契永遠為據

一批粮額賣人自己完納此照

中華民國乙丑拾四年拾壹月初九日

立賣田契字人闕起名 押

在見 起聲 押

代筆 起達 押

立契

（前頁）>>>>>

立賣田契字人闕起名，今因為妻亡故，喪費無办，自愿将父手遺下分己阄内民田，坐落念壹都石倉源茶排水口外，小土名夢嶺脚屋後，安着田壹處，其田上至闕姓田，下至闕姓田，内至小坑，外至闕姓田為界，今具四至分明，并及田頭地角雜木，一應在内，計租叁担壹籮正，計額壹畝柒分正，自愿立契，出賣與胞弟起适入受承買為業，當日三面言定，時直田價大洋壹百柒拾伍元正，其洋即日隨契交付清訖，不少分厘，其田自賣之後，任憑弟邊完粮收租改佃，永遠管業，如有來歷不清，賣人一力承當，不干弟邊之事，愿賣愿買，各無反悔，恐口難信，日後倫办契内原價取贖，故立賣田契永遠為據。

一批粮額賣人自己完納，此照。

中華民國乙丑拾四年拾壹月初九日　立賣田契字人　闕起名

在見　起聲

代筆　起達

立賣田契字人闕起璵今因錢粮無办自情愿將祖父遺下民田坐落松邑廿一都蔡排庄小土名水井頭德琮公屋後大田坵水田壹坵其田上至德瑞公田下至起敬田左至胡姓田右至買主田為界田計額粮弍分正計租谷弍桶半今其四至分明托中立契出賣與便邊璋雄入手承買為業當日憑中面斷時值田價大洋銀拾元正其洋即日親收足訖不少分厘其田自賣之後任憑買主推收過户完粮起耕改佃收租管業出賣人無得異言阻执如有上手來歷不明賣人一力承當不涉買主之事愿買愿賣兩相情言各無恢悔永遠無找無贖坊坪地墒茶頭椿樹棕木一應在内恐口無憑故立賣正找田契付與璋雄子孫永遠管業為據

中華民国拾柒年十二月廿五日

立賣田契字人闕起璵（押）

在見 闕起懋（押）

在場 闕起蘭

代筆 闕起寬（押）

大吉

（前頁）>>>>>

立賣田契字人闕起瑍，今因錢粮無办，自情愿將祖父遺下民田，坐落松邑廿一都茶排庄，小土名水井頭德琮公屋後大田坵，水田壹坵，其田上至德瑞公田，下至起敬［慦］田，左至胡姓田，右至買主田為界，田計額粮弍分正，計租谷弍桶半，今其［具］四至分明，托中立契，出賣與侄邊璋雄入手承買為業，當日凴中面断，時值田價大洋銀拾元正，其洋即日親收足訖，不少分厘，其田自賣之後，任凴買主推收過户完粮，起耕改佃，收租管業，出賣人無得異言阻执，如有上手来歷不明，賣人一力承當，不涉買主之事，愿買愿賣，两相情言［愿］，各無反悔，永遠無找無贖，坊［荒］坪地角，茶頭椿樹棕木，一應在内，恐口無凴，故立賣正找田契付異［與］璋雄子孫永遠管業為據。

中華民国拾柒年十一月廿五日　立賣田契字人　闕起瑍

在見　闕起慦

在場　闕起蘭

代筆　闕起寬

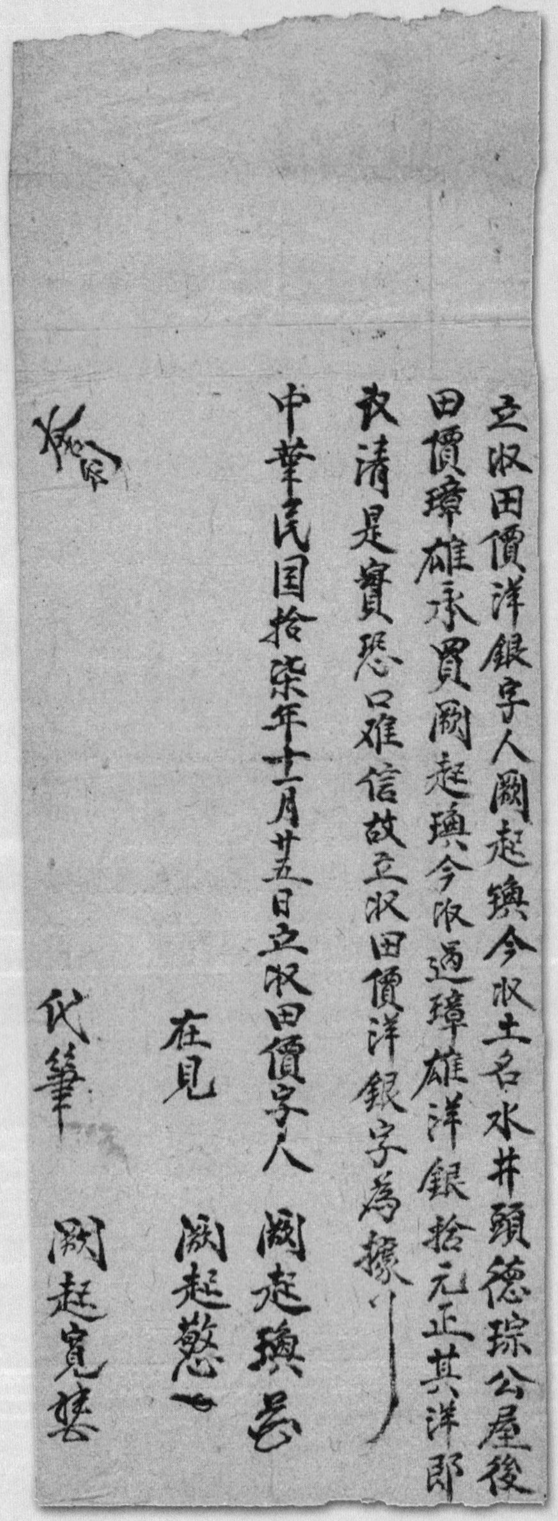

立收田價洋銀字人闕起瑍，今收土名水井頭德琮公屋後田價，璋雄承買闕起瑍，今收過璋雄洋銀拾元正，其洋即收清是實，恐口难信，故立收田價洋銀字為據。

中華民国拾柒年十一月廿五日　立收田價字人　闕起瑍

在見　闕起懋

代筆　闕起寬

叁桶

立賣田契字人闕執鐸仝弟執銑今因無錢應用自情愿將父手遺下民田壹
處坐落松邑二十一都石倉源茶排庄小土名桐坑排子裏安着民田壹處上
至王姓下至闕姓田左至坑右小坑並闕姓田為界今俱四至分明計額叁畝伍分正
計水租谷米柤叁桶正其田日先立契出賣四租與闕祥銘承買為業今將叁柤叁桶
正再托中立契出賣與闕祥銘入受承買為業當日憑中三面言斷田價大洋
柒拾捌元正其洋即日隨契交付清楚不少分文其田自賣之後任憑買主起耕
改佃出賣人無得異言阻執此係自己清業與內外伯叔兄弟人等無涉如有上
手來歷不清賣人一力承當不干受主之事其田日後任憑出賣人備办原價不限
年月取贖愿賣愿買各無悔悔恐口無憑故立賣田契字為據

一批契外付過大洋叁元正利息每年以作完粮
一批付過花押大洋壹元正

中華民國拾八年四月初二日　□賣田□□人闕執鐸（押）
胞弟　執銑（押）
在見　執錠（押）
憑中　培昇（押）
代筆　成達（押）

（前頁）>>>>>

立賣田契字人闕執鐸仝弟執銃，今因無錢應用，自情愿将父手遺下民田壹處，坐落松邑二十一都石倉源茶排庄，小土名桐坑排子裏，安着民田壹處，上至王姓，下至闕姓田，左至坑，右小坑並闕姓田為界，今俱四至分明，計額叁畝伍分正，計水租谷柒担叁桶正，其田日先立契出賣四担與闕祥銘承買為業，今將叁担叁桶正，再托中立契，出賣與闕祥銘入受承買為業，當日憑中三面言断，田價大洋柒拾捌元正，其洋即日隨契交付清楚，不少分文，其田自賣之後，任憑買主起耕改佃，出賣人無得異言阻执，此係自己清業，與内外伯叔兄弟人等無涉，如有上手來歷不清，賣人一力承當，不干受主之事，其田日後任憑出賣人備办原價不限年月取贖，愿賣愿買，各無反悔，恐口無憑，故立賣田契字為據。

一批契外付過大洋叁元正，利息每年以作完粮。

一批付過花押大洋壹元正。

中華民國拾八年四月初二日　立賣田契字人　闕執鐸

胞弟　執銃

在見　執錠

憑中　培昇

代筆　成達

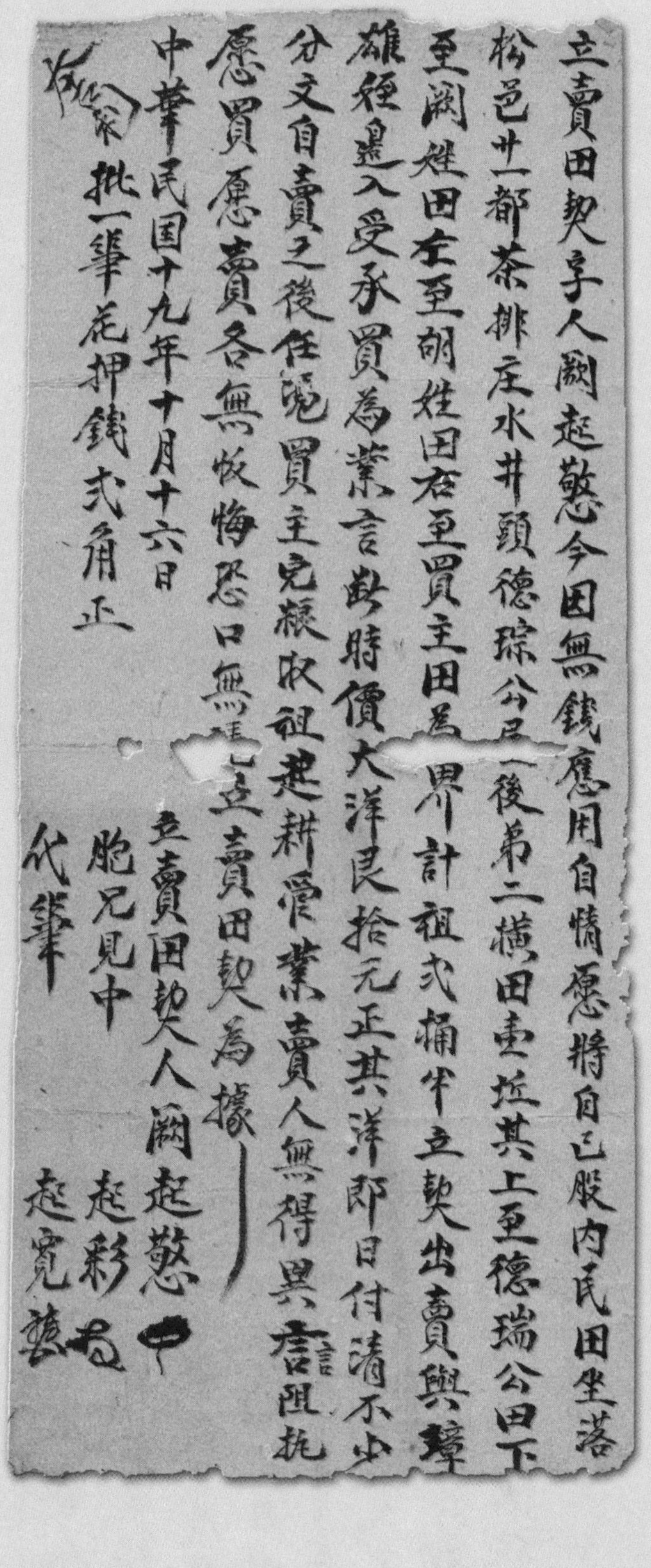

立賣田契字人闕起慜，今因無錢應用，自情愿將自己股内民田，坐落松邑廿一都茶排庄水井頭德琮公屋後弟［第］二横，田壹坵，其上至德瑞公田，下至闕姓田，左至胡姓田，右至買主田為界，計租式桶半，立契出賣與璋雄姪邊入受承買為業，言断時價大洋银拾元正，其洋即日付清，不少分文，自賣之後，任漗買主完粮收租，起耕管業，賣人無得異言阻執，愿買愿賣，各無反悔，恐口無漗，立賣田契為據。

中華民国十九年十月十六日　立賣田契人　闕起慜

胞兄見中　起彩

代筆　起寬

批一筆花押錢式角正。

立承租房屋字人闕吉聲，今
因無屋居住，自情问到本家樟
樹弟边租过房屋壹堂，并屋後
坪壹塊，坐落松邑廿一都，小土名水
井頭安着，面断每年十二月充
納屋租大洋肆元正，不敢欠少，
如有拖欠，任憑屋主追租封鎖，
承租人無得異言，恐口無憑，故
立承租房屋字為據。
中華民國廿二年弍月初四日　立承租房屋字人　闕吉聲
見　官琳
代筆　祥銘

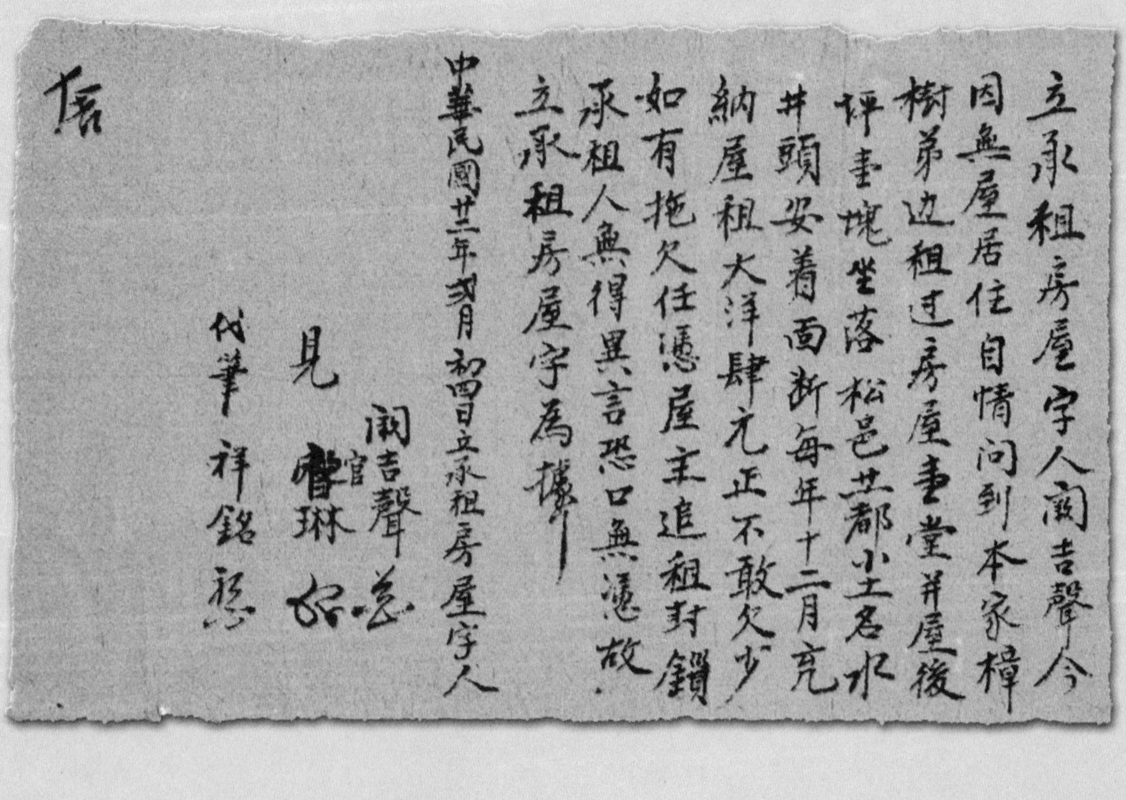
立承租房屋字人闕吉聲今
因無屋居住自情问到本家樟
樹弟边租过房屋壹堂并屋後
坪壹塊坐落松邑廿一都小土名水
井頭安着面断每年十二月充
納屋租大洋肆元正不敢欠少
如有拖欠任憑屋主追租封鎖
承租人無得異言恐口無憑故
立承租房屋字為據
中華民國廿二年弍月初四日立承租房屋字人
闕吉聲
見 官琳
代筆 祥銘

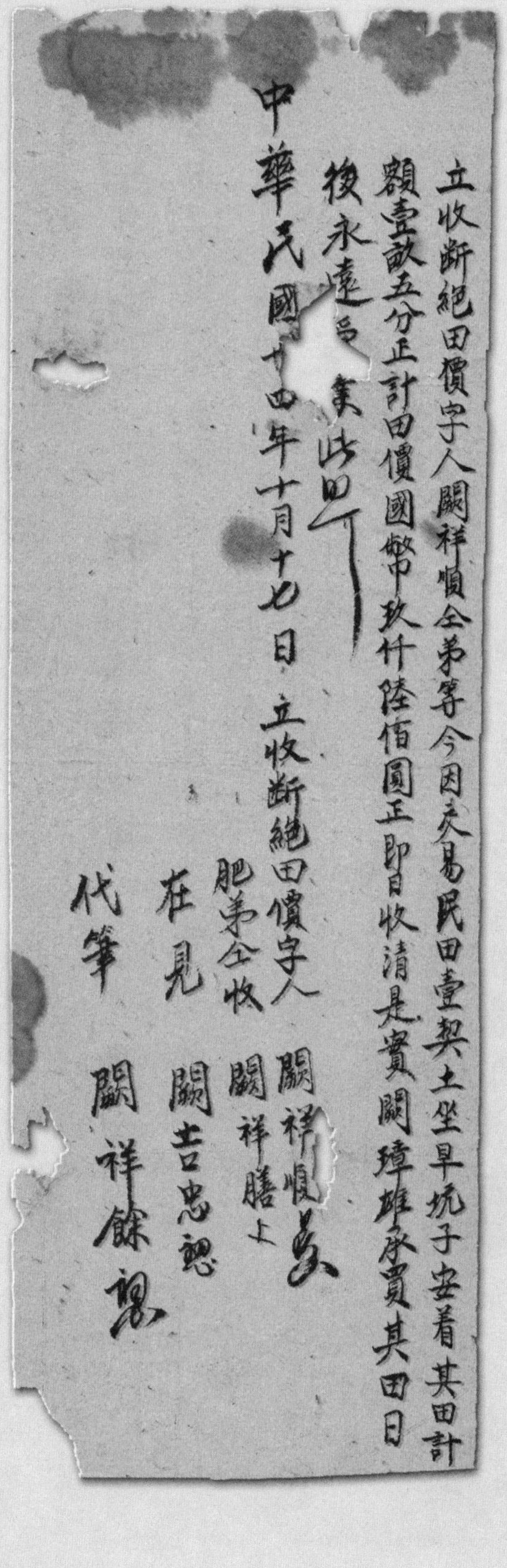

立收断絕田價字人闕祥順仝弟等，今因交易民田壹契，土坐旱坑子，安着其田，計額壹畝五分正，計田價國幣玖仟陸佰圓正，即日收清是實，闕璋雄承買其田，日後永遠管業，此照。

中華民國廿四年十月十七日　立收断絕田價字人　闕祥順

肥［胞］弟仝收　闕祥膳

在見　闕吉忠

代筆　闕祥餘

立賣田契字人阙祥銘今因無錢便用自願將上手遺下民田半處坐落松邑廿一都茶排庄小土名桐坑排子裡其田王姓田（上至[illegible]）下至坑左至坑右至坑其田四至界内共計租叁担伍桶計額壹畝八分正四至界内并及田頭地角一應在内今將四至界内拍出式担出賣與本家璋雄叔边入受承買為業當日面折當过大洋叁拾捌元正其洋即日收清不少分文其田任憑買主收谷式担願買願賣各無愎悔惟日後賣人備办銀洋不限年月取贖恐口無憑故立賣田契字為據

一批契外付过大洋式元正其利以作完粮

中華民國念四年十一月初二日

立賣田契字人 阙祥銘 押

在見 咸勇 押

親筆 押

(前頁)>>>>>

立賣田契字人闕祥銘，今因無錢便用，自願將上手遺下民田半處，坐落松邑廿一都茶排庄，小土名桐坑排子裡，其田上至王姓田，下至坑，左至坑，右至坑，其田四至界內，共計租叁担伍桶，計額壹畝八分正，四至界内，并及田頭地角，一應在内，今将四至界内拍出式担，出賣與本家瑋雄叔边入受承買為業，當日面断，當过大洋叁拾捌元正，其洋即日收清，不少分文，其田任憑買主收谷式担，願買願賣，各無反悔，惟日後賣人備办銀洋不限年月取贖，恐口無憑，故立賣田契字為據。

一批契外付过大洋式元正，其利以作完粮。

中華民國念四年十一月初二日　立賣田契字人　闕祥銘

在見　成勇

親筆

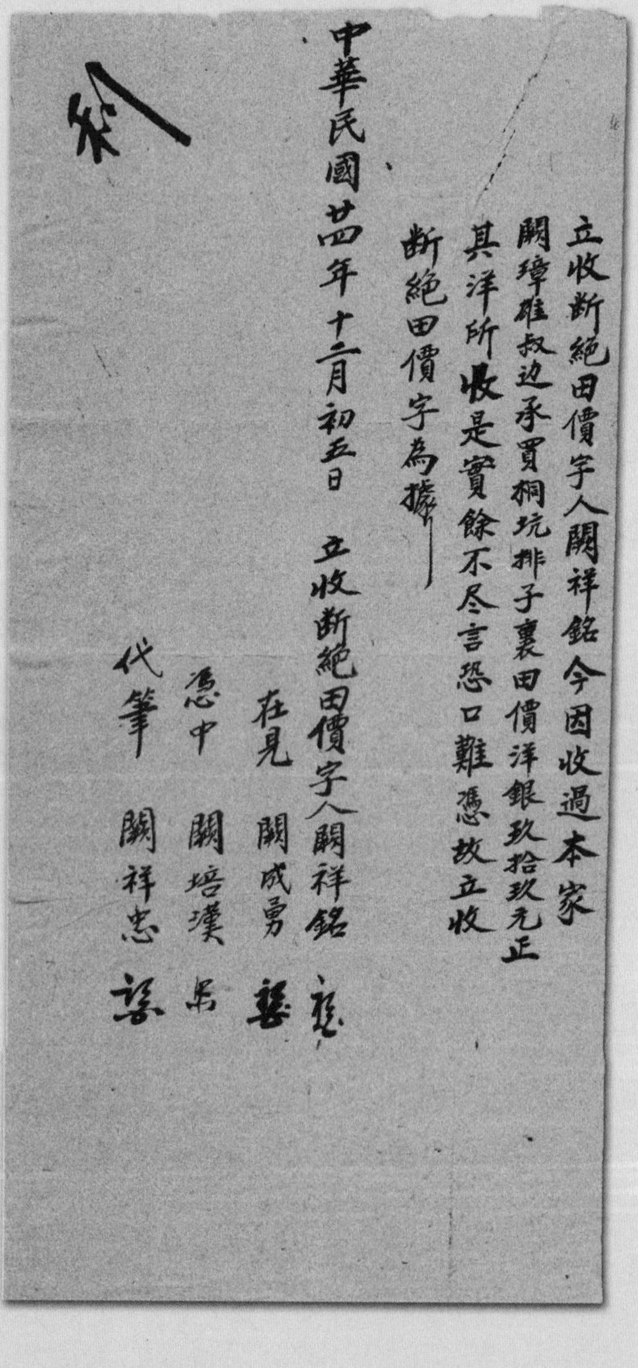

立收断絶田價字人闕祥銘，今因收過本家
闕璋雄叔边承買桐坑排子裏田價洋銀玖拾玖元正，
其洋所收是實，餘不尽言，恐口難憑，故立收
断絶田價字為據。
中華民國廿四年十二月初五日　立收断絶田價字人　闕祥銘
在見　闕成勇
憑中　闕培漢
代筆　闕祥忠

立賣斷絕田契字人闕吉年仝弟侄等忌田今因錢粮無办自情愿將上祖遺下分
己閬內民田坐落松邑廿一都茶排庄小土名舞嶺脚天堂坑口安着民田壹處其
田上至闕姓田下至闕姓田內至坑外至闕馮弍姓田為界今俱四至界內并及田頭
地棉柏茶雜木一概在內計額壹畝柒分伍厘正今俱四至分明自愿托中
立契出賣與本家弟邊闕璋能□受承買為業當日憑中三面言斷目
值時價田價國幣陸拾陸圓正其□幣即日隨契交付清楚不少分厘其
田自賣之後任憑買主過戶完粮執契起耕改佃收租耕種管業出賣人
無得異言阻執如有上手來歷不明出賣人一力承當不干買主之事此係
自己清業以內外房親伯叔兄弟□等無涉一賣千休日後永遠無找無
贖兩相情愿各無反悔恐口無憑□賣斷絕田契字為據

中華民國廿九年十一月十二日

立賣斷絕田契字人　闕吉年

弟仝賣人　闕吉日

闕吉時

侄仝賣人　闕祥洲

闕彪侯

保長　闕祥奎

憑中　闕祥甲

代筆　闕起坪

（前頁）>>>>>

立賣断絕田契字人闕吉年仝弟、侄等，忌田今因錢粮無办，自情愿將上祖遺下分己阄内民田，坐落松邑廿一都茶排庄，小土名舞嶺脚天堂坑口，安着民田壹處，其田上至闕姓田，下至闕姓田，内至坑，外至闕、馮式姓田為界，今俱四至界内，并及田頭地桷［角］，柏茶雜木，一概在内，計額壹畝柒分伍厘正，今俱四至分明，自愿托中立契，出賣與本家弟邊闕璋熊[1]人受承買為業，當日憑中三面言断，目值時價田價國幣陸拾陸圓正，其國幣即日隨契交付清楚，不少分厘，其田自賣之後，任憑買主過户完粮，執契起耕，改佃收租，耕種管業，出賣人無得異言阻執，如有上手来歷不明，出賣人一力承當，不干買主之事，此係自己清業，以［與］内外房親伯叔兄弟人等無涉，一賣千休，日後永遠無找無贖，两相情愿，各無反悔，恐口無憑，故立賣断絕田契字為據。

中華民國廿九年一月十三日　立賣断絕田契字人　闕吉年

弟仝賣人　闕吉日

闕吉時

侄仝賣人　闕祥閞

闕起侯

保長　闕祥奎

憑中　闕祥甲

代筆　闕起玶

1 據民國《闕氏宗譜》，「璋熊」實為「璋雄」之誤。

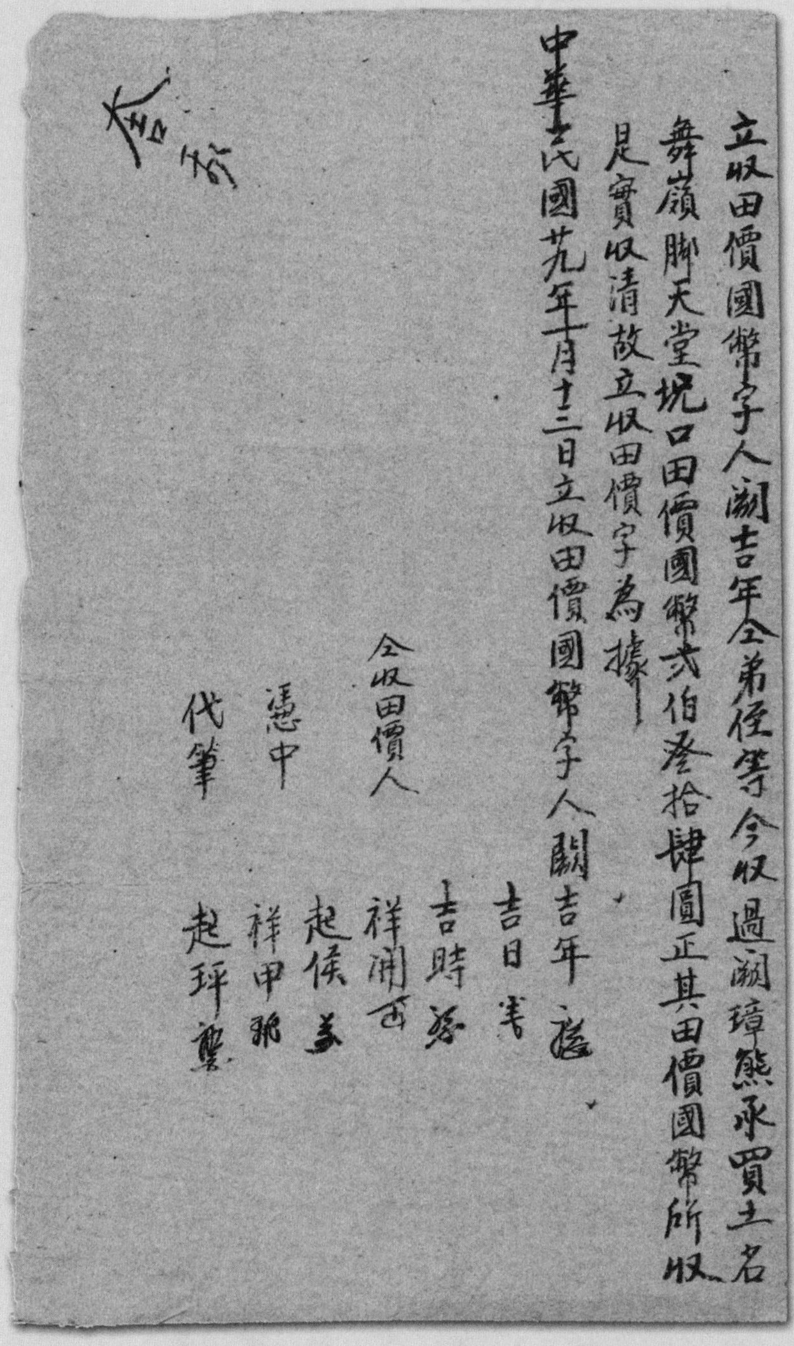

立收田價國幣字人闞吉年仝弟、侄等，今收過闞璋雄承買土名舞嶺脚天堂坑口田價國幣弍伯叁拾肆圓正，其田價國幣所收是實收清，故立收田價字為據。

中華民國廿九年十月十三日　立收田價國幣字人　闞吉年

吉日

吉時

仝收田價人　祥閈

憑中　起侯

祥甲

代筆　起玶

立賣斷截田契字人闕祥光今因家用不敷自愿將自置民田壹處坐落
松邑二十一都茶排庄小土名夢嶺脚旱坑安着其田上至山下至華姓田内至山外
至山為界計租陸桶正今俱四至分明四至界内計額壹分正自愿托中立字出賣
與闕瑋雄叔邊入受承買為業當日憑中三面言斷併光耀時值價國幣叁仟玖佰元
正其幣當日隨契付清不少分文不另立收字其田自賣之後任憑買主收租管業起耕
改佃出賣人無得異言阻執此係自己親業以内外人等無涉如有上手來歷不清出
賣人一力承當不干買主之事愿買愿賣各無反悔恐口無憑故立賣斷截田契字永
遠為據

中華民國三十四年十一月十四日

立賣斷截田契字人 闕祥光（押）

在見 闕吉幸（押）

憑中 闕吉仁（押）

親筆（押）

大吉

（前頁）>>>>>

立賣断截田契字人闕祥光，今因家用不敷，自愿將自置民田壹處，坐落松邑二十一都茶排庄，小土名夢嶺脚旱坑子，安着其田，上至山，下至華姓田，内至山，外至山為界，計租陸桶正，今俱四至分明，四至界内，計額壹分正，自愿托中立字，出賣與闕璋雄叔边入受承買為業，當日凴中三面言断，併完糧，時值價國幣叁仟玖佰元正，其幣當日隨契付清，不少分文，不另立收字，其田自賣之後，任憑買主收租管業，起耕改佃，出賣人無得異言阻執，此係自己親業，以［與］内外人等無涉，如有上手來歷不清，出賣人一力承當，不干買主之事，愿買愿賣，各無反悔，恐口無憑，故立賣断截田契字永遠為據。

中華民國三十四年十一月十四日　立賣断截田契字人　闕祥光

在見　闕吉圭

憑中　闕吉仁

親筆

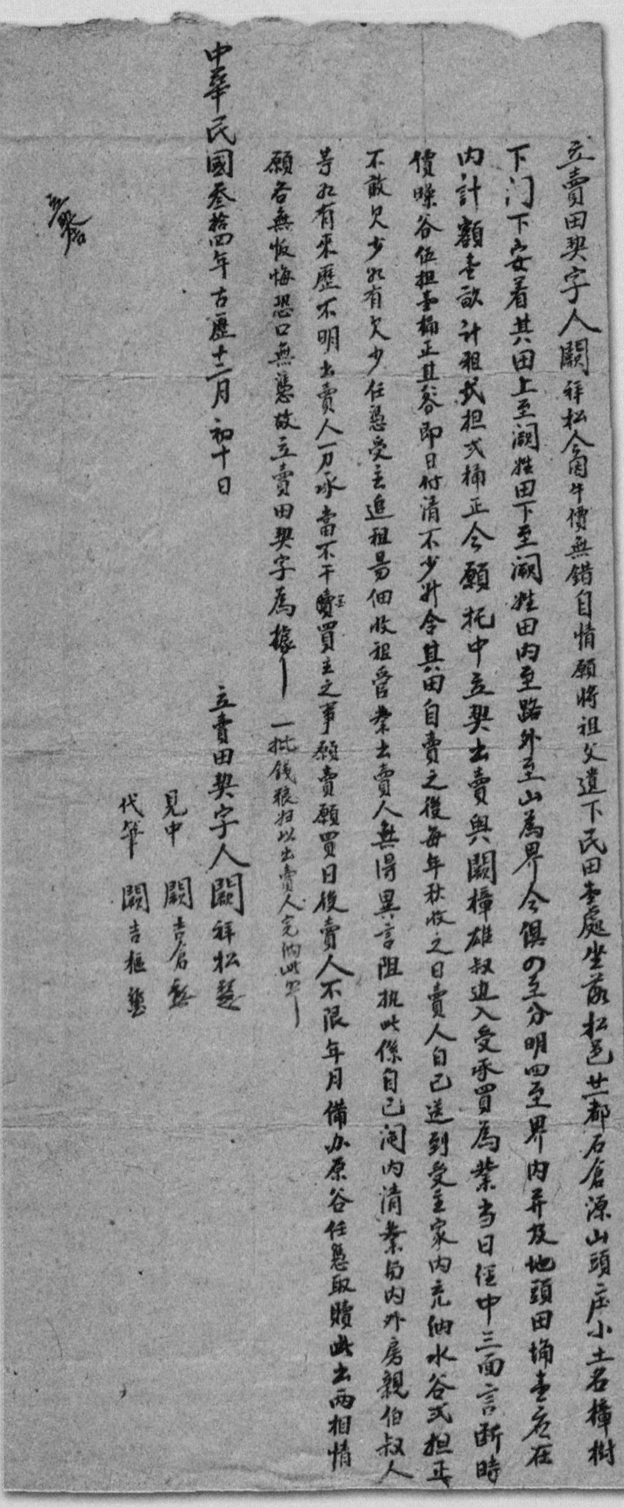

立賣田契字人闞祥松，今因牛價無錯［措］，自情願将祖父遺下民田壹處，坐落松邑廿一都石倉源山頭庄，小土名樟樹下门下，安着其田，上至闞姓田，下至闞姓田，內至路，外至山為界，今俱四至分明，四至界內，并及地頭田角，壹应在內，計額壹畝，计租式担式桶正，今願托中立契，出賣與闞樟雄叔边入受承買為業，当日经中三面言断，時價燥谷伍担壹桶正，其谷即日付清，不少升合，其田自賣之後，每年秋收之日，賣人自己送到受主家內充纳水谷式担正，不敢欠少，如有欠少，任憑受主追租易佃，收租管業，出賣人無得異言阻执，此係自己阄內清業，与內外房親伯叔人等（無涉），如有來歷不明，出賣人一力承當，不干買主之事，願賣願買，日後賣人不限年月備办原谷任憑取贖，此出两相情願，各無反悔，恐口無憑，故立賣田契字為據。一批錢粮归以出賣人完纳，此照。

中華民國叁拾四年古歷十二月初十日　立賣田契字人　闞祥松

見中　闞吉倉

代筆　闞吉樞

立賣杉木苗字人闕執祥今因粮食無办将到文公嘗山種有杉木壹塊坐落松邑廿一都石倉源茶排庄小土名同坑源頭安著其山上至山頂橫龍下至田墈左至食水堀下合水坑上隨路直上坳門右至分水青山為界今直四至分明四至界内杉木苗壹塊四至内種工抽出叁成托中立字賣與本宗弟边闕璋樵入受承買為業憑中三面言斷杉木苗目直價國幣洋捌仟元正其幣即日隨字付清不少分文其杉木苗自賣之後任憑買主蓄成林日後出拚砍伐白文公山租四成買主叁成賣主叁成正面断任憑蓄養拾九年甲辰年完滿砍伐日後不得行用此出兩相情愿各無反悔恐口無憑故立賣杉木苗字為據

民國丙戌卅五年二月十日　立賣杉木苗字人　闕執祥

見　執養

中　松求　蔡其榮

代筆　闕後賢

大加面

（前頁）>>>>>

立賣杉木苗字人闕執祥，今因粮食無办，将弼文公嘗山，種有杉木壹塊，坐落松邑廿一都石倉源茶排庄，小土名同坑源頭山，安着其山，上至山頂横龍，下至田角，左至食水堀下合水坑上隨路直上坳門，右至分水青山為界，今直［具］四至分明，四至界内杉木苗壹塊，四至内種工抽出叁成，任［托］中立字，賣與本家弟边闕璋雄入受承買為業，凴中三面言断，杉木苗目直時價國幣捌仟元正，其幣即日隨字付清，不少分文，其杉木苗自賣之後，任凴買主籙养成林，日後出拚砍伐，白文[1]公山租四成，買主叁成，賣主叁成正面断，任凴籙養拾九年，甲辰年完滿砍伐，日後不得行用，此出兩相情愿，各無反悔，恐口無凴，故立賣杉木苗字為據。

民國丙戌卅五年二月十一日　立賣杉木苗字人　闕執祥

見　執養

中　松求

蔡其榮

代筆　闕後賢

1 『白文』即『弼文』。

立收房屋價字人闕起穀，今因交易民屋壹处，坐落松邑廿一都茶排庄，小土名楼屋下安着，其屋價收过闕璋雄自实收过燥谷壹拾弍担正，其谷即日收清两讫，不少分厘，愿收愿付，两家心愿，各無反悔，恐口無憑，故立收房屋價字『人』为據。

中華民国卅六年十一月卅（日）　立收房屋價字人　闕起穀

見收　闕水□

中　闕吉仁

代筆　闕起鈿

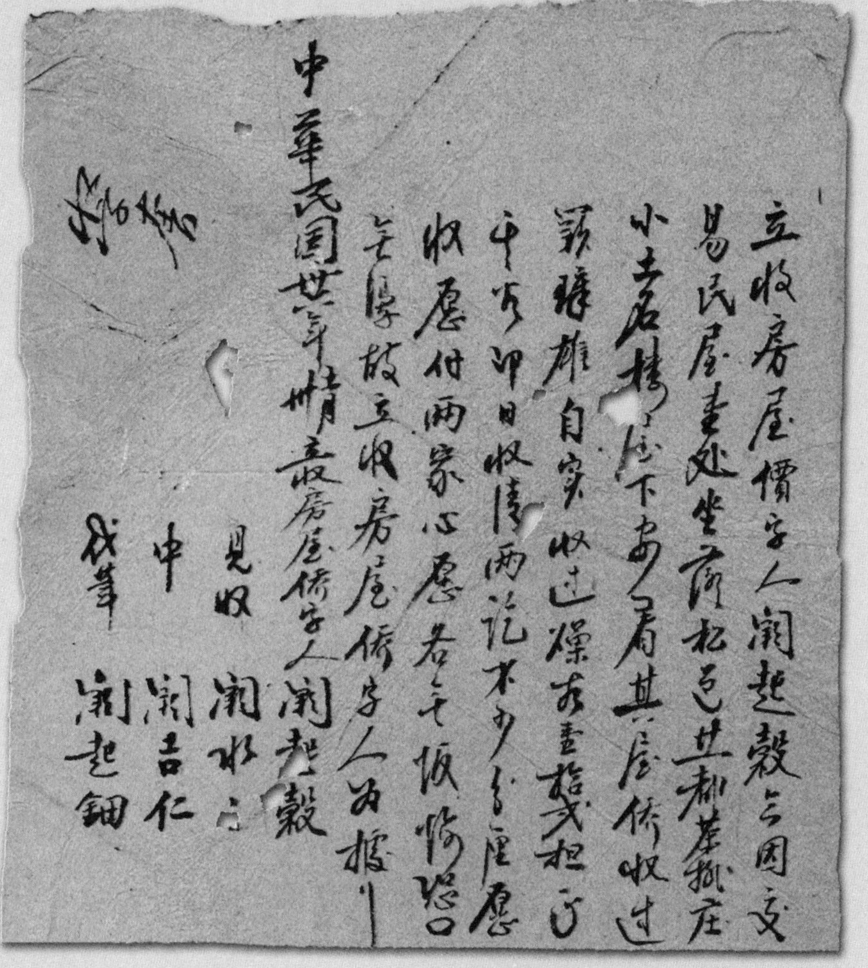

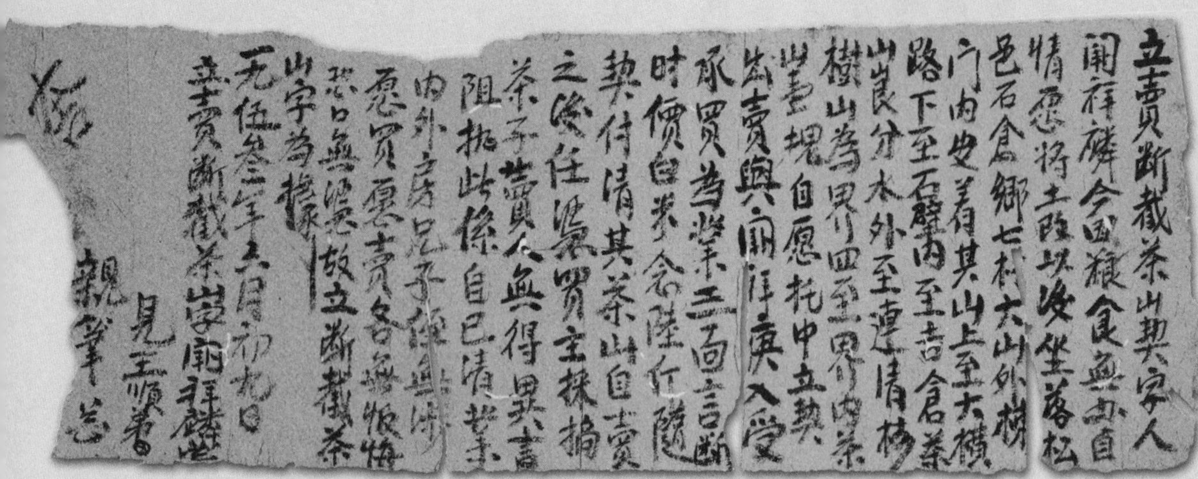

立賣断截茶山契字人
阙祥麟，今因粮食無办，自
情愿将土改以後，坐落松
邑石倉鄉七村大山外楝
门内，安着其山，上至大横
路，下至石壁，内至吉倉茶
山崀分水，外至連清杉
樹山為界，四至界内茶
山壹塊，自愿托中立契，
出賣與阙祥庚入受
承買為業，三面言断，
时價白米念陸斤，隨
契付清，其茶山自賣
之後，任憑買主採摘
茶子，賣人無得異言
阻执，此係自己清業，
内外房兄子侄無涉，
愿買愿賣，各無反悔，
恐口無憑，故立断截茶
山字為據。
一九伍叁年六月初九日
立賣断截茶山字　阙祥麟
見　王順弟
親筆

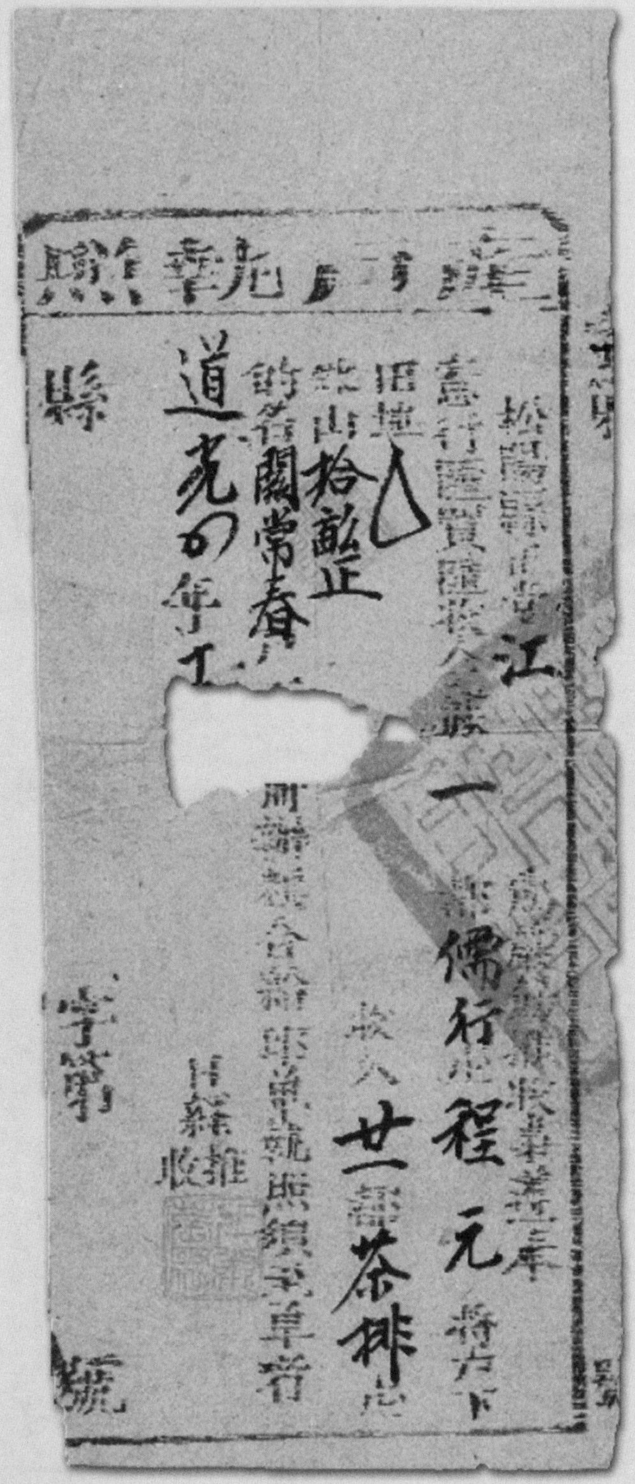

# 產戶執照

松陽縣正堂 江　為嚴飭推收事，遵奉
憲行，隨買隨收，今據 一 都儒行庄 程元 将户下
田地 △
外山 拾畝正　收入 廿一 都 茶排 庄
的名 闕常春 户下入册辦粮，合給印单執照，須至单者。
道光 四年 十□月　日經 推 收
縣　字第　號

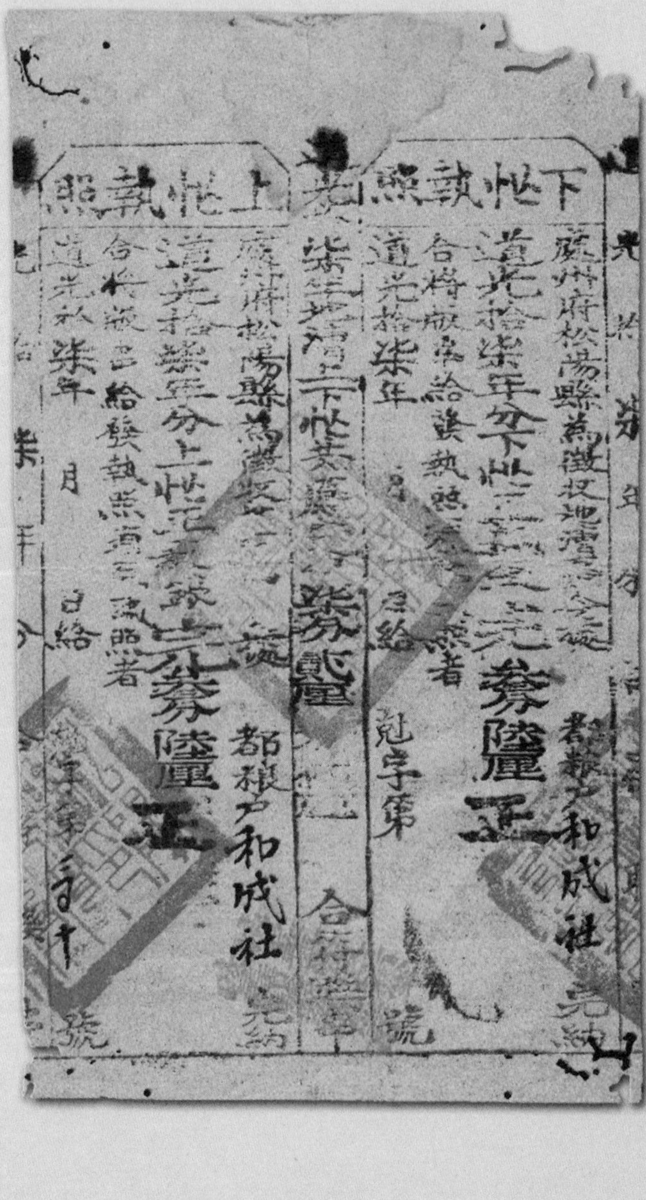

下忙執照

處州府松陽縣為徵收地漕事，今據　都粮户 和成社 完納
道光拾柒年分下忙正耗銀完　叁分陸厘　正，
合将版串給發執照，須至執照者。
道光拾柒年　月　日給　尅　字第　號

道光拾柒年地漕上下忙共應完銀　柒分貳厘　合符聯串

上忙執照

處州府松陽縣為徵收地漕事，今據　都粮户 和成社 完納
道光拾柒年分上忙正耗銀完　叁分陸厘　正，
合将版串給發執照，須至執照者。
道光拾柒年　月　日給　尅　字第　三百十　號

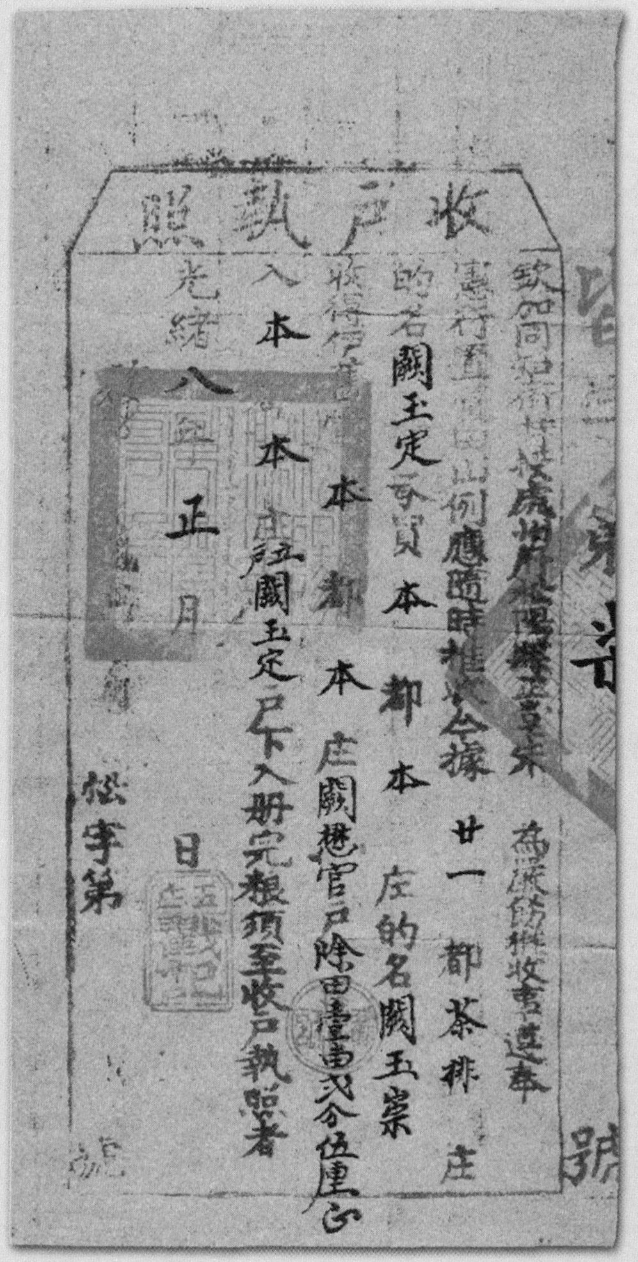

# 收戶執照

欽加同知銜特授處州府松陽縣正堂朱　為嚴飭推收事，遵奉

憲行置買田山例，應隨時推收，今據　廿一　都　茶排　庄

的名　闕玉定　承買　本　都　本　庄的名　闕玉崇

收得伊舊管　本　都本　庄　闕懋官　户　除田壹亩弍分伍厘正，

入　本　都　本　庄　立户闕玉定　户下入册完粮，須至收户執照者。

光緒　八　年　正　月　　日　五庄戳記

松字　　號

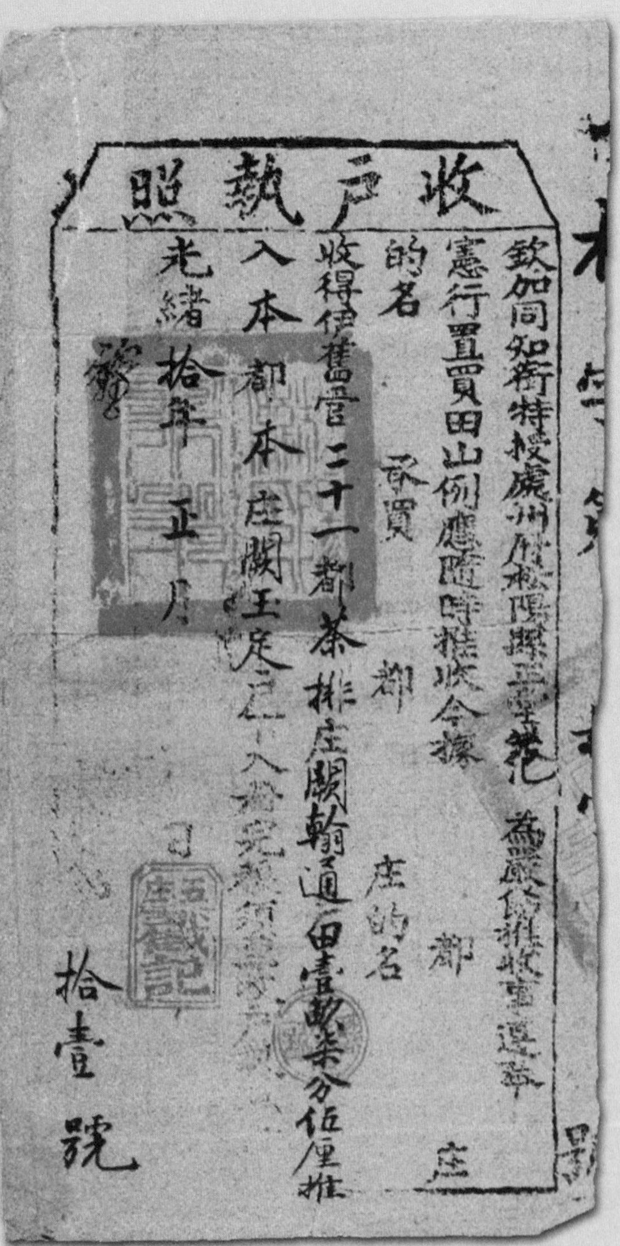

# 收戶執照

欽加同知銜特授處州府松陽縣正堂范　為嚴飭推收事，遵奉

憲行置買田山例，應隨時推收，今據　都　庄

的名　承買　都　庄的名

收得伊舊管二十一都 茶排 庄 闕翰通 户田壹畝柒分伍厘，推

入本都 本庄 闕玉定 户下入册完粮，須至收户執照者。

光緒 拾 年 正 月　日

五庄 戳記

拾壹 號

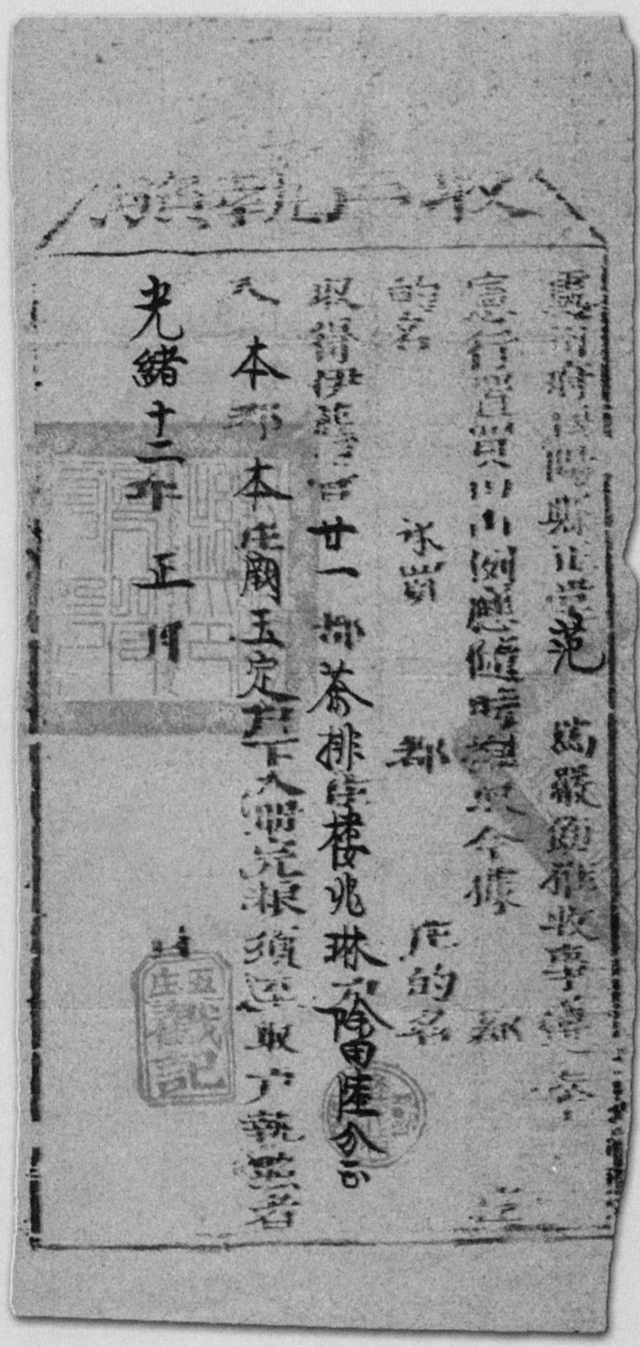

收戶執照

處州府松陽縣正堂范　　爲嚴飭推收事，遵奉
憲行置買田山例，應隨時推收，今據　　都　　庄
的名　　承買　　都　　庄的名
收得伊舊管　廿一都　茶排　庄　樓兆琳户　除田陸分正，
入本都　本庄　闕玉定　户下入册完粮，須至收户執照者。
光緒　十二年　正月　　日

五庄
戳記

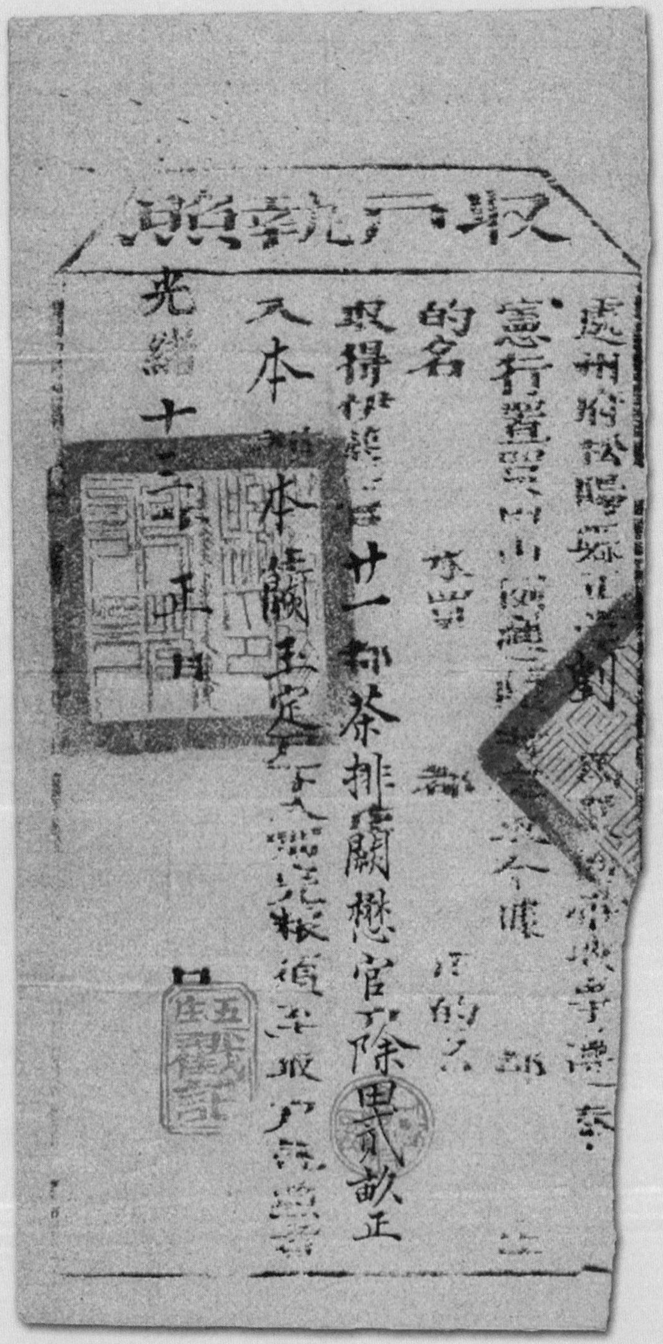

# 收户執照

處州府松陽縣正堂劉　　爲嚴飭推收事，遵奉
憲行置買田山例，應隨時推收，今據　　都　　庄
的名　　承買　　都　　庄的名
收得伊舊管　廿一都　茶排　庄　闕懋官　户　除田貳畝正，
入　本　都本庄　闕玉定　户下入册完粮，須至收户執照者。
光緒　十三　年　正　月　　日

五庄
戳記

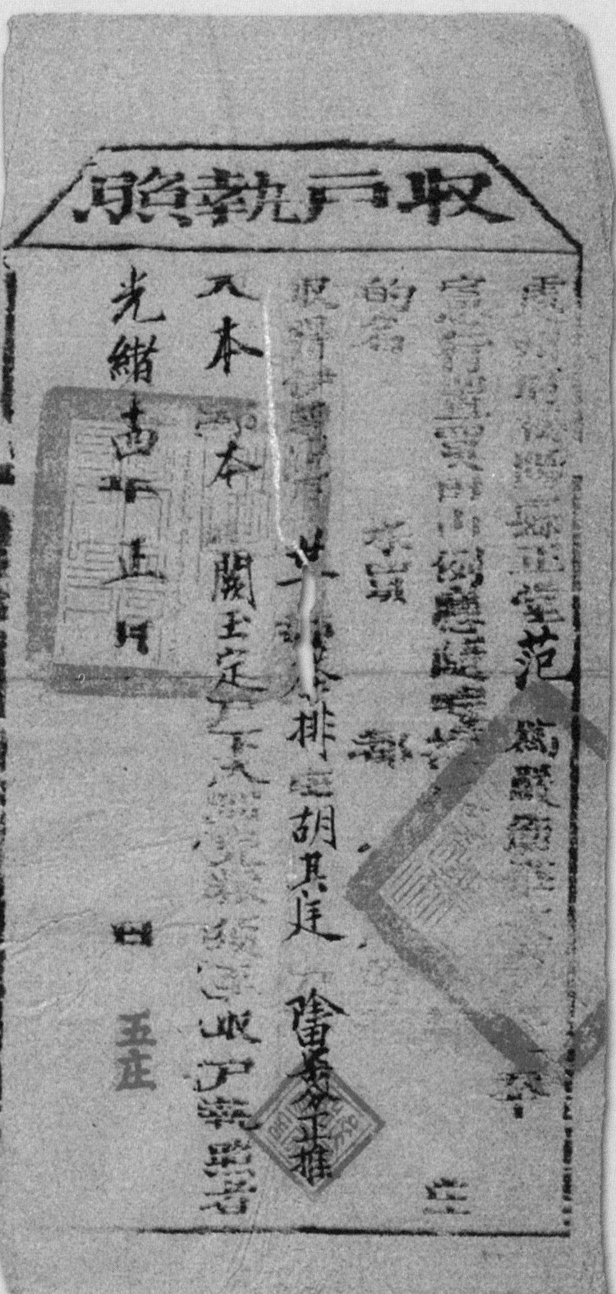

# 收戶執照

處州府松陽縣正堂范　　爲嚴飭推收事，遵奉
憲行置買田山例，應隨時推收，今據　　都　　庄
的名　　承買　　都　　庄的名
收得伊舊管　廿一都　茶排　庄　胡其廷　户　除田柒分正，推
入　本都　本　庄　闕玉定　户下入册完粮，須至收户執照者。
光緒　十四　年　正　月　　日　五庄

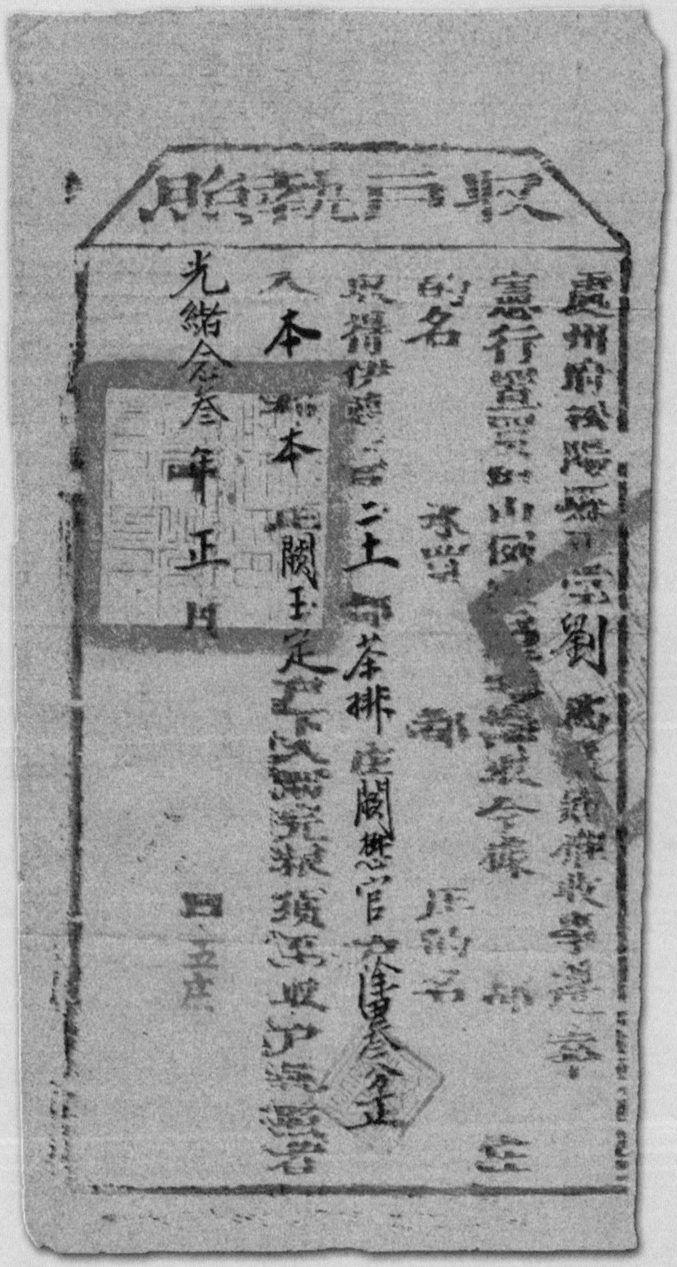

# 收戶執照

處州府松陽縣正堂劉　　爲嚴飭推收事，遵奉

憲行置買田山例，應隨時推收，今據　　都　　庄

的名　　承買　　都　　庄的名

收得伊舊管　廿一　都　茶排　庄　闕懋官　户　除田叁分正，

入　本都　本庄　闕玉定　户下入册完粮，須至收户執照者。

光緒　念叁　年　正　月　　日　五庄

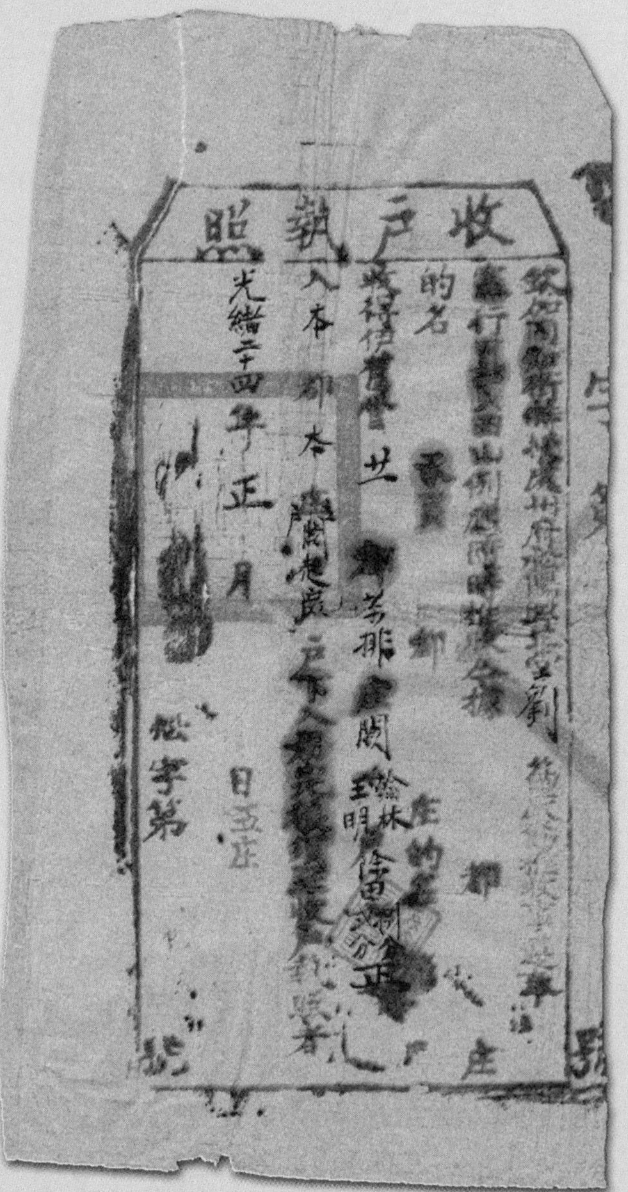

## 收戶執照

欽加同知銜特授處州府松陽縣正堂劉　為嚴飭推收事，遵奉
憲行置買田山例，應隨時推收，今據　都　庄
的名　承買　都　庄的名
收得伊舊管　廿一都　茶排　庄　闕翰林玉明户　除田捌分正，式分
入本都本庄　立户闕起庶　户下入册完粮，須至收户執照者。
光緒　二十四　年　正　月　日　五庄
松字第　號

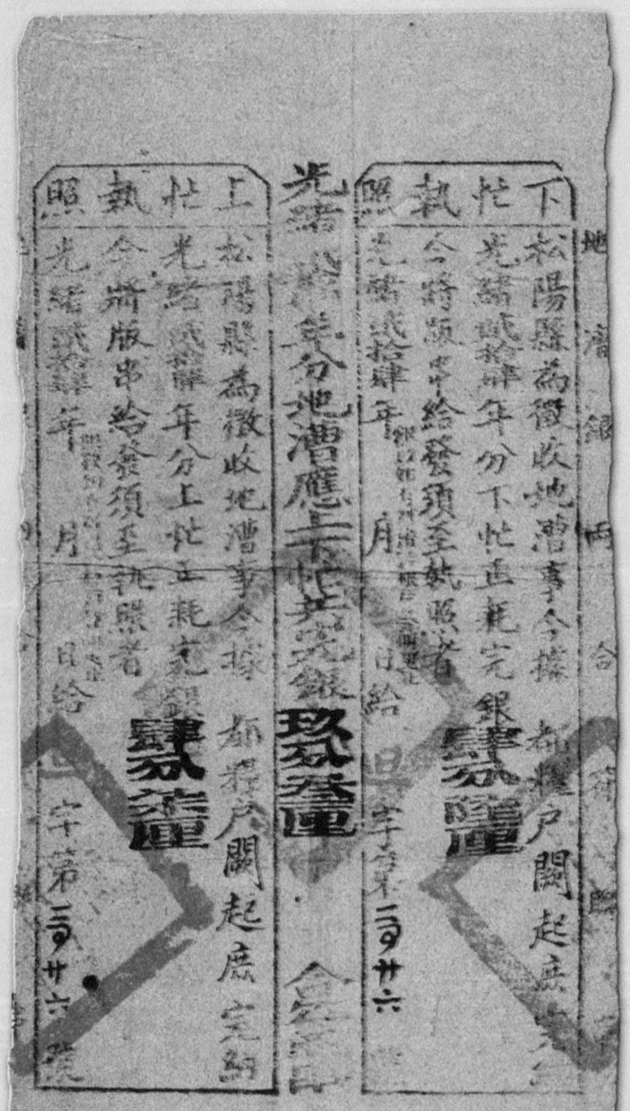

## 下忙執照

松陽縣為徵收地漕事，今據　都糧户　闕起庶　完納
光緒貳拾肆年分下忙正耗完銀　肆分陸厘，
合將版串給發須至執照者。
銀数如有舛錯，許粮户聲明更正。
光緒貳拾肆年　月　日給　旦　字第　三百廿六　號

光緒貳拾肆年分地漕應上下忙共完銀　玖分叁厘　合符聯串

## 上忙執照

松陽縣為徵收地漕事，今據　都糧户　闕起庶　完納
光緒貳拾肆年分上忙正耗完銀　肆分柒厘，
合將版串給發須至執照者。
銀数如有舛錯，許粮户聲明更正。
光緒貳拾肆年　月　日給　旦　字第　三百廿六　號

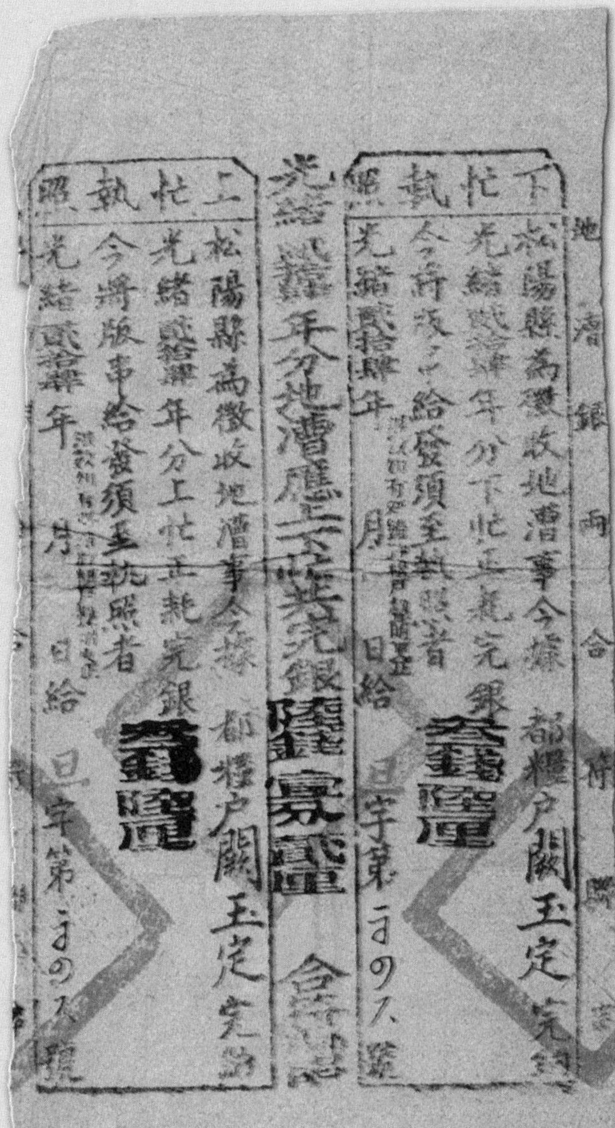

下忙執照

松陽縣為徵收地漕事，今據　都糧户　闕玉定　完納
光緒貳拾肆年分下忙正耗完銀　叁錢陸厘，
合將版串給發須至執照者。
銀数如有舛錯，許粮户聲明更正。
光緒貳拾肆年　月　日給　旦　字第　二百四六　號

光緒貳拾肆年分地漕應上下忙共完銀　陸錢壹分貳厘　合符聯串

上忙執照

松陽縣為徵收地漕事，今據　都糧户　闕玉定　完納
光緒貳拾肆年分上忙正耗完銀　叁錢陸厘，
合將版串給發須至執照者。
銀数如有舛錯，許粮户聲明更正。
光緒貳拾肆年　月　日給　旦　字第　二百四六　號

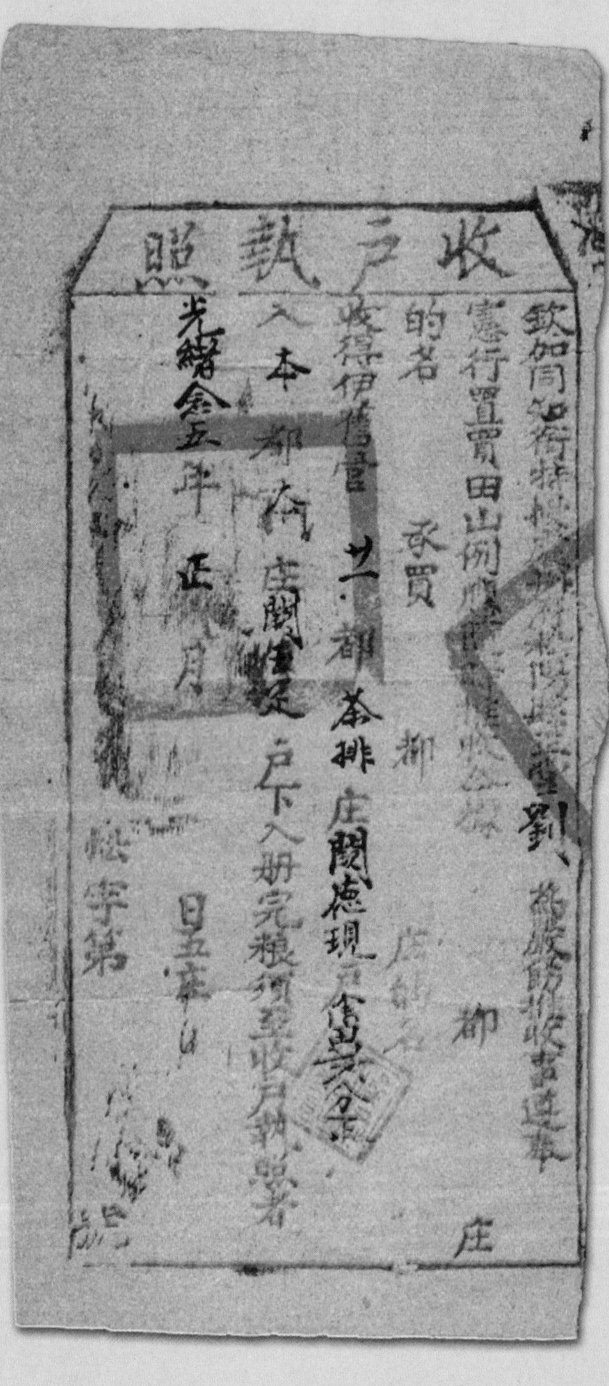

# 收戶執照

欽加同知銜特授處州府松陽縣正堂劉　為嚴飭推收事，遵奉

憲行置買田山例，應隨時推收，今據　都　庄

的名　承買　都　庄的名

收得伊舊管　廿一都　茶排　庄　闕德現　户　除田弍分正，

入本都　本　庄　闕玉定　户下入册完粮，須至收户執照者。

光緒　念五　年　正　月　日　五庄

松字第　號

# 收戶執照

處州府松陽縣正堂劉　為嚴飭推收事，遵奉
憲行置買田山例，應隨時推收，今據　都　庄
的名　承買　都　庄的名
收得伊舊管　廿一　都　茶排　庄　闕德現户　除田伍厘，
入本　都本　庄　闕玉定　户下入册完粮，須至收户執照者。
光緒　念陸　年　正　月　日　五庄
松字第　號

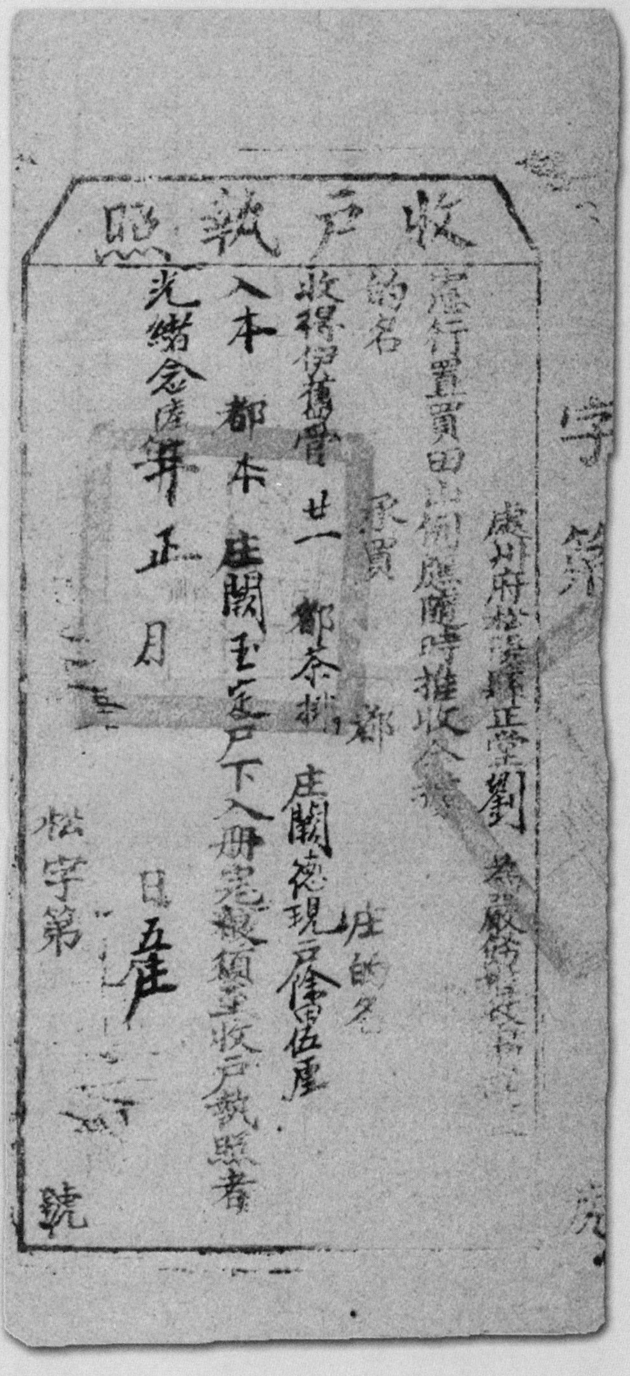

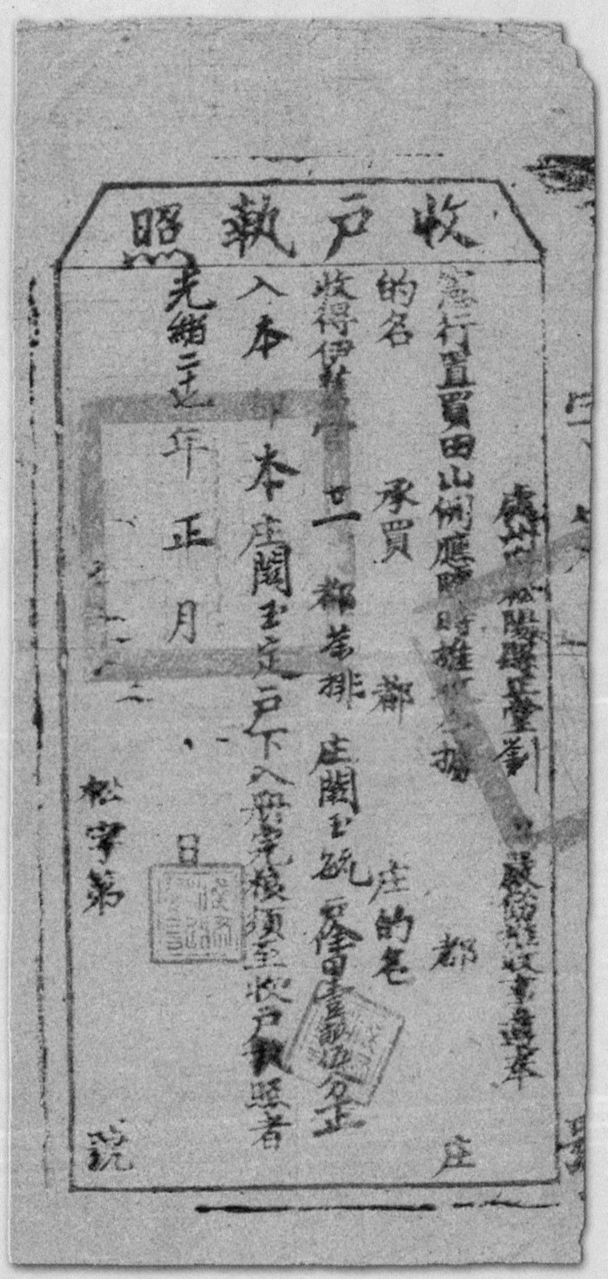

## 收戶執照

處州府松陽縣正堂劉　為嚴飭推收事，遵奉
憲行置買田山例，應隨時推收，今據　都　庄
的名　承買　都　庄的名
收得伊舊管　廿一　都　茶排　庄　闕玉毓户　除田壹畝伍分正，
入本　都本　庄　闕玉定　户下入册完粮，須至收户執照者。
光緒　二十七　年　正　月　日
松字第　號

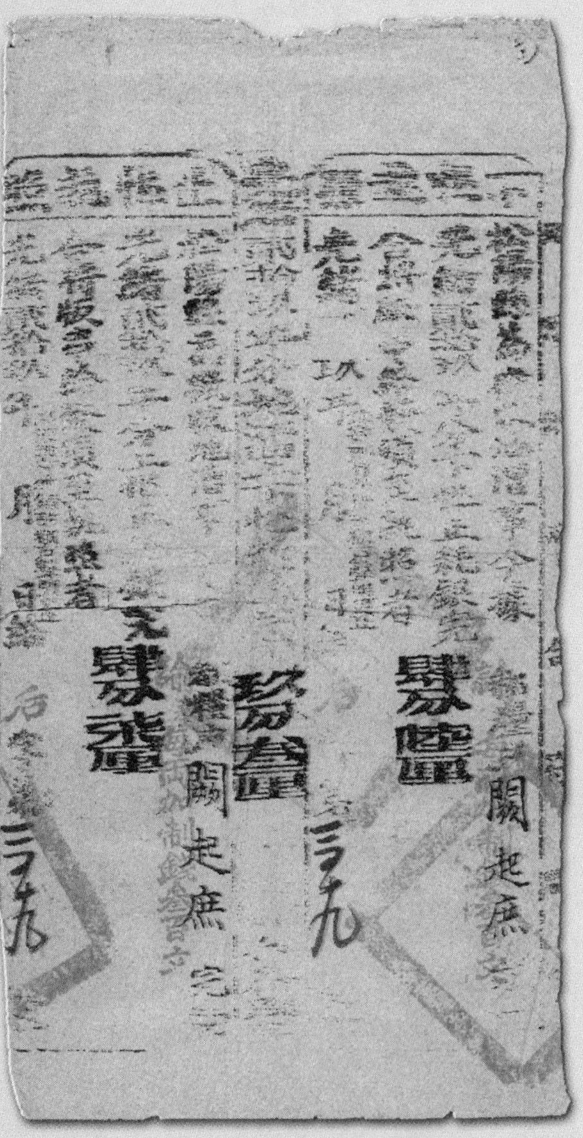

下忙執照

松陽縣為徵收地漕事，今據　都糧户　闕起庶　完納
光緒貳拾玖年分下忙正耗銀完　肆分陸厘，
合将版串給發，須至執照者。
銀数如有舛錯，許粮户聲明更正。
光緒貳拾玖年　月　日給　后　字第　三百十九　號

光緒貳拾玖年分地漕上下忙共應完銀　玖分叁厘　合符聯串

上忙執照

松陽縣為徵收地漕事，今據　都糧户　闕起庶　完納
光緒貳拾玖年分上忙正耗銀完　肆分柒厘，
合将版串給發，須至執照者。
銀数如有舛錯，許粮户聲明更正。
光緒貳拾玖年　月　日給　后　字第　三百十九　號

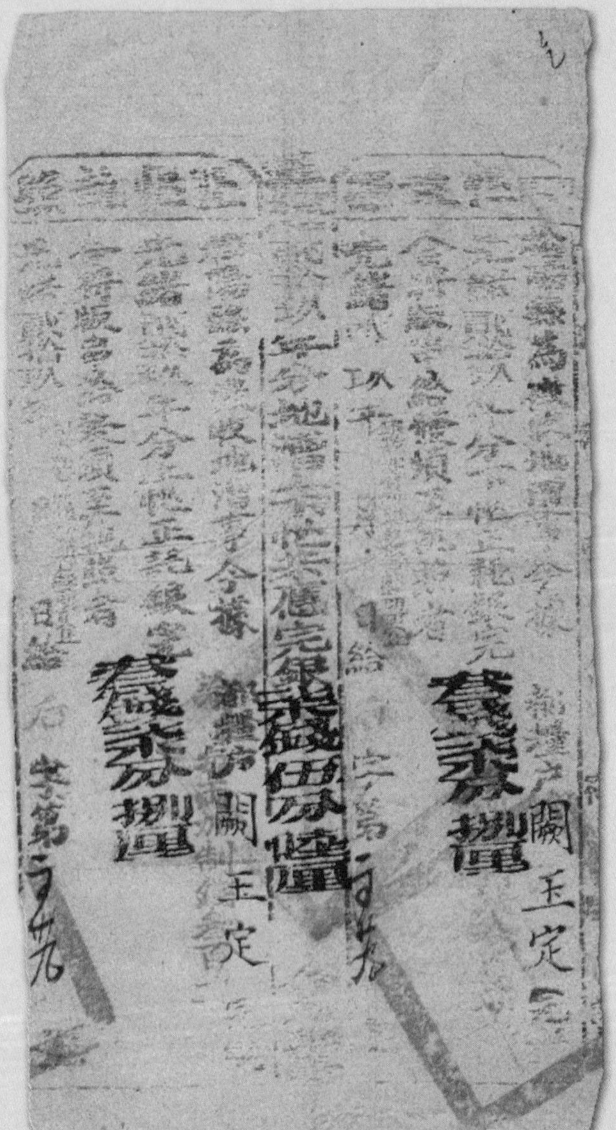

## 下忙執照

松陽縣為徵收地漕事，今據　都糧户　闞玉定　完納
光緒貳拾玖年分下忙正耗銀完　叁錢柒分捌厘，
合將版串給發，須至執照者。
銀数如有舛錯，許粮户聲明更正。
光緒貳拾玖年　月　日給　后　字第　二百廿九　號

光緒貳拾玖年分地漕上下忙共應完銀　柒錢伍分陸厘　合符聯串

## 上忙執照

松陽縣為徵收地漕事，今據　都糧户　闞玉定　完納
光緒貳拾玖年分上忙正耗銀完　叁錢柒分捌厘，
合將版串給發，須至執照者。
銀数如有舛錯，許粮户聲明更正。
光緒貳拾玖年　月　日給　后　字第　二百廿九　號

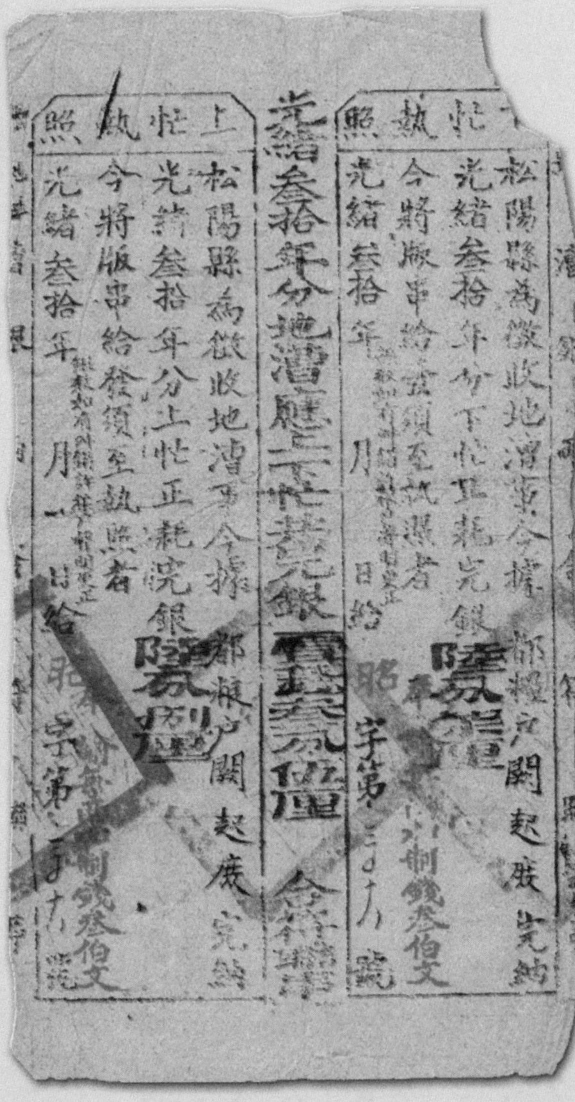

下忙執照

松陽縣為徵收地漕事，今據　都糧户　闕起庶　完納
光緒叁拾年分下忙正耗完銀　陸分柒厘，
今將版串給發，須至執照者。
銀数如有舛錯，許粮户聲明更正。　奉諭每两加制錢三伯文
光緒叁拾年　月　日給　昭　字第　二百十八　號

光緒叁拾年分地漕應上下忙共完銀　壹錢叁分伍厘　合符聯串

上忙執照

松陽縣為徵收地漕事，今據　都糧户　闕起庶　完納
光緒叁拾年分上忙正耗完銀　陸分捌厘，
今將版串給發，須至執照者。
銀数如有舛錯，許粮户聲明更正。　奉諭每两加制錢三伯文
光緒叁拾年　月　日給　昭　字第　二百十八　號

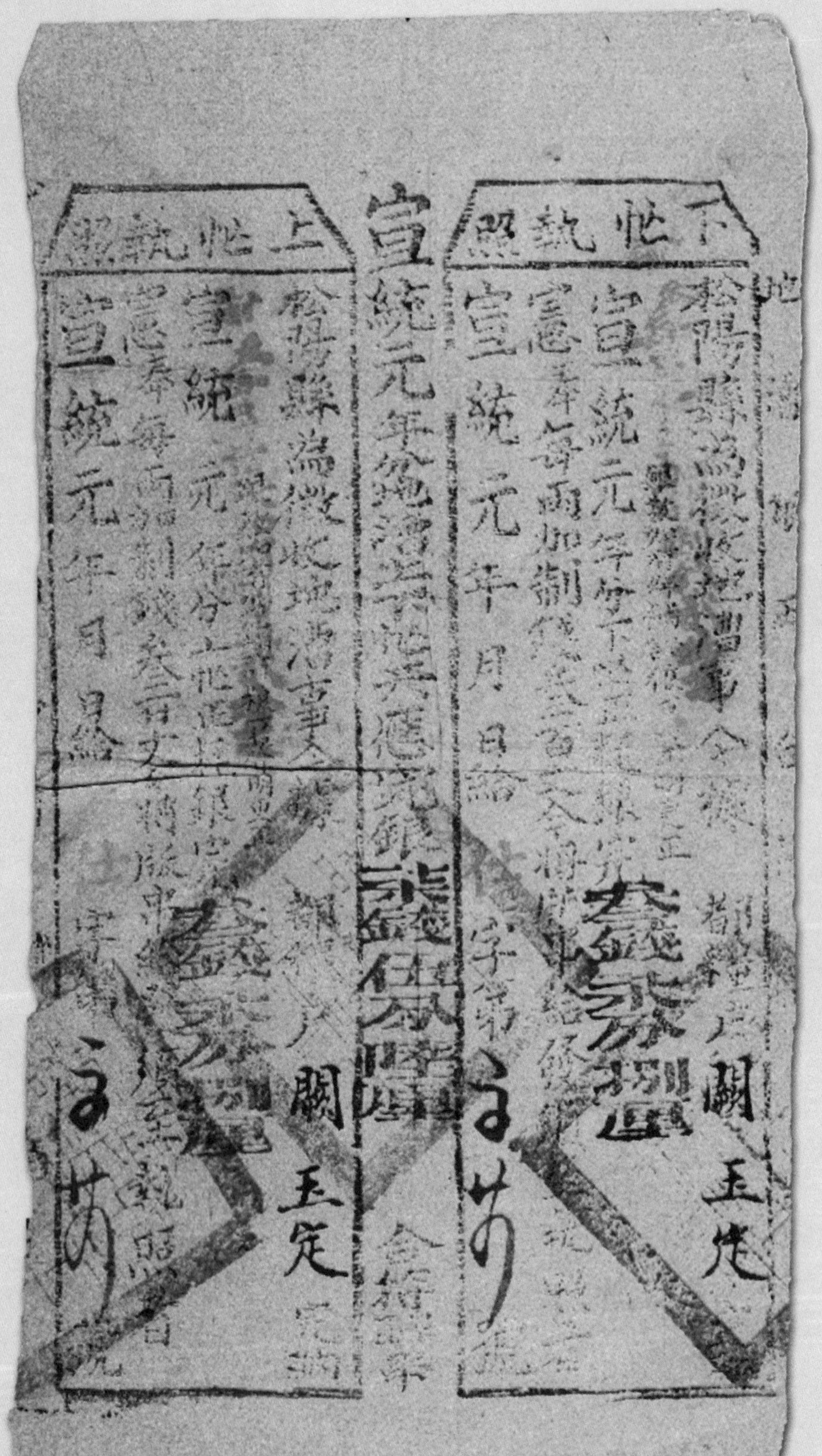

下忙執照

松陽縣為徵收地漕事今據

宣統元年分下忙地丁銀

宣統元年每兩加制錢叁百文

宣統元年 月 日給

字第 號

闕玉定

宣統元年分地漕串票

上忙執照

松陽縣為徵收地漕事今據

宣統元年分上忙地丁銀

宣統元年每兩加制錢叁百文

宣統元年 月 日給

闕玉定

下忙執照

松陽縣為徵收地漕事，今據　都糧户　闕玉定　完納
宣統元年分下忙正耗銀完　叁錢柒分捌厘，
奉
憲每两加制錢叁百文，今将版串給發，須至執照者。
宣統元年　月　日給　仕字第　二百廿四　號

宣統元年分地漕上下忙共應完銀　柒錢伍分陸厘　合符聯串

上忙執照

松陽縣為徵收地漕事，今據　都糧户　闕玉定　完納
宣統元年分上忙正耗銀完　叁錢柒分捌厘，
奉
憲每两加制錢叁百文，今将版串給發，須至執照者。
宣統元年　月　日給　仕字第　二百廿四　號

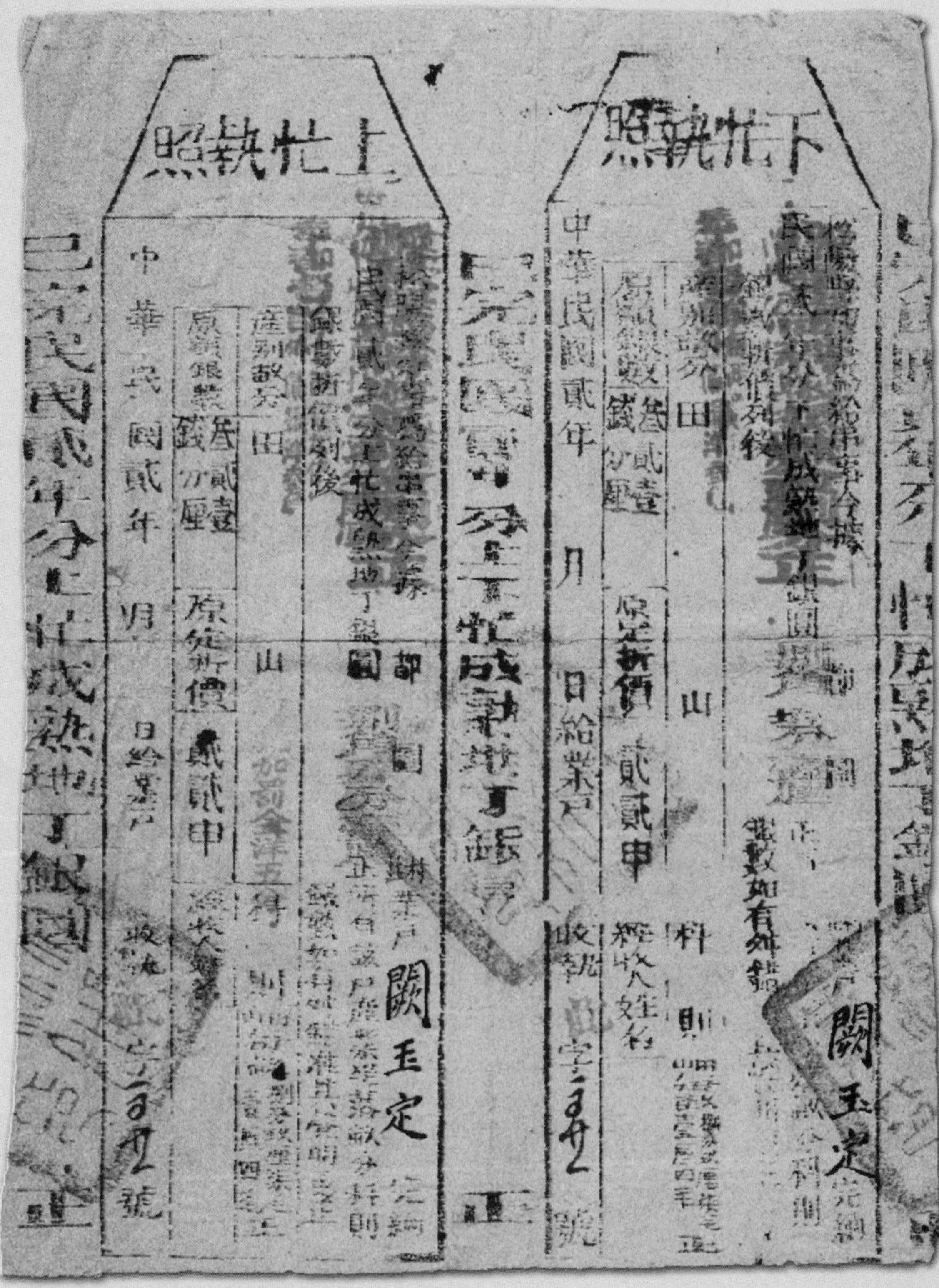
上忙執照

民國貳年分上忙成熟地丁銀圓

錢糧折價列後

產別畝分 田 山

原額銀數

原定折價

闕玉定

中華民國貳年 月 日給業戶

收執 字 號

下忙執照

民國貳年分下忙成熟地丁銀圓

錢糧折價列後

產別畝分 田 山

原額銀數

原定折價

闕玉定

中華民國貳年 月 日給業戶

收執 字 號

## 下忙執照

松陽縣知事為給串事，今據　都　圖　村莊業户 闕玉定　完納

民國貳年分下忙成熟地丁銀圓 捌角叁分壹厘 正。所有該户産業坐落畝分科則

銀數折價列後　銀數如有舛錯，准其聲明更正。

| 産別畝分 | 原額銀數 |
| --- | --- |
| 田 | 叁錢貳分壹厘 |
| 山 | 原定折價 |
| | 貳貳串 |
| 科則 | 經收人姓名 |
| 田每畝捌分玖厘柒毛正<br>山每畝壹厘四毛 | |

中華民國貳年　月　日給業户　收執　此字　二百廿一　號

已完民國貳年分上下忙成熟地丁銀　正

## 上忙執照

松陽縣知事為給串事，今據　都　圖　村莊業户 闕玉定　完納

民國貳年分上忙成熟地丁銀圓 捌角叁分壹厘 正。所有該户産業坐落畝分科則

銀數折價列後　銀數如有舛錯，准其聲明更正。

| 産別畝分 | 原額銀數 |
| --- | --- |
| 田 | 叁錢貳分壹厘 |
| 山　加罰金洋五角 | 原定折價 |
| | 貳貳串 |
| 科則 | 經收人姓名 |
| 田每畝捌分玖厘柒毛正<br>山每畝壹厘四毛 | |

中華民國貳年　月　日給業户　收執　字　二百廿一　號

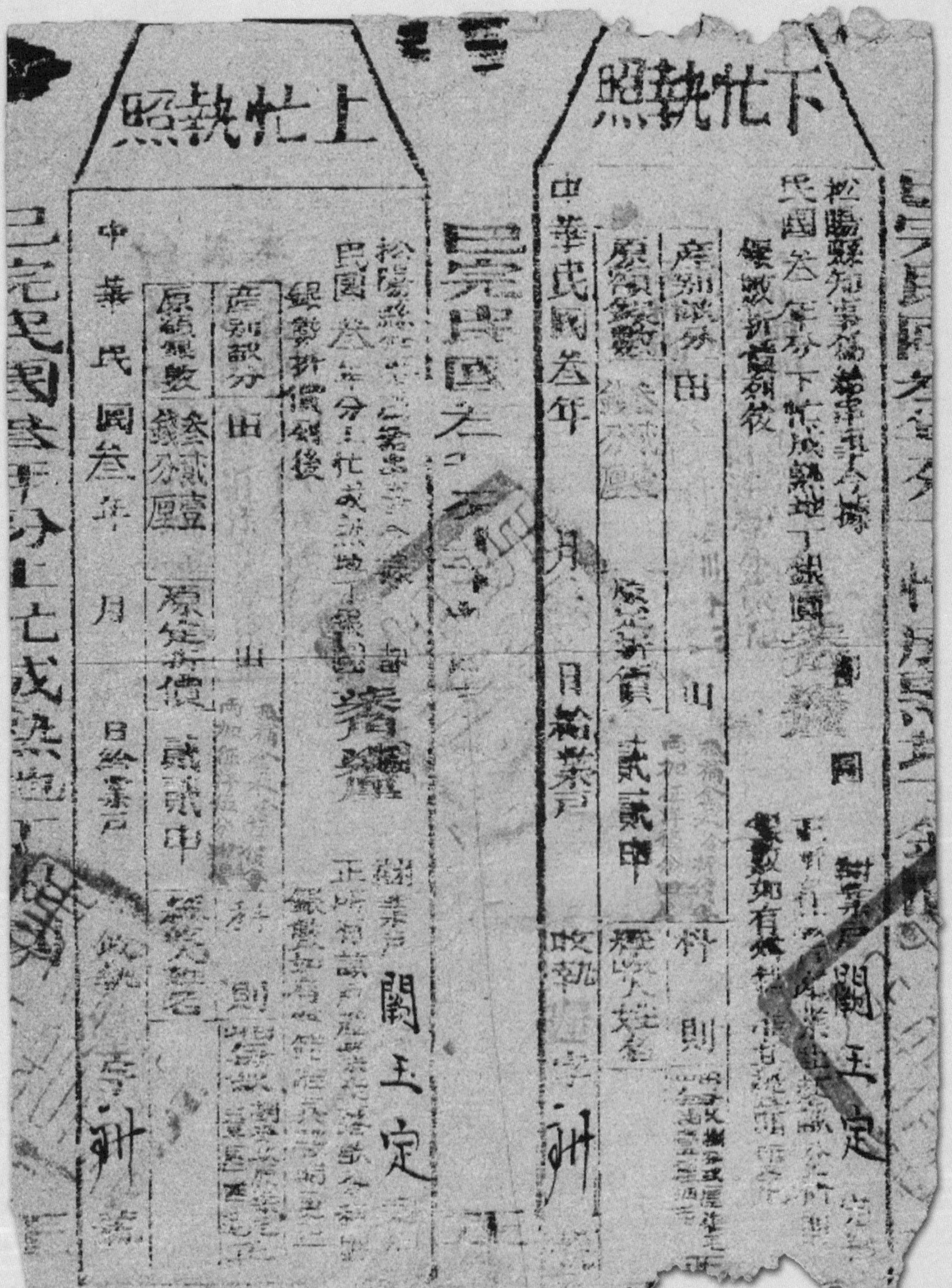

上忙執照

松陽縣知事……

民國叁年分上忙……

銀數折價……後

產別 設分 田 山

原額銀數 叁錢貳分壹厘

原定折價 貳……

姓名

中華民國叁年 月 日給業戶

收執

業戶 闕王定

下忙執照

松陽縣知事為……

民國叁年分下忙成熟地丁銀圓……

銀數折價……後

產別 設分 田 山

原額銀數

原定折價 貳……

姓名

中華民國叁年 月 日給業戶

收執

業戶 闕王定

# 下忙執照

松陽縣知事為給串事，今據　都　圖　村莊業户　闕玉定　完納
民國叁年分下忙成熟地丁銀圓　柒角柒厘　正。所有該户產業坐落畝分科則
銀數折價列後　銀數如有舛錯，准其聲明更正。

| 產別畝分 | 原額銀數 |
| --- | --- |
| 田 | 叁貳壹 錢分厘 |
| 山 | 原定折價 |
| | 貳貳串 |
| 科則 | 經收人姓名 |
| 田 山 每畝捌分玖厘柒毛 壹厘四毛 正 | |

中華民國叁年　月　日給業户　收執　字二百廿　號

已完民國叁年分上下忙成熟地丁銀　正

# 上忙執照

松陽縣知事為給串事，今據　都　圖　村莊業户　闕玉定　完納
民國叁年分上忙成熟地丁銀圓　柒角柒厘　正。所有該户產業坐落畝分科則
銀數折價列後　銀數如有舛錯，准其聲明更正。

| 產別畝分 | 原額銀數 |
| --- | --- |
| 田 | 叁貳壹 錢分厘 |
| 山 | 原定折價 |
| | 貳貳串 |
| 科則 | 經收人姓名 |
| 田 山 每畝捌分玖厘柒毛 壹厘四毛 正 | |

中華民國叁年　月　日給業户　收執　字二百廿　號

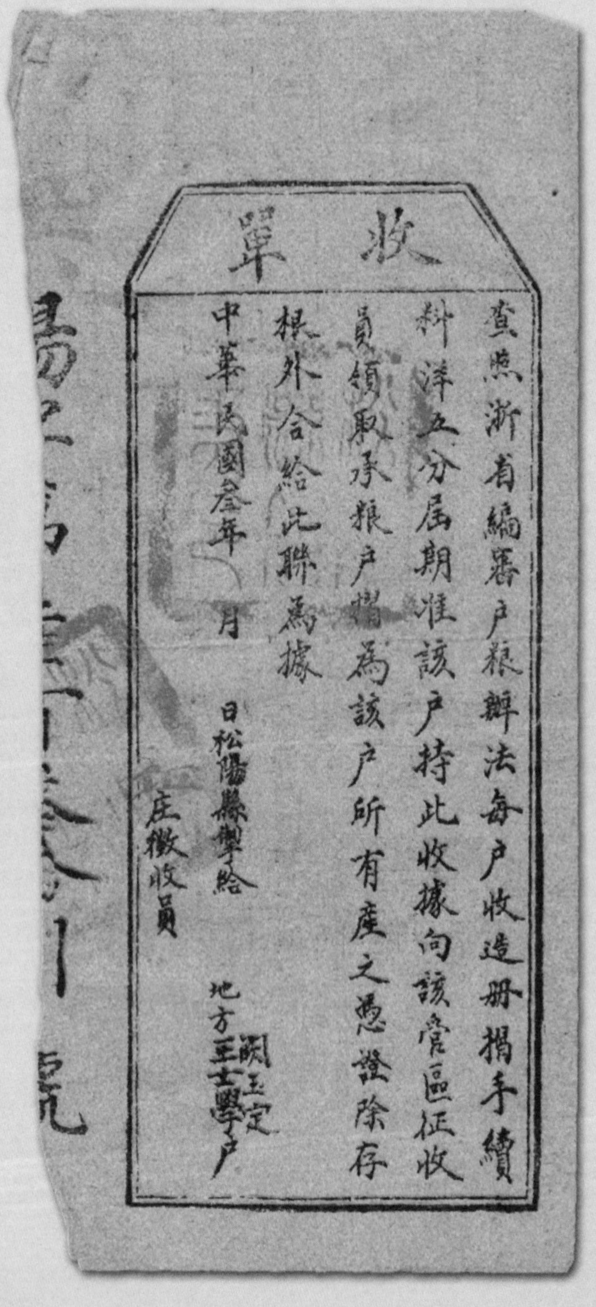

## 收單

查照浙省編審户粮辦法，每户收造册摺手續料洋伍分，届期准該户持此收據向該管區征收員領取承粮户摺，為該户所有产之憑證，除存根外，合給此聯為據。

中華民國叁年　月　日松陽县掣給

地方　闕玉定　户
　　　王士學

庄徵收員

# 收據

案查本縣派募地方積谷，遵照

省政府今頒積谷办法，按畝派收弍斤，折市價銀五分，茲據地主 闕璋雄

坐田 三 畝五分〇厘，應納本年度積谷款國幣 壹角柒分伍厘，

業已如數收訖，除填明繳覆暨存根外，合給收據為證。

征收机關賦稅征收處 征收人

中華民國 二十 年 月 日

本年度係指廿六年度而言

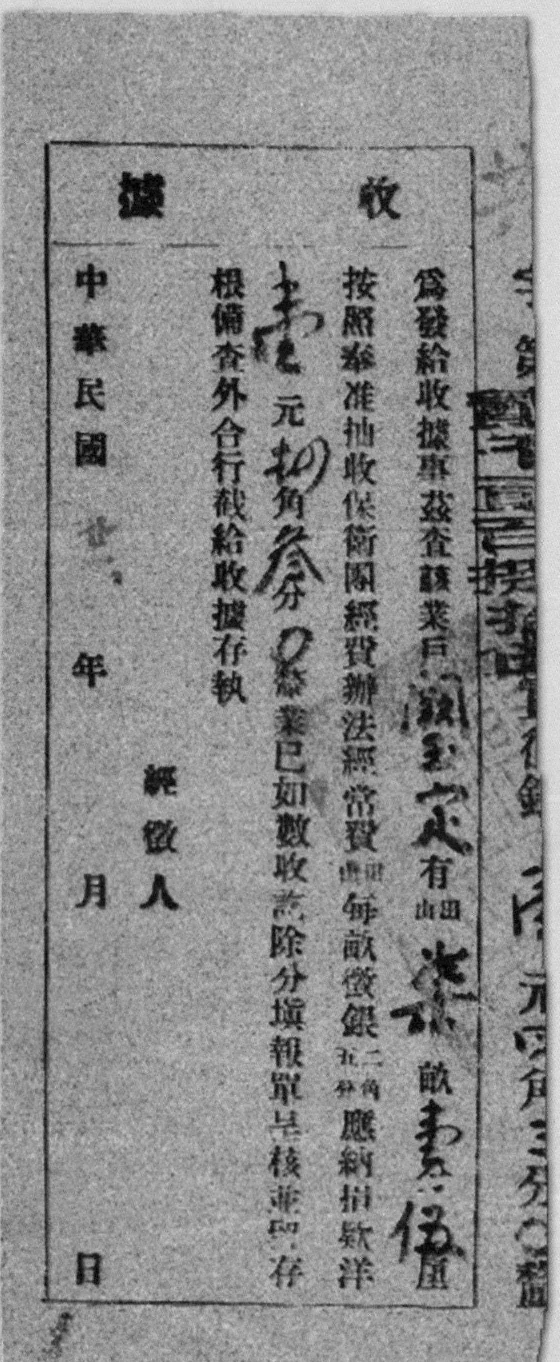

收據

爲發給收據事，茲查該業户 阙玉定 有田山 柒 畝 壹分伍厘，

按照奉准抽收保衛團經費辦法，經常費田山每畝徵銀二角五分，應納捐款洋

壹 元 肆 角 叁分〇釐，業已如數收訖，除分填報單呈核並留存

根備查外，合行截給收據存執。

經徵人

中華民國 廿二 年 月 日

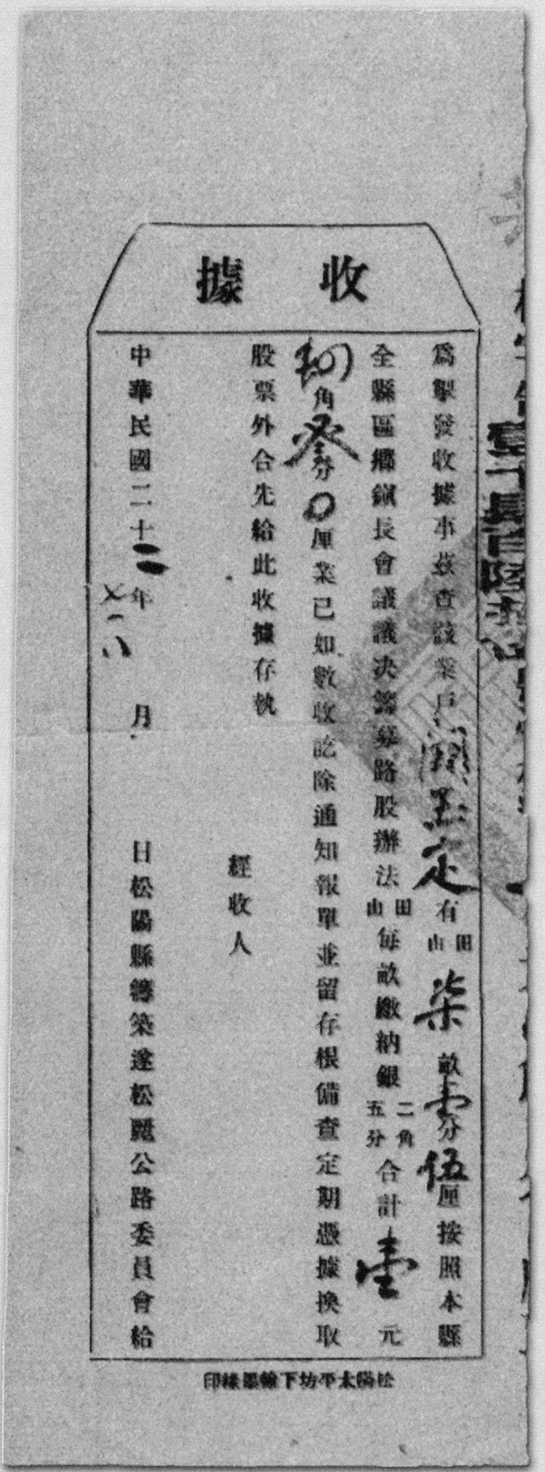

# 收據

爲掣發收據事，兹查該業户 闕玉定 有田山 柒 畝 壹 分伍厘，按照本縣全縣區鄉鎮長會議議決籌募路股辦法，田山每畝繳納銀二角五分，合計 壹 元肆角叁分〇厘，業已如數收訖，除通知報單並留存根備查定期憑據換取股票外，合先給此收據存執。

經收人

中華民國 二十二 年 月 日松陽縣籌築遂松麗公路委員會給

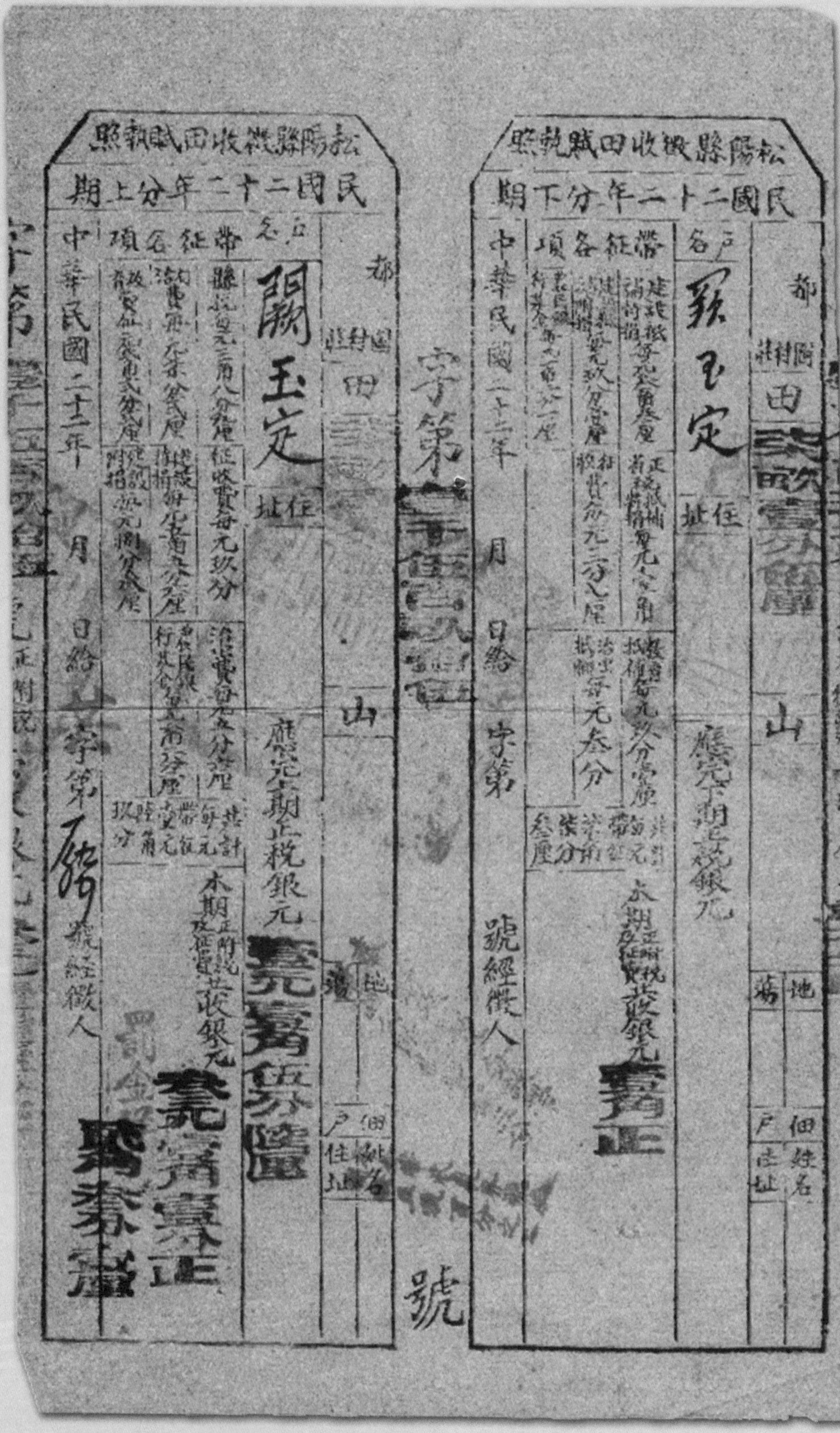

松陽縣徵收田賦執照

民國二十二年分下期

都 圖 村莊 田 山 地 蕩

戶名 闕玉定

住址

帶征各項

應完下期正稅銀元

本期正附稅及征費共收銀元

佃戶姓名 住址

中華民國二十二年 月 日給 字第 號經徵人

松陽縣徵收田賦執照

民國二十二年分上期

都 圖 村莊 田 山 地 蕩

戶名 闕玉定

住址

帶征各項

應完上期正稅銀元

本期正附稅及征費共收銀元

罰金

佃戶姓名 住址

中華民國二十二年 月 日給 字第 號經徵人

## 松陽縣徵收田賦執照
## 民國二十二年分上期

|  |  |
|---|---|
| 都　圖　村莊 | |
| 田 | 柒畝壹分伍厘 |
| 山 | |
| 地蕩 | |
| 佃戶姓名 住址 | |
| 戶名 | 闕玉定 |
| 住址 | |
| 應完上期正稅銀元 | 壹元壹角伍分陸厘 |

帶征各項

| | | |
|---|---|---|
| 縣稅每元三角八分九厘 | 自治費每元柒分弍厘 | 教育費每元弍角弍分弍厘 |
| 徵收費每元玖分 | 建設特捐每元五角五分六厘 | 建設附捐每元捌分叁厘 |
| 治虫費每元五分六厘 | 農民銀行基金每元二角二分二厘 | |

共計每元帶征壹元陸角玖分

本期正附稅及征費共收銀元叁元壹角壹分正

罰金洋貳角叁分壹厘

中華民國二十二年　月　日給　共字第一千一百九五號　經徵人

字第壹千伍百玖拾伍　號

## 松陽縣徵收田賦執照
## 民國二十二年分下期

|  |  |
|---|---|
| 都　圖　村莊 | |
| 田 | 柒畝壹分伍厘 |
| 山 | |
| 地蕩 | |
| 佃戶姓名 住址 | |
| 戶名 | 闕玉定 |
| 住址 | |
| 應完下期正稅銀元 | |

帶征各項

| | | |
|---|---|---|
| 建設抵補特捐每元叁角叁厘 | 建設抵補附捐每元玖分壹厘 | 農民銀行基金每元一角二分一厘 |
| 正稅抵補省特捐每元壹角 | 征收費每元三分七厘 | |
| 教育抵補每元玖分壹厘 | 治虫抵補每元叁分 | |

共計每元帶征柒角柒分叁厘

本期正附稅及征費共收銀元壹角正

奉財政廳令每畝帶徵區公所經費銀三分

中華民國二十二年　月　日給　字第　號　經徵人

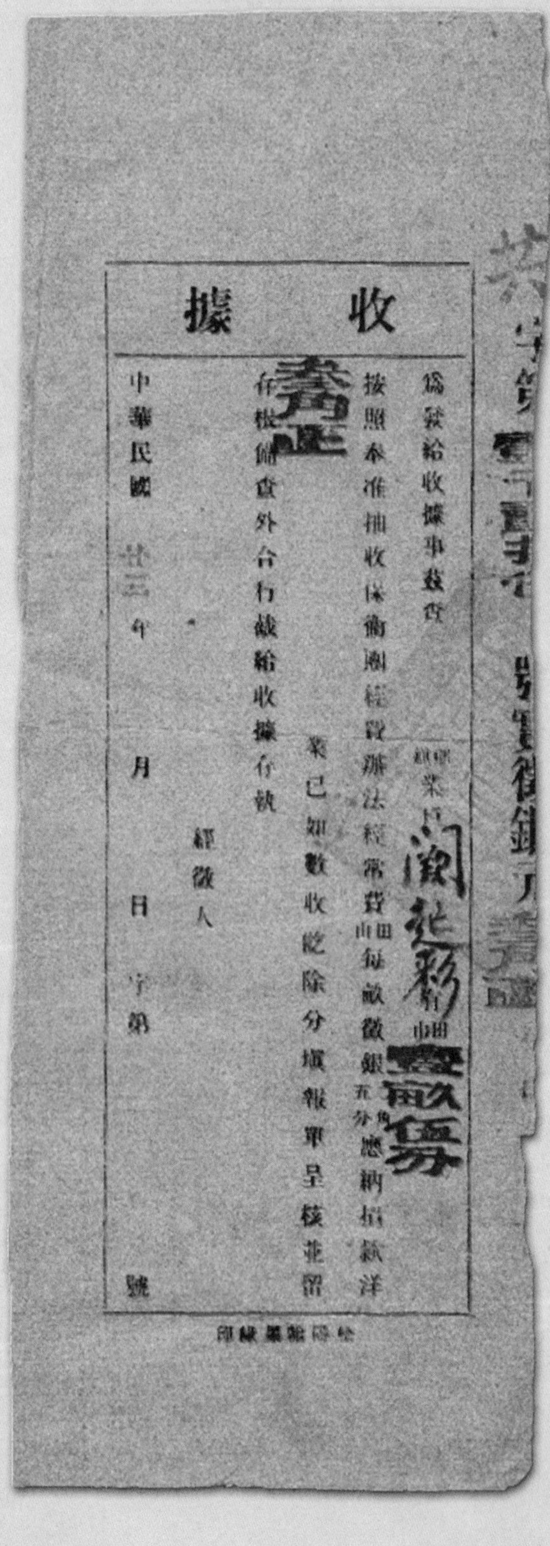

# 收據

爲發給收據事，茲查 鄉/鎮 業户 闕起彩 有田/山 壹畝伍分，

按照奉准抽收保衛團經費辦法，經常費田/山每畝徵銀二角/五分，應納捐款洋

叁角正，

業已如數收訖，除分填報單呈核並留

存根備查外，合行截給收據存執。

經徵人

中華民國 廿三 年 月 日 字第 號

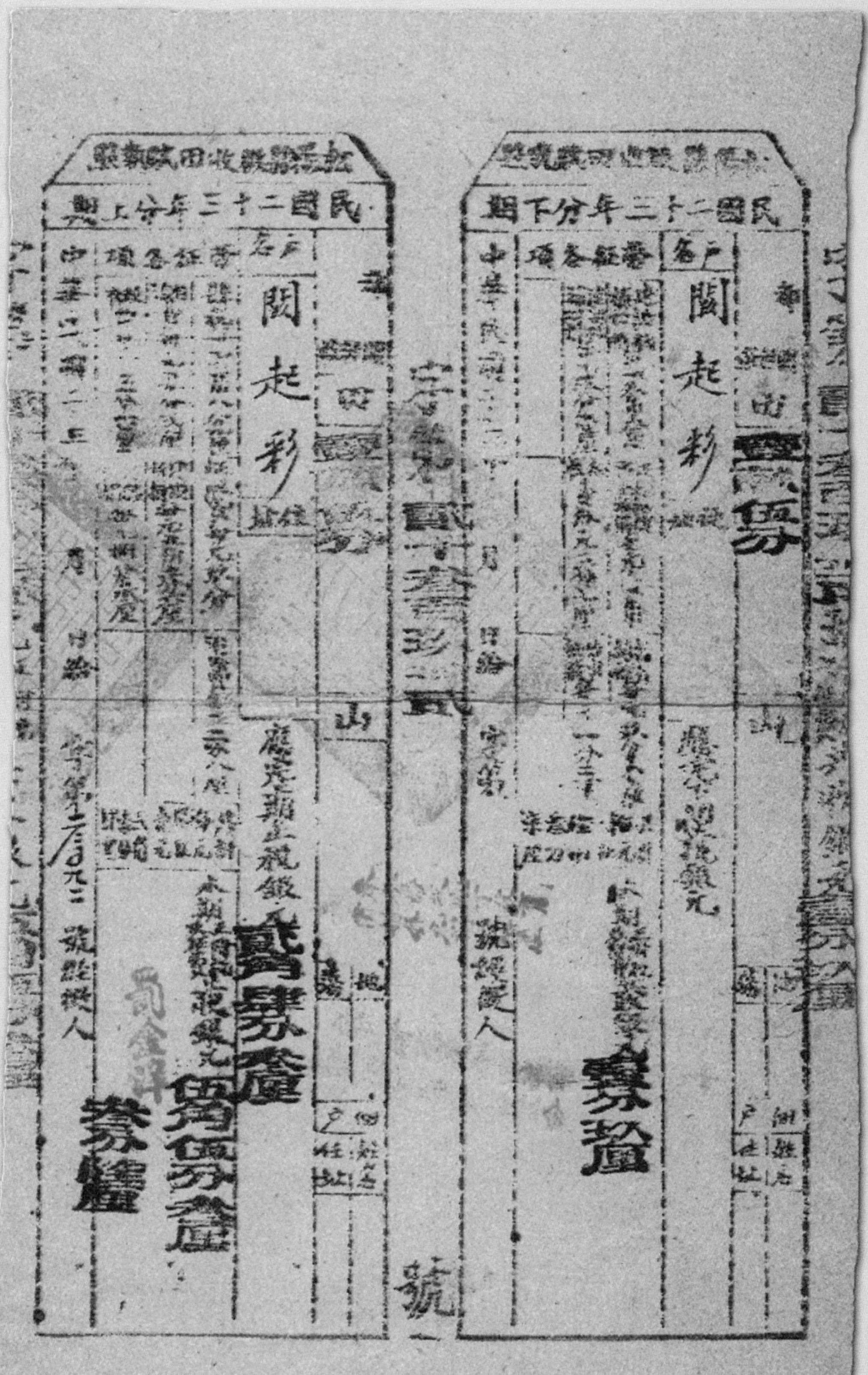

民國二十三年分上期

戶名　闕起彬

中華民國二十三年　月　日給

字第　號

經徵人

民國二十三年分下期

戶名　闕起彬

中華民國二十三年　月　日給

字第　號

經徵人

（前頁）>>>>>

## 松陽縣徵收田賦執照
## 民國二十三年分上期

都 圖 村莊

田 壹畝伍分

山

地 蕩

佃户 姓名 住址

户名 闕起彩

住址

應完上期正稅銀元 貳角肆分叁厘

帶征各項

縣稅每元八分九厘

自治費每元五分六厘

教育費每元五分六厘

徵收費每元玖分

建設特捐每元五角五分六厘

建設附捐每元捌分叁厘

治虫費每元二分八厘

共計每元帶征壹元貳角柒分肆厘

本期正附稅及征費共收銀元伍角伍分叁厘

罰金洋叁分陸厘

中華民國二十三年　月　日給　字第二千三百九二號　經徵人

字第貳千叁百玖拾貳號

## 松陽縣徵收田賦執照
## 民國二十三年分下期

都 圖 村莊

田 壹畝伍分

山

地 蕩

佃户 姓名 住址

户名 闕起彩

住址

應完下期正稅銀元

帶征各項

建設抵補特捐每元叁角叁厘

建設抵補附捐每元玖分壹厘

正稅抵補省特捐每元壹角

征收費每元三分七厘

教育抵補每元玖分壹厘

治虫抵補每元一分五厘

共計每元帶征陸角叁分柒厘

本期正附稅及征費共收銀元壹分玖厘

中華民國二十三年　月　日給　字第　號　經徵人

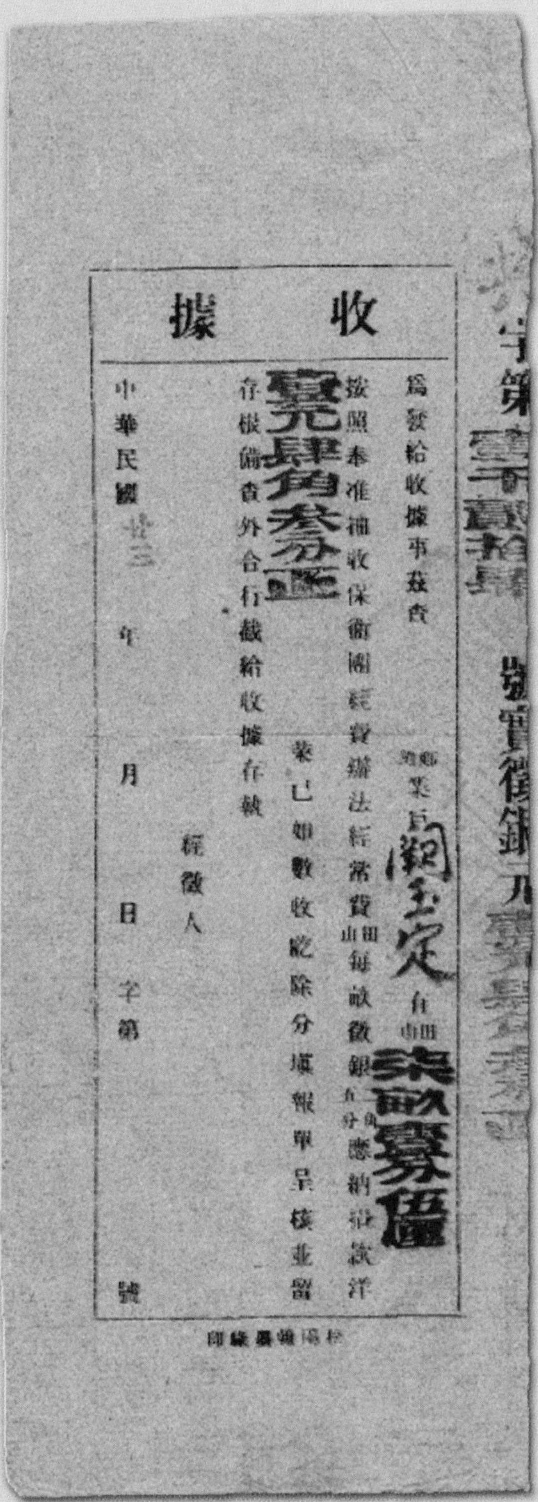

# 收據

爲發給收據事，茲查

鄉鎮業户闕玉定有田山柒畝壹分伍厘，

按照奉准抽收保衛團經費辦法，經常費田山每畝徵銀二角五分，應納捐款洋

壹元肆角叁分正，業已如數收訖，除分填報單呈核並留

存根備查外，合行截給收據存執。

經徵人

中華民國　廿三　年　月　日　字第　號

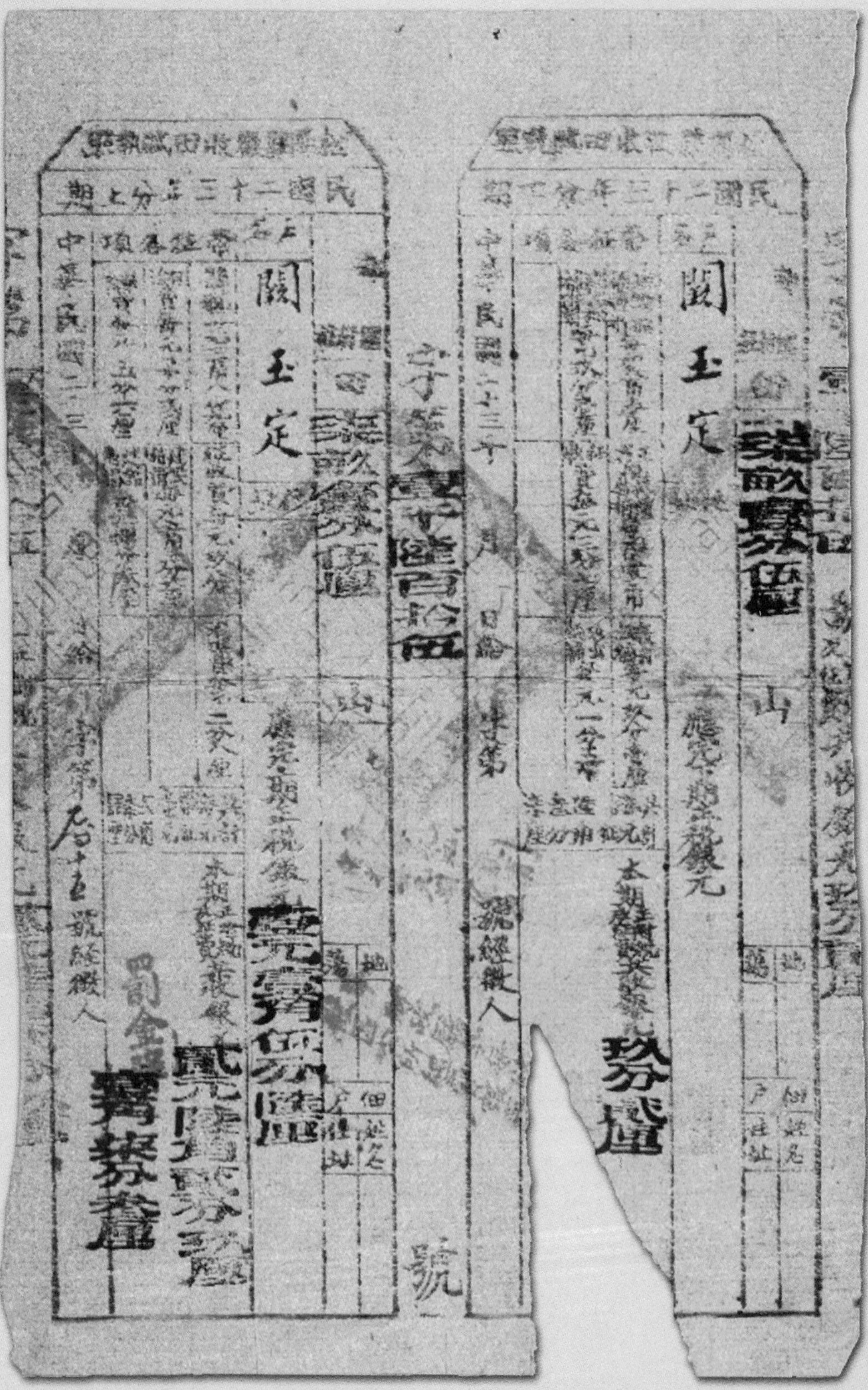
民國二十三年份上期
戶名 闕玉定
中華民國二十三年 月 日給
字第 號 經徵人
民國二十三年份下期
戶名 闕玉定
中華民國二十三年 月 日給
號 經徵人

## 松陽縣徵收田賦執照
### 民國二十三年分下期

| | |
|---|---|
| 都　圖　村莊 | |
| 田 | 柒畝壹分伍厘 |
| 山 | |
| 地　蕩 | |
| 佃户　姓名　住址 | |
| 户名 | 闕玉定 |
| 住址 | |
| 應完下期正税銀元 | |

帶征各項：

- 建設抵補特捐每元叁角叁厘
- 建設抵補附捐每元玖分壹厘
- 正税抵補省特捐每元壹角
- 征收費每元三分七厘
- 教育抵補每元玖分壹厘
- 治虫抵補每元一分五厘

共計每元帶征陸角叁分柒厘

本期正附税及征費共收銀元玖分貳厘

奉財政廳令每畝帶徵區公所經費銀三分

中華民國二十三年　月　日給　字第　號　經徵人

字第壹千陸百拾伍號

## 松陽縣徵收田賦執照
### 民國二十三年分上期

| | |
|---|---|
| 都　圖　村莊 | |
| 田 | 柒畝壹分伍厘 |
| 山 | |
| 地　蕩 | |
| 佃户　姓名　住址 | |
| 户名 | 闕玉定 |
| 住址 | |
| 應完上期正税銀元 | 壹元壹角伍分陸厘 |

帶征各項：

- 縣税每元三角八分九厘
- 自治費每元柒分弍厘
- 教育費每元五分六厘
- 徵收費每元玖分
- 建設特捐每元五角五分六厘
- 建設附捐每元捌分叁厘
- 治虫費每元二分八厘

共計每元帶征壹元弍角柒分肆厘

本期正附税及征費共收銀元貳元陸角貳分玖厘

罰金洋壹角柒分叁厘

中華民國二十三年　月　日給　字第一千六百十五號　經徵人

松陽縣徵收田賦執照
民國二十四年分下期
戶名 闕佛養
都 圖村莊 田
山
應完下期正稅銀元
地
佃姓名
戶地址

共字第 號

松陽縣徵收田賦執照
民國二十四年分上期
戶名 闕佛養
都 圖村莊 田
山
應完上期正稅銀元
地
佃姓名
戶住址

## 松陽縣徵收田賦執照
## 民國二十四年分下期

都　圖　村莊
田　陸畝貳分
山　肆畝
地　蕩
佃户　姓名　住址

户名　闕佛養
住址
應完下期正稅銀元

帶征各項
建設特捐每元叁角叁厘
建設附捐每圓玖分壹厘
正省稅特捐每元壹角
征收費每圓三分七厘
教育每元玖分壹厘
治虫每元一分五厘
共計每元帶征陸角叁分柒厘
本期正附稅及征費共收銀元　捌分壹厘

中華民國二十四年　月　日給　字第　號　經徵人

奉財政廳令每畝帶徵區公所經費銀三分

共字第壹千伍百伍　號

## 松陽縣徵收田賦執照
## 民國二十四年分上期

都　圖　村莊
田　陸畝貳分
山　肆畝
地　蕩
佃户　姓名　住址

户名　闕佛養
住址
應完上期正稅銀元　壹元壹分叁厘

帶征各項
縣稅每圓三角八分九厘
自治費每圓柒分貳厘
教育費每圓一角二分九厘
徵收費每圓玖分
建設特捐每圓五角五分六厘
建設附捐每圓捌分三厘
治虫費每圓二分八厘
共計每元帶征壹元三角九分七厘
本期正附稅及征費共收銀元　壹元壹分叁厘
□□□正附稅加□□□□罰金　貳元叁角捌分捌厘

中華民國二十四年　月　日給　字第　號　經徵人

松陽縣徵收壯丁幹部大隊住戶捐

## 第一期收據

爲發給收據事，茲查　鄉鎮業户　闕佛養　有田　陸畝貳分，
按照本縣各團體士紳會議議決奉准抽收壯丁幹部大隊住户捐辦法第一期經費田每畝徵收大洋
肆角，應納住户捐洋　貳元肆角捌分，　業已如數收訖，除分填報單呈核並留存
根備查外，合行截給收據存執。
經征人
中華民國　二十四　年　月　日　字第　號

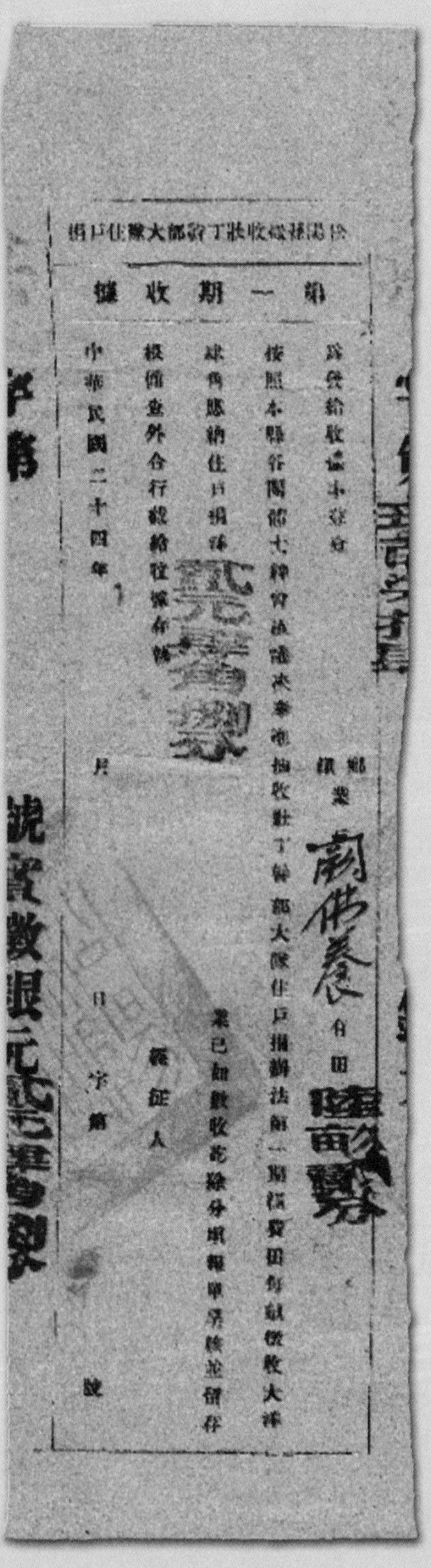

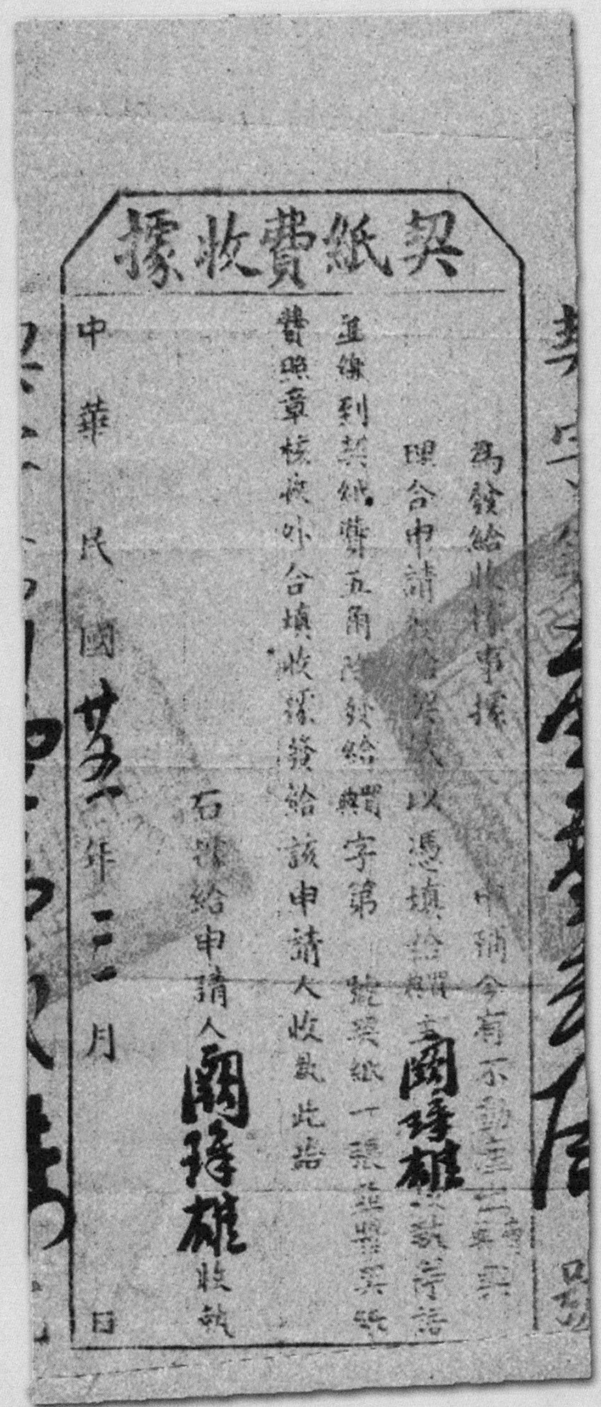

# 契紙費收據

為發給收據事，據　　申稱，今有不動產出賣/典與
理合申請發給契紙，以憑填給賣/典主　闕璋雄　收執等語，
並繳到契紙費五角，除發給買/典字第　　號契紙一張，並將契紙
費照章核收外，合填收據發給該申請人收執，此給。
右據給申請人　闕璋雄　收執
中華民國廿五年三月　日

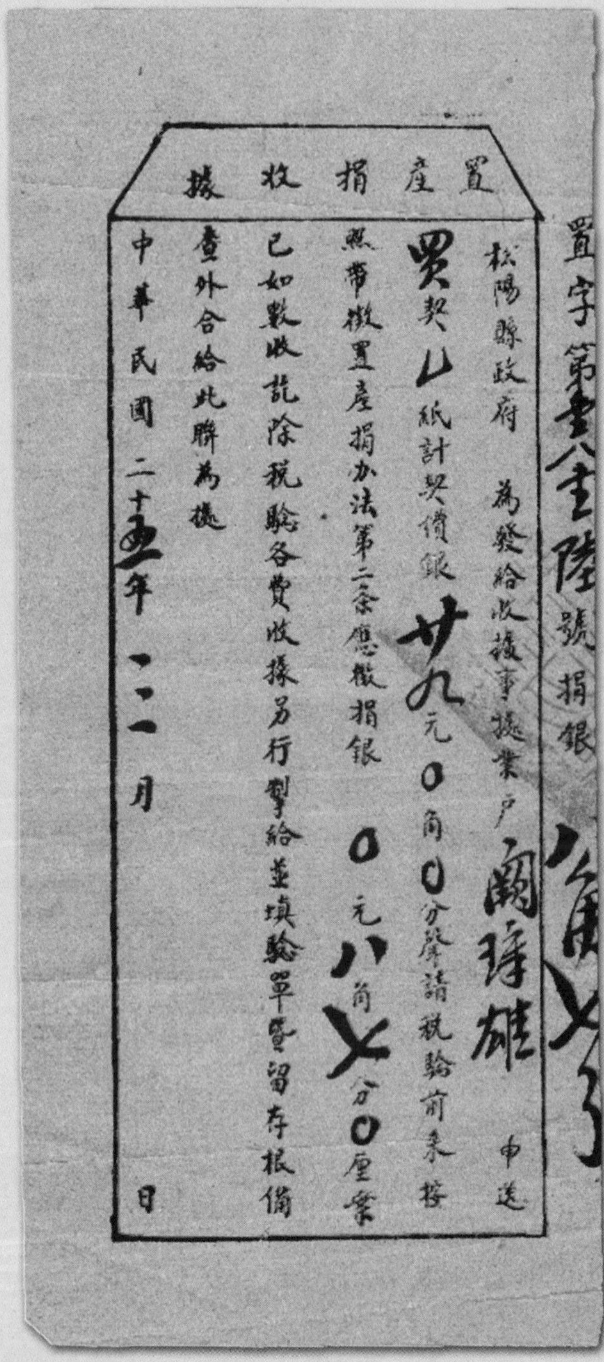

## 置產捐收據

松陽縣政府　　為發給收據事，據業户　闕璋雄　　申送

買契一紙，計契價銀廿九元　〇角　〇分，聲請税驗，前来按

照帶徵置產捐办法第二条，應徵捐銀〇元八角七分〇厘，案

已如數收訖，除税驗各費收據另行掣給並填驗單暨留存根備

查外，合給此聯為據。

中華民國　二十五　年　三　月　　　　日

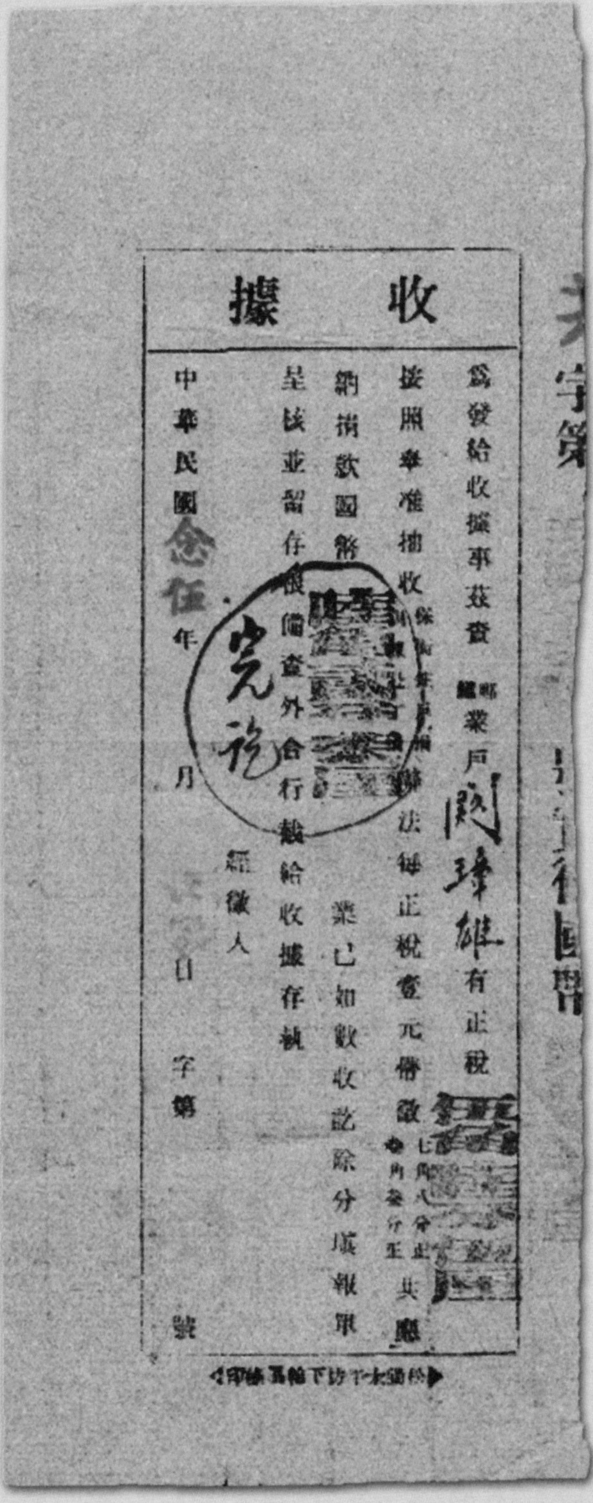

# 收據

爲發給收據事，茲查

鄉鎮業户　闕璋雄　有正税　伍角陸分伍厘

按照奉准抽收保衛住户捐訓練壯丁捐辦法，每正税壹元帶徵七角八分正叁角叁分正，共應

納捐款國幣陸角貳分柒厘，　業已如數收訖，除分填報單

呈核並留存根備查外，合行截給收據存執。

完讫　　經徵人

中華民國　念伍　年　　月　　日　　字第　　號

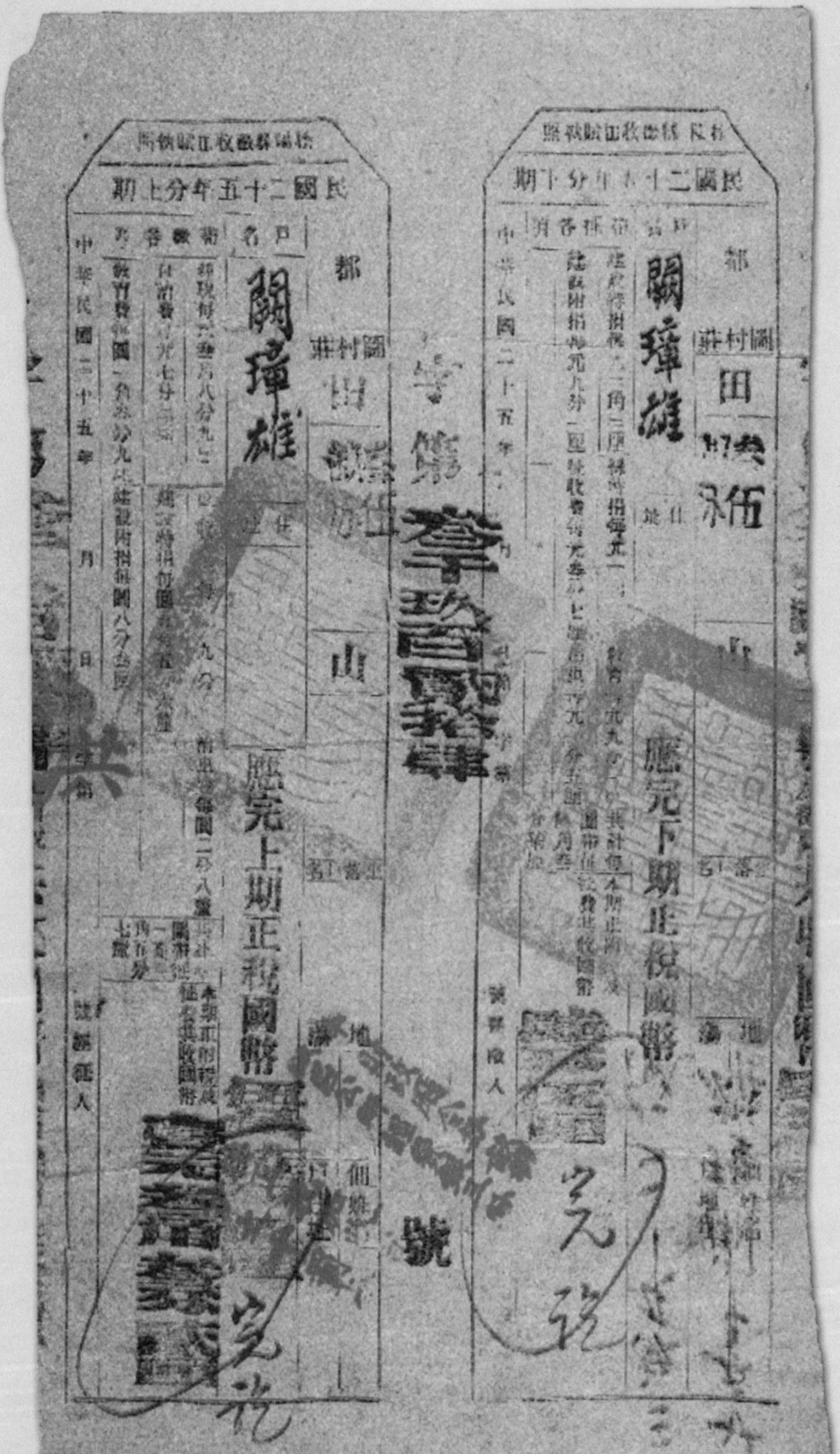

民國二十五年分上期

戶名 關璋雄

都 圖 村 莊

山

應完上期正税國幣

中華民國二十五年 月 日

經徵人

民國二十五年分下期

戶名 關璋雄

都 圖 村 莊

田

應完下期正税國幣

中華民國二十五年

經徵人

號

## 松陽縣徵收田賦執照
## 民國二十五年分下期

| 坐落戶名 | |
|---|---|
| 都　圖　村莊 | |
| 田 | 叁畝伍分 |
| 山 | |
| 地 | 蕩 |
| 佃戶 | 姓名　地址 |

戶名：闕璋雄

住址：

應完下期正稅國幣

| 帶征各項 | | |
|---|---|---|
| 建設特捐每元三角三釐 | 建設附捐每圓九分一釐 | |
| 正省稅特捐每元一角 | 征收費每圓叁分七釐 | |
| 教育每元九分一釐 | 治虫每元一分五釐 | |

共計每圓帶征陸角叁分柒釐

本期正附稅及征費共收國幣　肆分伍釐　完訖

奉財政廳令每畝帶徵區公所經費銀三分

中華民國二十五年　月　日給　字第　號　經徵人

字第叁千玖百貳拾肆　號

## 松陽縣徵收田賦執照
## 民國二十五年分上期

| 坐落戶名 | |
|---|---|
| 都　圖　村莊 | |
| 田 | 叁畝伍分 |
| 山 | |
| 地 | 蕩 |
| 佃戶 | 姓名　地址 |

戶名：闕璋雄

住址：

應完上期正稅國幣　伍角陸分伍厘

按正稅加收百分之十罰金

| 帶征各項 | | |
|---|---|---|
| 縣稅每圓三角八分九釐 | 自治費每圓七分二釐 | 教育費每圓一角叁分九釐 |
| 徵收費每圓玖分 | 建設特捐每圓五角五分六釐 | 建設附捐每圓八分三釐 |
| 治虫費每圓二分八釐 | | |

共計每圓帶征一圓六角五分七釐

本期正附稅及征費共收國幣　壹元叁角叁分貳厘　完訖

中華民國二十五年　月　日給　共字第　號　經征人

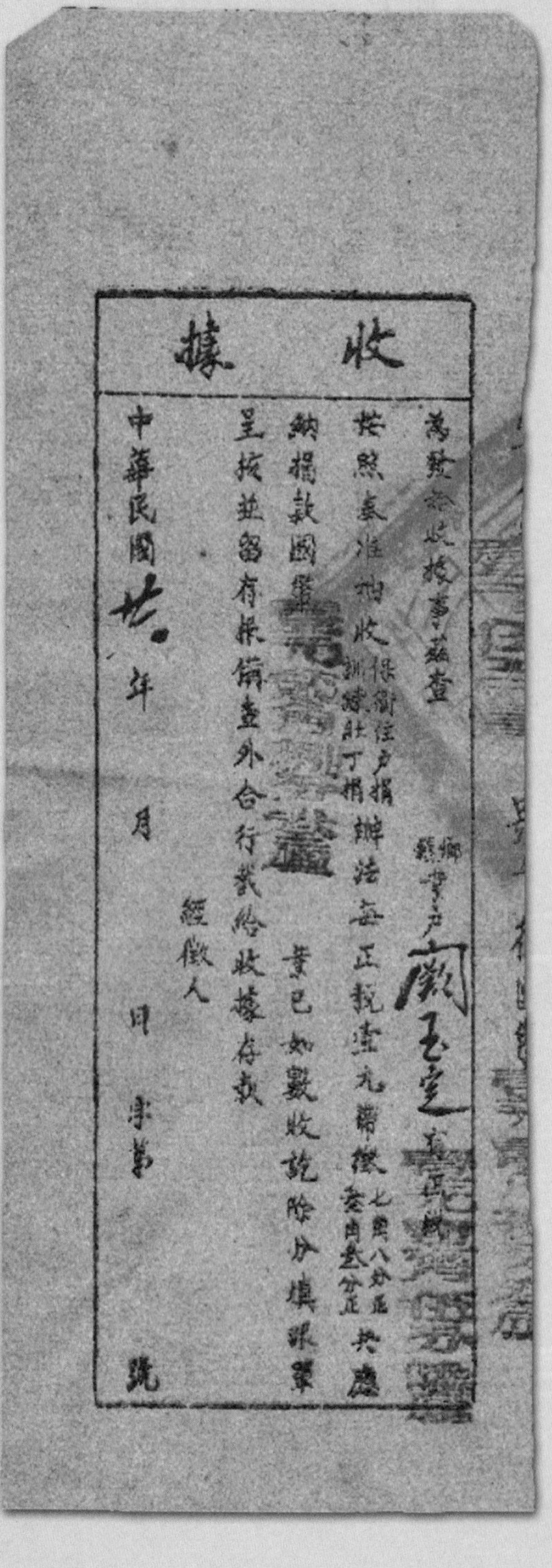

## 收據

為發給收據事，茲查 鄉鎮 業户 闕玉定 有正税壹元壹角伍分陸厘，

按照奉准抽收 保衛住户捐 訓練壯丁捐 辦法，每正税壹元帶徵 七角八分正 叁角叁分正，共應

納捐款國幣壹元貳角捌分叁厘， 業已如數收訖，除分填報單

呈核並留存根備查外，合行截給收據存執。

經徵人

中華民國 廿六 年 月 日 字第 號

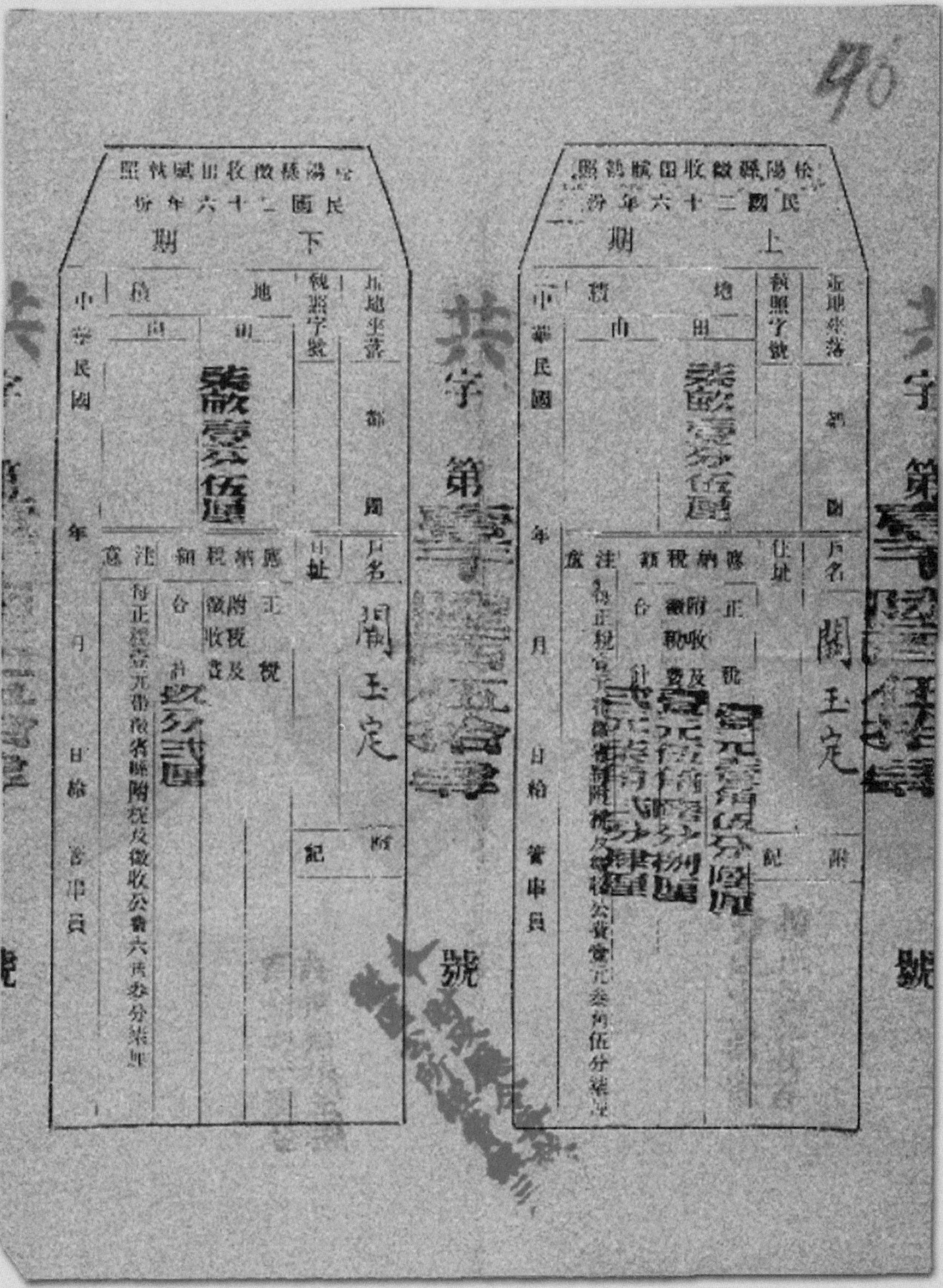

松陽縣徵收田賦執照
民國二十六年份
上期
坐落　都　圖
戶名　闕玉定
住址
執照字號
地積　田　畝
應納稅額
正稅
附稅及徵收費
合計
注意　每正稅壹元帶徵省縣附稅及徵收公費壹元叁角伍分柒厘
中華民國　年　月　日給　經徵員
附記
字第　號

松陽縣徵收田賦執照
民國二十六年份
下期
坐落　都　圖
戶名　闕玉定
住址
執照字號
地積　田　畝
應納稅額
正稅
附稅及徵收費
合計
注意　每正稅壹元帶徵省縣附稅及徵收公費六角叁分柒厘
中華民國　年　月　日給　經徵員
附記
字第　號

(前頁)>>>>>

## 松陽縣徵收田賦執照
## 民國二十六年份
## 上　期

| | |
|---|---|
| 坵地坐落 | 都　圖 |
| 執照字號 | |
| 地積 田 | 柒畝壹分伍厘 |
| 地積 山 | |
| 户名 | 闕玉定 |
| 住址 | |
| 應納稅額 正稅 | 壹元壹角伍分陸厘 |
| 應納稅額 附收及徵稅費 | 壹元伍角陸分捌厘 |
| 應納稅額 合計 | 弍元柒角弍分肆厘 |
| 注意 | 每正稅壹元帶徵省縣附稅及徵收公費壹元叁角伍分柒厘 |
| 附記 | |

中華民國　年　月　日給　管串員

共字第壹千陸百伍拾肆號

## 松陽縣徵收田賦執照
## 民國二十六年份
## 下　期

| | |
|---|---|
| 坵地坐落 | 都　圖 |
| 執照字號 | |
| 地積 田 | 柒畝壹分伍厘 |
| 地積 山 | |
| 户名 | 闕玉定 |
| 住址 | |
| 應納稅額 正稅 | |
| 應納稅額 附稅及徵收費 | |
| 應納稅額 合計 | 玖分弍厘 |
| 注意 | 每正稅壹元帶徵省縣附稅及徵收公費六角叁分柒厘 |
| 附記 | 奉財政廳令每畝帶徵區公所經費銀三分 |

中華民國　年　月　日給　管串員

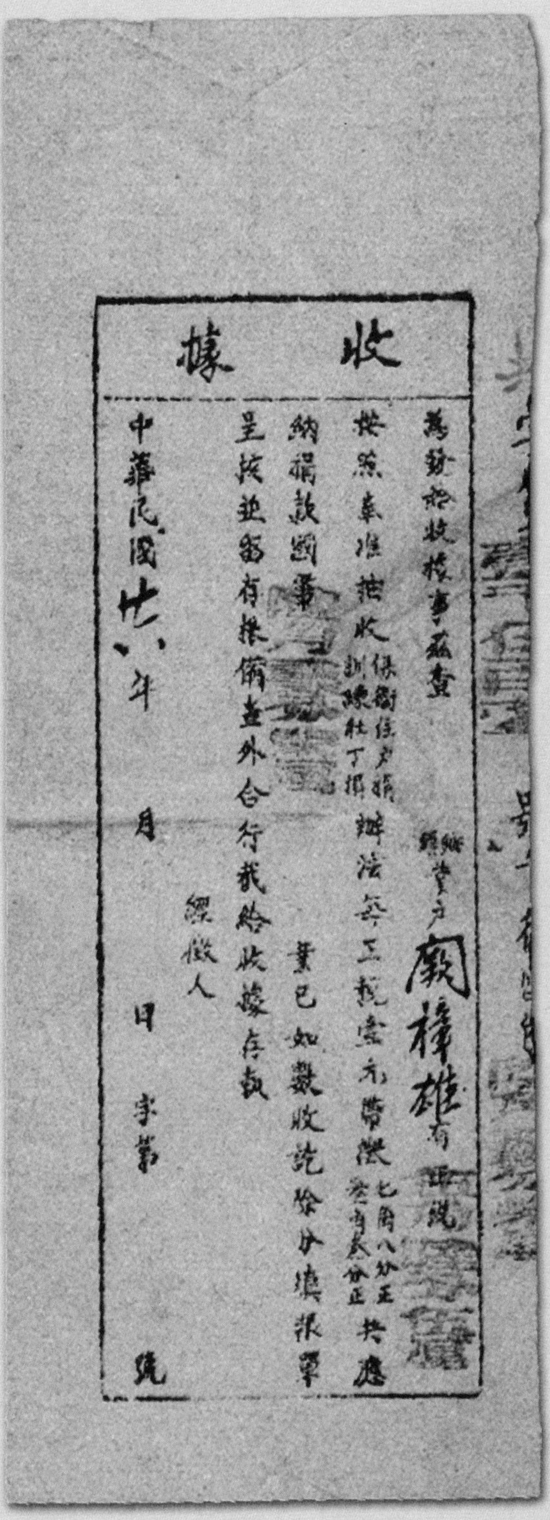

# 收據

為發給收據事，茲查

鄉鎮 業户 闕樟雄 有正税伍角陸分伍厘，

按照奉准抽收 保衛住户捐 訓練壯丁捐 辦法，每正税壹元帶徵 七角八分正 叁角叁分正，共應

納捐款國幣陸角貳分柒厘，

業已如數收訖，除分填報單

呈核並留存根備查外，合行截給收據存執。

經徵人

中華民國 廿六 年 月 日 字第 號

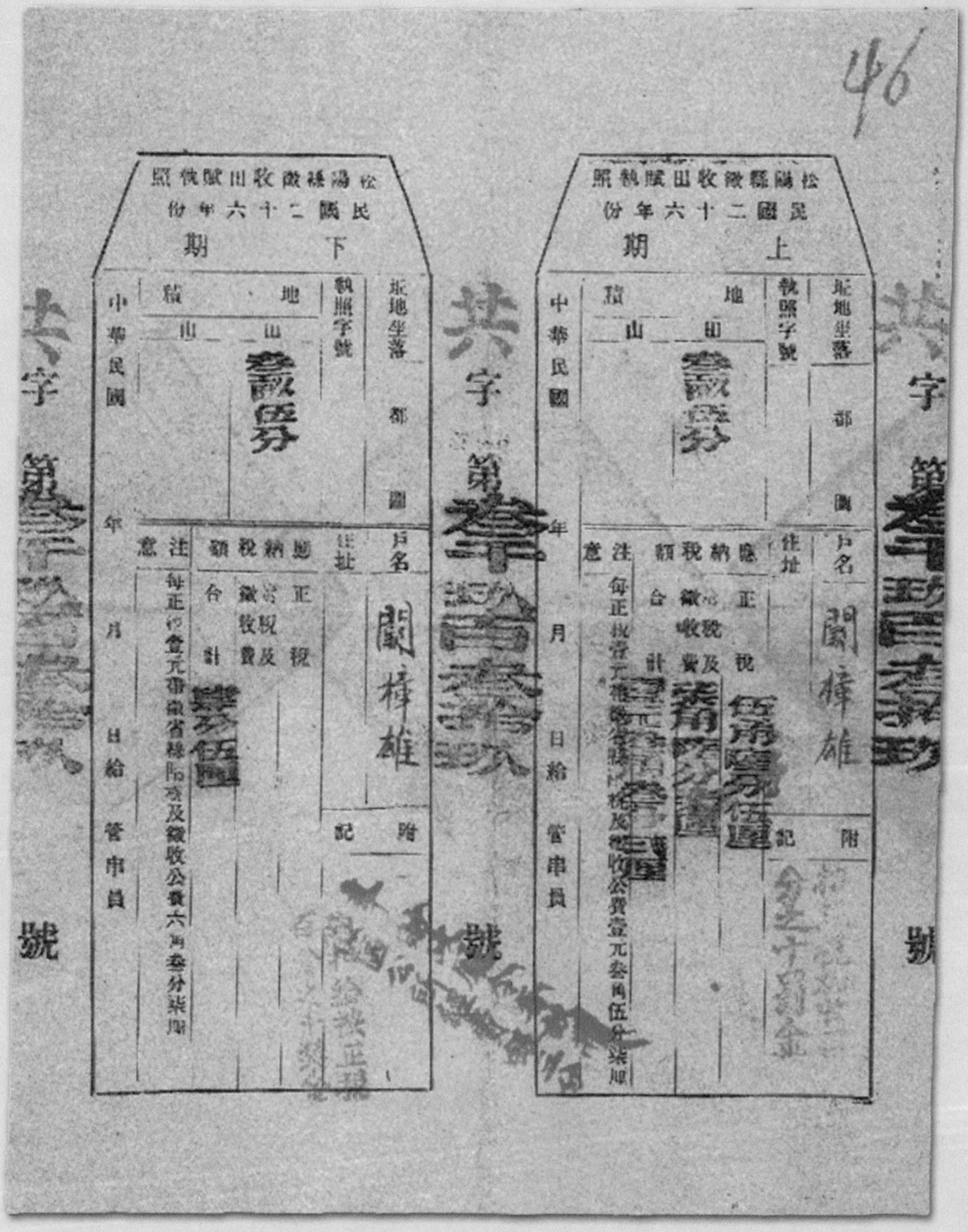

松阳县征收田赋执照
民国二十六年份
上期
坵地坐落 都 图
执照字号
地 田 山 积
叁亩分
户名 阙梓雄
住址
应纳税额 正税 省税 征收费及 合计
注意 每正税壹元带征省税附税及征收公费壹元叁角伍分柒厘
附记
中华民国 年 月 日给 经征员
共字第 号

松阳县征收田赋执照
民国二十六年份
下期
坵地坐落 都 图
执照字号
地 田 山 积
叁亩分
户名 阙梓雄
住址
应纳税额 正税 省税 征收费及 合计
注意 每正税壹元带征省税附税及征收公费六角叁分柒厘
附记
中华民国 年 月 日给 经征员
共字第 号

松陽縣徵收田賦執照
民國二十六年份
上　期

坵地坐落　都　圖
執照字號
地積　田　叁畝伍分
山
户名　闕璋[1]雄
住址
應納稅額
正稅　伍角陸分伍厘
附稅及徵收費　柒角陸分柒厘
合計　壹元叁角叁分弍厘
注意　每正稅壹元帶徵省縣附稅及徵收公費壹元叁角伍分柒厘
附記
中華民國　年　月　日給　管串員

共字第叁千玖百叁拾玖號

松陽縣徵收田賦執照
民國二十六年份
下　期

坵地坐落　都　圖
執照字號
地積　田　叁畝伍分
山
户名　闕璋雄
住址
應納稅額
正稅
附稅及徵收費
合計　肆分伍厘
注意　每正稅壹元帶徵省縣附稅及徵收公費六角叁分柒厘
附記　奉財政廳令每畝帶徵區公所經費銀三分
中華民國　年　月　日給　管串員

1　據民國《闕氏宗譜》，「樟雄」實為「璋雄」之誤。

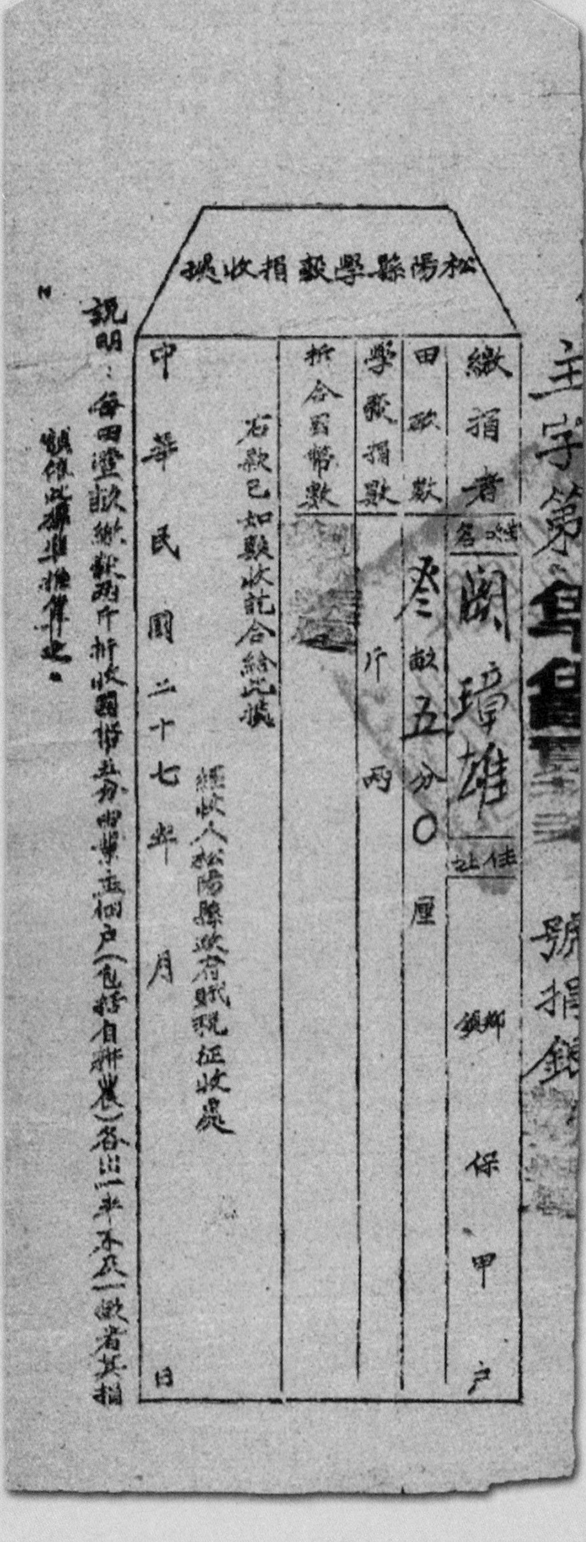

## 松陽縣學穀捐收據

| | |
|---|---|
| 繳捐者姓名 | 闕璋雄 |
| 住址 | 鄉鎮　保　甲　户 |
| 田畝數 | 叁畝五分〇厘 |
| 學穀捐數 | 斤　两 |
| 折合國幣數 | 捌分柒厘 |

右款已如數收訖，合給此據。

經收人松陽縣政府賦税征收處

中華民國二十七年　月　日

說明：每田壹畝繳穀两斤，折收國幣五分，由業主、佃户（包括自耕農）各出一半，不及一畝者，其捐額依此標準推算之。

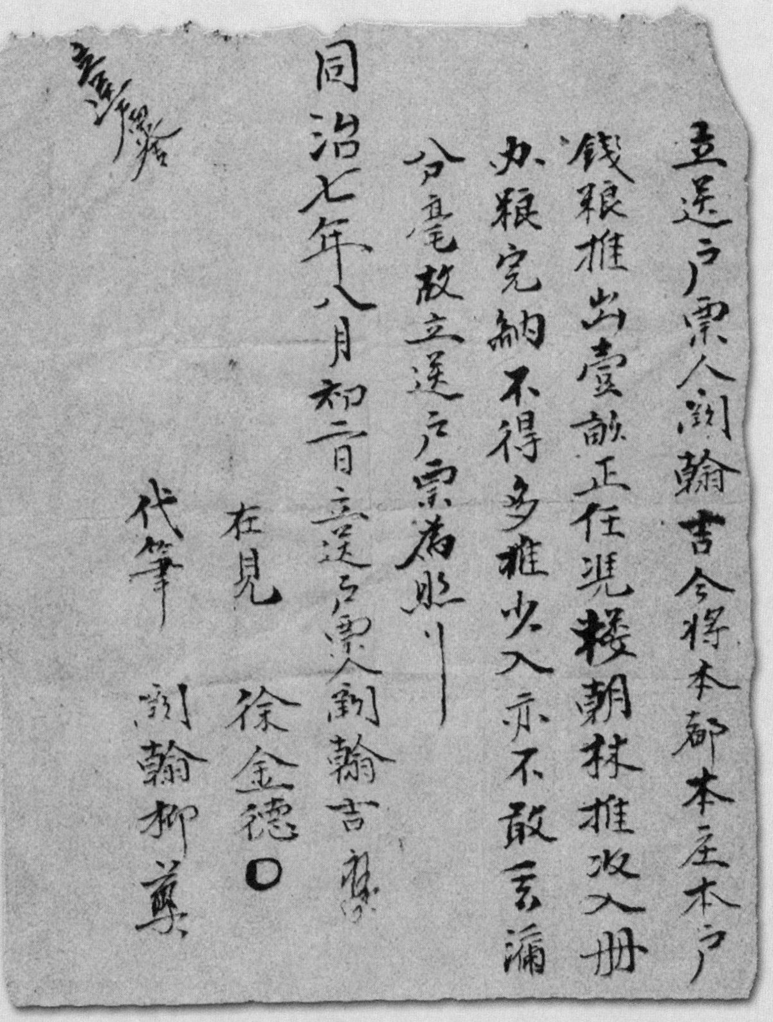

立送户票人闕翰吉，今将本都本庄本户
錢粮推出壹畝正，任凴楼朝林推收入册，
办粮完納，不得多推少入，亦不敢丟漏
分毫，故立送户票為照。
同治七年八月初二日　立送户票人　闕翰吉
在見　徐金德
代筆　闕翰柳

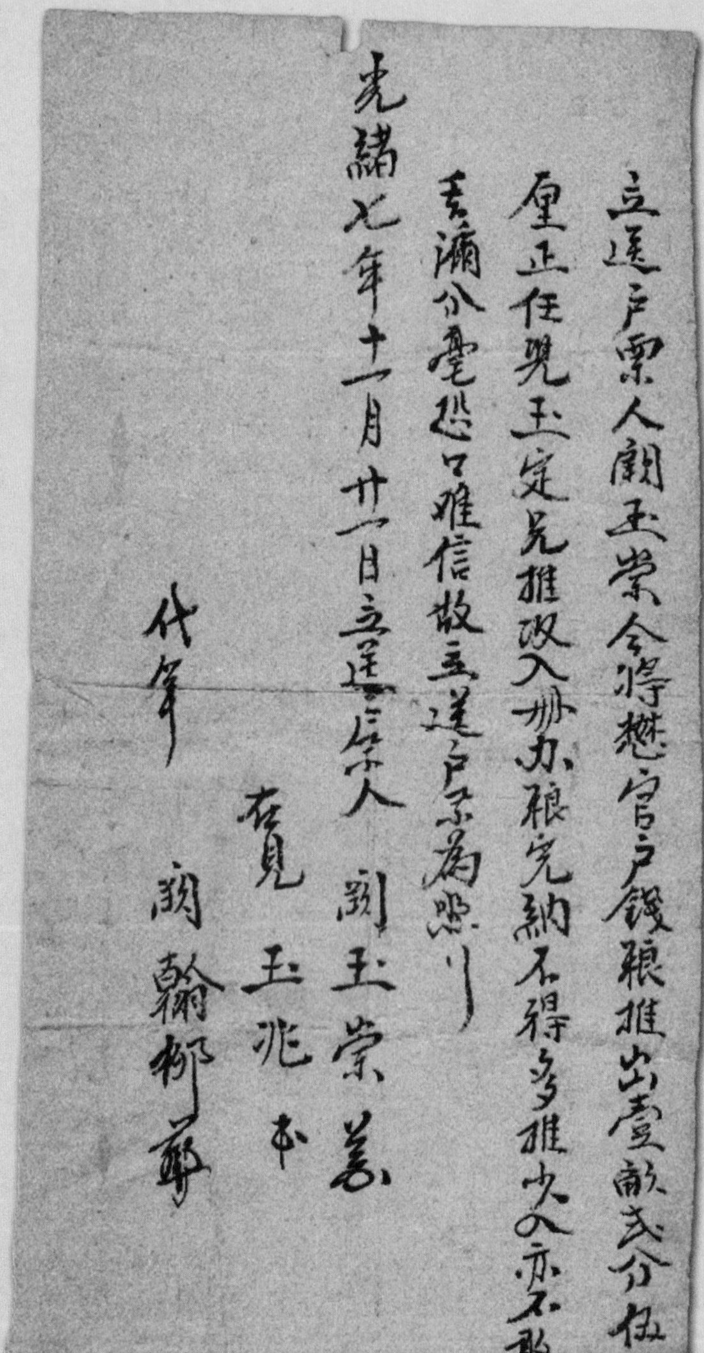

立送户票人阙玉崇，今将懋官户錢粮，推出壹畝弍分伍
厘正，任滉玉定兄推收入册，办粮完納，不得多推少入，亦不敢
丢漏分毫，恐口难信，故立送户票為照。
光緒七年十一月廿一日　立送户票人　阙玉崇
在見　玉兆
代筆　阙翰柳

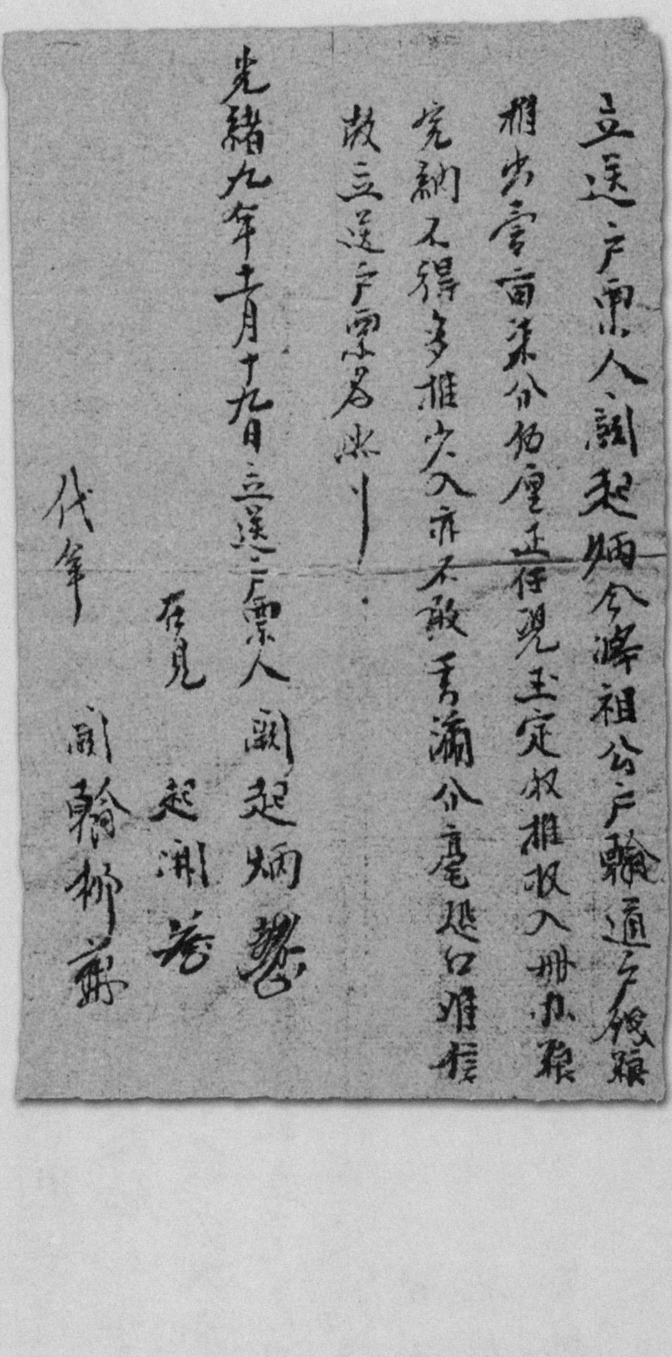

立送户票人闕起炳，今将祖公户翰通户錢粮推出壹亩柒分伍厘正，任澋玉定叔推收入册，办粮完納，不得多推少入，亦不敢丟漏分毫，恐口难信，故立送户票為照。

光緒九年十一月十九日　立送户票人　闕起炳

在見　起[门用]

代筆　闕翰柳

立送户票人楼兆琳，今将本户錢粮推出六分正，任滉阙起德推收入玉定户内办粮完納，不得多推少入，亦不敢丟漏分毫，恐口難滉，故立送户票為照。

光緒拾一年九月廿三日　立送户票人　楼兆琳

在見　阙玉对

阙起玉

代筆　阙翰柳

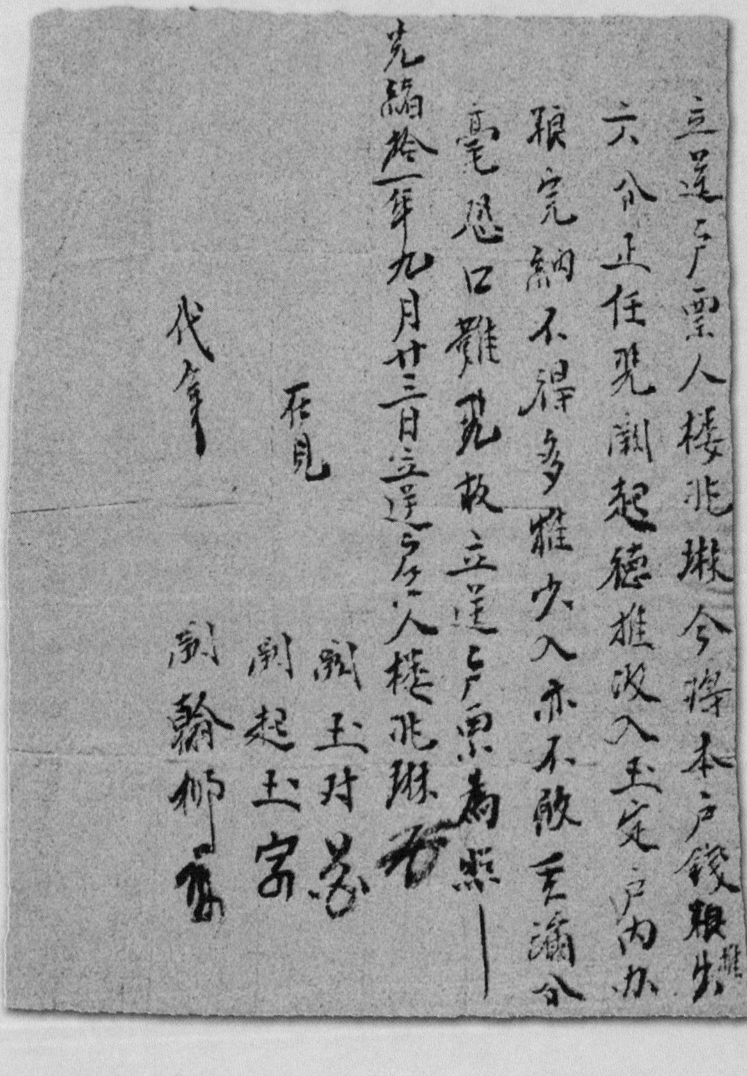

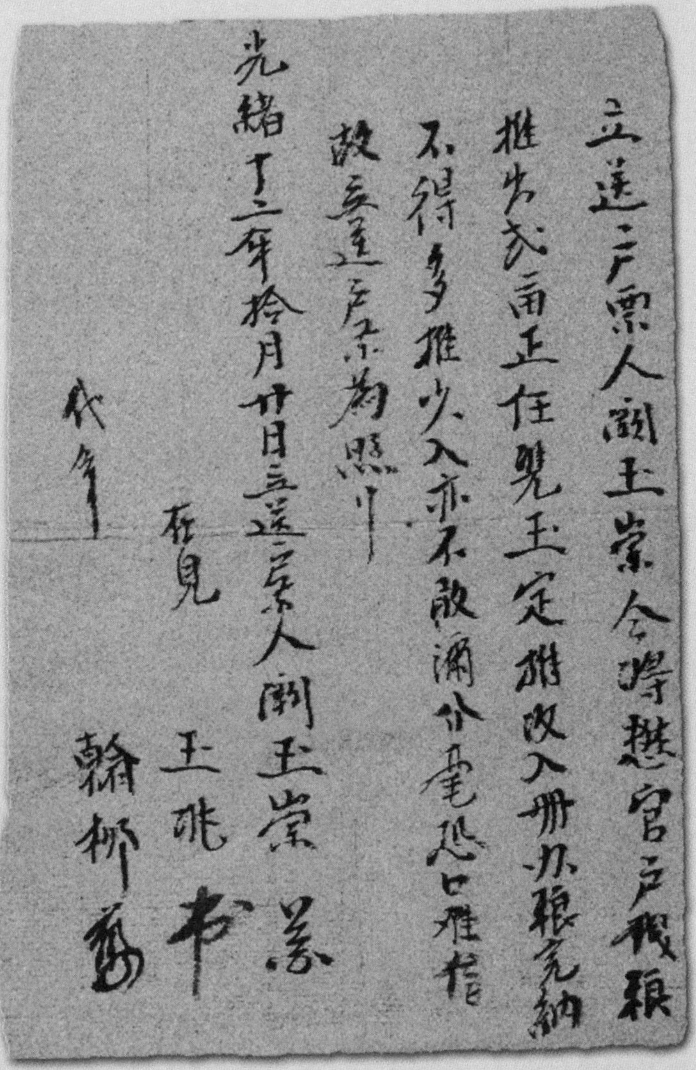

立送户票人闕玉崇，今将懋官户錢粮推出弍亩正，任凴玉定推收入册，办粮完納，不得多推少入，亦不敢（丢）漏分毫，恐口难信，故立送户票為照。

光緒十二年拾月廿日　立送户票人　闕玉崇

在見　玉兆

代筆　翰柳

立送户票人胡秉發，今将松邑二十一都茶排庄胡其廷户内撥出粮七分正，推入本邑本都本庄闕玉定户内完納，不得失漏，恐口难信，故立送户票字為據。

光緒拾叁年十一月廿九日　立送户票　胡秉發

在見　胡敦發

原中　胡秉禮

代笔　闕玉養

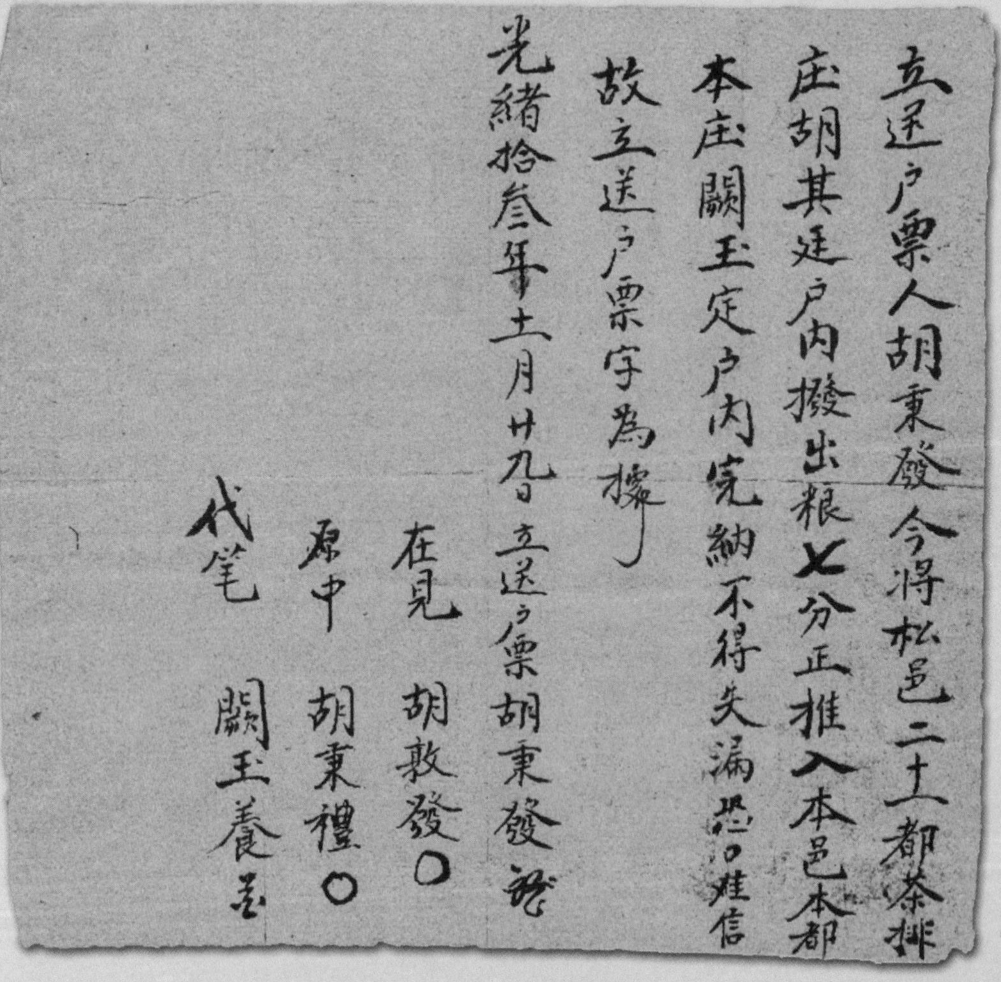
立送户票人胡秉發今将松邑二十一都茶排庄胡其廷户内撥出粮七分正推入本邑本都本庄闕玉定户内完納不得失漏恐口难信故立送户票字為據
光緒拾叁年十一月廿九日　立送户票胡秉發
在見　胡敦發
原中　胡秉禮
代笔　闕玉養

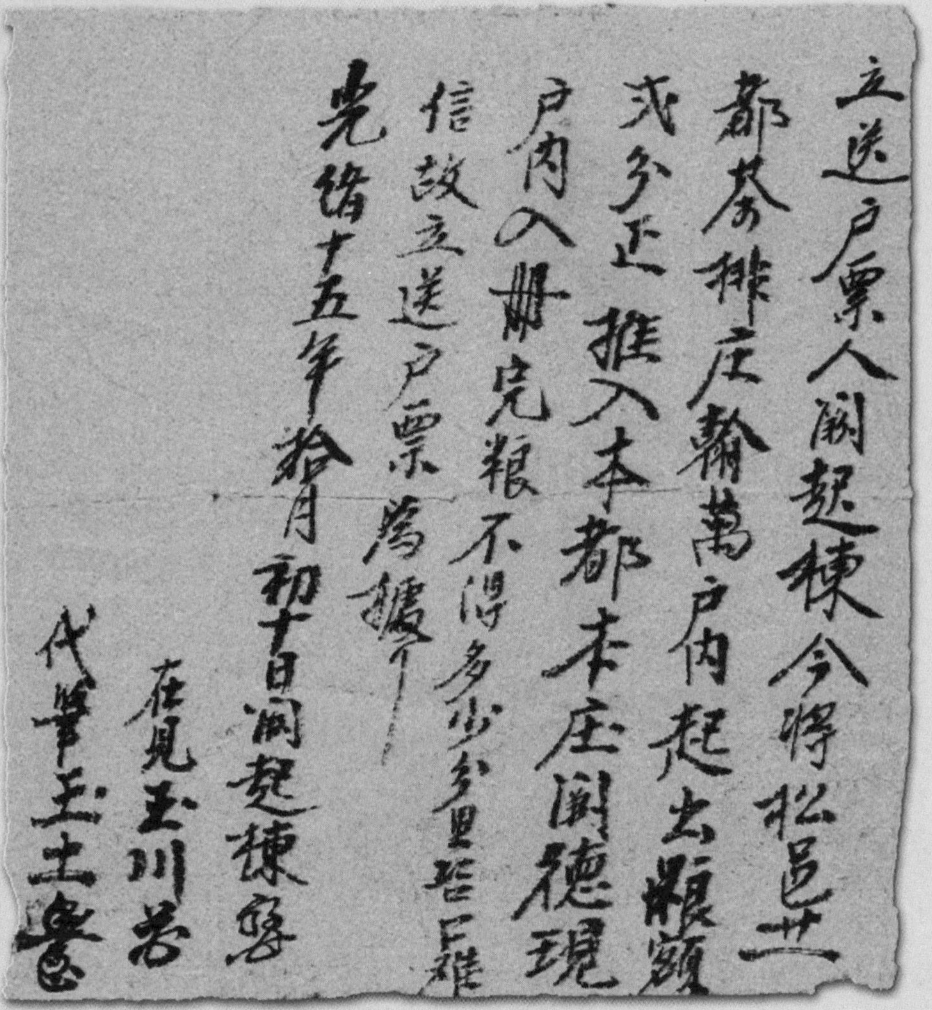

立送户票人闕起棟，今将松邑廿一
都茶排庄翰萬户内起出粮額
弍分正，推入本都本庄闕德現
户内入册完粮，不得多少分里［厘］，恐口难
信，故立送户票為據。
光绪十五年拾月初十日　闕起棟
在見　玉川
代筆　玉土

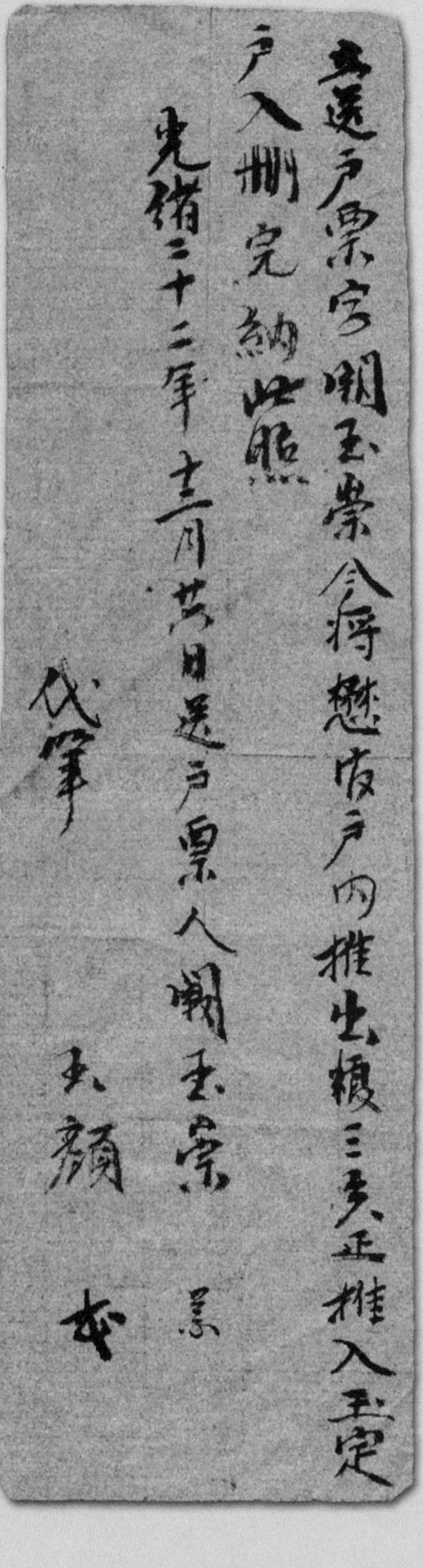

立送户票字阙玉崇，今将懋官户内推出粮三分正，推入玉定
户入册完納，此照。
光绪二十二年十二月廿六日　送户票人　阙玉崇
代筆　玉顏

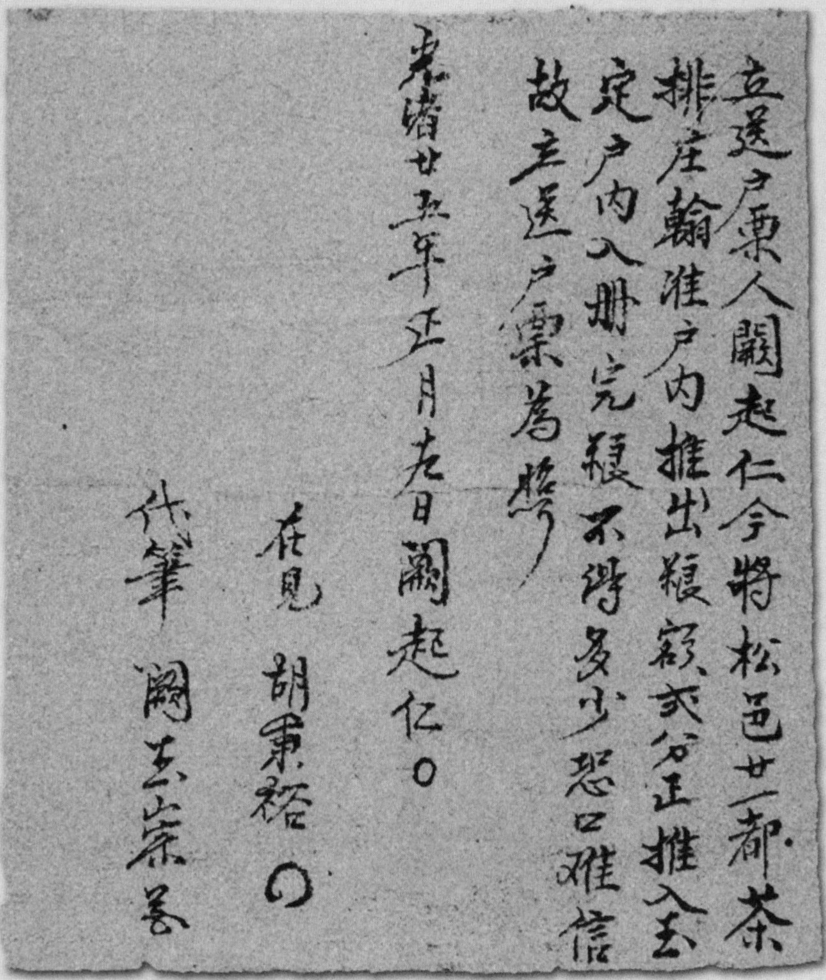

立送户票人闕起仁，今將松邑廿一都茶排庄翰淮户内推出粮额式分正，推入玉定户内入册完粮，不得多少，恐口难信，故立送户票為照。

光绪廿五年正月十九日　阙起仁

在見　胡秉裕

代筆　阙玉崇

立送户票字起仁，今将德現户内錢粮推出伍厘正，玉定户内入册完納，不得多推少收，立送户票字為據。

光绪廿五年九月十三日　立送户票字人　阙起仁

在場　玉方

代笔　老喜

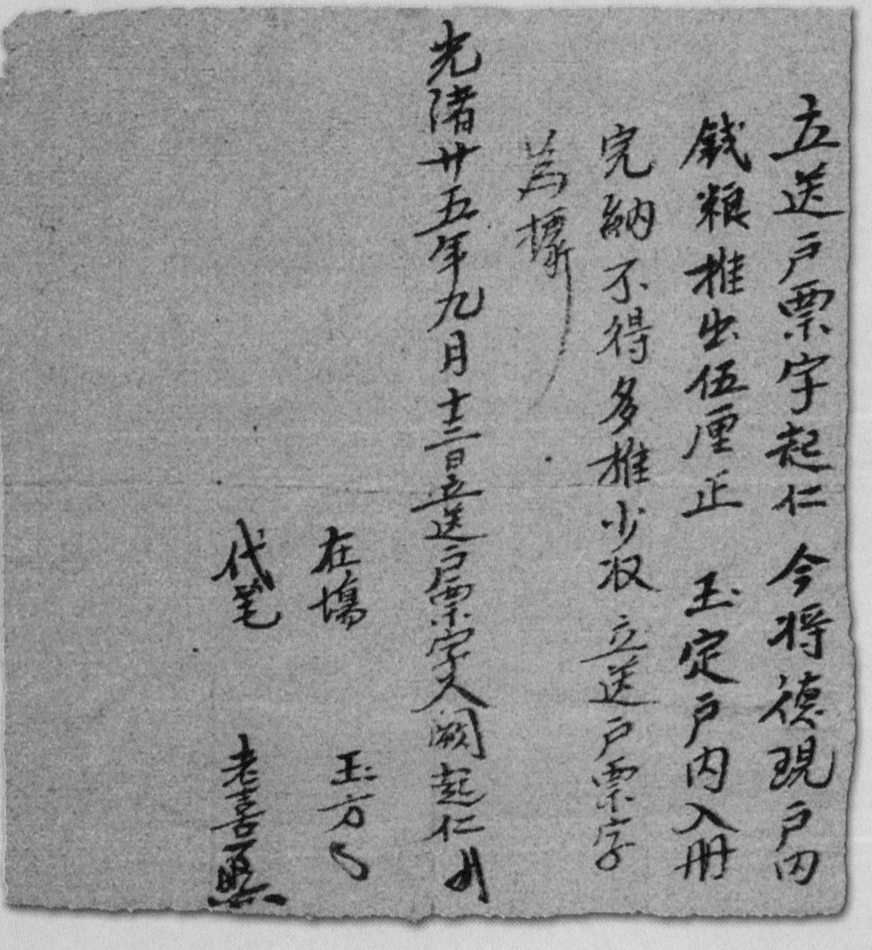

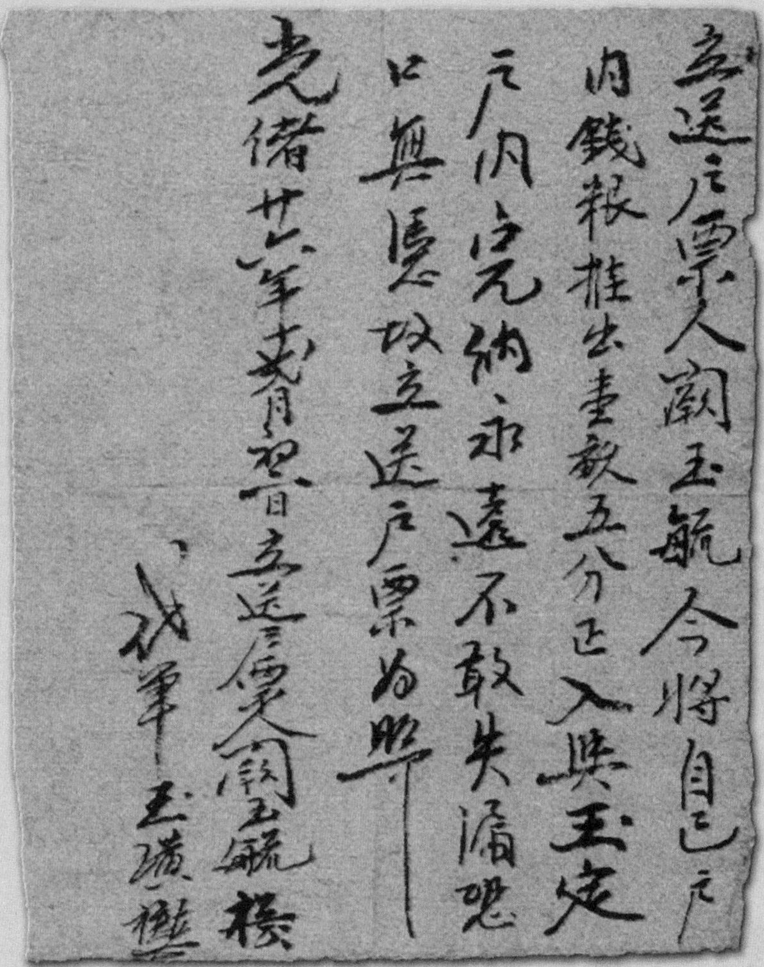

立送户票人闕玉毓，今将自己户
内錢粮推出壹畝五分正，入與玉定
户内完纳，永遠不敢失漏，恐
口無憑，故立送户票为照。
光绪廿六年十弍月初二日　立送户票人　闕玉毓
代筆　玉璜

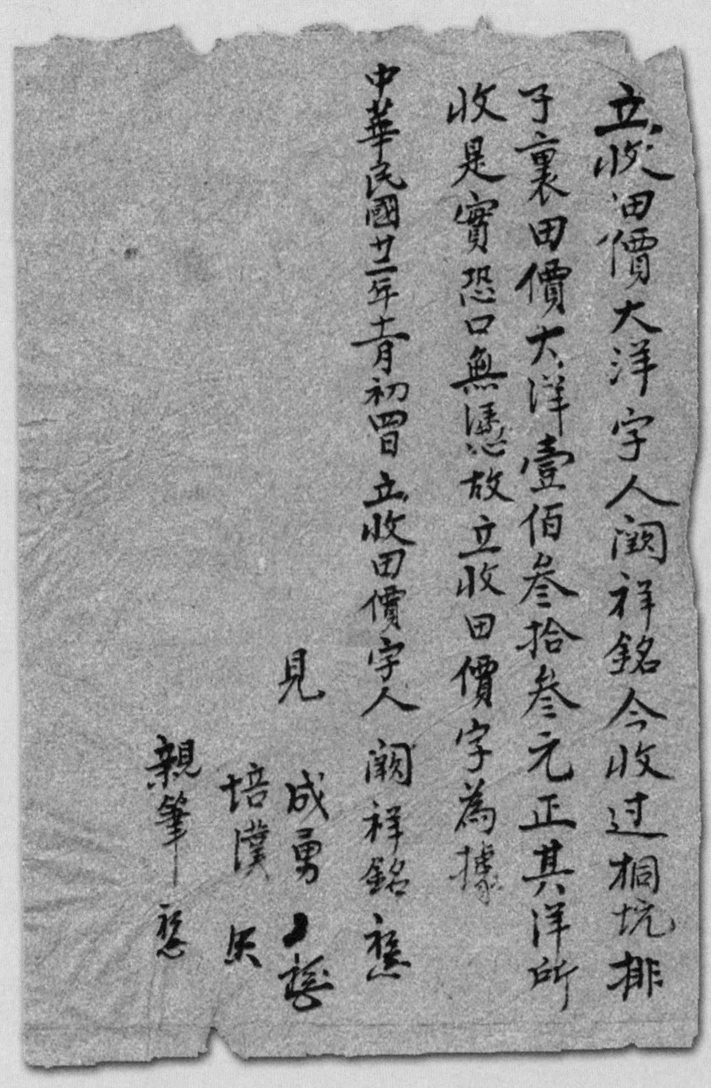

立收田價大洋字人闞祥銘，今收过桐坑排子裏田價大洋壹佰叁拾叁元正，其洋所收是實，恐口無憑，故立收田價字為據。

中華民國廿二年十一月初四日　立收田價字人　闞祥銘

見　成勇

培漢

親筆

立收过憑票燥谷字人胡根松，前有谷票甲手化灰，日後無字出現，如有文墨出現，不得行用，恐口难信，愿还愿收，各無反悔，收谷字為據。

民国叁拾柒年八月十九日　胡根松

見　積良

代筆　胡積良

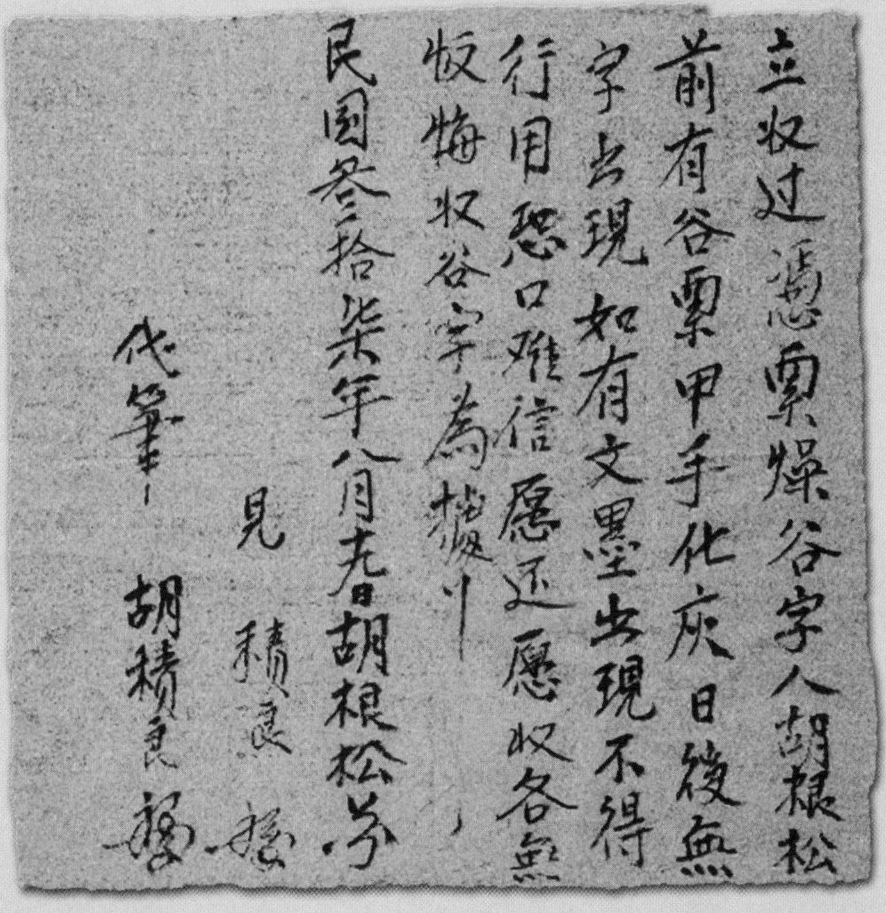

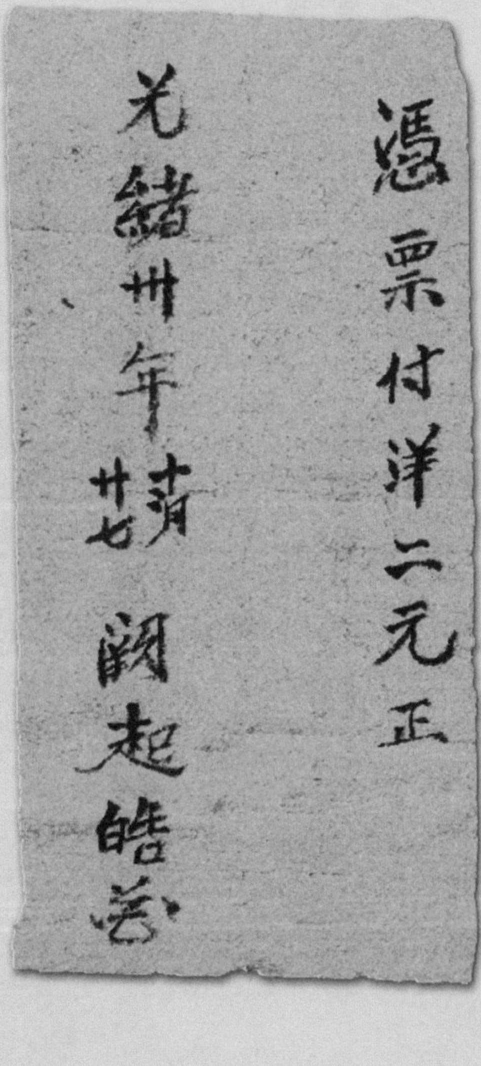


憑票付洋二元正。
光緒卅年十二月廿七（日）　闞起皓

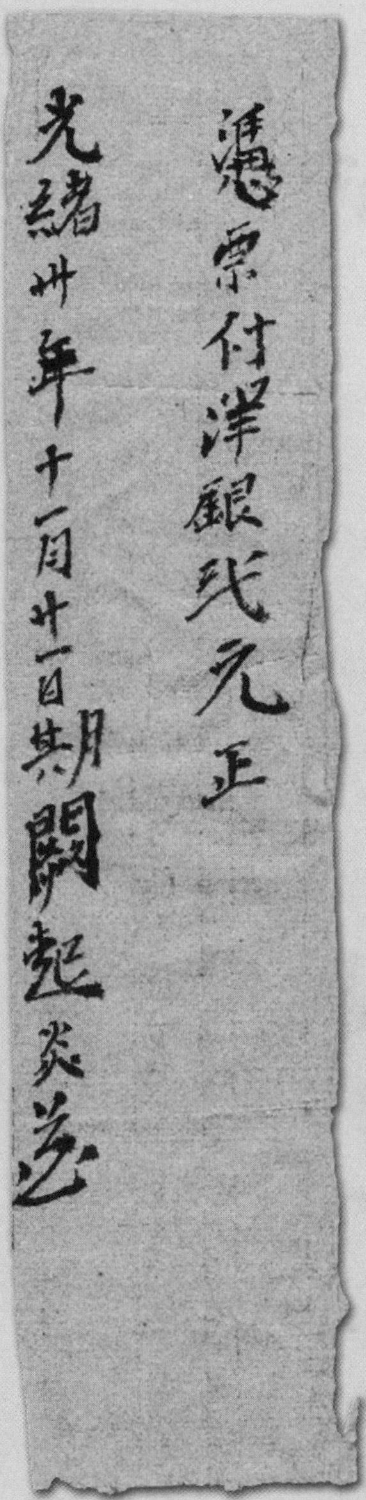

憑票付洋銀弍元正。

光緒卅年十一月廿一日期　闞起炎

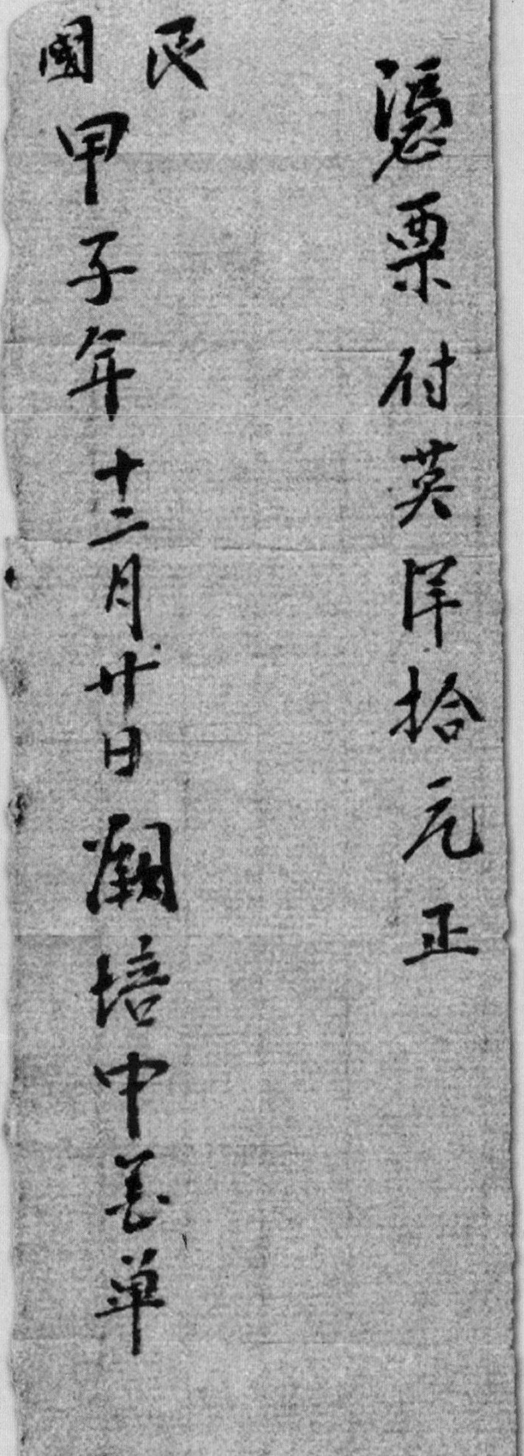
憑票付英洋拾元正
民國甲子年十二月廿日闕培中單

憑票付英洋拾元正。
民國甲子年十二月廿日　闕培中　单